知的障害者の施設解体の試み

障害者自立支援法制定期における自立規範の変容と再編

鈴木良

現代書館

知的障害者の施設解体の試み

～障害者自立支援法制定期における自立規範の変容と再編

鈴木　良

はじめに　9

1．社会福祉法人による施設解体　9

1．1．どちらの立場か？　1．2．施設解体という言葉

2．調査研究の概要　15

2．1．調査対象施設　2．2．調査方法　2．3．倫理的配慮

序　章　研究の視点と問い ……………………………………………………………… 24

1．先行研究の批判的検討　24

1．1．本人のアウトカム（成果）の評価　1．2．家族の地域移行の捉え方

1．3．職員の専門性

2．障害学の視座：規範／相互作用過程／主体　36

2．1．脱施設化評価研究の限界：自立規範と相互作用過程

2．2．アーヴィング・ゴッフマンの施設論の限界：秩序の変容可能性とエイジェンシー

3．研究の問いと本書の構成　46

3．1．研究の問い　3．2．本書の構成

第一部　居住支援政策における知的障害者観／処遇観 ……… 51

第1章　入所施設とグループホームの制度と動向：1980 ～ 1990 年代 …· 52

1．1980 ～ 1990 年代の社会保障政策の特徴　53

1．1．1980 年代：日本型福祉社会

1．2．1990 年代：社会福祉基礎構造改革

2．対象者と居住の場　59

2．1．地域移行と入所施設の重度化の展開

2．2．身辺自立及び就労自立対象のグループホームの展開

3．居住環境　67

3．1．施設の職員配置基準の見直しと個室化・生活の質の明文化

3．2．小規模・一市民の地域生活としてのグループホーム

　4．地域社会との関係　70

　　4．1．施設による在宅者／グループホーム・自立生活者への専門的サービスの提供

　　4．2．地域社会の中にある住宅としてのグループホーム

　5．小括　74

第2章　入所施設とグループホームの制度と動向：2000 ～ 2020 年代 … 78

　1．2000 ～ 2020 年代の社会保障政策の特徴　78

　　1．1．2000 年代：持続可能性　1．2．2010 ～ 2020 年代：地域共生社会

　2．対象者と居住の場　85

　　2．1．施設数の制限と施設居住者の重度化

　　2．2．グループホーム入居者の拡大と分類収容化

　3．居住環境　97

　　3．1．施設の個室化／小規模化の推奨

　　3．2．グループホームの大規模化／職員配置の類型化／施設環境化

　4．地域社会との関係　104

　　4．1．施設と地域生活支援拠点　4．2．グループホームと地域生活支援拠点

　5．小括　112

第二部　施設入所と施設生活 ……………………………………… 117

第3章　家族にとっての施設入所と施設生活 ………………………… 118

　1．施設入所の経緯　118

　　1．1．インフォーマル／フォーマルなネットワーク　1．2．施設生活への適応

　2．施設生活　133

　　2．1．生活の質への配慮　2．2．自立能力の基準による差別化

　　2．3．感謝と申し訳なさ

3．小括　141

　　3.1.　インフォーマル／フォーマルなネットワークと施設生活への適応

　　3.2.　生活の質への配慮と自立規範／家族規範

第4章　本人にとっての施設入所と施設生活 ……………………………… 147

　1．施設入所の経緯　148

　　1.1.　普通学校からの分離の経験　1.2.　非対称の関係性

　2．施設生活　163

　　2.1.　無力化の過程　2.2.　特権体系　2.3.　第二次的調整

　3．小括　173

　　3.1.　普通学校からの分離の経験と非対称の関係

　　3.2.　地元への思い　　3.3.　無力化・特権体系と第二次的調整

第三部　施設閉鎖の背景と方法 ……………………………………… 179

第5章　職員の援助観と制度的動向の影響 ……………………………… 180

　1．学園Ⅰ　180

　　1.1.　学園Ⅰの開設時の状況：地域との交流

　　1.2.　日常生活の改善と主体性のための試み

　　1.3.　自活訓練事業とグループホーム

　2．学園Ⅱ　189

　　2.1.　入所者の特徴：「年長組」と高等養護学校卒業生

　　2.2.　無力化による受容

　　2.3.　試行錯誤の取り組み　2.4.　虐待行為への自覚

　3．学園Ⅰへの異動　200

　　3.1.　施設内改革の限界への認識　3.2.　地域移行の限界への認識

　4．制度的動向の捉え方　205

　　4.1.　ノーマライゼーション・自己決定・地域移行　4.2.　施設解体宣言

4.3. 支援費制度　4.4　障害者自立支援法

5. 小括 213

5.1. 職員の援助観　5.2. 構造的変革の志向性と役割解除

5.3. 制度的動向の影響

第6章　組織への働きかけ ……………………………………………… 222

1. 法人と自治体の一体化 222

1.1. 町主導の法人設置　1.2. 町関係者の出向

1.3. 地域の経済や文化への影響　1.4. 支援方針を現場職員に委ねる

2. 組織への働きかけ 233

2.1. 改革派グループの形成：目標達成のための集団維持行動の限定化

2.2. 権限のある施設長との関係構築

3. 分裂と派閥政治 239

3.1. 他の職員集団との分裂　3.2. 派閥政治に巻き込まれる

4. 小括 243

4.1. 組織構造と意思決定の仕組み　4.2. 施設閉鎖のリーダーシップの影響

第7章　町行政への働きかけ ………………………………………… 247

1. 施設解体計画案と実施状況 247

1.1. 施設解体計画案　1.2. 実施状況

2. 町との関係 258

2.1. 町との協働関係の活用

2.2. 制度的動向の活用：市町村主義と障害者自立支援法

2.3. 町の方針の重視　2.4. 地域移行の優先化と残る施設の解体戦略

3. 国や道との関係 271

3.1. 北海道の事業転換交付金　3.2. 国の激変緩和措置

4. 小括 274

4.1. 施設解体計画と町行政への働きかけ　4.2. 自治体行政／制度的動向と組織経営

第8章　本人と家族への働きかけ ················· 279

1. 本人への働きかけ　279

1.1. 本人の意思の確認　1.2. 有限の資源を活用したグループホーム生活体験の提供　1.3. 適性に応じた移行対象者の選定

2. 家族への働きかけ　287

2.1. 家族と施設、家族同士の関係の変化　2.2. 制度的動向の活用　2.3. 本人の意思の伝達　2.4. 有限の資源を活用したグループホーム生活体験の提供　2.5. 生活の安定の保障

3. 小括　305

3.1. 本人への働きかけ　3.2. 家族への働きかけ

第四部　地域移行と地域生活 ················· 313

第9章　施設と地域の生活実態 ················· 314

1. 調査概要　314

1.1. 調査方法　1.2. 尺度

2. 施設とグループホームの差異：プライバシー・外出・日課・地域との関わり　318

2.1. プライバシー　2.2. 外出　2.3. 日課　2.4. 地域との関わり

3. 施設とグループホームの共通性：組織運営と危害に関わる事柄　324

3.1. 組織運営：食事・居住場所・共同入居者など

3.2. 危害に関わる事柄：健康・金銭・安全・性

4. 自立能力に応じて生活条件が異なる居住形態　330

5. 小括　334

5.1. 過去の施設生活と現在のグループホーム生活

5.2. 現在の施設・グループホーム・一人暮らし

第 10 章　本人にとっての地域移行と地域生活 ……………………………… 339

1．自立規範の変容　339
1.1．職員による働きかけの重視　1.2．再入所リスク軽減の認識

2．序列化された居住支援の仕組み　347
2.1．地域移行者と施設生活者　2.2．職員常駐型グループホームと職員巡回型グループホーム　2.3．一人暮らし

3．生活戦術　355
3.1．妥協の限界線　3.2．状況からの引き籠り　3.3．植民地化
3.4．転向

4．小括　366
4.1．自立規範の変容　4.2．自立規範の再編

第 11 章　家族にとっての地域移行と地域生活 ……………………………… 372

1．施設解体計画の説明　372
1.1．自立の困難性／家庭復帰への不安／親への批判
1.2．無関係な問題としての理解
1.3．施設側の決定への受動的態度：信頼と遠慮

2．自立規範の変容　381
2.1．生活の質の向上の重視
2.2．自立能力にかかわらず地域生活を希望すること

3．序列化された居住支援の仕組み　389
3.1．グループホーム　3.2．一人暮らし　3.3．施設

4．施設の捉え方　396
4.1．地域移行した本人の親：将来の予測不可能性ゆえの施設の肯定
4.2．学園Ⅱの親：施設生活の安心感と正当化

7

5．小括　400
　　　　5.1．地域移行の説明の捉え方　5.2．自立規範の変容　5.3．自立規範の再編

第12章　職員にとっての地域移行と地域生活 ……………………………… 406

　　1．自立規範の変容　406
　　　　1.1．施設の構造的限界の再認識　1.2．本人の潜在的可能性の発見
　　　　1.3．自立能力の相対化
　　2．序列化された居住支援の仕組み　413
　　　　2.1．グループホームの類型化　2.2．施設
　　3．生活の質の最適化を図るための支援　417
　　　　3.1．生活環境の改善　3.2．序列性の活用による自立への動機づけ
　　　　3.3．施設活用によるグループホーム経営の安定化
　　4．小括　438
　　　　4.1．自立規範の変容と再編　4.2．先行研究との比較

終　章　研究の意義と示唆 …………………………………………………… 441

　　1．本研究の意義：先行研究との比較 ……………………………………… 441
　　　　1.1．先行研究の批判的検討　1.2．居住支援政策における知的障害者
　　　　観／処遇観　1.3．施設入所・施設閉鎖・地域移行／地域生活
　　2．脱施設化政策・実践への示唆　449
　　　　2.1．脱施設化政策の目標と基盤整備　2.2．グループホーム制度
　　　　2.3．居宅介護サービス制度：重度訪問介護　2.4．意思決定支援
　　　　2.5．ネットワーク

　　おわりに　472

　　注　475

　　引用・参考文献　482

はじめに

1. 社会福祉法人による施設解体

1. 1. どちらの立場か？

　日本には 2024 年 3 月時点で、12 万 4,357 名の障害者が地域社会から物理的に離れた障害者支援施設において集団で暮らしている（国民健康保険団体連合会のデータ [1]）。世界では、こうした人々が暮らす入所施設を閉鎖し、彼らが地域で他の障害のない人たちと平等に生活をしていくことを目指す取り組みが行われてきた。こうした取り組みを意味する言葉として、脱施設化（Deinstitutionalization）という用語が国際的には使用されている。この用語は、国連の障害者権利条約の第 19 条の一般的意見（以下、一般的意見）第 5 号では 13 回使用されており、当条約の中では重要な概念として位置づけられている。

　施設から地域生活への移行の取り組みは、日本でも行われてきた。しかし、これは施設そのものを閉鎖することを目標にするのではなく、維持するかたちで行われてきた。2016 年 7 月 26 日に神奈川県相模原市で起きた相模原障害者施設殺傷事件後の津久井やまゆり園（知的障害者入所施設）の生活再建策においても、新しく再建する施設と、地域におけるグループホームと呼ばれる少人数で暮らす居住形態が選択肢として提示された。ただし、施設居住者とその家族の大多数は、施設での生活を引き続き選択することになった。

　2022 年 8 月に行われた国連障害者権利委員会による初回の対日審査、さらには、9 月に発表された日本への総括所見では、脱施設化が停滞する状況が厳しく批判された。同年 9 月 9 日には、障害者権利委員会は第 27 会期で「緊急時を含む脱施設化に関するガイドライン」（以下、ガイドライン）を公表している。これはコロナ禍や戦禍という緊急事態時こそ脱施設化が重要であることを確認したガイドラインである。今まさに脱施設化をいかに行うべきなのかということを真剣に考え行動することが我々に求められている。

　一般的意見及びガイドラインによれば、脱施設化とは、1）地域社会への参加が妨げられ、2）個人の自律性を制約する生活様式である施設から脱却し、

自立生活と地域インクルージョンを実現させるための不断の実践を意味する（鈴木, 2022）。日本では脱施設化という用語が示されると「家族に再び負担を強いるのか」という批判が起こり、やはり施設は必要だという意見に至る。なぜなら、家族の養育が限界に達した時に、施設入所がなされてきたからだ。これは日本だけではなく、施設を閉鎖した福祉先進国でも同様だった。

　しかし、このような批判をすること自体、脱施設化という取り組みの内容を理解していない。なぜなら、脱施設化というのは、施設や家族のケアに頼らずとも、地域で自立生活を送ることができるような基盤を整備することを意味するからである。そして、人的・物的に基盤が整備されれば、基本的には施設や病院に頼らずとも、どのように障害や病気が重くとも地域生活することが可能であることが多くの国々で証明されてきた。

　日本でも、2005年に障害者自立支援法という法律が制定されると、数としては少数ではあるが、入所施設の機能自体を廃止し、そこで暮らす人々を地域に完全移行させる取り組みをする社会福祉法人が現れるようになった。こうした実践を先駆的に実施してきた法人の一つに、北海道のM町にあるA社会福祉法人（以下、A法人）がある。

　私は、2003年に大学院の修士課程に入学してから今日まで、脱施設化をテーマに研究をしてきたため、日本で入所施設機能を廃止するとはどのようなことなのかということに関心をもっていた。そこで、2015年1月に当法人に訪問依頼のため電話をした。このとき、この取り組みを主導した職員の大田豊彦（以下、本調査対象者の全員は仮名にした）が対応してくれたが、彼から想定外の返事があり驚いたことを今でも鮮明に覚えている。

大田：先生はどちらの立場かをお伺いしてもよろしいでしょうか。

　何を聞かれているのかが分からず、私はなぜそのようなことを質問するのかと尋ね返した。すると、施設入所機能の廃止に反対する立場で来るのか否か、ということを知りたいのだということが分かった。私は多少戸惑いを感じたが、ゆっくりと訪問の意図を相手に伝えた。こうした取り組みが日本では貴重であり、それがどのように実施されたのかを記録に残し、日本で脱施設化を進める

ための方法を明らかにしたいと私は語った。

大田が警戒心をもったのはなぜなのか。ここには、日本において脱施設化という取り組みを施設職員が行うことの困難の大きさが示されている。後日電話で警戒した理由を彼に尋ねると、2008年に施設入所機能を廃止してから講演や研修会で法人の取り組みを発表してきたが、そこではおおむね、家族からも、他法人の施設長からも、そして、時には研究者からも厳しい批判や反論を受けてきて、孤立感を抱いていたということだった。とりわけ私が電話をした頃は、このような批判を数多く受けて、気持ちも沈んでいたと語った。

北海道で開催された全国手をつなぐ育成会連合会の大会で、A法人の取り組みについて大田が講演したことがあった。大田は大会発表の準備のため、社会福祉法人全日本手をつなぐ育成会『手をつなぐ育成会（親の会）50年の歩み：社会福祉法人全日本手をつなぐ育成会創立50周年記念誌』を熟読し、入念に準備した。そして、歴史的に親の会は地域移行に否定的ではなかったことを理解してもらい、一つの選択肢としての地域生活について説明しようとした。しかし、講演で大田が使用した施設解体という言葉が、研修会場を独り歩きしたという。2012年に旧北海道立コロニーの「太陽の園」内に新築された障害者支援施設に子を入所させた親からは、次のようなコメントがあった。

　　「今、スライドを見せて頂き、大変に素晴らしい活動をされていると思いました。頭が下がります。しかしながら、私どもの施設は、新しい施設に立派に作り替えて、私もこれで安心して死んでいけると思っておりました。今さら、そのような（筆者注：施設解体）ことを言われても、困るんです。」

このとき、会場から拍手が沸き起こった。特に、入居者のきょうだいと思われる年齢的にも若い人が、強く手を叩いていたのを大田は覚えている。「太陽の園」に子を預けてきた親は高齢化し、入居者の保護者は現在、親からきょうだいとなっている家族は多い。

私は、2017年6月27日に「太陽の園」の新型施設を訪問した。古くなった建物にいる入所者を地域生活に移行させるという案は家族の強い反対で実現されず、代わりに全室個室の入所施設が設立されたという説明を、社会福祉事業

団の参与だった小林繁市から聞いた。

　一方、講演後に次のように話しかけてくれた親もいたと大田は語った。

　　「最近私も地区の会長（筆者注：親の会の会長）になったのですが、親の中
　にもいろいろな意見があるので、難しいのですが、私はあなたの発表を聞い
　て嬉しく思いました。」

　施設利用の親と地域利用の親は意見が違うこと、両方の親とも子の将来につ
いて真剣に考えていることを改めて知ったと大田は語った。
　彼は施設長との関わりにおいても様々なことを言われてきた。全国の知的障
害者入所施設運営事業者が加盟する公益財団法人日本知的障害者福祉協会には、
各都道府県に地区事務局がある。地区ブロックの交流会に出席した際に、大田
はある施設長から「おまえ、どうして余計なことをしてくれたんだ、施設が必
要な人だっているんだよ」と言われたという。また、A法人に施設への入所依
頼があったため、これまで良好な関係を築いてきたある施設長に連絡をした。
この法人は地域移行では実績があり、近隣の周辺法人に多大な影響を与えてき
たところである。その時のやりとりは、以下の通りであった。

大　田：A法人での施設は解体したので入所させられないため、相談に乗って頂けな
　　　　いでしょうか。
施設長：だったら、なんで施設なんて解体したんだ。

　地域移行を推進してきた施設が、なぜ施設を閉鎖する法人に対して冷淡な態
度を示すのか。このときの思いについて「私がこの地区で孤立していることが
よく理解できました」と彼は静かに語った。

1．2．施設解体という言葉
　2015年3月31日、私は初めてA法人を訪問した。私の父の出身地がこの法
人のあるM町の隣の市であるため、子どもの頃にこの地域は何度か来たことが
あった。最後に訪問したのが大学時代であるため、約20年後に再びこの地域

を訪問し、フィールドワークをすることになったことに特別な感慨を抱いた。M町の駅に着くと、大田が車で迎えに来てくれ、施設入所支援の機能を廃止した旧知的障害者入所援産施設である学園Ⅰにすぐに向かった。駅から車で10分もかからなかった。施設の敷地は、M町の住宅地域に隣接しており、スーパーや飲食店から1キロも離れていない。これまで北海道内で訪問した他施設に比較すると、「町の中心部に近い」という印象を強くもった。学園Ⅰに到着すると、大田は丁寧に施設内を案内してくれた。

学園Ⅰは1990年に開設されており、約25年が経過したところだった。このため、建物としては老朽化していたわけではなく、2008年に入所機能を廃止した頃は十分に使用できる状態だった。このため、学園Ⅰの建物は、A法人の就労継続支援B型事業所として業者からのクリーニングの委託作業を行うスペース、あるいは、職員の会議室として使用されていた。建物は老朽化していないということは、施設入所機能を保持したまま、運営することが可能だったということである。

北海道の札幌市にある知的障害者入所施設である「手稲この実寮」を2008年に解体した加藤孝は、閉鎖後の学園Ⅰを訪問した際に、「よくこんなキャデラックみたいな施設を解体したなぁ」と大田に話したという。新しい施設をこれほど早くに閉鎖することに加藤は驚いたようだった。施設内の奥に位置する未使用の旧居室に行くと、扉は完全に閉められており、暖房機能は停止していた。使用されなくなった資材や物資が保管されており、物置場のように使用されていた。かつて50名定員の入所施設だった建物の面積は広く、光熱費もかかるため、節電のための工夫がなされていた。

学園Ⅰの表玄関を入るとそこを境にして、左側が旧男子棟と右側が旧女子棟に分かれている。旧男子棟において居室2つの壁を壊してB型事業所の作業スペースにしているところや、同じく居室2つの壁を壊して会議室にしているところがあった。会議室には歴代理事長の写真が飾られている。これら以外の居室は書類や物資を置く場として活用されていた。居室の壁には、入居者4名分のネームプレートが取り外されているところがあった。壁を壊しネームプレートをはずしたのは、施設入所機能を完全に停止させたことを内外に示すために意図的に行われていた。ある元施設入居者は、次のように嬉しそうに語ったと

いう。

　「俺、これでほっとしたよ、もうこの施設に入れられることはなくなった
から。」

　施設の居住スペースを示すものが残ると、入居者はいつか戻されるかもしれ
ないという不安をもちかねない。このため、新しい機能をもった場所として明
示させるための努力をしてきたのだと大田は語った。
　私はこの日、施設解体を主導した大田を含む５名と、かつて入居者の居室で
あった会議室で、この取り組みの概要について話を聞いた。このとき、印象に
残ったのは、職員は自分たちの取り組みについて話をするときに施設解体とい
う言葉を多く使用していたことだった。私は施設入所機能を廃止した複数の法
人を訪問してきたが、入所廃止に関与した職員に自分たちの取り組みを表現す
る際に、地域移行と施設解体とどちらが適切と思うかと尋ねてきた。すると、
多くの職員からは地域移行という言葉を肯定する一方、施設解体について否定
的意見が述べられた。この理由は、法人で施設入所機能を廃止しても、入所施
設が必要な人がいると考えているからだった。一方、会議室で会ったA法人の
職員５名からは、施設解体という言葉が肯定的に語られ、地域移行より自分た
ちの取り組みを表現する用語だと語った人がいた。なぜ、彼らはこの用語を肯
定的に捉えたのか。
　施設解体という用語は、元立教大学教授の河東田博の 1994 年の論文、『発達
障害研究』16（2）に掲載された「スウェーデンにおける入所施設解体と地域
生活」が最初である。この用語について、2016 年 4 月 22 日に私は河東田に会
う機会があったため、直接尋ねてみた。すると、スウェーデン社会庁が 1990
年に発行した報告書のメインタイトルに「Institutionsavveckling」という用語
が使用されており、「Avveckling」を「解体」と翻訳したと河東田は話した。
辞書では Avveckling は英語の「winding up」（解散）、「settlement」（解決）を
意味するものと説明されている（Norsteds, 2010）。「解体」と訳した意図につい
て、河東田は次のように述べた。

河東田：私の場合には、施設を閉じるだけではなく、完全に新しいものに作り上げていくという意味で『解体』にしました。スウェーデンでは建物を壊して、全く新しい機能をもつものに変えています。それから大事なのは、我々の意識を変えるということです。(16.4.22)

　論文「スウェーデンにおける入所施設解体と地域生活」には、「入所施設解体の作業は、どのくらいの地域グループホームをどこに建てるのかだけでなく、知的にしょうがいをもつ人々が社会生活を送るうえでどうしたら生活の質を高めるのかをも要求されてくる」と記述されている。すなわち、施設解体は単に施設を閉鎖するだけではなく、地域における生活の質自体の改革が求められることを意味する。厚生労働省が使用する地域移行という用語は、施設を残して地域に移行するという意味があるが、施設解体は施設自体を閉鎖するという点で意味内容が異なるとも河東田は話した。

　施設解体という用語は、元宮城県知事の浅野史郎が宮城県内の知的障害者入所施設の施設解体宣言をした際に使用されることになった。彼は 2004 年 2 月 21 日に、「宮城県内にある知的障害者の入所施設を解体して、知的障害者が地域の中で生活できるための条件を整備すること」を宣言した。浅野も地域移行と区別してこの用語を使用している。A法人の入所機能廃止の取り組みを主導した職員が施設解体という用語を使用したのも、まさに建物をなくして地域に移行するということだけではなく、施設の有する構造や職員と入居者の関係性の改革を目指していたからだった。

　それでも、建物の解体という案については、これらの職員からは出されなかった。また、知的障害者本人からも建物自体を壊すことに賛同する意見は出されなかった。それにもかかわらず、施設解体をした職員も入居者も施設入所機能が廃止されたことを、肯定的に受け止めていた。ここには、日本における職員と入居者の施設との関わり方の特徴が示されている。

　２．調査研究の概要

　２．１．調査対象施設

はじめに　15

本書は、Ａ法人の施設解体の実践について分析した記録である。Ａ法人は北海道のＭ町において 1989 年 10 月に設立された。当法人は、1990 年 4 月に学園Ⅰ（旧知的障害者入所授産施設／定員 50 名）を開設し、1997 年 1 月には、学園Ⅱ（旧知的障害者入所更生施設／定員 50 名）を開設した。Ａ法人は 2004 〜 2013 年度までの 10 か年戦略として第一次福祉総合計画（以下、施設解体計画）を策定し、2008 年 8 月に学園Ⅰの施設入所機能を廃止した。学園Ⅱは 2019 年 3 月時点において、入居者が 50 名から 32 名まで削減された。Ａ法人や施設解体計画の詳細は、後述したい。

　北海道障がい福祉計画（第 4 期・第 5 期・第 6 期）及び社会福祉施設等調査／国保連のデータを分析すると、北海道の障害者支援施設居住者数は 2020 年時点で全国の約 8 ％に相当し、障害者支援施設居住者数の多い都道府県の一つであることが分かる。北海道の施設定員数は、2005 年から 15 年間で 1,804 名減少し、2005 年時点の定員数から 15％減少した。日本全体は、2005 年の障害者支援施設の入居者数は 14 万 6,001 名であり、2020 年には 12 万 7,330 名となり 1 万 8,671 名減少しており、これは 2005 年時点の入居者数の 13％が減少したことを意味する。北海道のデータは定員数ではあるが、日本全体と同一水準で施設入所者数が削減されていると考えられる。

　Ａ法人は、障害者自立支援法の制定時における歴史・制度的構造という外発的要因の影響を受けながら、施設職員が施設閉鎖を行った点に特徴がある。障害者自立支援法の制定期において、社会福祉法人が施設入所支援サービスを独自に廃止する施設閉鎖という現象が各地で生じていた。このような施設閉鎖の実践自体を対象にした研究はこれまでになく、この点で施設閉鎖を行った社会福祉法人を調査対象にする意義があると考えられた。

　また、施設閉鎖を行った社会福祉法人の中でもＡ法人を対象にしたのは、当法人による施設閉鎖の実践は、障害者自立支援法という外発的要因だけではなく、施設職員の問題意識による内発的要因との相互作用を通して展開しているからだった。この分析を通して、障害者自立支援法の制定期という日本の知的障害福祉政策の一時期における、施設職員が主導するかたちの地域移行の特徴を明らかにすることが可能になると考えられた。

2.2. 調査方法

本研究では、調査方法及び分析方法として、エスノグラフィ（Klienman, 1988=1996：307）を参考にした。ただし、本研究のエスノグラフィは、文化人類学と同様に行為者の「生活世界」や文化を社会的文脈の中で相対化しながら描きつつも、社会状況の改善を目指す新しい実践や制度のあり方を模索した。このとき、本研究の問いに関わる分析テーマに即して、質的調査法と共にアンケートによる量的調査法も採用している。

質的調査のコーディングの方法は、ロフランドとロフランド（Lofland & Lofland, 1995）の質的分析方法に依拠した。具体的には、「初期コーディング」の過程では逐語データに対してコードを付し、それぞれの分析テーマを設定した。その上で、「焦点化されたコーディング」の過程では、逐語データから分析視点に関連するコードを他の関連しないコードと区別して整理し、さらに1段階上のカテゴリーに分類した。研究の問いに関わる分析テーマと分析視点は序章で述べたい。アンケート調査の方法に関しては、第9章で述べよう。

私は研究者としてフィールドに関わりながらも、A法人が主催する研修会や講演会の講師として研修を行い、A法人の今後の方針についての助言をしたり、A法人の職員と共に特定利用者の支援のあり方を検討したりすることもあった。したがって、研究者として現場と距離をとる一方、時には現場に働きかけながらフィールドに関わることになった。本書は、こうした私と現場との相互作用の場面も記述することになる。

調査方法は2015年3月24～31日、同年8月6～17日、2016年3月21～31日、同年8月4～10日、2017年6月21～30日、2018年7月19～26日、2019年7月17～25日に対象施設でのフィールドワークを行った（期間中のフィールドワークは原則として午前・午後の全日実施した）。

第1に、施設解体計画に関係する職員・家族・知的障害者本人（以下、本人）・行政関係者・地域関係者にインタビューを行った。

職員は、施設解体計画のときに学園Ⅰや学園Ⅱの職員だった人、施設解体計画後にグループホームでの生活支援に関与していた人で、承諾が得られたすべての人にインタビューを行った。これら職員は13名となった（表0.1.）。この中には、現在は法人を退職しているが、過去に上記計画に関与していた、イン

タビューが可能だった人も含まれる。

　家族は、施設解体計画によって、学園Ⅰの閉鎖でグループホームに移行した入居者の親と、同時期に学園Ⅱに居住していた入居者の親のうち、承諾が得られたすべての人にインタビューした。学園Ⅰは10組、学園Ⅱは5組の親が対象となった（表0.2.及び表0.3.）。移行先のグループホームは夜勤職員が関与し、入居者の旧障害程度区分は4と5が多かった。さらに、在宅生活を送りながら、A法人が運営する生活介護に通う本人2組の親にもインタビューを行った（表0.4.）。

　本人は、学園Ⅰ、あるいは、学園Ⅱを退所し、グループホームに移行した本人のうち、調査内容を理解した上で承諾が得られ、言語コミュニケーションが可能なすべての人にインタビューをした。これらの本人は10名となった（表0.5.）。2019年時点で1名はアパートで一人暮らしをし、他は夜勤職員のいる職員常駐型グループホームや夜勤職員のいない職員巡回型グループホームで生活する。

　この他、M町の福祉事務所の職員、地域の自治会関係者や社会福祉協議会などで勤務する人たちにインタビューを行った（表0.6.）。

　なお、家族及び本人にインタビューする際には、本人の基本情報（障害特性や施設生活、移行前後の反応、地域生活の状況）について、本人をよく知る職員にも情報を確認した。

　主な質問項目は、職員は1）施設（組織構造、施設生活、施設改革の取り組み）、2）施設解体計画や地域移行（計画立案の背景、実施方法、本人・家族支援）、3）地域生活支援（グループホームでの支援方法）、家族は1）施設入所（入所経緯、施設生活の規範や実態、施設への態度）、2）施設解体計画（説明や受け止め方、法制度の理解、地域移行プロセスへの関与）、3）移行後の生活（施設とグループホームの対比、施設閉鎖の考え方、親亡き後の不安）、本人は1）施設入所（入所経緯、施設生活）、2）施設解体計画（受け止め方、移行過程）、3）移行後の生活（施設生活との対比）などに関わる。

　上記インタビュー以外に、A法人が発行した報告書や自治体に提出した書類などを収集・整理した。この中には学園Ⅰ／Ⅱの機関紙や計画書などが含まれる。また、2015年3月より2022年3月に至るまで関係者とのメール交換によっ

て情報を収集してきた。さらに、A法人が支援する施設・グループホーム・日中活動場などで参与観察をした。この過程で関係者から得た情報も分析した。

表0.1. インタビュー調査対象者①（職員）の概要

職員(仮名)	性別	インタビュー時点での立場	インタビュー日時	インタビュー時間
大田 豊彦	男性	障害者支援施設・施設長	2015/3/31	1時間
			2015/8/7	1時間
			2015/8/9	1時間
			2015/8/10	1時間
			2015/8/11	1時間
			2015/8/12	1時間
			2016/3/31	1時間
			2016/8/5	1時間
			2016/8/7	1時間
			2018/7/19	2時間
			2018/7/26	4時間
		共同生活援助事業所・管理者	2019/7/17	2時間
			2019/7/25	2時間
国橋 哲則	男性	多機能事業所・管理者	2015/3/31	1時間
			2015/8/12	1時間
			2015/8/14	2時間
岩垣 清	男性	多機能事業所・主任支援員	2015/3/31	1時間
			2015/8/14	2時間
			2018/7/22	3時間
		相談支援事業所・相談員	2019/7/21	3時間
			2019/7/24	1時間
工藤 英文	男性	共同生活援助事業所・管理者	2015/3/31	1時間
			2015/8/12	1時間
			2015/8/15	2時間
			2018/7/22	3時間
		特別養護老人ホーム・相談員	2019/7/23	2時間
阿部 とも子	女性	障害者支援施設・主任支援員	2015/3/31	1時間
			2015/8/12	1時間
			2016/8/5	2時間
			2019/7/22	3時間
前場 一英	男性	学園Ⅰ・元施設長	2015/8/15	2時間
佐藤 慶一	男性	学園Ⅰ・元施設長	2019/7/21	2時間
川口 亮介	男性	学園Ⅰ・元職員	2017/6/27	2時間
中谷 潤一	男性	特別養護老人ホーム・相談員	2019/7/19	2時間
清野 優衣	女性	障害者支援施設・職員	2015/8/14	2時間
菊池 典子	女性	共同生活援助事業所・生活支援員	2019/7/19	2時間
桑原 節子	女性	共同生活援助事業所・生活支援員	2019/7/23	2時間
市川 歩	女性	共同生活援助事業所・生活支援員	2019/7/24	2時間

はじめに　19

表0.2. インタビュー調査対象者②（元学園Ⅰの利用者の親）の概要

	親（仮名）	親の属性	親の年齢	利用者	利用者の年齢	利用者の障害支援区分	インタビュー日時	インタビュー時間
家族1	木下 斉子	母	70代	息子	50代	4	2015/8/8	1時間
家族2	衣畑 千賀子	母	60代	娘	40代	5	2015/8/9	1時間
家族3	深田 史子	母	60代	娘	40代	3	2015/8/11	1時間
	深田 太郎	父	70代					
家族4	神谷 裕子	母	60代	息子	40代	4	2015/8/12	1時間
			60代				2018/7/23	2時間
家族5	亀山 良美	母	60代	娘	40代	4	2015/8/12	1時間
家族6	大橋 和人	父	70代	娘	40代	4	2015/8/13	1時間
				息子	40代	4		
家族7	野澤浩一郎	父	70代	息子	40代	4	2015/8/13	1時間
家族8	大宮 里子	母	60代	娘	40代	2	2015/8/16	1時間
	大宮 岳志	父	70代					
家族9	曽根 文美	母	70代	息子	40代	5	2015/8/16	1時間
	曽根 英明	父	70代				2018/7/24	2時間
家族10	泉 文子	母	70代	息子	40代	3	2015/8/9	1時間
	泉 大輔	父	70代					

表0.3. インタビュー調査対象者③（学園Ⅱの利用者の親）の概要

	親(仮名)	親の属性	親の年齢	利用者	利用者の年齢	利用者の障害支援区分	インタビュー日時	インタビュー時間
家族1	高田 明恵	母	60代	息子	30代	6	2016/8/6	2時間
	高田 博史	父	60代					
家族2	三島 芳恵	母	60代	息子	30代	5	2016/8/6	2時間
	三島 陽一	父	60代					
家族3	佐々本 良枝	母	60代	息子	30代	5	2016/8/7	2時間
	佐々本 友哉	父	60代					
家族4	戸崎 郁江	母	60代	息子	30代	5	2016/8/7	1時間
家族5	飯倉 恵美子	母	60代	娘	30代	6	2016/8/7	3時間

表0.4. インタビュー調査対象者④（在宅利用者の親）の概要

親(仮名)	親の属性	親の年齢	利用者	利用者の年齢	利用者の障害支援区分	インタビュー日時	インタビュー時間
高橋 友子	母	50代	息子	30代	6	2015/8/7	2時間
山本 光子	母	50代	息子	20代	6	2019/7/18	2時間

表0.5. インタビュー調査対象者⑤（学園Ⅱの利用者）の概要

本人(仮名)	性別	年齢	障害支援区分	インタビュー時点での居住場所	インタビュー日時	インタビュー時間
大宮 有紀	女性	40代	2	d寮(職員巡回型グループホーム)	2015/8/9	2時間
					2018/7/21	2時間
					2019/7/20	2時間
白石 勇樹	男性	30代	1	一人暮らし	2015/8/11	2時間
					2018/7/21	2時間
					2019/7/20	2時間
猪俣 幸子	女性	50代	4	g寮(職員常駐型グループホーム)	2015/8/11	2時間
					2018/7/25	2時間
					2019/7/20	2時間
三浦 太一	男性	40代	2	iホーム(職員巡回型グループホーム)	2018/7/21	2時間
神谷 茂	男性	40代	4	hホーム(職員巡回型グループホーム)	2015/8/10	1時間
					2018/7/20	1時間
桐原 利佳	女性	50代	2	e寮(職員巡回型グループホーム)	2015/8/11	1時間
					2018/7/25	1時間
仲谷 明香	女性	40代	3	d寮(職員巡回型グループホーム)	2018/7/20	2時間
向井 莉菜	女性	40代	3	c寮(職員巡回型グループホーム)	2018/7/20	1時間
佐久間 理子	女性	30代	3	e寮(職員巡回型グループホーム)	2018/7/21	1時間
森田 翔太	男性	40代	1	iホーム(職員巡回型グループホーム)	2015/8/10	1時間

表0.6. インタビュー調査対象者⑥（地域関係者）の概要

インタビュー時点での立場	性別	インタビュー日時	インタビュー時間
M町住民生活課・保健福祉グループ主幹	男性	2015/8/10	2時間
M町社会福祉協議会居宅介護サービス事業所・担当者	女性	2019/7/19	2時間
A法人評議員／M町自治会・会長	男性	2018/7/25	2時間
A法人評議員／M町自治会・副会長	女性	2019/7/23	2時間

はじめに　21

2.3. 倫理的配慮

　一般社団法人日本社会福祉学会の「研究倫理規程」及び「研究倫理規程にもとづく研究ガイドライン」を順守した上で次のように倫理的配慮を実施した。

　まず、インタビューや参与観察を含む調査全体の内容は、法人の責任を担う常務理事や事業所管理者の承認を得ており、組織全体の承認を受けた上で実施した。インタビュー対象者は、上記の条件に合う人で、インタビューへの協力に承諾をした人をA法人の関係者が選定している。

　本人については、利用する施設、あるいは、事業所の管理者が、代諾者の承認が必要なく、言語能力があり判断能力があると判断した本人を選び、本研究の趣旨・内容について十分に説明した上で本研究への協力に同意した人を対象とした。その上で、インタビュー開始前に、私から研究の趣旨・目的、結果の発表方法（学会／学会誌／調査報告書／書籍等による報告）、データの管理方法、インタビューへの協力が任意であること等に関して本人の理解できる言葉で説明し、本研究への協力に同意した人にのみインタビューを実施した。職員・家族・行政関係者・地域関係者にも同様に十分な説明と承認を得た上で調査を実施している。

　第9章の意思疎通が困難な本人を対象としたアンケート調査に関しては、本人の代諾者である家族に文書によって説明し了解を得た本人を対象にした。なお、このアンケート調査を実施した時期に、私が当時所属していた琉球大学において人文社会科学に関わる「人を対象とした研究倫理審査委員会」が設置されたため、当調査に関しては審査を受け、承認されている（受付番号：H30-6-1）。

　さらに、事実関係や公表内容の可否を判断してもらうために、当法人の調査受け入れ責任者である管理者の立場にいる職員複数名に本書の内容を読んで確認してもらった。

　なお、本書での調査対象者の名称はすべて仮名とし、インタビュー・参与観察・メールを通して得た情報の日時を（西暦、月、日）内に記した。例えば、(15.8.15) は、2015年8月15日を意味する。また、本人の個人属性については、個人情報保護のため、調査結果の分析に影響のない箇所において一部変更して記述している。

写真1：旧入所授産施設の居室3室を会議室として利用している。
出典：筆者撮影。

写真2：物置き場として利用されている旧居室。上段には旧入所授産施設の棚が残っている。
出典：筆者撮影。

写真3：旧入所授産施設の一部の居室は就労継続支援B型事業の日中活動場所として利用されている。
出典：筆者撮影。

写真4：旧入所授産施設の廊下。奥の使用されない居室は扉が閉められ、暖房機能が停止され、物置き場として利用されている。
出典：筆者撮影。

序　章　研究の視点と問い

　序章では、知的障害者の脱施設化に関わる先行研究を批判的に検討した上で、本研究の依拠する分析の視点と研究の問いを述べたい。

1．先行研究の批判的検討

1．1．本人のアウトカム（成果）の評価

　福祉先進国では 1970 年代以降、大規模入所施設から地域の小規模住居への移行が急速に行われ、さらに 1980 年代以降、北欧や北米の一部の州で入所施設を閉鎖・解体する取り組みが進展した。脱施設化政策が推進された背景には、ノーマライゼーションなどのイデオロギー的要因や政府の財政的要因があることが各種の研究から明らかにされているが、政策の成果を実証的に示す評価研究も大きな役割を果たした。

　例えば、アメリカでは各州・テリトリーにおいて UCEDD（発達障害における教育・研究・サービス分野の中核的研究機関）と呼ばれる、脱施設化政策や地域生活支援に関わる研究所が政府の補助を受けて研究活動をしており、その研究成果は政策に多大な影響を及ぼす。つまり、学術的研究と政府の政策が協働するかたちで脱施設化政策が推進された。したがって、研究がどのような視点によって遂行され、この成果がどのように実際の政策に影響を与えるのかということについては、注意深く検討することが求められる。

　脱施設化政策を知的障害者本人（以下、本人）へのアウトカム（成果）の観点から評価する研究として、施設と地域の住居を比較する研究と脱施設化後の様々な居住形態を比較する研究が行われ（Walsh, et al., 2010）、1980 年代以降には、これらの研究の成果を整理したレビュー論文も発表されてきた（Emerson, 1985；Emerson & Hatton, 1996；Kim, et al., 2001；Kozma, et al., 2009；Larson & Lakin, 1989；Mansell & Ericsson, 1996,；Mansell, 2006；Walsh, et al., 2010；Young, et al., 1998）。

　脱施設化政策が開始された当初、この取り組みによる本人への成果を測る指

標として、適応行動や不適応行動が採用される研究が数多くなされた（角田，2005；Emerson, 1985）。適応行動とは、自ら服を着られることや食事をすることなど身辺自立を意味し、不適応行動とは、自己や他者に危害を加えることなどの社会的に問題となる行動を意味する。したがって、適応行動や不適応行動は、自立するための能力やスキルがあるかどうかを評価する指標となる。

これらの膨大な研究群の成果を整理するレビュー論文が、まずアメリカで発表された。シェリル・ラーソンとチャーリー・ラーキン（Larson & Lakin, 1989）が 1976 年から 1988 年までに出版された、州立大規模施設から地域の居住形態への移行に伴う適応行動や不適応行動に関わる論文のレビューをしている。その後、シャノン・キムら（Kim, et al., 2001）はラーソンとラーキンの研究の継続調査という形で 1980 年から 1999 年までの論文をレビューしている。この結果、ラーソンとラーキンの研究では 18 研究、キムらの研究では 33 研究（ラーソンとラーキンの 18 研究が含まれている）が選定されている[2]。

エリック・エマーソンは、1980 年代前半まで発表された評価研究が適応行動や不適応行動などの行動指標（以下、適応行動指標）に焦点化してきたことを批判し、評価研究は生活の質（社会参加・自律・社会的ネットワークなどの社会的指標及び個人の満足感）やエコロジカルな環境要因を分析しなければならないと述べた（Emerson, 1985）。

生活の質や環境要因に重点を当てるようになった背景には、ノーマライゼーション原理という考え方の普及がある。ノーマライゼーション原理とは、能力やスキルを向上させる従来の治療教育的な方法で「個人をノーマルにする」のではなく、個人の「生活条件をノーマルにする」ことによって、脱施設化を推進させる考え方だった。このため、適応行動の向上や不適応行動の軽減といった個人の能力や障害ではなく、本人にとっての生活の質や環境要因といった、環境面の改善に焦点を当てるべきだと考えられるようになったのである。

生活の質を評価する方法は 1）本人の社会参加や社会的ネットワーク、自己決定など社会的指標によって評価する方法、2）本人の生活満足感を評価する方法がある。さらに、居住場所の変更だけではなく、エコロジカルな視点に基づき生活の質に影響を与える環境要因を評価することが重視された（Emerson, 1985）。評価研究を生活の質の観点から推進してきたロバート・シャーロック

（Shalock, et al., 1989）も、1990年代以降は生活の質が脱施設化・ノーマライゼーション・地域への適応に代わる重要課題になると予期した。

　パトリシア・ウォルシュら（Walsh, et al., 2010）のレビュー論文では初期の評価研究に比較すると、1990年代以降は適応行動指標に焦点を当てた研究が少なくなり、生活の質に関わる研究が多くなることが示されている。しかし私は、1980年代以降の評価研究のレビュー論文であるクリス・ハットンとエマーソンの研究（Hatton & Emerson, 1996）、エマーソンとハットンの研究[3]（Emerson & Hatton, 1996）、ルイーズ・ヤングらの研究[4]（Young, et al., 1998）、アグネス・コズマらの研究[5]（Kozma, et al., 2009）、ウォルシュらの研究（Walsh, et al., 2010）、ジム・マンセルらの研究[4]（Mansell, 1996=2000；Mansell, 2006）の分析を通して、研究の焦点が自己決定や社会参加、主観的満足感といった生活の質へと移行した一方、一貫して適応行動指標は重視され続けてきたことを明らかにした（鈴木, 2013）。さらに、自己決定や社会参加、主観的生活の質という新たな指標も適応行動指標との関連で分析されている研究（Barker, 2007；Felce &. Lowe, 2000）も数多くある。

　2000年代以降の脱施設化研究では、居住形態の比較ではなく、個人に直接給付する形態であるダイレクトペイメントという新たな給付形態による本人への影響を評価する研究が展開するようになった。このとき、適応行動指標とは独立した形で、自己決定や社会参加、主観的満足感といった指標のみに焦点を当てた研究が行われた。例えば、脱施設化の評価研究を長年実施してきたジェイムズ・コンロイら（Conroy, et al., 2014）は、次のように述べる。

　　「これまでの研究では、スキルの獲得、発達上の進歩、身辺ケアの達成、すなわち、適応行動の上昇を重視してきた。古い思考タイプは、『準備（readiness）』モデルと呼ばれるものであり、人生を選択する権利を『学習して、努力をして獲得する』ように人々に要求するものであった。このようなモデルは、人を変えることに焦点を当てていると厳しく批判されてきた。対照的に、2000年以降の、『自己決定プロジェクト』では、自己決定は人間に本来的に備わる権利と捉え、努力をして獲得しなければならないようなものではない、と捉えられるようになった。すなわち、人々の様々な生活の質が

著しく向上したのは、新しいスキルを獲得したからでもなく、あるいは、新しい権利を努力の結果として得たからでもないということであった。」
（Conroy, et al., 2014：34）

　コンロイらの研究（Conroy, et al., 2014）では、1993年にアメリカ各州で行われたモデル事業である、ロバート・ウッド・ジョンソン財団の「自己決定プロジェクト」のダイレクトペイメント方式による本人への生活の質や自己決定に関わる成果を、適応行動指標とは独立したかたちで評価する研究が行われた。
　海外とは異なり、日本では脱施設化研究の初期の頃から、適応行動指標と独立するかたちで生活の質や自己決定についての研究がなされてきた。日本の研究の最初のものは、河野和代らの研究（河野ら, 1997）と河東田博の研究（河東田, 1998）[6] である。これらは生活の質の内的側面と環境的側面に焦点を当てている。その後のいくつかの研究（森地, 2011；島田ら, 2002a：2002b；南條・仲野, 2005）でも、施設に比較してグループホームの生活の質が向上することが明らかにされた[7]。生活の質の中でも自己決定やそれに影響を与える環境要因に関わる研究（渡辺, 2000[8]；鈴木, 2010[9]）も同時期になされた。また、客観的指標による評価だけではなく、本人の満足感について評価する研究（角田・池田, 2002；南條・仲野, 2005；森地・村岡, 2009）もなされてきた[10]。
　これらの研究は、適応行動指標とは独立して、本人の生活の質や自己決定の機会を検証している。しかし、施設でも地域生活でも、本人は適応行動指標によって評価され、コンロイら（Conroy, et al., 2014）の述べる「人生を選択する権利を『学習して、努力をして獲得する』ように人々に要求する」事態が生じているのが現状である。したがって、脱施設化の実践において、権利獲得の前提として自立能力を習得することが条件となっているかどうか、なぜこのような「準備モデル」が生まれるのか、ということを解明する研究が求められる。

1.2. 家族の地域移行の捉え方

　地域生活への移行についての家族、とりわけ親の不安や抵抗をどのように理解し解決すべきなのかということが脱施設化政策における大きな課題となってきた。脱施設化政策が開始された当初、家族はこの取り組みに反対するなど否

定的態度を示していたことが明らかにされている（Ferrara, 1979；河東田ら, 2000：117-118）。バリー・ウィラーら（Willer, et al., 1981）は、地域生活への移行は、本人と共に多くの家族にストレスを与え、危機的状況を引き起こしたと述べる。また、1976年から1996年までの期間における、スウェーデンのハッランド県、コッパベリィ県、スカラボリ県、ストックホルム県、ヴァルムランド県、ヴェステルボッテン県とオーレブロー県などを対象とした複数の研究資料の結果をまとめたスウェーデン社会庁の報告書では、入所施設解体が1986年に国会で承認された際に、解体の知らせを受けた家族は当初、否定的態度を示していたことが明らかにされた。

　　「文献研究によると、改革に反対をした人たちは、積極的に反対運動をしたり、沈黙したり、消極的であったりと、様々な態度や戦略を行使したことが明確になっている。後者は特に、インタビュー調査の中で見られた親やきょうだいの発言の引用などから多少明らかになってきている。そこには、罪悪感、恥、悲しみ、絶望感、不満、無力感、やる気のなさや意見が反映されないことに対するあきらめなどがみられる。」（河東田ら, 2000：119）

　解体作業が進むにつれ、否定的態度が徐々に減少することも明らかにされたが、家族が否定的感情を抱く背景を解明することが重要な研究課題となってきた（前掲書：118）。家族には積極的な反対運動を展開する人がいたが、多くの場合は、沈黙し、消極的態度を示しながら、罪悪感や不安感を抱いていたことを考慮に入れなければならない。

　脱施設化施策に対する親の否定的態度の背景にある要因を分析した研究には、ラーソンとラーキン（Larson & Larkin, 1991）のものがある。これはアメリカで1989年までに発表された親の態度に関する27の実証的研究の成果を分類し、親が地域生活への移行に反対する理由として、1）施設は地域の居住形態より本人にとって適切であり、2）地域福祉サービスは本人にとって不適切であり、3）地域生活への移行に関わる決定プロセスが非民主的であり、4）移行が本人と親に悪影響を与える、と考えていることを明らかにした。スウェーデンでは、親が否定的態度を示す理由として、1）施設に自らの子を預けるという決定を

した判断が正しかったかどうかを問い自責感を抱くこと、2）生活環境が改善した施設がなぜ解体されるのかが分からないこと、3）今後どのような生活になるのかが予期できず不安なこと、が指摘された（河東田ら, 2000：136）。日本でも、親が地域移行に反対する理由として、1）施設福祉サービスへの安心（①施設福祉サービスへの肯定的評価、②本人の能力の限界への不安）、2）非民主的な意志決定プロセスへの不満、3）地域福祉サービスへの不安（①ノーマライゼーションの原理への不安、②本人への悪影響に関する不安、③本人の経済的負担への不安、④人的・物的な社会支援体制の不備への不安）、4）親への悪影響に関する不安（①介護負担の不安、②親亡き後の不安）が明らかにされた（鈴木, 2006）。

　各国の研究では、脱施設化の実践に親が否定的感情を抱く背景には、施設入所の経緯が関係することも指摘されてきた（Lord & Hearn, 1987；河東田ら, 2000：128）。例えば、スウェーデン社会庁の報告書では、以下のように記述されている。

　　「資料は、移転作業そのものが多くの親やきょうだいにとって非常に負担の大きなものと感じていたことを指摘していた。その理由の一つは、施設解体が、かつて親たちが子を施設に預けるという誤った行為をしたことにより、本人が施設で苦痛に満ちた生活を送ることになったという、家族の行為に対する批判であると解釈したからである。」（河東田ら, 2000：163）

　スウェーデンにおいて施設解体作業が始まったとき、入所施設の劣悪な生活環境が批判され、地域での、より普通の生活に近い生活条件を目指すノーマライゼーションの考え方が普及していった。こうした中で、施設に子を預けた過去の行為自体が批判されていると親は解釈したということである。

　カナダのブリティッシュコロンビア州の州立施設トランクルの閉鎖プロセスを分析したジョン・ロードとシェリル・ハーンの研究（Lord & Hearn, 1987）では、地域生活への移行に伴う家族の感情を理解するために、施設入所時の家族の思いを「危機」という観点から理解すべきだと繰り返し主張されている。障害児を抱える家族は家庭内で養育しようとしたが、その限界に直面し支援を求めてもそれが得られず、家族崩壊の危機に直面した。そして、医療／教育専門

家の勧めで施設入所を決定した。ただし、家族、とりわけ養育責任を担った母親は、施設入所と共に自信喪失や罪悪感を抱えることになると述べられている。

　一方、家族は、地域移行後の本人の生活の様子を見学することによって、当初抱いた脱施設化に対する否定的態度に変化が生じることが多くの研究から示されている。スウェーデン社会庁の報告書では、「報告書によると、総体的には、大多数の家族が移転が終了してみると変革に対して肯定的に考えるようになってきていた」(河東田ら，2000：155) と整理されている。また、カナダにおけるロードとハーンの研究 (Lord & Hearn, 1987：277) では、「施設閉鎖宣言が最初になされたときに多くの家族が経験した脱施設化の危機という問題は、彼等の息子や娘たちが地域に移行したときまでに解決していたということを私たちのデータは示している」と報告されている。マンセルとエリクソンのイギリスを対象にした研究 (Mansell & Erickson, 1996=2000：256) でも、移行に反対した家族は地域生活を見学することで、本人の生活の質を保障する上で地域生活の方が適切だと考えるようになることが明らかになった。

　各国の研究では、家族が肯定的態度をもつようになった要因について報告されている。例えば、スウェーデンでは、本人の変化として、本人の自意識が高まったこと、本人の言語能力が高まったこと、本人が快適な生活をし、喜びを表現し、自発的に何かをするようになったことが指摘されている (河東田ら，2000：155-158)。また、家族と本人の関係性の変化として、家族が他人に邪魔されることなく本人と親密な関係を築けるようになったこと、日常生活の中で自由に本人の住宅に遊びに行けるようになったこと、町の中で出会えるようになったこと、などが指摘されている。

　カナダでは、ロードとハーンの研究 (Lord & Hearn, 1987：277) において、1) 本人が幸福感を抱きながら生活していること、2) 家族が本人の住宅を訪問することが容易になり、家族と本人の関係が改善したこと、3) 本人のスキルが向上したこと、プライバシーや様々な社会参加の機会が保障されるようになったことなどが報告されている。アメリカでは、1) 本人の心理的状況や社会的スキルが改善し、2) 地域の生活環境が施設よりも改善し、3) 地域福祉サービスが施設福祉サービスよりも改善し、4) 支援者が本人に肯定的影響を与え、5) 移行の取り組みが家族にも肯定的影響を与えることが報告された (Larson

& Lakin, 1991)。

　しかし、家族は本人が地域生活に移行した後も、脱施設化政策に対して否定的態度を示す場合があることも各国の研究では示されている。スウェーデンでは、移行後も家族の一部は、本人が孤立し、余暇活動や日中活動が不足し、本人の自立を促す支援が不十分であり、職員数が不足し、何度も新たな政策が実施されるため将来に不安を抱いていたことが明らかにされた（河東田ら, 2000：159-162）。カナダでは、家族が 1）職員が地域生活の仕事に適応できず、離職すること、2）日中活動の機会が不十分であること、3）移行した子どもの将来について不安に感じていることが指摘された（Lord & Hearn, 1987：287-288）。

　これらの研究は本人の能力や家族への影響、施設／地域福祉サービスの質・量という機能的側面から家族の地域生活についての認識を分析している点に特徴がある。しかし、家族の判断や行動を規定する規範という社会構造についての分析はなされていない。例えば、各国の研究で指摘される「本人の様々な社会的スキルの改善」とは、自立する力が向上したことを意味する。自立能力の観点から地域生活の意義を評価することは、自立のスキルが向上しなければ、あるいは、自立能力が低下すれば、家族は脱施設化に賛同せず、再び施設収容形態に賛同しかねないことを意味する。したがって、自立能力を重視する規範が地域移行後の家族の考え方や行動にどのような影響を与えているのかを検討することが重要であろう。

1.3. 職員の専門性

　上記の研究のように脱施設化政策によって、入所施設において蓄積されてきた適応行動の向上や不適応行動の軽減といった治療教育学の専門性が問われることになった。機能障害に配慮した特別なサービスが軽視されると脱施設化評価研究の第一人者であるマンセルとエリクソンは懸念を表明する。

　　「不利益とは訓練と組織的な手続きがより一般的になり、他の領域の専門家も知的障害者のサービスに責任をもつようになるので、知的障害者へのかかわり（特に他のクライエントグループに対するサービスが悪くなっているようにみえる時）や専門的知識へのかかわりが弱くなることである。（中略）"脱分

化"が良いサービスを提供するためのかかわりを少なくしたり、能力を少なくしたりするような方向に行くならば、これは脱施設化政策を脅かすことになるであろう。」（Mansell & Ericsson, 1996=2000：290-291）

さらに、マンセルは社会モデルに代表される権利モデルの台頭によって、障害者の有する機能障害が軽視され、介入や支援が軽視されるようになっている状況を懸念する。

　「脱施設化がなされてきた 25 年間において、知的障害を克服しようと援助する発達保障的介入が優先事項ではなくなってきた。イギリスにおける入所施設から退所した人々の長期調査によれば、入所施設退所後に自立能力が急激に向上するが、5 年、さらに 12 年が経過すると適応行動には変化が見られないことが分かっている。第二世代の地域居住サービスが適応行動上の成果を示すことができていない理由は、過去のように発達保障上の介入がもはや重要視されなくなっているからである。（中略）障害の社会モデルの台頭によって、スキルを獲得し自立するのを援助する介入が軽視されてきた。重度知的障害者が人生にわたって成長し発達し続けることを可能にするためのスキルのある専門的支援ではなく、反差別的実践、選択肢の提供やはっきりとした意図を表明することができる人々への機会提供を重視するスタッフトレーニングに移行しつつある。」（Mansell, 2006：73）

マンセルと同様に、評価研究を数多く実施してきたエマーソンとハットンも地域移行後に新たなスキルを習得し自立することのできない理由の一つとして、「障害の社会モデルやサービス供給の支援パラダイムを無批判に適用している（そのいずれもが知的障害に関連する学習上のインペアメントの重要性を過小評価している——究極的にはその存在そのものを否定している——）」ことを挙げた（Emerson & Hatton, 2005：25）。その上で、「自立（現行の政策の根底にある重要な原則）を向上させるためには単に自然に学習する機会を提供すること以上のことが求められるということが今となっては明らかである。いかに私たちは適切な学習や自立的な行為がなされるように専門的な支援を提供することができるのかという

ことについてより注意深く検討する必要があるのは明らかである」（前掲書：25）と述べる。

　このような状況において、多くの評価研究によって施設から地域に移行しても本人の生活の質が改善されないのは、職員の態度や関わりに問題があるからだとされ（Walsh, et .al., 2010）、個人の行動変容を促す専門的介入が改めて取りざたされる。アメリカでノーマライゼーションを理論化したヴォルフ・ヴォルフェンスベルガー（Wolfernberger, 1981=1982）によるパッシングはスタッフトレーニングとして開発された手法であり、シャーロック（Schalock, 1995）の生活の質理論も組織や専門家のサービス内容を評価し改善するために開発された。

　さらに、個人の行動変容を促す専門性が実証的に証明されることが費用対効果の観点からも重視されている。マンセルは、市場経済主義的な社会において援助に対する効果が重視されるようになり、援助者としては利用者の成長や発達を促す専門性を実証的に提示することが求められるようになると述べる。

　　「市場経済システムにおける政策決定者には、サービスの質ではなく費用と量へと焦点を当て、計画やインフラストラクチャーには費用を当てないように圧力がかかっている。この状況を考えると、サービス利用者の利害を代表する人たちと、サービスの量だけではなく質も重視するサービス提供者が連携することが必要になるであろう。このとき重要なのが、利用者の参加や成長を促すスキルのある援助者として現場のスタッフの役割を再定義することであろう。（中略）

　　このことは経験主義を求めることになる。すなわち、彼らスタッフの意図や意思ではなく彼らの行為の結果によってサービスを評価し、スタッフの教育的且つ仲介的な役割を再発見し、コミュニティのスタッフを増加させることで成果を最大限増大させるようにリーダーシップやトレーニングによるスタッフの援助内容を向上させることである。その目標とは、家族や政治家を地域で生活する知的障害者のいるところに訪問させ、入所施設の援助内容とは明らかに異なり、複合的なニーズがあっても機会を創り出すスキルのある状況を見てもらうことで、彼らを支持せざるを得なくなるだろう」（Mansell, 2006：73-74、下線は筆者）

費用対効果が重視される市場主義社会において、重度知的障害者への働きかけが援助者の専門性を示す成果として改めて着目されている。脱施設化政策の費用対効果についての評価研究においても、効果の指標として自己決定や社会参加といったライフスタイルに関わることだけではなく、適応行動に関わる事柄が重要な指標として評価対象とされてきた。その結果、地域生活では施設に比較して低コストで本人の適応行動が上昇することが述べられている（Jones, et al., 1984）。費用対効果に関わる研究が適応行動を重視している動向については、シャーロックの考え方にも明示されている。

シャーロックは「成果に基づく評価」がプログラム評価では重要だと述べる。彼はこの評価形態を「プログラムの効果・インパクト・費用対効果を分析するために価値のある客観的な本人についての成果を使用するプログラム評価」と定義し（Schalock, 1995：5）、これによって「プログラムの効果や効率性についてのより良い決定が可能になる」（前掲書：5）と述べる。この種の評価形態が重視される背景には1）クオリティ革命、2）消費者によるエンパワメント、3）説明責任の要求の高まり、4）支援パラダイム、5）実用的評価パラダイム、6）機能向上の重視という社会動向があるとされる（前掲書：17）。3）と5）には費用対効果、6）には適応行動を重視する動向が含意されている。

シャーロックは1980年代に適応行動の観点から費用対効果を分析する必要性について主張し、「スキル獲得指標」及び「クライエント移行指標」を発案した（Schalock, 1982）。これらの指標は地域の各居住場所（グループホームやアパートでの自立）及び就労場所（福祉的就労や一般就労）で必要なスキルが例示され、1）本人はスキルをどの程度獲得し、2）スキル獲得によってより自立生活に近い居住・就労場所に何名の本人が移行できたのかを測定している。ここには身体・経済的自立を基本理念とする考え方が端的に示されている。この指標はアメリカ中部ネブラスカの本人を対象とするプログラムにおいて活用されてきた。

シャーロックは、成果に基づく評価を「機能的限界がどの程度減じられ、個人の適応行動や役割地位が向上したのかを重視する」（Schalock, 1995：22）ことと述べており、適応行動を成果の重要な指標として位置づけている。このとき

適応行動は「家庭や地域生活、学校や職場、身体的・精神的健康といった異なる主要な生活活動において適応が成功しうまく機能するために必要な諸行為を意味し」、このうち重要なのは「セルフケア、応答・表現に必要な言語、学習、移動、自発性、自立生活能力、経済的自立」（前掲書：6）と主張する。また、役割地位を「ある特定の年齢グループにとっては普通に行われていると考えられる一連の価値のある活動」と定義し、その具体例として「生活環境、職場環境、教育レベル、社会参加、余暇のパターン、健康状態」（前掲書：7）を挙げている。適応行動と役割地位の向上は、主観的生活の質とも関連すると述べられている（前掲書：10）。

　なおシャーロックは、プログラム評価において満足感のような主観的評価は「個性」を反映するものとして考えており、QI（質の改善）目的のためには客観的指標が重視されるべきだという共通理解があると述べる（Shalock, 2010：4）。客観的指標として想定されている事柄の中には、自己決定や社会参加の他に、適応行動指標を含めた行動や機能に関わることが含まれている。客観的指標と主観的指標の結果が矛盾することが報告されているが、本人が適応行動指標よりも他指標を重視してもサービス評価の観点からは評価されず、「個性」を反映するものとしてしか扱われかねない。シャーロックは、本人の満足感を中心とする主観的生活の質の測定方法と、行動などの客観的生活の質の測定方法による多元主義的方法論がいずれも同様に重要だと述べるが、サービス評価においては客観的生活の質を重視していることが分かる。たとえ本人の主観的評価を重視したとしても、上述したようにその尺度にも適応行動指標が含まれている点については留意すべきであろう。

　このように、シャーロックの「プログラム評価」では施設において蓄積されてきた治療教育学の専門性が障害学の権利アプローチや費用対効果を重視する社会的動向と調和するように再構築されている。この研究のアプローチでは、施設の有する規範を再編させ、費用対効果の観点から本人に不利益をもたらしかねない。施設の規範との関係で職員の行動を分析する研究は数少なく、自立を促す規範を職員がどのように捉えているのかを分析する研究が求められる。

２．障害学の視座：規範／相互作用過程／主体

２．１．脱施設化評価研究の限界：自立規範と相互作用過程

　脱施設化／ポスト脱施設化政策の評価を行う研究者は脱施設化を肯定し、施設化の脅威に挑戦している。この点は脱施設化を主要な運動目標の一つとして活動してきた、世界及び日本の障害者運動の主張と重なる。しかし、これらの研究は、生活条件の平等化と並行して個人の適応行動面における「できない」状態から「できる」状態へと焦点を当てており、そのことをもって本人の脱施設化の成果、家族の脱施設化の肯定、職員の専門性や費用対効果を示す成果を評価してきた。これは、自らの力で「する」／「できる」ことに価値を置くという点で、施設において蓄積されてきた治療教育学の有する能力主義的志向を継承している。

　こうした戦略ではかえって施設化を推進させていくことになるのではないか。評価研究の主要な研究課題の一つは、施設の構造的課題が地域生活でも継続する「ミニ施設化」の実態を改善することにあった。しかし、上記の研究枠組みによる評価研究では、施設から地域生活に移行しても適応行動や不適応行動の状態が変化しなかったり、悪化したりする場合には、施設生活を肯定する結果をもたらしかねない。また、本人と支援者との権力関係、社会制度や物資的条件の不平等性といった構造的問題が看過されかねない。

　先行研究の批判的検討を踏まえると、脱施設化政策の評価研究において求められるのは、障害学において蓄積されてきた社会モデルの視点である。社会モデルという考え方は、2014 年 1 月に日本も批准した国連の障害者権利条約の基盤となる考え方であり、近年になって、日本の障害福祉関係者に徐々に認識されつつあるものである。これは、障害者を「全くかあるいは殆ど考慮せずに、社会活動のメインストリームへの参加から排除している現代社会を原因とする、活動の制限や不利益」（田中，2005：62）を意味する「ディスアビリティ」（社会的不利益）に焦点を当て、その解消を目指す考え方である。

　障害学では、社会モデルを通して社会的不利益がどのように生じているのかを捉える際に社会的な構造と規範／イデオロギーへの視点が重視されてきた。社会モデルを理論化した社会学者のマイケル・オリバーは、資本主義という社

会構造の変化と共に、個人悲劇イデオロギーや障害者を医療の対象とする医療化のイデオロギーを通して、社会的不利益の原因を個人に帰する事態を批判的に検討している。社会構造とイデオロギーに依拠して、入所施設は社会統制のための場となり、施設収容された障害者が専門家への依存関係に置かれ、社会的不利益を被ることになるとオリバーは主張した（Oliver, 1990=2006：64）。そして、施設ケアの運動も脱施設化を求める運動も同じ解釈枠組みに組み込まれており、脱施設化政策や地域生活支援の場でも施設が構築される過程を検証する必要性があると述べている（前掲書：77）。

　障害者運動において問題視されてきた支配的な規範の一つに自立の規範がある[11]。自立規範とは、他者の支援を受けることなく、身体的且つ経済的に自らの力で行えるようになることを求め、これらの自立能力が達成されたときに社会一般と同等の生活条件が得られるが、達成されないときには得られない、という規範である。社会学者の市野川容孝は、近代社会における個人主義の原理について次のように述べている。

　　「近代の個人主義は、すべての人間に自由を与えてきたわけではない。自立能力をもつ者だけが自由を享受してきたのであって、この能力を欠いているとされた人間に対しては、まさにそのことを根拠として、様々な抑圧や暴力が正当化されてきたのである。」（市野川, 1999：148）

　障害者の場合は、自立能力が達成されないときに、社会一般とは異なる生活条件として、入所施設、あるいは、精神科病院で生活することを余儀なくされてきた。自立規範が存在する要因の一つには、社会の負担や費用を削減させ、社会を利する生産性をつくり増大させるという観点があった。すなわち、社会全体の防衛や功利という観点（社会防衛論／功利主義）が、自立規範を障害者に要請してきたと考えられる。

　医療・リハビリ・教育・福祉の領域において、障害者は自立することを求められるが、それができない自らの身体に対する否定的自己像を押し付けられ、地域生活から隔絶した施設への入所を余儀なくされることによって、ディスアビリティを被ってきた。障害者運動は身体障害者によって開始されたが、知的

に障害のある人々も同様のディスアビリティを経験してきた。自立規範に対抗するかたちで、障害者運動は1）社会あるいは他者の支援を受けながら、2）地域で自らの生活を自ら決めていくことを求めた（安積ら，2012：414）。これは、新しい自立観と呼ばれる。こうした自立をめぐる考え方の転換を通して、肯定的アイデンティティ、自己決定や当事者主体といった新しい価値を創り出した（田中，2005：46）。近年では、知的障害者の自立生活を考える上で、1）社会や他者の支援を受けながら、2）決定するという意味での新しい自律観という考え方も主張されるようになった（岡部，2010）。

　入所施設というフィールドでは、本人とその家族、あるいは、そこで働く職員は、施設入所や施設での生活／実践を通して、自立規範やそれに依拠する社会構造によって態度や行動が規定される側面がある。したがって、脱施設化という研究テーマを取り上げる際は、自立規範に着目することが求められる。

　では、社会の構造や規範による社会的不利益の生成過程をどのように分析すべきなのかを検討しよう。アメリカで長年脱施設化研究を行ってきたスティーブン・テイラー（Taylor, 1988）は、アメリカの脱施設化政策は最小制約環境原理（least restrictive environment）に依拠していたが、この規範は能力主義を前提とする結果、地域の居住支援体制においても自立能力の程度に応じて自由度の異なる居住形態の連続体の仕組みが作られると述べた。連続体とは、「制約（restrictiveness）の程度に応じて異なる処遇の順序付けがなされること」を意味し、「最も制約された環境は最も隔離され最も集中的サービスが提供され、最も制約のない環境は最も統合され自立していて、最小のサービスが提供される」ことを意味する（前掲：220-221）。本人は個人の自立能力に応じて連続体のどこかに位置づけられ、スキルを伸ばせばより制約の少ない処遇環境に移行できる（前掲：220-221）。

　テイラーの主張は、たとえ脱施設化や地域移行の政策が行われても、最小制約環境原理という規範に依拠するがゆえに、地域の居住支援体制を包摂しながら自立能力に依拠して序列化された体系が形成されることを明らかにした点で重要である。従来の脱施設化の評価研究では、自立能力に依拠する規範が地域において継続する問題を批判的に検証した研究はなされてこなかった。したがって、脱施設化／地域移行政策に埋め込まれた自立規範と、それに依拠する

序列化された居住支援体制を批判的に検証することは重要である。

　しかし、テイラーの分析では、以下の点で限界がある。第1に、自立規範が静態的なものと捉えられており、居住支援体制の連続体の中でどのように人々によって捉えられているのかが不明であるという点である。この結果、個々の本人や周囲の関係者の生の固有性が排除されかねない。第2に、序列化された連続体の中で、本人や周囲の人々の考え方や行動は自立規範によって受動的に枠づけられる存在と捉えられており、構造自体に働きかける可能性については言及されていないという点である。

　このとき、文化人類学者の丸山里美による女性ホームレス研究の視点が参考になる。丸山は女性ホームレスの存在様態と生活世界についてエスノグラフィによって描写しながら、女性がホームレスになるメカニズムと、彼女たちの固有の経験を明らかにした（丸山, 2021）。この研究において、「福祉制度は性別役割分業を行う近代家族を優遇するという形で、支配的な女性役割に沿って女性を方向づける規範的な体系として現れており、女性たちは福祉制度を利用する以上、それから逃れることはできない」と述べる（前掲書：23）。日本の女性ホームレスを対象とした福祉体制でも、福祉受給の要件として、稼働能力の有無だけではなく、「社会通念として支配的な女性役割にかなうか否かがより重要になっている」ことが明らかにされた（前掲書：94）。

　しかし、丸山は制度の運用場面では、制度にある支配的な規範のみで人々の考え方や行動が規定されるわけではないと述べる。

　　「個別の制度が運用される実際の場面では、自治体やケースワーカーの裁量が大きく、こうした規範的な体系が個別の女性たちの生につねに影響を与えているわけではない。そしてそれぞれの場面によって行われる方向づけは異なっており、ジェンダーはしたがうことを期待される複数ある規範のなかのひとつにすぎず、ジェンダーを引き合いに出しながら持ち出されるこうした規範も、制度を運用する人や時代や地域を通じて一定であるわけではない。（中略）個々の女性ホームレスが福祉制度を利用することと引き換えになにを期待されるのかは、制度の体系に埋め込まれた規範だけではなく、それが行使される場面にそくして具体的に見ていく必要があるだろう。」（丸山,

2012：23）

　すなわち、人々と規範の動態的関係を捉えていくためには、制度分析と共に、制度の運用場面である人々の相互作用過程を分析することが重要であるということである。

　社会学者の星加良司はこれまでのディスアビリティ理論を検討し、「社会的活動そのものは制度的な位相においてなされる場合でも、それに参与する個人にとっては自己の内的過程やミクロな相互行為過程が重要な意味を持つことがあり、とりわけ障害者のインペアメントの経験はディスアビリティの経験と不可分に結びついているという観点から、非制度的位相への着目の必要性」（星加，2007：324）を主張した。その上で、星加は「非制度的位相はディスアビリティの生成のみに関与するのではない。そこには、内的過程における『自己信頼』の獲得や社会的場面におけるインペアメントの脱スティグマ化、そしてそれらを支える他者との関係性や相互行為によって、ディスアビリティの増幅を反転させ、その解消へと向かう経路がある」（星加，2007：324）と述べる。相互作用過程では、ディスアビリティが生成されるだけではなく、解消されたり、再編されたりするという動態的過程が生じる。

　本研究では、知的障害というインペアメントを有するとされた人々とその周囲の人々の相互作用過程に着目しながら、制度的位相との関係でどのように社会的不利益が生じ、あるいは、解消され、再編されるのかという動態的過程を分析する。テイラー（Taylor, 1988）のいう能力主義に基づく「住み分け」は、脱施設化の実践を行っても現実社会で継続する。このとき、脱施設化研究において問わなければならないのは、こうした現実に生きる人々が自立規範をどのように捉えているのかという固有の経験を明らかにし、さらに、なぜこのような自立能力による「住み分け」が解消されないのかということである。

2.2. アーヴィング・ゴッフマンの施設論の限界：
秩序の変容可能性とエイジェンシー

　施設の相互作用過程を分析した研究に、社会学者アーヴィング・ゴッフマンの『アサイラム』がある（天田，2007）[12]。彼は、1955年から1956年にかけて

アメリカの公立精神科病院で1年間のフィールドワークを行い『アサイラム』を執筆した（Goffman, 1961=1984：i）。そこで「全制的施設」という概念を提示し、「多数の類似の境遇にある個々人が、一緒に、相当期間にわたって包括社会から遮断されて、閉鎖的で形式的に管理された日常生活を送る居住と仕事の場所」（前掲書：v）と定義する。その上で、「全制的施設」の特徴は1）生活の全局面が同一場所で同一権威に従って送られ、2）構成員の日常活動の各局面が同じ扱いを受け、同じことを一緒にするように要求されている多くの他人の面前で進行し、3）毎日の活動の全局面が整然と企画され、一つの活動は予め決められた時間に次の活動に移り、つまり諸活動の順序全体は、上から明示的な形式的規則体系ならびに一団の職員によって押し付けられ、4）様々の強制される活動は、当該施設の公式目的を果たすように意図的に設計された単一の首尾一貫したプランにまとめあげられる点にあると述べる（前掲書：6）。

　職員にとっては、多数派である被収容者との関わりの中で、いかに病院の秩序を維持するのかということが重要な課題となる。被収容者は、施設入所を通して様々な「無力化の過程」を経ることになる（前掲書：14-51）。すなわち、1）出身地域では自明だった生活様式や習慣を喪失し、2）教育や職業の機会、異性との交際や養育といった様々な社会的役割を失い、3）氏名や私物などのアイデンティティを失い、4）自らに関する情報や身体への侵襲などを経験する。このような管理的対応を無理に行えば、失われたものを取り戻すべく被収容者の側からの激しい抵抗が生じかねない。

　このため、施設の秩序を維持するために、別の仕組みが必要になる。ゴッフマンは「無力化の過程」と並行して「特権体系」が教えられ始めると述べる。すなわち、1）厳格な生活日課を明示するルールが示され、2）職員に対する従順を交換条件とする「特権」が示され、3）ルール違反の結果として「特権」の停止など「罰」が科されるのだという（前掲書：51-53）。例えば、喫煙や飲酒、外出や交際などは入居者が出身地では当然のごとく享受している事柄ではあるが、入所施設では従順に振る舞うことによってどうにか手に入れることができる「特権」となる。こうした「特権」を獲得するために、あるいは「罰」として剝奪されないために、被収容者は入所施設のルールを従順に守るように意識付けされる。こうした「特権体系」の最終目標こそ、「無力化の過程」に対し

序　章　研究の視点と問い　41

て不満を抱え抵抗する入居者から協調性を得ることに他ならない（Goffman, 1961=1984：55）。

　ゴッフマンは、全制的施設の無力化・特権体系に対して被収容者が採用する方法として、「第一次的調整」と「第二次的調整」があると述べる（前掲書：200-201）。「第一次的調整」は、被収容者が施設の規範に協調的に生きることを意味する（前掲書：200）。「第二次的調整」は、「職員に真っ向から挑戦することはないが、被収容者には禁じられている満足を得させる、あるいは禁じられている手段によって許容されている満足を得させる実際的便法」（前掲書：57）、「施設が個人に対して自明としている役割や自己から彼が距離を置く際に用いる様々の手立て」（前掲書：201）を意味する。その上で、精神施設において個々の被収容者の苦境に対峙する「第二次的調整」として、1）周囲の出来事に関与することを避け自らの世界に閉じこもる「状況からの引き籠り」、2）意識的に職員との協力を拒絶する「妥協の限界線」、3）施設で入手できるものから最大限の満足を得ることで安定した生活を確立しようとする「植民地化」、4）職員の見解を受け入れ非の打ちどころのない被収容者役割を遂行しようとする「転向」という方法があると述べられている（前掲書：59-68）。

　このような仕組みを成立させる前提として、被収容者と職員の間に「役割分離」（前掲書：99）の関係性があるという。つまり、両者の間には、「根源的裂け目」（前掲書：7）があるということである。ゴッフマンは、一時的に被収容者と職員の境界線が破られ、「役割（からの）解除」（前掲書：100）が生じる事例を紹介するが、これは施設の秩序を維持するための「儀礼」と捉えられる。例えば、所内報で職員は被収容者の質問に応じたり、記事にされたりして、被収容者である記者や読者の統制を受ける。また自治会や集団療法における患者の主体的活動や、年次パーティや素人芝居における「無礼講」や「施設批判」の許容、オープン・ハウスにおける職員と被収容者の協調において「役割解除」が生じる（前掲書：100-105）。

　ゴッフマンは、被収容者と職員が単なる「儀礼」としてではなく、境界線を越えた関係を形成する状況にも言及するが、この種の「危険」が生じた際に職員はその場から退去してしまうという。職員は「仲間であるという感情」や「愛情」をもち、被収容者が「人間に見えて」きて「自分も痛みを覚えるよう

な立場」に置かれる場合がある。しかしこのような「危険」が生じた際は、職員は「文書事務とか委員会の仕事とかあるいは他の庶務的日常業務に閉じ籠ってしまう」（Goffman, 1961＝1984：85-86）。ここには、職員が「役割分離」（前掲書：99）の関係性を再構築し、施設の秩序が維持される状況が示されている。

この結果、被収容者が施設に対して、「第二次的調整」を行使しても、施設の無力化・特権体系は変わることなく、施設の秩序は維持されることが述べられる。『アサイラム』では、被収容者と職員、被収容者同士の相互作用過程を通して、無力化・特権体系という秩序が構築される状況が描かれた点に研究の意義がある。しかし、被収容者はアイデンティティ管理を行う主体として構造に規定される存在として描かれ、構造自体に働きかける側面に焦点が当てられていない。

ポスト構造主義において、人々は規範に従属して構造に規定されるだけではなく、規範や構造に働きかけ交渉し、変容させる存在として捉えられてきた。ミクロな相互作用過程における各行為者は、規範によって規定されながらも、規範に働きかけたり、それと交渉したりしながら、行為遂行的に主体が形成される側面に着目することが重要である。このとき、相互作用過程における各行為者を、行為遂行的な言説実践によって主体を作り出す「エイジェンシー」（Butler, 1990＝1999；田辺, 2008：34-35）と捉えたい[13]。

「エイジェンシー」は、女性学のジュディス・バトラー（Butler, 1990＝1999；Butler, 1997＝2004）による用語である。バトラーは、権力がいかに「エイジェンシー」による言説実践を通してセックス、ジェンダー、セクシュアリティを構築するのかを探求している。主体を言説実践によって行為遂行的に構築される自己の位置や自己像と捉えることが重要である（田辺, 2002：17）。バトラーは『ジェンダー・トラブル——フェミニズムとアイデンティティの攪乱』において、フーコーの系譜学的批評の方法によって、権力がいかに「エイジェンシー」による言説実践を通してアイデンティティを構築するのかを検討した（Butler, 1990＝1999）。この結果、男女のカテゴリーの中でジェンダー、セクシュアリティ、セックスが矛盾なくつながると考える「首尾一貫」したアイデンティティの論理が社会的に構築されたものであり、ジェンダーを規定する法がセクシュアリティやセックスを結果として生み出す社会的機制を明らかにした（前

掲書：291)。そして、「主体は、主体を産出する規則によって決定されるのではない。なぜなら、意味づけは基盤を確立する行為ではなく、反復という規則化されたプロセスであるからだ」(前掲書：254) と述べた上で、アイデンティティの攪乱について次のように述べる。

　「アイデンティティの攪乱が可能になるのは、このような反復的な意味づけの実践の内部でしかありえない。これこれのジェンダーであれという命令は、かならずその失敗を生みだし、その多様性によってその命令を超え、またその命令に歯向かうさまざまな首尾一貫しない配置を生み出す。」(前掲書：255)

　ゴッフマンの理論では、このようなアイデンティティの攪乱された状況や、規範や秩序の変容可能性が見出せない。この点については、「エスノメソドロジー」の観点からも指摘されている (Winance, 2007；山田, 1991a；山田, 1999)。例えば、山田富明は次のように述べる。

　「『相互作用秩序』を絶対化するという罠に陥らないために、ゴッフマンの『聖なる自己』を『心身障害者を差別・排除する、メンバーの身体に浸透したエスノメソッド』と読み替えていく必要があるだろう。そこから初めて、具体的な状況に即して身体・感性レベルで受肉化されたメンバーの方法をラディカルに中断する可能性も生まれてくるだろう」(山田, 1991a：189-190)。

　山田は、自己を媒介にして維持される社会的機制を江原由美子 (1988) の議論を援用して「権力作用」と表現する (山田, 1991b：254)。
　障害学では、権力作用によるアイデンティティの構築を特に専門家や家族との関係から検討する研究がなされてきた (Thomas, 2007：96-102)。例えば、アーヴィング・ゾラ (Zola, 1977=1984) は、社会一般が「健康」や「進歩」に過剰な価値を置く「健康主義」や「進化論」といったイデオロギーが、医療専門職や医学の権威と結びつくことで「医療化」が進行したと述べる (前掲書：66-68)。彼は「医療化」の結果、1) 社会環境に起因する事柄が個人の責任とされ、2)

医療行為が道徳的に中立な行為として正当化され、医療行為に不満をもっても患者の異議申し立ては困難になると述べた（前掲書：87）。杉野昭博（杉野,2007：77-112）は、ゾラに代表されるアメリカ障害学は社会一般のイデオロギーに焦点を当てた結果、ディスアビリティが個人の内面に生じる状況を分析することが可能になったと述べる。

　このような主体形成の仕組みは、哲学者ミッシェル・フーコーの「主体化＝従属化」の議論と重なる。フーコー（Foucault, 1975=1977；1976=1986）は、近代の権力は1）規律・訓練によって個人の身体をある一定の型に規格化し（フーコーはこれを「生―権力」と呼ぶ）、2）個人が「主体化」することによって彼らを権力に「従属化」させ、3）立場や階級／階層に関わりなく社会の隅々にまで影響を及ぼす点に特徴があると述べる（杉田, 1998：52-59）。フーコーは『監獄の誕生』（Foucault, 1975=1977：198-228）において、権力を監獄内で作動させる装置として「パノプティコン」を指摘した。「パノプティコン」は、中心の塔から周囲の円環上の建物に配置された独房を監視する装置である。ゴッフマンの描く施設の構造は、まさに「パノプティコン」である。「パノプティコン」の下では、被収容者は職員によって「見られる」ことを意識しながらアイデンティティ管理を行い、被収容者として期待された主体となる。

　このとき重要なのは、被収容者は「役割としての自己」から距離をとり、それを演出しながら生の充実を図る「自由」がみられる点だ。被収容者は施設に規定された「アイデンティティを躱すこと」（Goffman, 1961=1984：197）によって、ディスアビリティを無効化しうる。杉田敦（杉田, 1998：74-75；2000：86）が着目するように、フーコーは権力には「自由」への「抵抗」の契機があると主張する（Foucault, 1976=1986：123）。フーコーが想定する権力に対する「抵抗」は、権力の外部からその払拭を目指す一つの中心的存在による「解放」や「革命」ではなく、権力の内部にあるからこそそれを変容させる強かな実践を意味する。

　権力の内部にありながらも、それに働きかけるための具体的方法は、哲学者ミシェル・ド・セルトーの述べる「戦術」にも重なる。セルトーは、戦略を「ある意志と権力の主体（企業、軍隊、都市、学術制度など）が、周囲から独立してはじめて可能になる力関係の計算（または操作）」（Certeau, 1980=1987：101-

序　章　研究の視点と問い　45

102）と呼び、それに対して、戦術を「自分のもの（固有のもの）をもたないことを特徴とする、計算された行動」と呼ぶ。その上で、次のように戦術の特徴について述べている。

　「戦術にそなわる場所はもっぱら他者の場所だけである。したがって戦術は、自分にとって疎遠な力が決定した法によって編成された土地、他から押しつけられた土地のうえでなんとかやっていかざるをえない。（中略）所有者の権力の監視のもとにおかれながら、なにかの情況が隙をあたえてくれたら、ここぞとばかり、すかさず利用するのである。戦術は密猟をやるのだ。意表をつくのである。ここと思えばまたあちらという具合にやってゆく。戦術とは奇略である。」（Certeau, 1980=1987：101-102）

　本研究では、施設の被収容者が活用する戦術を「生活戦術」と表現し、検討したい。これは、ゴッフマンの施設論では、「第二次的調整」に相当する。すなわち、規範によって禁じられている「満足を得させる、あるいは禁じられている手段によって許容されている満足を得させる実際的便法」（Goffman, 1961=1984：57）に他ならない。
　一方、施設では被収容者だけではなく、職員も国の制度によって決められた戦略の中にありながら、様々な戦術を行使して権力に対して働きかけていると考えられる。教育学者の堤英俊（提, 2019）は、特別支援教育の現場での相互行為過程における生徒と教師の能動的側面に着目して、前者を「生活戦略」、後者を「職務戦略」と表現している。本研究でも、この研究のように、制約された条件の中でも本人の生活の質を可能な限り向上させること、すなわち、本人の生活の質を最適化させるために職員が活用する方法にも着目し、それを「職務戦術」と表現して分析したい。

3．研究の問いと本書の構成

3.1. 研究の問い

以上、本書の依拠する分析の視点は、以下の通りである。すなわち、脱施設化の評価研究の批判的検討を踏まえた上で、本研究の調査結果の分析に際しては、障害学で蓄積された社会モデルの視点を採用することを述べた。

このとき、障害者にとっての社会的不利益を生み出す支配的な規範の一つである自立規範に焦点を当てる。自立規範とは、他者の支援を受けることなく、身体的且つ経済的に自らの力で行えるようになることを求め、これらの自立能力が達成されたときに社会一般と同等の生活条件が得られるが、達成されないときには社会一般とは異なる生活条件を課せられる規範である。とりわけ本人の場合には、社会一般とは異なる生活条件として入所施設での生活を余儀なくされてきた。自立規範に着目しながら、制度的位相との関係で非制度的位相である行為者間の相互作用過程を通して、どのように本人にとっての社会的不利益が生じ、解消され、再編されるのかという動態的過程を分析したい。このとき、制度的位相には、組織の構造、行政との関係、制度や政策の動向といった事柄が含まれる。

このとき、ゴッフマンの施設論を批判的に継承しながら、行為者が自立規範に依拠する構造に規定されながらも、戦術を駆使してこの構造に働きかけたり、自立規範とは異なる他の基準を参照しながら行動したりすることを通して、行為遂行的に主体が形成される実践過程に着目する。すなわち、行為者を行為遂行的な言説実践によって主体を作り出す「エイジェンシー」と捉えたい。

以上の視座に依拠しながら、本書において分析する研究の問いは、以下の通りである。すなわち、障害者自立支援法制定期の歴史的・制度的構造において、社会福祉法人によっていかなる施設閉鎖の実践が行われ、この結果、施設設立時の自立規範はどのように変容し、再編されてきたのかということである。

この問いを解明するために、以下の分析テーマを設定した。すなわち、自立規範と相互作用過程に焦点を当てながら、1) 1980 ～ 2020 年代の入所施設とグループホームの制度規定の根底にある知的障害者観／処遇観がどのように構築されてきたのか、2) 1980 ～ 1990 年代における施設入所や施設生活がどのように行われてきたのか、3) 2000 年代になぜ、どのように施設閉鎖が行われ

序　章　研究の視点と問い　47

たのか、4）2000年代の施設閉鎖の実践によって、地域移行や地域生活がどのように行われてきたのか、ということである。研究方法は、2000年代に入所施設の閉鎖をしたＡ法人を対象にして、エスノグラフィによる調査を行った。

　この問いへの解を明らかにすることを通して本書が目指すのは、以下の通りである。

　第1に、本人・職員・家族の固有の経験や意味世界の観点から施設入所から施設閉鎖、地域移行後における生活の具体的な相互作用過程の実情を詳細に描き出すことにある。これまでの脱施設化に関わる評価研究は、量的研究が中心であるため、関係者がどのような固有の経験を有しているのか、どのようなプロセスを経て脱施設化の実践が展開するのかということについて、明らかにされてこなかったからである。とりわけ2000年代の障害者自立支援法制定期において施設閉鎖を行う法人が出現したが、これらの法人によってどのような実践が行われていたのかということについての研究は皆無である。

　第2に、自立規範と相互作用過程という観点を取り入れることによって、脱施設化評価研究の研究枠組み自体の改変を目指すことである。本章で述べてきたように、これまでの評価研究の枠組みでは自立規範への批判的観点が欠如しているため、地域生活であっても本人の生が統制されるメカニズムが十分に明らかにされてこなかったからである。

　第3に、秩序の変容可能性の観点を取り入れることによって、施設における本人と周囲の人々との間にある新たな関係性を提示するということである。社会学におけるゴッフマンの施設論では被収容者と職員の関係は役割分離を前提としており、秩序の変容可能性が見出せず、現行の体制を肯定しかねない危険性があるからだった。

3.2. 本書の構成

　本書の第一部では、行為者の相互作用過程を歴史・制度的構造に位置づけるため、1980～2020年の入所施設とグループホームの制度の規定と動向を分析することを通して、各年代の居住支援政策に埋め込まれた知的障害者観／処遇観を明らかにしたい。第1章は1980～1990年代、第2章は2000～2020年代までの入所施設とグループホームの制度上の規定と動向について検討する。

第二部から第四部では、A法人における調査結果に依拠して分析したい。第二部の第3章と第4章は、A法人の施設閉鎖の実践やその後の展開を施設入所の経緯を踏まえて分析するために、1980 ～ 1990 年代になぜ、どのように施設入所がなされ、どのように施設生活が行われたのかということを家族と本人の観点から検討する。

　第三部では、2000 年代に、なぜ、どのように施設閉鎖が行われたのかを明らかにする。第5章では、なぜ施設職員が施設閉鎖を行ったのか、第6章から第8章では、どのように職員は施設閉鎖を行ったのかを1）組織への働きかけ、2）町行政への働きかけ、3）本人と家族への働きかけの観点から検討する。

　第四部では、2000 年代の施設閉鎖の実践によって、地域移行や地域生活がどのように行われてきたのかを明らかにする。第9章では、施設と地域の生活実態を明らかにする。その上で、第10章から第12章では、本人・家族・職員は地域移行や地域生活をどのように捉えているのかを検討したい。

　終章では、本研究の成果を整理し、先行研究と比較し研究の意義を述べた上で、本研究から示唆される日本の脱施設化政策の課題と展望について述べたい。

第一部
居住支援政策における知的障害者観／処遇観

第 1 章　入所施設とグループホームの制度と動向 :1980 ～ 1990年代

　第一部では、行為者の相互作用過程を歴史・制度的構造に位置づけるため、1980 ～ 2020 年の入所施設とグループホームの制度の規定と動向を分析することを通して、各年代の居住支援政策に埋め込まれた知的障害者観／処遇観を明らかにしたい。研究の方法としては、1) 国の関連法規、省令、通達、答申、報告、計画などを対象とした言説分析を行い、2) 国の社会福祉施設調査／「社会福祉施設等調査」(e-Stat に依拠) や国民健康保険団体連合会 (以下、国保連)、各民間団体が発行する報告書の統計データを補完的に活用しながら分析したい。

　第 1 章では、1980 年代から 90 年代における社会保障政策の特徴を概観した上で、この時期の知的障害者を対象とする入所施設とグループホームの制度は、1) どのような対象者をどのような居住の場に配置し、2) 各居住の場をどのような居住環境と規定し、3) 各居住の場と地域社会との関係をどのように捉えているのか、を明らかにしたい。

　日本における知的障害者入所施設の関係者の言説を分析した研究に、寺本晃久 (寺本, 2004) の研究がある。寺本は「施設は、障害に関わる概念や言説や感情を生み出すことにおいて、障害者の生を規定している。そこで、施設という『場』がいかなるものとして構成されているのかを問う作業がありうる。物理的に区切られた『場』が、いかに形成され、分化し、変容していたのか。そこでいかに障害概念や言説が形成され分化したのか。そうしたことを問う歴史を構想することができる」と主張する (前掲書：143)。

　本章及び次章の入所施設やグループホームの制度規定の分析も寺本の問題意識を共有しており、これらの場が障害者の生のみならず、そこで働く職員、さらには、障害者の家族の考え方や行動をも規定するものと捉えたい。本書は自立規範を分析の対象とするが、この規範も入所施設やグループホームの制度規定の影響を踏まえて検討することが重要である。

　寺本の論文は、1970 ～ 80 年代の旧・日本精神薄弱者愛護協会 (現・公益財団

法人日本知的障害者福祉協会）の機関紙『愛護』に掲載された施設関係者の記事を分析している。この結果、80年代にノーマライゼーションが導入され施設福祉から地域福祉への転換が進められたが、70年代初頭にはすでに施設の存立自体が問題化されたことが示された。その上で、1) 70年代はノーマライゼーションが施設の否定ではなく、施設環境のノーマル化・社会化と専門性の追求と捉えられ、2) 80年代は施設の外に対してサービスを行う役割や、連携を受け持ち人材や専門性を地域に提供する福祉圏の中核・拠点としての役割が期待されたと寺本（寺本, 2004）は指摘する。

　本章及び次章の分析は、1) 1980 ～ 2020年代の時期における、2) 入所施設だけではなくグループホームの国の政策上の言説を、3) 対象者と居住の場／居住環境／地域社会との関係の観点から考察する点に特徴がある。

1．1980 ～ 1990年代の社会保障政策の特徴

　第1節では、1980 ～ 1990年代の社会保障政策の特徴を概観したい。この時期の社会保障政策については、すでに多くの研究者が指摘している（国立社会保障・人口問題研究所ホームページ；萩原, 2019）。これらの研究も参照した上で、本研究に関係のある入所施設や地域移行に関わる言説に焦点を当てて、この時期の社会保障政策の特徴をみていきたい。

1．1．1980年代：日本型福祉社会

　日本政府が「福祉元年」と宣言した年でもある1973年、そして、1978年の2度のオイルショックを経て、経済が低成長期に移行すると、社会保障・社会福祉費の膨張は国の財政にとって大きな課題となった。この結果、国会では、従来の社会保障や福祉制度のあり方を見直す議論が展開する。1974年2月に、厚生省・社会保障長期計画懇談会は、「社会福祉施設整備計画の改定について」を発表し、そこには、「従来の施設収容偏重の考え方から脱皮し、在宅福祉対策重視の考え方を明確にすべきこと（在宅サービスの拡充と並んで、通所・通園施設の整備を一つの重点とすること）」と述べられた。

　1979年8月10日の閣議決定では、「『新経済社会7カ年計画』について」が

策定された。ここには、「エネルギー事情等一段と厳しさを加えつつある国際情勢を踏まえ、我が国経済を新しい安定的な成長軌道に乗せ、質的に充実した国民生活を実現するとともに国際経済社会の発展に積極的に貢献していかなければならない」と述べられている。この中で、「高齢化社会への備えと対応」、「大都市への集中から地方への分散へと転換」、「国民の意識が量的拡大から生活の質の向上への転換」が起こった結果、「国民の公共に対するニーズは、住宅や生活関連社会資本の整備、社会保障の充実、教育文化施策の充実等を中心に高まっていくであろうが、これを従来どおりのやり方で充足していけば、公共部門が肥大化して経済社会の非効率をもたらすおそれがある」と懸念が述べられた。このため「効率のよい政府は、活力があり発展性のある経済社会の基本であり、これを実現するためには、高度成長下の行財政を見直して、施策の重点化を図り、個人の自助努力と家庭及び社会の連帯の基礎のうえに適正な公的福祉を形成する新しい福祉社会への道を追求しなければならない」と述べられた。この方向性は当計画において「日本型福祉社会」と表現され、1980 年代の社会保障政策の方向性を規定していくことになった。

　日本型福祉社会の特徴とは、「個人の自助努力」、「家庭及び近隣・地域社会等の連帯」を基盤としながら、効率のよい政府が「適正な公的福祉」を重点的に行う「新しい福祉社会」を意味する。具体策として、「ホームヘルプサービス等の拡充及びデイサービス、ショートステイサービス等既存施設の地域社会への開放の推進等による在宅福祉サービスの充実を図る」、「老人、障害者等の機能の回復、児童の健全育成などを目的とし、地域福祉の基盤の強化につながる通所、利用施設の整備を図る」、「収容施設については、ねたきり老人、重度の心身障害者等の施設の重点的整備を図る」ことなどが提示された。

　すなわち、この時期の日本型福祉社会という考え方は、公共部門の費用を抑制し、効率的な経済システムを構築することを目的としており、そのための方策として、入所施設は重度障害者などの対策へと重点化させ、それ以外の障害者は在宅福祉サービス、あるいは、家族や地域社会のインフォーマルなケアによって対応する方策が打ち出されたということである。社会福祉という公共部門における費用抑制と効率的な経済システムの構築のために、施設ケアの効率化と地域の在宅ケアの活用が目指されることになった。

1981 年、財政危機を打開する必要から「増税なき財政再建」のための方策を検討するため、第 2 次臨時行政調査会（以下、臨調）が設置された。臨調は、1983 年に高率補助金の総合的見直しを求める最終答申を行った。この結果、1985 年度に社会福祉施設の措置費の国庫負担割合を 8 割から 7 割に削減する措置がとられた。1986 年度には、入所措置事務の機関委任事務から団体委任事務への変更、社会福祉施設の措置費の国庫負担割合の 5 割への削減、在宅福祉サービスについての国の補助割合の 5 割へと引き上げがなされた（国立社会保障・人口問題研究所ホームページ）。

1．2．1990 年代：社会福祉基礎構造改革

1980 年代後半になると、社会福祉制度の改革のための提案がなされるようになる。

臨調を引き継いだ臨時行政改革推進審議会（以下、行革審）は、1990 年 2 月に最終報告として「臨時行政改革推進審議会・行財政改革推進委員会報告」を発表した。同報告は、公私の役割分担を基礎とした「活力ある福祉社会」を目指すために、国民負担率の抑制を図り、規制の削減、政府事業の見直し、民間活力の活用を推進することを提言した。この中で、「高齢化に伴う国民の身近な不安は，痴呆，寝たきりなどの状態になることやその時の家族の負担が過重なことにある。この不安を克服するため，福祉関係の人材の確保に努めつつ，施設，在宅サービスの大幅な拡充を進めるとともに，医療の在り方も見直していく必要がある。このような努力により，地域社会の機能を重視しつつ，保健，医療，福祉を通じた総合的なシステムを確立することを，今後の社会保障政策の重点とする」と記された。日本型福祉社会は家族や地域社会のケアに依拠する考え方だったが、家族機能自体が脆弱化しているという問題意識ゆえに、施設や在宅サービスの大幅な拡充や医療のあり方の見直しが提案された。

民間の社会福祉関係者からも社会保障制度改革の提案がなされた。1986 年 1 月に中央社会福祉審議会、身体障害者福祉審議会、中央児童福祉審議会からなる福祉関係三審議会合同企画分科会が設立され、当分科会は 1989 年 3 月 30 日に「今後の社会福祉のあり方について（意見具申）」の提言を行った。この中で「昭和 20 年代にその骨格が形成された現在の社会福祉制度を取り巻く環境は、

高齢化，国民意識の多様化・個性化，家族形態の変化、所得水準の向上等に代表されるようにその後大きく変化してきている。このような状況の変化を踏まえ，これに的確に対応した人生80年時代にふさわしい社会福祉の制度を構築することは急務である」と述べられた。すなわち、急激な高齢化や平均寿命の伸長、都市化や過疎化等による福祉的機能の脆弱化、核家族化の進行や女性の社会進出の拡大等による家庭の福祉的機能の低下といったことが指摘された。

その上で、1) 市町村の役割重視、2) 在宅福祉の充実、3) 民間福祉サービスの健全育成、4) 福祉と保健・医療の連携強化・総合化、5) 福祉の担い手の養成と確保、6) サービスの総合化・効率化を推進するための福祉情報提供体制の整備といった「基本的考え方」に基づき、1) 社会福祉事業の範囲の見直し、2) 福祉サービス供給主体のあり方、3) 在宅福祉の充実と施設福祉との連携強化、4) 施設福祉の充実、5) 市町村の役割重視・新たな運営実施体制の構築を図ることが述べられた。

こうした動向を受けて、社会保障制度審議会では1991年11月から社会保障将来像委員会が設置され、1993年2月に第一次報告を行った。この中で、1) 1970年代半ばからの財政危機によって給付と負担のあり方が問われていること、2) 人口の高齢化や少子化に伴う国民の負担の増大、3) 核家族化などによる家族の扶養機能の低下や地域社会のネットワークの欠如、4) 女性の労働力率の上昇など労働のあり方の変化、5) 都市化や過疎化の進展、6) 生活保障手段の多元化による民間非営利団体のサービス利用など、社会構造の変化についての認識が述べられている。その上で、21世紀の社会保障制度に必要なものとして、国民自らの努力による生活の維持の責任、負担能力のある者の応分の負担、給付と負担の公平性、家族の介護責任、営利企業や非営利団体を含む民間サービスの活用による選択の拡大、国と地方の役割の分担が述べられた。

当委員会は1994年9月8日に「社会保障将来像委員会　第二次報告」において、「施設への入所は一方的な措置によるものから利用者との契約とするよう検討すべきである」として契約制度に言及した。また、公的介護保険制度が保険制度ゆえに「国民の合意が得られやすい」と述べている。1995年7月4日には、総理府社会保障制度審議会事務局は、当委員会の2度の報告を取りまとめた「社会保障制度の再構築（勧告）～安心して暮らせる21世紀の社会を

目指して〜」を発表した。この中で、上記の報告内容がさらに詳細に記された。地方公共団体は、「特に保健・医療・福祉のようなサービスの提供にかかわる分野にあっては、地方公共団体、とりわけ住民に身近な市町村の役割が重視されなければならない」と市町村の重要性が述べられた。障害者施策については、ノーマライゼーションという理念に言及しつつ、障害者自身の自立を確保し、障害者が社会活動に自由に参加できる社会づくりを目指すと述べられている。この一環として障害者雇用やリハビリの拡充に言及しており、ノーマライゼーションと障害者自身の自助努力による自立が関連させて語られている点に、1981年の国際障害者年以降から継続する日本政府のノーマライゼーションの捉え方の特徴が現れている。

　この勧告の「施設の充実のために」という節では、施設福祉の重要性が述べられている。すなわち、「社会福祉施設については収容施設から生活施設へ転換し、在宅と同じような環境に近づける必要があり、個室化、介護職員の配置定数の改善等を積極的に進めることが肝要である」とし、施設の居住環境の改善に言及している。また、施設入所に関しても、「利用者の選択権等を尊重する必要」から「一方的な措置によるものから利用者との契約に改めるよう検討すべきである」としている。そして、「在宅福祉サービスの充実が図られるとしても、地域の福祉サービスの拠点として、施設はますます重要な役割を果たしていく」と、施設が在宅サービスの拠点として、施設福祉と地域福祉の連続性を重視する考え方が示された。これは、後年の障害者福祉計画や障害者施設の規定に影響を与えることになる。

　以上の社会保障制度改革の議論を受けて、1997年11月に厚生省は中央社会福祉審議会に社会福祉基礎構造改革分科会を設置し、社会福祉基礎構造改革についての検討をはじめた。1998年6月17日には、中央社会福祉審議会社会福祉構造改革分科会が「社会福祉基礎構造改革について（中間まとめ）」を発表した。ここでは、改革の理念として「対等な関係の確立」「地域での総合的な支援」「多様な主体の参入促進」「質と効率性の向上」「透明性の確保」「公平かつ公正な負担」「福祉の文化の創造」といった考え方が示された。

　具体的な実践方法としては、民間企業を含む多様な経営主体による競争、措置制度ではなく、契約制度によるサービスの利用や権利擁護、ケアマネジメン

トや第三者評価によるサービスの質の評価、福祉事業経営、人材育成、地域福祉計画の導入、サービス提供者としての住民の位置づけが盛り込まれた。

中間まとめでは、入所施設を運営してきた社会福祉法人のあり方が述べられた。すなわち、「社会福祉法人は、特別養護老人ホームや身体障害者療護施設などの援護の必要性の高い者が入所して生活する施設の大部分を経営するなど、福祉サービスの提供に重要な役割を担ってきた」とした上で、「介護保険制度の導入などに伴い、多様な事業主体の社会福祉分野への参入が一層進むと見込まれる中で、社会福祉法人の役割、意義や公的助成の在り方、他の事業主体との適切な競争条件の整備などの課題への対応が求められている」と述べられている。このため、「社会福祉法人については、専門性や力量を高めることにより、地域に根ざした福祉サービスの担い手にふさわしい公共性、信頼性、効率性を確保する必要がある」という。多様な事業主体の参入に伴い事業主体間が競争し、施設運営法人にも専門性や力量、地域に根ざした福祉サービスの担い手が求められるようになった。

この結果を踏まえて、「社会福祉の増進のための社会福祉事業法等の一部を改正する等の法律案」（社会福祉事業法等改正一括法案）が国会に上程され、2000年5月の通常国会で成立・公布された。このような改革は、社会福祉基礎構造改革と呼ばれた。

この時期の社会保障政策の特徴は、サービスの質が問われ、利用者が契約を通してサービスを選択・決定することになったという点である。これは、入所施設を含む居住支援サービスが選ばれる時代となったことを意味する。この動向に呼応するように、施設の居住環境の改善が指摘され、施設福祉と地域福祉の連続性が言及されるようになった。また、もう一つの大きな特徴は、民間事業所を含むサービス提供主体間の競争が導入されたという点である。このため、社会福祉法人を含めて事業所には、「専門性」のもとでのサービスの質が問われることになった。さらに、サービス提供の責任において、住民に身近な市町村の役割が重視されるようになった点である。事業の認可や補助金の申請など施設運営において市町村との関係に重きを置くようになった。

80年代と90年代の社会保障政策の影響を受けて、入所施設やグループホームは、どのような特徴をもつ場として政策上規定されることになったのかを次

節以降でみていこう。

2．対象者と居住の場

第2節では、どのような対象者を、どのような居住の場に配置してきたのか
をみていこう。

2．1．地域移行と入所施設の重度化の展開
2．1．1．授産・更生・重度棟／コロニー

入所施設が制度化された当初の対象者と居住の場について確認しよう。1961
年2月9日発出の「精神薄弱者援護施設基準」（厚生省告示）では「精神薄弱者
収容援護施設は、精神薄弱者を収容し、適切な管理のもとに生活訓練及び職業
訓練を行ない、精神薄弱者の保護と社会的更生を図ることを目的とする」と規
定され、「更生／社会的更生」は施設退所し地域において一般の企業などへの
就労によって自立することを、「保護」は施設退所が困難な人のために施設内
において生活や作業の訓練の場を提供することが示された。

1964年5月27日発出の「精神薄弱者収容授産施設の設置及び運営について
（通知）」（厚生省社会局長第二七九号）では、「精神薄弱者収容授産施設」が「精
神薄弱者で雇用されることの困難なもの等を入所させ、必要な訓練を行ない、
かつ、職業を与え、自活させることを目的とするもの」と定義された。対象者
は「現に作業能力を有するにもかかわらず雇用されることの困難な者及び若干
の訓練を行なうことにより作業が可能」な者と規定された。従来の精神薄弱者
援護施設は、「作業が可能である者」を分離させ精神薄弱者入所授産施設を新
たに作り、これら対象者以外の「作業が可能ではない」人々を対象とする精神
薄弱者入所更生施設として引き継がれた。1967年の「精神薄弱者福祉法の一
部を改正する法律」（昭和42年8月19日法律第139号）によって、「精神薄弱者
援護施設」は「精神薄弱者更生施設」と「精神薄弱者授産施設」に分けられた。

一方、1968年7月3日に「重度精神薄弱者収容棟の設備及び運営について」
（児発一九七号厚生児童家庭局長通知）が出され、対象者は「精神薄弱者更生施設
に入所することが適当な者のうち、標準化された知能指数によって測定された

知能指数がおおむね 35 以下（肢体不自由、盲、ろうあ等の障害を有する者については 50 以下）と判定された精神薄弱者であって、次のいずれかに該当するもの（以下、「重度者」という。）であること。ア　日常生活における基本的な動作（食事、排泄、入浴、洗面、着脱衣等）が困難であって、個別的指導及び介助を必要とする者　イ　失禁、異食、興奮、多寡動その他の問題行動を有し、常時注意と指導を必要とする者」とされ、更生施設内での重度精神薄弱者への特別な処遇が打ち出された。

　この通知では、「(1) 重度棟の運営にあたっては、入所中の重度者の社会復帰を図るよう努力しなければならないが、社会復帰の前段階として、一般棟又は他の施設に入所させて保護指導することができると認められるようになったときは、その者の入所措置を行った福祉事務所長が、当該施設の長の意見及び精神薄弱者更生相談所の判定に基づいて一般棟に移すか又は他の施設に措置の変更を行う等効率的な運営をはからなければならないこと」とされ、他施設との連携が示されている。施設間の有機的関係を示す体系がコロニーだった。

　1971 年 3 月 1 日に、全国児童福祉主管課長会議の資料として用いられた厚生省児童家庭局障害福祉課「心身障害者福祉施設（国立コロニー）について」〈日付なし〉には、国立コロニーの対象者は「年令一五才以上の精神薄弱者で、次のいずれかに該当するもの　ア　精神薄弱の程度が著しいため独立自活が困難な者で、必要な保護及び指導の下に社会生活をさせることが必要と認められる者　イ　身体障害を併合しているため一般社会においては適応が著しく困難と認められる者」と記された（独立行政法人国立重度知的障害者総合施設のぞみの園編, 2014：377）。1973 年 3 月 13 日の「社会福祉施設等の施設整備費及び設備整備費の国庫負担の対象となる精神薄弱者総合援護施設について」（児障第七号厚生省児童家庭局障害福祉課長通知）では、地方コロニーの対象者は「原則として一五歳以上の精神薄弱者とし、そのうちおおむね半数以上は「重度精神薄弱者収容棟の設備及び運営について」に定める重度棟の入所対象者と同一の障害程度と判定された者」と記された（前掲書：390）。いずれのコロニーも重度精神薄弱者を主な対象者と規定した。

2.1.2.　自活訓練／地域移行／授産施設の通所化

　こうして、1960 年代から 1970 年代にかけて、知的障害者を身辺ケア能力、

一般就労や福祉的就労といった稼働能力という自立能力の程度に応じて重度棟／コロニー、入所更生、入所授産と分類収容し、各施設が有機的に関係する仕組みがつくられた。

　1980年代には、この仕組みを維持しながら、家庭生活に即した居住環境を活用することによって社会自立を促す試みがなされることになった。1988年4月7日に、「精神薄弱者自活訓練事業（機能強化推進費）の実施について」（昭和六二年四月七日厚生省児童家庭局生涯福祉課長通知）では、「入所者に地域での自立生活に必要な基本的生活の知識・技術を一定期間集中して個別的指導を行うことにより、精神薄弱者の社会参加の円滑化を図る」自活訓練事業が開始された。この通知には「本事業の実施に要する経費は、就労退所させた場合に限り支弁する」と記され、一般就労による自立の考え方が示された。さらに、自活訓練は「当該実施施設と同一敷地内にあり、かつ、独立した建物であって、通常の家庭生活に必要な設備を有する」とし、「当該施設入所者の処遇の一環として実施されるものであるので、本体施設とは十分の連携協力体制をとり実施する」とされ、家庭生活に必要な設備を活用しながら施設処遇の一環として就労自立を促す指導訓練が行われることになった。施設入所者の中でも一般就労という稼働能力のある知的障害者は、社会一般の生活に近い居住環境に置かれ、指導訓練が行われることになったことを意味する。

　1989年に精神薄弱者地域生活援助事業（グループホーム）が開始され、1990年代になると、一般就労や福祉的就労が可能な人を在宅やグループホームなどに移行させることを目指し、「地域生活への移行」、すなわち「地域移行」が掲げられた。1993年4月1日に、「精神薄弱者援護施設等入所者の地域生活への移行の促進について」（児発三〇九号各都道府県知事・各指定都市市長厚生省児童家庭局長通知）という通知が出され、「訓練期間・対象人員」を増やすなど「精神薄弱者自活訓練事業の運用の見直し」が図られると同時に、入所施設を退所したが地域生活の継続が困難になった人を対象に、入所施設の「認定定員に5％を乗じて得た員数の範囲内であれば、定員を超えての措置を認める」と明記された。

　1993年3月26日の「精神薄弱者援護施設の設備及び運営に関する基準の一部を改正する省令の施行について」では、「本人の一貫処遇の必要性や地域に

おける就労や生活の場の状況等を勘案し、入所型の授産施設が必要とされる場合について、前記の趣旨による整備を図ろうとするものであり、授産施設は、できるだけ通所利用によることを基本とするという考え方をあくまでも踏まえたもの」と、授産施設は入所ではなく通所を原則とすることが明記された。福祉的就労という稼働能力のある知的障害者は、在宅やグループホーム等からの通所を原則とするために入所施設からの退所を促進させ、入所施設は福祉的就労という稼働能力の欠如する知的障害者に対象を限定させる方針が示された。

2.1.3. 重度化対応のための保護への焦点化

障害者対策推進本部は 1993 年 3 月に「障害者対策に関する新長期計画～全員参加の社会づくりをめざして～」を打ち出し、同年 12 月に「心身障害者対策基本法」が「障害者基本法」に改正された。1995 年 12 月には、障害者対策推進本部は「障害者プラン～ノーマライゼーション 7 か年戦略～」を発表し、「グループホーム及び福祉ホームを、ニーズに対応できるようにするため、約 2 万人分を目標として計画期間内に整備する」とし、グループホームと福祉ホーム整備の数値目標を策定当時の 5,000 名分から 2002 年度末には 2 万名分を設置することが策定された。

一方、「重度障害者等の福祉、医療ニーズに的確に応えられるよう、地域的なバランスに配慮しつつ、生活・療養の場として必要な入所施設を整備することとし、特に供給が不足している施設の待機者を解消するため、身体障害者療護施設については約 2.5 万人分、精神薄弱者更生施設については約 9.5 万人分となることを目標」とすると明記された。これらの政策は、身辺ケア能力や福祉的就労以上の稼働能力のある知的障害者はグループホームに移行させる一方、更生施設を拡大することで入所施設は地域移行が困難な重度障害者へと対象を限定させることを意味する。

1993 ～ 1998 年には「強度行動障害特別処遇事業」、その後は 1998 ～ 2006 年に「強度行動障害特別加算費」が入所施設で実施されるようになったが（独立行政法人国立重度知的障害者総合施設のぞみの園, 2014）、これらの事業は施設内で行動障害を有する重度障害者に対して補助するものであった。つまり、強度行動障害のある知的障害者は、入所施設で生活すべき存在として捉えられていることを意味する。

この時期に、入所施設が重度障害者に対象者を限定させていた状況は統計データからも示されている。入所更生施設は、1970 年は 169 施設（1 万 1,371 人）、1980 年は 476 施設（3 万 4,044 人）、1990 年は 862 施設（5 万 8,719 人）、2000 年は 1,303 施設（8 万 6,035 人）であり、入所授産施設は、1970 年は 35 施設（1,495 人）、1980 年は 101 施設（6,685 人）、1990 年は 181 施設（1 万 1,267 人）、2000 年は 228 施設（1 万 4,111 人）である（表 1.1.）。増加数を年代別でみると、1970 ～ 1979 年は更生施設 259 施設（1 万 9,858 人）、授産施設 54 施設（4,395 人）、1980 ～ 1989 年は更生施設 308 施設（2 万 2,220 人）、授産施設 72 施設（4,147 人）、1990 ～ 1999 年は更生施設 388 施設（2 万 4,308 人）、授産施設 45 施設（2,660 人）が増加している（表 1.2.）。

　表 1.1. 及び表 1.2. のデータをみると、入所更生の施設数と居住者数の割合は開設当初から 2006 年まで各年次で全体の 8 割を超えており、施設政策は更生施設の設置と運営に重点が置かれてきたことが示されている。更生施設は、社会福祉施設緊急整備 5 か年計画が出された 70 年代より、国際障害者年以降の 80 年代と、障害者プランが出される 90 年代になるにつれて、施設や居住者の増加数が増える傾向が示されている。一方、入所授産施設は 70 年代に比較すると、80 年代と 90 年代になるにつれて、施設数や居住者数の増加数が減少する傾向がある。

　入所授産施設は比較的軽度の人が、入所更生施設は比較的重度の人が入所する傾向がある。「精神薄弱者収容授産施設の設置及び運営について（通知）」によって、就労可能な人が授産施設、それ以外の人が更生施設に収容されることになったからである。公益財団法人・日本知的障害者福祉協会（2011）の「平成 23 年度全国知的障害児者施設・事業実態調査報告書」のデータによれば、支援費制度時代の区分の利用者割合は、入所更生は区分 A が 76.2 ％（前年 79.4 ％）、区分 B が 17.2 ％（同 17.0 ％）、区分 C が 1.6 ％（同 2.1 ％）と区分 A の割合が非常に高く、入所授産は区分 A が 30.6 ％（前年 27.8 ％）、区分 B が 52.5 ％（同 55.0 ％）、区分 C が 16.8 ％（同 15.7 ％）で区分 B の割合が高いことが示されている。

　以上のデータから推察すると、施設内居住者の重度化は、1980 年代以降の在宅福祉サービスや地域福祉や地域移行という考え方が主張されてから生じていると考えられる。国際障害者年や障害者プランを通して主張されたノーマラ

イゼーションは、日本では軽度障害者を地域移行させる一方、重度障害者を施設に収容させるイデオロギーとして解釈されてきたということができる。

表1.1. 知的障害者入所施設の施設数の年次推移

年	入所更生施設	入所授産施設	総施設数	年	入所更生施設	入所授産施設	総施設数
1960			8	1984	642(82.8%)	133(17.2%)	775
1961			12	1985	680(82.5%)	144(17.5%)	824
1962			22	1986	712(82.3%)	153(17.7%)	865
1963			32	1987	753(82.5%)	160(17.5%)	913
1964			56	1988	794(82.6%)	167(17.4%)	961
1965			69	1989	829(82.7%)	173(17.3%)	1002
1966			71	1990	862(82.6%)	181(17.4%)	1043
1967	102(98.1%)	2(1.9%)	104	1991	916(83.3%)	184(16.7%)	1100
1968	124(95.4%)	6(4.6%)	130	1992	961(83.2%)	194(16.8%)	1155
1969	145(87.9%)	20(12.1%)	165	1993	999(83.1%)	203(16.9%)	1202
1970	169(82.8%)	35(17.2%)	204	1994	1045(83.6%)	205(16.4%)	1250
1971	182(85.4%)	31(14.6%)	213	1995	1085(83.8%)	210(16.2%)	1295
1972	213(85.5%)	36(14.5%)	249	1996	1125(84.1%)	213(15.9%)	1338
1973	241(84.6%)	44(15.4%)	285	1997	1175(84.5%)	215(15.5%)	1390
1974	271(83.1%)	55(16.9%)	326	1998	1205(84.6%)	219(15.4%)	1424
1975	304(83.1%)	62(16.9%)	366	1999	1250(84.7%)	226(15.3%)	1476
1976	318(83.2%)	64(16.8%)	382	2000	1303(85.1%)	228(14.9%)	1531
1977	349(83.1%)	71(16.9%)	420	2001	1344(85.4%)	229(14.6%)	1573
1978	379(83.1%)	77(16.9%)	456	2002	1389(86.0%)	227(14.0%)	1616
1979	428(82.8%)	89(17.2%)	517	2003	1430(86.3%)	227(13.7%)	1657
1980	476(82.5%)	101(17.5%)	577	2004	1454(86.5%)	227(13.5%)	1681
1981	521(82.2%)	113(17.8%)	634	2005	1470(86.7%)	225(13.3%)	1695
1982	566(82.1%)	123(17.9%)	689	2006	1470(86.7%)	226(13.3%)	1696
1983	602(82.4%)	129(17.6%)	731				

出典:厚生省大臣官房統計調査部「社会福祉施設調査」厚生労働省政策統括官(統計・情報政策、労使関係担当)編「社会福祉施設等調査」のデータ及び日本精神薄弱者福祉連盟が1961年に刊行を開始した「精神薄弱者問題白書」(1987年に「精神薄弱問題白書」、1995年に「発達障害白書」に改題)のデータにより作成。総数のうち、1960〜1966年は旧精神薄弱者援護施設数、1967年から2006年は旧精神薄弱者入所更生と入所授産の施設数の合計数。なお、パーセンテージは全体の施設数に対する当該施設の割合を示している。

表1.2. 知的障害者入所施設の居住者数の年次推移

年	入所更生(人)	入所授産(人)	合計(人)	年	入所更生(人)	入所授産(人)	合計(人)
1960			264	1984	44577 (83.9%)	8574 (16.1%)	53151
1961			395	1985	46722 (83.6%)	9164 (16.4%)	55886
1962			957	1986	48906 (83.6%)	9623 (16.4%)	58529
1963			1502	1987	51276 (83.5%)	10116 (16.5%)	61392
1964			3326	1988	53985 (83.7%)	10528 (16.3%)	64513
1965			4376	1989	56264 (83.9%)	10832 (16.1%)	67096
1966	5750 (97.8%)	128 (2.2%)	5878	1990	58719 (83.9%)	11267 (16.1%)	69986
1967	6680 (98.6%)	93 (1.4%)	6773	1991	62110 (84.4%)	11474 (15.6%)	73584
1968	8144 (97.8%)	184 (2.2%)	8328	1992	64494 (84.4%)	11946 (15.6%)	76440
1969	9578 (93.1%)	711 (6.9%)	10289	1993	67250 (84.3%)	12519 (15.7%)	79769
1970	11371 (88.4%)	1495 (11.6%)	12866	1994	70107 (84.6%)	12713 (15.3%)	82820
1971	13157 (88.5%)	1711 (11.5%)	14868	1995	72541 (84.9%)	12936 (15.1%)	85477
1972	15236 (88.6%)	1963 (11.4%)	17199	1996	75310 (85.0%)	13329 (15.0%)	88639
1973	17685 (87.2%)	2593 (12.8%)	20278	1997	78631 (85.5%)	13321 (14.5%)	91952
1974	20152 (85.2%)	3508 (14.8%)	23660	1998	80524 (85.6%)	13549 (14.4%)	94073
1975	22584 (84.9%)	4006 (15.1%)	26590	1999	83027 (85.6%)	13927 (14.4%)	96954
1976	24079 (84.9%)	4297 (15.1%)	28376	2000	86035 (85.9%)	14111 (14.1%)	100146
1977	26292 (84.9%)	4691 (15.1%)	30983	2001	88122 (86.4%)	13903 (13.6%)	102025
1978	28278 (84.7%)	5091 (15.3%)	33369	2002	90477 (86.6%)	14041 (13.4%)	104518
1979	31229 (84.1%)	5890 (15.9%)	37119	2003	92734 (86.7%)	14191 (13.3%)	106925
1980	34044 (83.6%)	6685 (16.4%)	40729	2004	93343 (87.1%)	13872 (12.9%)	107215
1981	36826 (83.3%)	7371 (16.7%)	44197	2005	93938 (87.4%)	13508 (12.6%)	107446
1982	39755 (83.5%)	7839 (16.5%)	47594	2006	95252 (87.2%)	13927 (12.8%)	109179
1983	42051 (83.6%)	8277 (16.4%)	50328				

出典：厚生省大臣官房統計調査部「社会福祉施設調査」厚生労働省政策統括官（統計・情報政策、労使関係担当）編「社会福祉施設等調査」のデータ及び日本精神薄弱者福祉連盟が1961年に刊行を開始した「精神薄弱者問題白書」（1987年に「精神薄弱問題白書」、1995年に「発達障害白書」に改題）のデータにより作成。総数のうち、1960～1965年は旧精神薄弱者援護施設における在所者数、1966年から2006年は旧精神薄弱者入所更生施設と入所授産施設における在所者数の合計数。なお、パーセンテージは全体の施設居住者数に対する当該施設居住者数の割合を示している。

2.2. 身辺自立及び就労自立対象のグループホームの展開

1989年5月29日に各都道府県知事宛で厚生省児童家庭局長通知「精神薄弱者地域生活援助事業の実施について」が出され、グループホーム事業が開始した[14]が、この通知には、入居対象者が以下のように記されている。

1．日常生活上の援助を受けないで生活することが、可能でないか又は適当

でないこと。

2．数人で共同の生活を送ることに支障がない程度に身辺自立ができていること。

3．就労（福祉的就労含む）していること。

4．日常生活を維持するに足りる収入があること。

　この時期のグループホームは、身辺ケア能力があり、日常生活を維持できる程度の収入が得られる福祉的就労以上の稼働能力のある知的障害者を対象にしていることが示されている。2．の身辺自立に相当する内容は、1989年6月15日に出された厚生省児童家庭局障害福祉課監修『グループホームの設置・運営ハンドブック—精神薄弱者の地域生活援助—』には、以下のように具体的に記されている。

　「4〜5人が同居しますから、孤独に陥ることはさけられ、互いに助け合い補い合うことができますが、制約は最小限となるよう生活上の工夫が必要です。入居者の生活は地域での自立生活です。したがって、私物管理、居室の清潔の維持、整理整頓等は当然各自で行うことになります。共用部分（居間、食堂、玄関、廊下、台所、洗面所、浴室等）についても、当番を決め、あるいは区分を決めるなどして入居者が行うことが原則です。けれども、入居者一人ひとりにより生活習慣、能力が異なりますから、その状況に応じて世話人の助言を得、必要最小限の援助をうけることになります。風呂をわかす、食器を片付ける、洗濯をする・干すなどについても同様です。」（厚生省児童家庭局障害福祉課監修，1989：78）

　他者との協調性があり、家事など身辺ケア能力のある知的障害者はグループホームで生活できる存在として捉えられていることが示されている。「福祉的就労」については、「何らかの形で生産的な活動に継続して従事している、そしてそれによって何らかの収入が得られるのであれば、福祉的就労と理解して差し支えない」（前掲書：90）と記されている。

　こうして地域の受け皿として身辺自立や福祉的就労を含めた就労自立が可能

な人のグループホームが作られることによって、こうした自立能力に制約のある知的障害者は施設で生活すべき存在として規定されていくことになった。

3. 居住環境

第3節では、入所施設とグループホームの居住環境をみていこう。

3.1. 施設の職員配置基準の見直しと個室化・生活の質の明文化

1990年代になると、入所施設内の処遇の改善が部分的になされることになった。

1961年2月9日の「精神薄弱者援護施設基準」（厚生省告示第三十四号）では、精神薄弱者援護施設（入所）の居室は「一室の定員は、五人を標準とする」とし、「面積は、押入等を除いて一人当たり三・三平方メートル以上」とされ、定員は「三〇名以上」と規定されていた。職員配置数は、「保健婦、生活指導員及び職業指導員の合計数は、おおむね収容者七名につき一名（主として重度の精神薄弱者を収容する施設にあっては、おおむね収容者五名につき一名）の割合とすること」と記されている。

1968年5月10日の「精神薄弱者援護施設基準」（厚生省令第一四号）では、精神薄弱者更生施設（入所）の居室は「一室の定員は、四人を標準」とし、「収容者一人当たりの床面積は、収納設備等を除き、三・三平方メートル以上」、定員は「三十人以上の人員を収容することができる」とされ、居室定員は1名削減された。職員配置数は、「保健婦又は看護婦、生活指導員及び作業指導員の総数」はおおむね「被収容者（重度者を除く。）の数を七で除して得た数」「重度者である被収容者の数を五で除して得た数」以上とされた。すなわち、軽度障害者は利用者7名に職員1名、重度障害者は利用者5名に職員1名を意味する。同年に設置された精神薄弱者授産施設（入所）の居室の定員及び面積は更生施設の規定が準用されたが、定員は「五十人以上の人員を入所させることができる規模」とされた。職員配置は「保健婦又は看護婦、生活指導員及び作業指導員の総数」は「被収容者の数を七で除して得た数」とされた。

1990年12月19日の「精神薄弱者援護施設の設置及び運営に関する基準」（厚生省令第五十七号）では、精神薄弱者更生施設（入所）と精神薄弱者授産施設

（入所）の居室の定員・面積及び定員は、1968年の精神薄弱者援護施設基準から変更はない。しかし、職員配置はいずれの施設も「入所者（通所による入所者を除く。）の数を四・三で除して得た数」に変更され、利用者4.3名に職員1名が配置されることになった。

　1993年3月26日には「精神薄弱者援護施設の設備及び運営に関する基準の一部を改正する省令の施行について」が出され、入所型の知的障害者授産施設の定員規模の基準が「五〇人以上」から「三〇人以上」に引き下げられた。

　1995年12月の障害者対策推進本部による「障害者プラン〜ノーマライゼーション7か年戦略〜」では、「入所施設について，個室化の推進等生活の質の向上を図る」と明記された。公的書類において、入所施設の個室化の方針が明記されたのはこれが初めてである。第2次障害者基本計画（平成15年度〜平成24年度）でも、「入所者の生活の質の向上を図る観点から、施設の一層の小規模化・個室化を図る」と記された。ただし、居室に関わる施設基準が変更されたのは、2006年の障害者自立支援法施行以降だった（表1.3.）。

3.2. 小規模・一市民の地域生活としてのグループホーム

　グループホームは1989年の制度開始当初、「定員は、4人以上とすること」と実施要綱に記載され、『グループホームの設置・運営ハンドブック──精神薄弱者の地域生活援助』では「4〜5人を標準とします。（4人未満は認めません。6〜7人でも世話人は一人です）」（厚生省児童家庭局障害福祉課監修，1989：70）と明記された。部屋の広さは、実施要綱によれば、「個々の入居者の居室の床面積は、1人用居室にあっては、7.4㎡（4.5畳）以上、2人用居室にあっては、9.9㎡（6畳）以上とすること」と記載された。

　グループホームは、訓練や管理を最小にし、一市民の生活として尊重すべきことも運営ハンドブックに明記されている。

　　「⑤グループホームにおける入居者の日常生活は、指導・訓練的なものが最少限であり、管理性が排除されたものであること。⑥グループホームにおける入居者の生活は、基本的に個人生活であり、本人の希望により契約が継続する限り続くものである。その意味で仮の宿ではないことを関係者は銘記

し、一市民の地域生活にふさわしく、プライバシーが確保され、一市民としてすべての権利が保障されるよう最大の配慮をしなければならない。」（厚生省児童家庭局障害福祉課監修, 1989：63）

一方、自立生活への移行も可能だと記されている。

「グループホームを居住の最終の形と決めつける必要もありません。グルー

表1.3. 入所施設の処遇状況の推移

		精神薄弱者援護施設				精神薄弱者入所更生施設				精神薄弱者入所授産施設				障害者支援施設			
		居室定員	1人あたり居室面積	定員	職員配置(利用者対職員)	居室定員	1人あたり居室面積	定員	職員配置(利用者対職員)	居室定員	1人あたり居室面積	定員	職員配置(利用者対職員)	居室定員	1人あたり居室面積	定員	職員配置(利用者対職員)
1961	精神薄弱者援護施設基準	5人	3.3㎡	30名以上	7対1 5対1(重度者)												
1968	精神薄弱者援護施設基準					4人 1~2人(重度者)	3.3㎡	30人以上	7対1 5対1(重度者)	4人	3.3㎡	50人以上	7対1				
1990	精神薄弱者援護施設の設置及び運営に関する基準					4人 1~2人(重度者)	3.3㎡	30人以上	4.3対1	4人	3.3㎡	50人以上	4.3対1				
1993	精神薄弱者援護施設の設備及び運営に関する基準の一部を改正する省令											30人以上					
2006	障害者自立支援法に基づく指定障害者支援施設等の人員、設備及び運営に関する基準													4人以内	9.9㎡	30人以上	5対1(生活介護併設.障害程度区分4未満) 3対1(生活介護併設.障害程度区分5以上)

出典：筆者作成。

プホームを出て、一人暮しや結婚してアパートに住む形に移行することも十分あり得ます。ただ、その次のステップへの訓練の場であるとして、指導を前面に押し出すことはひかえるべきだと思われます」（厚生省児童家庭局障害福祉課監修, 1989：63）。

　このように、グループホームは入所施設とは異なり、少人数で一市民として生活する環境が保障された場として捉えられていた。

4．地域社会との関係

　第4節では、入所施設／グループホームと地域社会との関係をみていこう。

4.1．施設による在宅者／グループホーム・自立生活者への専門的サービスの提供

　1960年代の設立当初から、入所施設やコロニーは地域社会との関わりが制度規定に盛り込まれてきた。ただし、時代によって、関与のあり方は異なる。

4.1.1．交流：地域社会との密接な関係

　1961年2月9日の「精神薄弱者援護施設基準」には、「入所者の福祉を図るためには、地域社会の協力をうる必要がある場合が多いので、常時地域社会との密接な連絡を保ち、その暖かい理解と協力をうるように努めること」と記されており、地域社会と密接な関係を保持することが記されている。1966年11月の厚生省児童家庭局「国立心身障害者コロニー設置計画（案）」では「この国立心身障害者コロニーは、心身に障害のある者が、生活の本拠として『全人格的な生活』を営む地域社会であり、また『生活共同体』である」とし、「決して一般社会から『隔離』されたものではなく、近代的な都市の一部を構成し、近接の地域社会と生活の各分野で密接な連携を保つ、障害者はその地域社会の一人の市民として生活するものである」と明記されている。

　こうして、1960～1970年代は、入所施設と地域社会との交流が目指されてきた。

4. 1. 2. オープン化：拠点とライフステージ

1980 年代から 1990 年代にかけて、入所施設は地域社会に専門的サービスを提供することが制度化されるようになった。サービス提供の対象は 1）家族と同居する在宅者、2）グループホーム生活者や自立生活する人に分類できる。

在宅者を対象とするサービスについては、1980 年に厚生省は「心身障害児（者）施設地域療育事業」を開始し、厚生省児童家庭局長通知（「心身障害児（者）施設地域療育事業の実施について」児発第六〇三号）には「施設を地域社会に開かれたもの（いわゆる施設のオープン化）」と記された。実施要綱には「心身障害児（者）施設の備えている障害児（者）に対する専門的な療育機能を活用する事業を行うことによって、在宅の心身障害児（者）に対する適切な療育を確保するとともに、その福祉の向上を図る」と記され、1）心身障害児短期療育事業、2）精神薄弱者生活能力訓練事業、3）心身障害児（者）巡回療育相談等事業、4）在宅重度心身障害児（者）緊急保護事業に分類された。つまり、入所施設の「専門的な療育機能」という専門的サービスが、在宅者にも活用されることが意図された事業だった。

「心身障害児（者）施設地域療育事業の実施について」は、1990 年に開始された「心身障害児（者）地域療育拠点施設事業」の中に組み入れられた。厚生省は 1990 年 9 月 11 日に児童家庭局通知「心身障害児（者）地域療育拠点施設事業の実施について」（障発 0 号児童家庭局通知）を出している。このとき、「拠点」という用語が使用されることになった。これは、療育を専門とする拠点という意味だが、2000 年代以降の地域生活支援拠点の考え方に引き継がれていくことになる。

「心身障害児（者）地域療育拠点施設事業の実施について」の目的には「心身障害児（者）地域療育拠点施設（以下、拠点施設）において、在宅福祉を担当する職員を配置し、在宅療育等に関する相談、各種福祉サービスの提供の援助、調整等を行い、地域の在宅心身障害児（者）及びその家庭の福祉の向上を図ることを目的とする」と記された。そして、都道府県知事が指定する「精神薄弱者更生施設及び精神薄弱者授産施設（通所を除く。）」などの各施設が実施施設となり、対象者は「在宅の心身障害児（者）」とされた。事業内容は、「拠点施設においては、コーディネーターが在宅心身障害児（者）の家庭を訪問する等

により在宅療育に関する保護者の相談等に応ずるとともに、各種福祉サービスの提供に係る援助、調整を行い、あわせて在宅心身障害児（者）の地域生活に対する日常的なボランティア活動を行う者の育成を図る」と記されている。これは、1980年時の事業に加えて、地域のボランティアの育成といった役割がコーディネーターに付与されている点に特徴がある。

　1996年5月10日には、「心身障害児（者）地域療育拠点施設事業」は「障害児（者）地域療育等支援事業」に変更された。「障害児（者）地域療育等支援事業の実施について」（児発第四九七号厚生省児童家庭局長通知）の「趣旨」には、「在宅障害児（者）のライフステージに応じた地域での生活を支援するため、障害児（者）施設の有する機能を活用し、療育、相談体制の充実を図るとともに、各種福祉サービスの提供の援助、調整等を行い、地域の在宅障害児（者）及びその家庭の福祉の向上を図る」と記された。この種の公的な事業で「ライフステージ」という用語が明記されたのはこのときが初めてである。

　当事業は、1）在宅支援訪問療育等指導事業、2）在宅支援外来療育等指導事業、3）地域生活支援事業、4）施設支援一般指導事業によって成り立つ。1）は巡回相談及び訪問による健康診査、2）は「在宅の障害児（者）及び保護者に対し、外来の方法により、各種の相談・指導を行うもの」、3）は「支援施設に在宅福祉を担当する職員（以下「コーディネーター」という。）を配置し、在宅障害児（者）及び保護者等に対し、家庭を訪問する等により在宅療育に関する保護者の相談等に応ずるとともに、各種福祉サービスの提供に係る援助、調整等を行い、在宅障害児（者）の地域生活に対する日常的なボランティア活動を行う者の育成及び地域住民に対して障害者に関する啓発活動を行う」事業、4）は「障害児通園（デイサービス）事業及び障害児保育を行う保育所等の職員に対し、在宅障害児（者）の療育に関する技術の指導を行う」事業である。

　1995年12月18日の「障害者プラン〜ノーマライゼーション7か年戦略〜」には、「施設の有するマンパワー等の専門的機能を活用し、地域への支援機能の充実を図る」とされ、入所施設の専門的機能を地域で活用する必要性が述べられている。その後も、2002年12月の「障害者施策推進本部」は「重点施策実施5ヵ年計画」では、「障害者施設は、各種在宅サービスを提供する在宅支援の拠点として地域の重要な資源と位置付け、その活用を図る」と記された。

4.1.3　バックアップ：グループホーム生活者と自立生活者

　入所施設が提供する専門的サービスの2つ目は、グループホーム生活者や自立生活者を対象とするものである。自活訓練事業やグループホームは制度開始当初、入所施設運営法人が運営主体として認可されており、入所施設がこれらの「バックアップ施設」と位置付けられた。1988年4月7日に開始された「精神薄弱者自活訓練事業」は「施設入所者の処遇の一環として実施するもの」であった。1989年の5月29日の「精神薄弱者地域生活援助事業実施要綱」では、グループホーム事業の運営主体は、「精神薄弱者援護施設、精神薄弱者通勤寮等の施設を経営する地方公共団体及び社会福祉法人等」と記されている。

　1995年10月2日には、「知的障害者地域生活援助事業（グループホーム）におけるバックアップ施設の要件緩和について」（児障第四八号厚生省児童家庭局障害福祉課長通知）を通して、これまでは「知的障害者入所更生施設等の入所施設を経営する法人に限定して指定」してきたが、「通所施設のみを運営する法人についても支障なくその事業が運営されると見込まれ、また、当該事業の一層の普及を図る必要があることから、バックアップ体制が整備されている通所施設を運営する法人についても対象とする」ことになり、グループホームの運営法人が入所施設運営法人だけではなく通所施設運営法人に拡大した。

　グループホーム生活者に加えて、自立生活者へのバックアップも制度化された。1993年9月19日に「知的障害者生活支援事業実施について」（児障第二八号厚生省児童家庭局長通知）が出された。事業目的は「知的障害者通勤寮等（以下「通勤寮等」という。）に知的障害者生活支援センター（以下「生活支援センター」という。）」を設け、「地域において生活している知的障害者の相談に応じ、助言を与えるなど地域生活に必要な支援を行うことにより、これらの知的障害者の地域生活の安定と福祉の向上を図ること」とされた。当事業は、都道府県知事等が指定した知的障害者通勤寮、知的障害者更生施設、知的障害者授産施設及び障害者能力開発施設その他事業が適切に実施されると認められる施設となった。これらの施設に生活支援ワーカーを配置し、対象者は「原則として就労している知的障害者であって、アパート、マンション、知的障害者福祉ホーム等で生活しているものとする」が「特に必要とする場合は、グループホーム利用者も対象として差し支えない」と規定された。事業内容は「知的障害者の家庭

等や職場を訪問すること等により、本人の生活上の相談等に応ずるとともに、金銭や衣食住に関する問題の解決など地域生活に必要な支援」である。

このように、入所施設は専門的サービスや療育機能を有する場として地域社会に関与することが、この時期に重視されるようになったということである。

4．2．地域社会の中にある住宅としてのグループホーム

グループホームは制度開始当初、「地域社会の中にある住宅」であり、複数のグループホームが1か所に集約化されることや入所施設の敷地内にあることを禁ずるものとなっていた。

「精神薄弱者地域生活援助事業実施要綱」に「(1) グループホームは、緊急時においても運営主体が迅速に対応できる距離にあること。(2) 生活環境に十分配慮された場所にあること」と記載されている。これは、1989年6月15日の厚生省児童家庭局障害福祉課監修『グループホームの設置・運営ハンドブック—精神薄弱者の地域生活援助—』によれば、グループホームは「地域社会の中にある住宅（アパート、マンション、一戸建等）において数人の精神薄弱者が一定の経済的負担を負って共同で生活する形態であって、同居あるいは近隣に居住している専任の世話人により日常生活援助が行われるもの」（厚生省児童家庭局障害福祉課監修，1989：60）と定義されている。

さらに、このハンドブックには、「数箇所のグループホームがかたまるようなことは避けるべきです」（前掲書：66）、あるいは、「立地条件としては、精神薄弱者援護施設や通勤寮と同じ敷地の住宅は望ましくありません。やむを得ず同一敷地内の住宅を使用せざるを得ない場合も、そこが一般住宅地の中にあることは絶対の条件です」（前掲書：66）と記されている。

ここから、グループホームは物理的にも入所施設とは異なる居住形態として捉えられていたことが分かる。

5．小括

本章では、1980年代から1990年代における社会保障制度の特徴を概観した上で、入所施設とグループホームの制度の規定における1) 対象者と居住の場、

2) 居住環境、3) 地域社会との関係を明らかにした。

　この時期に国は行財政改革を経て、社会保障関連経費の伸び率を抑制しながら、効率的な経済システムを構築するために、社会福祉基礎構造改革に向けての政策を展開させてきた。この頃から、施設内環境の改善、施設福祉と地域福祉の連続性、契約、民間事業所の参入や競争、在宅福祉の重視、市町村主義という考え方が指摘されるようになった。こうした特徴をもつ社会保障政策下で、入所施設やグループホームのあり方が規定されることになった。

　第1に、対象者と居住の場についてである。1960年の設立当初から身辺ケア能力及び一般就労・福祉的就労の稼働能力といった自立能力の程度ごとに知的障害者を入所施設内で分類収容し、各施設の有機的関連性が維持された。具体的には、1) 施設内での福祉的就労が可能な人は入所授産、2) 施設内での福祉的就労は困難であるが更生を目指す人は入所更生、3) これらの自立能力が欠如し終生保護が必要だと判断された人はコロニーや重度棟に配置した。1980年代後半になると、自活訓練事業やグループホームの活用、地域移行のための訓練や授産施設の通所化という制度規定の変更によって、施設は身辺ケア能力や福祉的就労以上の稼働能力のある人の退所を促すことが期待され、これらの能力が欠如し保護や専門的対応が必要と判断された重度障害者や高齢障害者は施設で生活すべき存在と規定されることになった。一方、身辺自立や福祉的就労を含む稼働能力のある人は、地域のグループホームに配置し、入居者は一市民として生活する存在と捉えられた。

　第2に、居住環境についてである。入所更生施設及び入所授産施設はいずれも、1960年代当初から4人部屋を標準としており、職員配置基準は利用者7名対職員1名（入所更生の重度障害者は利用者5名対職員1名）という集団処遇が容認されてきた。1990年代になると、利用者4.3名に対して職員1名に改善され、入所授産の定員規模の基準が入所更生と同様に「三〇名以上」に引き下げられた。個室化の推進等生活の質の向上を図ることや施設の小規模化も明文化されるようになった。ただし、居住環境の改善は理念に留まり、制度的変更がなされるのは障害者自立支援法以降のことだった。一方、グループホームは地域社会における普通の小規模住宅で、一市民が生活する場として捉えられてきた。この時期のグループホームと施設の居住環境は、相互に異なる場と規定さ

れていた。

　第3に、各居住の場の地域社会との関係についてである。施設は、1960～1970年代の地域社会との交流、1980年代の在宅者への専門的サービスや療育機能の提供というオープン化を経て、1990年代はこれらの役割を継承しつつ、ライフステージにわたっての在宅者への関与、グループホーム生活者や自立生活者へのバックアップといった専門的機能が期待された。一方、グループホームは地域社会にある住宅と位置づけられており、施設敷地に隣接する場での設置は原則として認められず、地域に分散する形が推奨された。グループホームの規定では専門性という用語が使用されておらず、この時期のグループホームは施設とは異なる地域生活の場と位置づけられていた。

　寺本（2004）の研究では、施設関係者の言説分析を通して、1）1970年代はノーマライゼーションが施設の否定ではなく、施設環境のノーマル化・社会化と専門性の追求と捉えられ、2）1980年代は施設の外に対してサービスを行う役割や連携を受け持ち、人材や専門性を地域に提供する福祉圏の中核・拠点としての役割が期待されるようになったと指摘されている。本章の研究結果では、これらの施設関係者の言説に対応するように、国の入所施設の規定が歴史的に変遷する状況が見出された。

　1970年代に議論された生活環境のノーマル化や社会化、専門性の追求は1980年代における施設の地域社会に対する専門的サービスの提供として制度化されており、1980年代の福祉圏の拠点としての役割への期待も1980年代及び1990年代における施設の地域社会に対する拠点としての役割規定に現れている。本研究では、グループホームを含めて検討してきたが、今後は、施設、あるいは、グループホームの関係者の言説と国の制度的規定の相互作用の実情についても研究することが重要となる。

　そして、この時期の居住支援政策は、社会保障関連経費の伸び率を抑制しながら、効率的な経済システムを構築する政策と関連しながら展開してきたことに留意しなければならない。立岩真也は、1981年の国際障害者年以降の政策転換の特徴を次のように述べる。

　　「問題は、しばしば定義されずに用いられる地域という言葉をどう捉える

かである。ここで地域とは、結局のところ、生産とは別の部分なのであり、この場所に求められるのは、もう一つの場所を認めること、その活性化を促すことなのである。（中略）経済の領域の活性化を主要な目標とし、それを促進するように、少なくともそれを害しないようにそれ以外の領域の編成を行うという二重の戦略である。」（立岩，1990：311）

そして、家族、経済、政治は次のように編成されているという。

　「家族という領域と、いわばそれを拡大したものとしての地域を彼らの住む場所としつつ、経済の領域を維持・発展させる。第一に、生産に乗らない部分を残し、さらにそれを生産に貢献するように、そこに促すように編成する。他方、それに乗らない部分については、政治領域で、というよりもむしろこの部分の負担を軽減しつつ、単に軽減するというだけでなく経済の領域を維持・発展させるのに効果的であるようなあり方で軽減しつつ、最低限の保障を行う。」（前掲書：311）

日本の行政領域では、1981 年の国際障害者年以降、ノーマライゼーションが政策立案過程において使用されてきたが、ここで使われる「地域」は経済領域の活性化を促進するように、あるいは、それを阻害しないように編成されるものとしてあった。これは典型的には、1995 年 12 月に障害者対策推進本部が発表した「障害者プラン～ノーマライゼーション 7 か年戦略～」において、軽度障害者を入所施設から地域移行させて可能な限り自活させ、入所施設は地域移行が困難な重度障害者へと対象を限定させる政策に現れている。
　以上、経済政策と一体化した社会保障政策の方針に関連するように展開していくことになる居住支援政策は、2000 年代以降も再編されながら、基本的には同様の方針が継続していくことになる。次章では、2000 年代以降の社会保障政策と関連しながら、居住支援政策上の施設とグループホームの規定はどのように再編されることになるのかをみていこう。

第2章　入所施設とグループホームの制度と動向 : 2000 ～ 2020 年代

　第2章では、2000 ～ 2020 年代における社会保障政策の特徴を概観した上で、この時期の知的障害者を対象とする入所施設とグループホームの制度は、1) どのような対象者をどのような居住の場に配置し、2) 各居住の場をどのような居住環境と規定し、3) 各居住の場と地域社会との関係をどのように捉えているのか、を明らかにしたい。

1．2000 ～ 2020 年代の社会保障政策の特徴

　第1節では、2000 ～ 2020 年代の社会保障政策の特徴をみていこう。

1．1．2000 年代：持続可能性

　2001 年の中央省庁再編により、それまで内閣府に設置されていた社会保障制度審議会が廃止され、厚生労働省の管轄下で、社会保障審議会とその下部組織として分科会や部会が設置された（勝俣, 2017）。旧社会保障制度審議会は 2000 年 9 月 14 日に、最後の意見書として「新しい世紀に向けた社会保障（意見）」を発表した。

　当意見書では 1) 少子・高齢化の更なる進行、2) 就業形態の多様化、3) 経済の低成長と国・地方財政の悪化などの厳しい社会・経済の環境の中で、社会保障制度を国民に信頼されるものにするために、1) 公平性、2) 経済・財政政策との調和、3) 公私の役割分担といった視点が重要だと述べられている。その上で、「人々の健康で文化的な生活を、最終的に、そして、基礎的に保障する責任は政府にあるが、その前提は、民間企業・市場や民間非営利組織の活動を活用した、人々の能力に応じた就業や資産形成（貯蓄）の努力」とし、「生涯の生活設計における人々の主体的な自己決定と自己責任」が求められるとされた。この場合の自己決定や自己責任とは、自らの力で問題を解決するという意味で捉えられており、2000 年代に国の政策において頻繁に使用される自助

や自立の考え方と重なる。

　社会福祉を含む社会保障全体のあり方は、政府・与党社会保障改革協議会が、2001年3月30日に「社会保障改革大綱」を発表した。ここには、「給付と負担が増大」といった問題意識に基づき、将来にわたり「持続可能な制度を再構築すること」が責務だとし、「自立」、「利用者の視点」、「効率的で質の高い医療・介護・福祉サービス」、「公正」、「経済・財政と均衡」、「利用者負担・保険料負担・公費負担の適切な組み合わせ」、「民間参入の促進や地域に根ざした取り組み」といった考え方が示された。

　2001年1月に社会保障制度審議会に代わる議論の場として経済財政諮問会議が内閣府設置法に基づき設置された。社会保障制度に関する議論の場は、2004年7月30日に経済財政諮問会議の下に「社会保障の在り方に関する懇談会」が設置された。これは「社会保障制度を将来にわたり持続可能なものとしていくため、社会保障制度全般について、税、保険料等の負担と給付の在り方を含め、一体的な見直しを行う必要」のため開催された（内閣官房長官決裁　平16・7・27「社会保障の在り方に関する懇談会の開催について」）。2005年5月に「社会保障の在り方に関する懇談会における議論の整理」が公表されており、基本的な考え方として1）世代間の不公平の是正や持続可能性の確保、2）社会保障と経済・財政との両立の必要性などが示された。

　第3次小泉政権における経済財政諮問会議では、2004年9月に「日本21世紀ビジョン」に関する専門調査会が設けられ、この下に「経済財政展望」「競争力」「生活・地域」「グローバル化」の4つのワーキンググループが設けられた。調査会は、2005年4月に「新しい躍動の時代―深まるつながり・ひろがる機会―」を発表した。これは、「2030年のこの国のかたちができる限り明らかになるよう、それらを体系的に集約しつつ、取りまとめたもの」だった。この中で、「健康寿命80歳」を実現させ、「何歳になっても、意欲と能力があれば仕事や社会に参加することができる生涯現役社会の下で、自立した活力ある高齢期を過ごすことができる」「高齢化克服先進国」を目指すと述べられている。こうした自立への焦点化と共に、「小さく効率的な政府」「非政府が担う『公』の拡大」「社会保障制度の持続可能性を高める」「地域主権を確立する」ことが目標として掲げられている。

2008 年 1 月に内閣総理大臣の下に「社会保障国民会議」が設置され、11 月 4 日に最終報告を出した（勝俣, 2017）。基本的な考え方として、1）自立と共生・社会的公正の実現、2）持続可能性の確保・国民の多様な生き方の尊重、3）効率性・透明性、4）公私の役割分担・地域社会の協働、5）社会経済の進歩・技術革新の成果の国民への還元、6）給付と負担の透明化を通じた制度に対する信頼、国民の合意・納得の形成、7）当事者として国民全体が社会保障を支えるという視点の明確化が掲げられた。障害に関わる内容としては、「社会保障を支える基盤の充実」の一環として、「ユニバーサル社会の実現」、すなわち、「年齢や性別、障害の有無などにかかわらず、能力と意思のあるだれもが、その持てる力を発揮して社会の担い手、支え手として社会活動に参画し活躍できる社会の実現が強く望まれる」と記されている。「自立」「持続可能性」「効率性」「公平性」が担保されることの他、サービスの受け手が「支え手」となることや「活躍できる」ことが目指されている。

2009 年 9 月に政権交代があり、2012 年 12 月まで旧民主党政権下では、財政健全化が優先課題とされた。2012 年 8 月に、社会保障と税の一体改革の関連 8 法案が成立。この後、社会保障制度改革推進法に基づき、内閣（旧民主党政権下）に「社会保障制度改革国民会議」が設置され、改革の全体像や進め方を明らかにする法案が提出され、2013 年 12 月に成立した。こうして、消費税率の引き上げと、地方消費税を社会保障 4 経費に充当するなどの政策が打ち出された（前掲書）。

2012 年 12 月に第 2 次安倍内閣が発足すると、経済財政諮問会議における社会保障の議論は「経済・財政一体改革」に焦点化され、2015 年 6 月 30 日に「経済財政運営と改革の基本方針 2015 〜経済再生なくして財政健全化なし〜」が閣議決定された（前掲書）。この基本方針で、社会保障に関しては、社会保障・税一体改革を確実に進めつつ経済再生と財政健全化及び制度の持続可能性を目指した改革を行うこと、医療・介護提供体制の適正化、インセンティブ改革による生活習慣病の予防・介護予防、公的サービスの産業化の促進、負担能力に応じた公平な負担・給付の適正化などが掲げられた。

2000 年代以降の社会保障制度は、「持続可能性」という用語が繰り返し使用されている。また、持続可能な社会保障制度を達成するために、「自立」や

「活躍」、「効率性」、「公平性」、「非政府の公の拡大」や「地方分権」といった考え方が示されてきた。この間、政権交代はなされたが、いずれにしても社会保障費を可能な限り抑制し、財政を健全化させていくという意図が一貫してあった。これらの社会保障の考え方は、2010年代後半になると「地域共生社会」というキーワードの中に組み入れられ、展開することになる。

1. 2. 2010〜2020年代：地域共生社会

2015年9月17日に厚生労働省「新たな福祉サービスのシステム等のあり方検討プロジェクトチーム」は、「誰もが支え合う地域の構築に向けた福祉サービスの実現−新たな時代に対応した福祉の提供ビジョン−」を発表した。この中で、1)「家族・地域社会の変化に伴い複雑化する支援ニーズへの対応」のために「互助・共助の取組を育みつつ、対象者の状況に応じて、分野を問わず包括的に相談・支援を行うこと」や「全世代・全対象型地域包括支援」、2)「人口減少社会における福祉人材の確保と質の高いサービスを効率的に提供する」ことや「生産性の向上という考えの浸透を図っていく」こと、3)「誰もが支え合う社会の実現の必要性と地域の支援ニーズの変化への対応」が必要だと述べられた。1)は分野を横断して対応し、2)は生産性の観点からサービスを効率的に提供し、3)は地域住民や利用者が「支える」役割を担うことを意味する。

厚生労働省の第1回地域共生社会推進検討会「地域共生社会に向けた検討の経緯・議論の状況」（2019年5月16日）の資料では、地域共生社会とは「制度・分野ごとの『縦割り』や『支え手』『受け手』という関係を超えて、地域住民や地域の多様な主体が『我が事』として参画し、人と人、人と資源が世代や分野を超えて『丸ごと』つながることで、住民一人ひとりの暮らしと生きがい、地域をともに創っていく社会」と定義されている。

この地域共生社会は、「持続可能な」福祉の仕組みの構築を目指すための考え方として提案されている点に留意しなければならない。少子高齢化や就業構造の変化の中で、ニーズのある人への十分なサービス提供が困難になるという認識に基づいて、可能な限り最少の人材や費用で最大の対象者にサービスを提供するという費用対効果の論理が示されている。この結果、国のサービス提供の責任が不明瞭になり、サービス利用者の個別のニーズに対応した個別支援で

はなく、集団処遇が推し進められていく危険性がある。

　地域共生社会というキーワードは、経済政策でも使用されてきた。2016年6月2日に「ニッポン一億総活躍プラン」「経済財政運営と改革の基本方針2016～600兆円経済への道筋～」が閣議決定された。この中で、「地域共生社会」が以下のように記されている。

　　「子供・高齢者・障害者など全ての人々が地域、暮らし、生きがいを共に創り高め合うことができる「地域共生社会」を実現する。このため、支え手と受け手側に分かれるのではなく、地域のあらゆる住民が役割を持ち、支え合いながら、自分らしく活躍できる地域コミュニティを育成し、福祉などの地域の公的サービスと協働して助け合いながら暮らすことのできる仕組みを構築する。また、寄附文化を醸成し、NPOとの連携や民間資金の活用を図る。」(「ニッポン一億総活躍プラン」)

　このプランでは、「⑨地域共生社会の実現」のための取り組みの一環として、「高齢者、障害者、児童等の福祉サービスについて、設置基準、人員配置基準の見直しや報酬体系の見直しを検討し、高齢者、障害者、児童等が相互に又は一体的に利用しやすくなるようにする」と記されており、高齢者・障害者・児童等に対して、特定の場所でサービスを提供することが示されている。これは、これまでの障害者のみを対象にした集団処遇が、高齢者や児童をも包括させたものへと展開していくことを意味する。

　2000年代以降に頻繁に使用されてきた「自立」という用語に代わり、「活躍」という用語が使用されるようになった。この「活躍」とは、これまで福祉サービスの受け手も支え手となり地域で役割を担うことが期待されることを意味する。自立の概念は、利用者個人が他者の力を借りることなく自らの力で問題に対処することを意味していたが、この頃から、他者を支えることまで含めて自立概念が拡張して捉えられるようになったことが分かる。

　障害領域で始まった地域生活支援拠点という仕組みは、まさに地域共生社会の考え方を反映したものである。2015年4月30日に「地域生活支援拠点等の整備にかかる留意事項について」(障発0430第1号厚生労働省社会・援護局障害保

健福祉部障害福祉課長通知）という通知が出された。この趣旨の中で、「障害者及び障害児の入所施設や病院からの地域移行を進めるとともに、障害者の高齢化・重度化や『親亡き後』に備えるためには、地域での安心感を担保し、障害者等の生活を地域全体で支える体制の構築が急務である」とし、「効率的・効果的な地域生活支援体制となっていない」ことが問題として指摘された。「地域全体で支える」ことは「我が事」、「効率的・効果的な地域生活支援体制」は「丸ごと」に対応すると考えられる。

　2016 年 7 月 15 日に、厚生労働省に「我が事・丸ごと」地域共生社会実現本部が設置された。当本部は「『我が事・丸ごと』地域共生社会実現本部について」の趣旨の中で、「今般、一億総活躍社会づくりが進められる中、福祉分野においても、パラダイムを転換し、福祉は与えるもの、与えられるものといったように、『支え手側』と『受け手側』に分かれるのではなく、地域のあらゆる住民が役割を持ち、支え合いながら、自分らしく活躍できる地域コミュニティを育成し、公的な福祉サービスと協働して助け合いながら暮らすことのできる『地域共生社会』を実現する必要がある」と述べている。活躍社会と地域共生社会がセットで語られる点に留意しなければならない。2016 年 10 月には、厚生労働省に「地域力強化検討会」（地域における住民主体の課題解決力強化・相談支援体制の在り方に関する検討会）が設置され、2017 年 9 月 12 日に当検討会は「最終とりまとめ〜地域共生社会の実現に向けた新しいステージへ」を発表した。ここでは、これまでの議論と同様の内容が示された。

　2018 年 10 月 22 日には、厚生労働省に「2040 年を展望した社会保障・働き方改革本部」が設置され、2019 年 5 月 29 日に「2040 年を展望した社会保障・働き方改革本部のとりまとめについて」を発表した。この中で、「2040 年を展望すると、高齢者の人口の伸びは落ち着き、現役世代（担い手）が急減する」中で、「より少ない人手でも回る医療・福祉の現場を実現」することが必要だと述べられた。その上で、「国民誰もが、より長く、元気に活躍できるよう」に、「①多様な就労・社会参加の環境整備、②健康寿命の延伸、③医療・福祉サービスの改革による生産性の向上、④給付と負担の見直し等による社会保障の持続可能性の確保」を進めると指摘されている。「医療・福祉サービスの生産性の向上」や「社会保障の持続可能性」という方向性には、社会保障費を抑

制し、最少の人材やコストで最大の対象者にサービスを提供することによって、社会保障制度を持続させることが意図されている。

　2017年2月に、社会福祉法改正案（地域包括ケアシステムの強化のための介護保険法等の一部を改正する法律案）が国会に提出された。そして、「『地域共生社会』の実現に向けて（当面の改革工程）」が「我が事・丸ごと」地域共生社会実現本部で決定された。同年5月に社会福祉法改正案が可決・成立し、2018年4月に施行されている。

　2019年5月には、厚生労働省に「地域共生社会に向けた包括的支援と多様な参加・協働の推進に関する検討会」（地域共生社会推進検討会）が設置されており、包括的な支援体制を全国的に整備するための方策について検討し、同年12月26日に「最終とりまとめ」を発表した。この中で、1）福祉政策の新たなアプローチ（具体的な課題解決を目指すアプローチとつながり続けることを目指すアプローチ）、2）市町村における包括的な支援体制の整備の在り方、についての提言が述べられている。自助・互助・共助・公助のバランスの重要性に言及はされているが、公助の領域である具体的な政策の内容や国の責任についての記述は不明確なままである。日本の社会保障制度は、「今後も『自助』を重んじ『自律』を可能にするためにも、その基盤の再構築を目指し、国と自治体、地域コミュニティ、市場やNPOなど多様な主体が一層緊密に力を合わせていく必要が高まっている」と記されている。他者に依存することなく自らの力で問題に対処し、決定・責任を担うという意味での自助が重視されるという点では、これまでの社会保障制度の方向性が継承されている。

　自立の規範という観点から見ると、2000～2020年代における「持続可能性」や「地域共生社会」といった社会保障制度の枠組みは、まさに利用者による自立や自己責任による自助を促す方向性を有している。この背景には、社会保障費の伸びを抑制し、財政の健全化を図ろうとする政策的意図があったと考えてよいであろう。こうした社会保障制度全体の影響を受けながら、施設やグループホームはどのように制度的に規定されたのかを以下でみていこう。

２．対象者と居住の場

　第１に、施設及びグループホームにおける対象者と居住の場についてみてい
こう。

２．１．施設数の制限と施設居住者の重度化

　2005年に障害者自立支援法が制定されると、施設数の増加を抑制し、施設
居住者は重度者に限定していくための制度化が進められていった。

２．１．１．施設数の制限

　まず、新築や改築のための入所施設への国庫補助が制約されたということで
ある。これは、施設数の増加を抑制するための措置である。厚生労働省は
2004年3月31日に「平成16年度における障害者入所施設の整備について」
という文書を公表している。「3.入所施設の取り扱い」において、「入所施設の
新設（定員増を伴う増改築を含む。以下同じ。）については、障害者基本計画及び
新障害者プランを踏まえ、原則として国庫補助の対象としないものとする」と
記された。ただし、以下の条件で国庫補助採択が例外的に容認された。

　すなわち、1）障害者の地域生活を推進する上で特に大きな効果が期待でき、
2）入所施設以外の施策では適切な対応が困難なニーズに対応するものであり、
3）平成16年度に整備しなければならない緊急性が高く、4）関係市町村等に
おいて、施設サービスと居宅サービスのバランスのとれた整備がなされており、
居宅サービスについても積極的な取組が行われ、5）都道府県・市町村の障害
者計画に適切に位置づけられていること、である。

　「社会福祉施設等調査」のデータによれば、障害者支援施設数は2012年の
2,660施設から毎年減少し続け、2018年は2,544施設まで減少した（図2.1.）。
2012年に比較すると、2018年は100施設数以上減少したことが分かる。ただ
し、各年次の前年度からの単年度増減数は、2013年から2014年は40施設、
2014年から2015年は53施設減少したが、2016年から2018年までは10施設
以下の減少となり、2019年には施設数が増加し、2022年は2018年より31施
設増加している。

　「社会福祉施設等調査」及び国保連データを分析すると、障害者支援施設の

居住者数は、2005年には14万6,001人だったが、2009年には13万9,851人、2023年には12万3,786人となり、2005年時に比較すると、2万2,215人減少した（表2.1.）。ただし、近年は施設居住者数の単年度減少数が減っている。2007年から2008年は2,024人減、2008年から2009年は4,574人減、2010年から2011年は3,206人減、2011年から2012年は2,080人減だが、2013年から2023年までは減少数が1,000人前後で推移する。戦後一貫して更生施設居住者数を中心にして知的障害者入所施設居住者数は増大してきたが、障害者自立支援法によってその数は減少し、近年はその減少幅は少なくなり一定数で推移している。

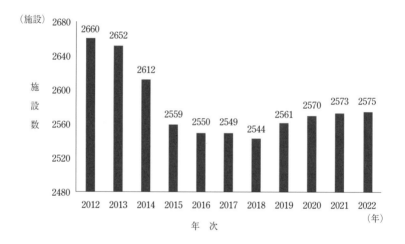

図2.1．障害者支援施設の施設数の年次推移

出典：「社会福祉施設等調査」の基本票「社会福祉施設等数、国－都道府県、施設の種類・経営主体の公営－私営別」の各年次10月のデータより作成。

表2.1. 障害者支援施設の居住者数の年次推移

年	障害者支援施設居住者数(人)	単年度減少数(人)
2005	146001	
2007	146449	
2008	144425	−2024
2009	139851	−4574
2010	139859	8
2011	136653	−3206
2012	134573	−2080
2013	133362	−1211
2014	132588	−774
2015	131881	−707
2016	131032	−849
2017	130161	−871
2018	129239	−922
2019	127881	−1358
2020	127330	−551
2021	126224	−1106
2022	124770	−1454
2023	123786	−984

出典:「社会福祉施設等調査」及び国保連データより作成。2008〜2023年までは、国保連のデータより各年次10月の施設入所支援、旧身体障害者更生施設支援(入所)、旧身体障害者療護施設支援(入所)、旧身体障害者授産施設支援(入所)、旧知的障害者更生施設支援(入所)、旧知的障害者授産施設支援(入所)のデータと、「社会福祉施設等調査」の各年次10月の精神障害者生活訓練施設、精神障害者入所授産施設のデータ(この方式は、「障害者の地域生活の推進に関する検討会」第1回(平成25年7月26日)の資料7のうち「施設等から地域への移行の推進」において採用されている集計方法を採用している)。2007年は、国保連の11月の同上のデータと、「社会福祉施設等調査」の10月の精神障害者生活訓練施設、精神障害者入所授産施設のデータ。2005年は、厚生労働省の「障害者の地域生活の推進に関する検討会」第1回における、"地域における居住支援の現状等について"のデータより(p.6)。

2.1.2. 区分と福祉計画による重度者への限定化

　次に、障害者自立支援法において区分制度が導入され、施設入所は重度障害者に限定された。2002年12月に内閣府は「障害者基本計画」を提示し、障害者施策推進本部は「重点施策実施5ヵ年計画」を発表している。「障害者基本計画」の「ア　施設等から地域生活への移行の推進」で「障害者本人の意向を尊重し、入所(院)者の地域生活への移行を促進するため、地域での生活を念

頭に置いた社会生活機能を高めるための援助技術の確立などを検討する」と入所施設の訓練機能の促進が明記された。一方、「入所施設は、地域の実情を踏まえて、真に必要なものに限定する」とし、「障害の重度化・重複化、高齢化に対応する専門的ケア方法の確立について検討する。また、高次脳機能障害、強度行動障害等への対応の在り方を検討する」とあり、施設が高齢化・重度化に対応する位置づけがなされた。障害者自立支援法の制定によって、区分の導入を通して重度障害者への施設入所の限定化が進められることになった。

2006年3月1日の障害保健福祉関係主管課長会議資料「障害者自立支援法による基準・報酬について（案）」には、「施設入所支援の対象者は、区分4以上。ただし、①50歳以上にあっては、区分3以上。②自立訓練、就労移行支援利用者にあっては、生活能力により単身での生活が困難な者又は地域の社会資源の状況等により、通所することが困難な者」と明記された。これによって、施設は原則として区分4以上（50歳以上は区分3以上）の人が入所できることになり、重度障害者に対象が限定された。

この後、この規定に対する諸団体からの批判を受けて、上記②は「自立訓練、就労移行支援又は就労継続支援B型の利用者のうち、入所させながら訓練等を実施することが必要かつ効果的であると認められる者又は通所によって訓練を受けることが困難な者」となり対象範囲が拡大した[15]。なお、「施設入所支援」は「施設に入所する障害者につき、主として夜間において、入浴、排せつ又は食事の介護その他の厚生労働省令で定める便宜を供与すること」と規定された。

内閣府が2009年に発表した「障害者基本計画の推進状況〜平成19年度〜」によれば、「障害者基本計画（第2次計画　平成15年度〜平成24年度）」の2007年度の進捗状況について以下のように記されている。すなわち、分野別施策のうち「入所施設は、地域の実情を踏まえて、真に必要なものに限定する」ことの推進状況として、厚生労働省から「障害者自立支援法においては、施設に入所してサービスを受けることのできる者について、一定以上の障害程度区分であること等を条件としたところ（平成18年10月）」という報告がなされたことが記載されている。2010年度の進捗状況の報告でも同様の文言が掲載されている（内閣府, 2012）。このことからも、区分導入によって、原則として入所施設は重度障害者に対象を限定することが政府の方針として打ち出されているこ

とが分かる。

　さらに、障害者自立支援法が制定されると、都道府県障害福祉計画の基本指針として、国によって初めて地域移行者数や施設入所者数削減の目標値が設定された。この結果、第1〜2期（2006〜2011年度）、第3期（2012〜2014年度）、第4期（2015〜2017年度）は、年間3％水準の地域移行者数、年間1％水準の施設入所者削減の目標値に掲げられた。

　ところが、第5期（2018〜2020年度）及び第6期（2021〜2023年度）では、これらの数値目標が下方修正された。第5期では、1）2020年度末時点の地域移行者数を2016年度末時点の施設入所者数の9％に設定し、年間2.25％水準の地域移行者数を、2）2020年度末時点の施設入所者数を2016年度末時点の施設入所者数の2％に設定し年間0.5％水準の施設入所者削減数を目標値とした。第4期以前に比較すると、地域移行者数は3.0％から2.25％に、施設入所者削減数は1％から0.5％に下方修正されている（厚生労働省・社会保障審議会障害者部会，2016）。

　第6期では、1）2023年度末時点の地域移行者数を2019年度末時点の施設入所者数の6％に設定し年間1.5％水準の地域移行者数を、2）2023年度末時点の施設入所者数を2019年度末時点の施設入所者数の1.6％に設定し年間0.4％水準の施設入所者削減数を目標値とした。第5期と比較すると、地域移行者数は2.25％から1.5％に、施設入所者削減数は0.5％から0.4％にさらに下方修正されている（厚生労働省・社会保障審議会障害者部会,2019）。

　目標値を下方修正した理由について、厚生労働省は次のように説明している。地域移行者数については、施設入所者の重度化・高齢化により、入所施設からの退所は入院・死亡を理由とする割合が年々高まり、自宅やグループホームなどへの地域生活移行者数は減少傾向にあること。施設入所者削減数は、障害支援区分5以下の利用者は減少又は横ばいである一方、区分6の利用者が増加し全体として施設入所者の重度化が進み、65歳以上の利用者の割合が増加しているなど高齢化も進みつつあること、である（厚生労働省・社会保障審議会障害者部会，2016；2019）。重度化・高齢化については、日中サービス支援型グループホームや地域生活支援拠点によって対応するとも記されているが、結果的には数値目標は下方修正されており、障害者支援施設が、重度障害を有し、ある

表2.2. 障害者支援施設における障害支援区分別の居住者数と居住者割合

年・月 ＼ 人	区分なし・区分1	区分2	区分3	区分4	区分5	区分6	合計
2013年	2,179(1.6%)	3,328(2.5%)	13,179(9.9%)	28,568(21.5%)	37,339(28.1%)	49,654(37.4%)	132,698
2014年	1,290(1.0%)	2,953(2.2%)	12,138(9.1%)	27,181(20.5%)	37,110(28.1%)	52,105(39.4%)	132,014
2015年	809(0.6%)	2,217(1.6%)	10,030(7.6%)	25,013(18.9%)	37,069(28.1%)	57,158(43.3%)	131,856
2016年	662(0.5%)	1,802(1.3%)	8,513(6.4%)	22,942(17.4%)	36,782(28.0%)	60,864(46.4%)	131,170
2017年	473(0.4%)	1,433(1.0%)	6,949(5.3%)	21,011(16.1%)	36,473(27.9%)	64,308(49.3%)	130,339
2018年	398(0.3%)	1,143(0.8%)	6,035(4.6%)	19,741(15.2%)	36,088(27.9%)	66,141(51.1%)	129,273
2019年	382(0.3%)	1,024(0.7%)	5,569(4.3%)	19,133(14.9%)	35,685(27.8%)	66,792(52.0%)	128,322
2020年	346(0.3%)	875(0.6%)	5,184(4.0%)	18,454(14.4%)	35,179(27.5%)	67,878(53.1%)	127,660
2021年	361(0.3%)	734(0.5%)	4,738(3.7%)	17,784(14.0%)	34,653(27.3%)	68,545(54.1%)	126,546
2022年	366(0.3%)	618(0.5%)	4,374(3.5%)	17,069(13.6%)	34,030(27.1%)	69,196(55.1%)	125,653

出典：厚生労働省・社会保障審議会障害者部会(2019)「障害福祉計画及び障害児福祉計画に係る成果目標及び活動指標について」第96回(R1.11.25) 資料1－2、厚生労働省・社会保障審議会障害者部会(2020.1.17)「成果目標に関する参考資料」第98回参考資料2、厚生労働省・社会保障審議会障害者部会(2022)「障害者の居住支援について③」第125回(R4.3.11) 資料1、厚生労働省・社会保障審議会障害者部会(2023a)「成果目標に関する参考資料」第134回社会保障審議会障害者部会参考資料1のデータに依拠して作成。パーセンテージは、当該年度の総数に対する割合。データは各年の3月時点。

いは、高齢化した障害者を対象にする居住形態として捉えられていることが示されている。

　厚生労働省・社会保障審議会障害者部会の資料によれば、2013年に比較して2022年3月現在で、障害者支援施設の利用者の障害支援区分が重度化していることが分かる（表2.2.）。2013年3月時点から2022年3月時点になると、障害支援区分6の居住者割合は37.4％（4万9,654人）から55.1％（6万,9,196人）へと17.7％増加し、区分5は28.1％（3万7,339人）から27.1％（3万4,030人）とほぼ割合は変わらず、区分4は21.5％（1万7,069人）から13.6％（1万7,069人）へと7.9％減少、区分3は9.9％（1万3,179人）から3.5％（4,374人）へと6.4％減少、区分2は2.5％（3,328人）から0.5％（618人）へと2.0％減少、区分1・区分なしは1.6％（2,179人）から0.3％（366人）へと1.3％減少している。2022年3月時点のデータだけをみると、区分6と区分5を合わせて82.2％を占めている。厚生労働省による「障害支援区分の審査判定実績（令和3年10月～令和4年9月）」という資料の「二次判定の結果」によれば、2018年10月から2019年9月までの二次判定結果で日本全体の区分5と区分6は15.1％と24.2％、合

計39.3％である。障害者支援施設ではこの約2倍の割合であり、重度障害者が入所施設に集中している状況が分かる。

施設居住者の高齢化も進行する。厚生労働省・社会保障審議会障害者部会（2023）の資料によれば、65歳以上は2013年時点の17.3％（2万3,263人）から2022年時点では25.4％（3万1,592人）となり8.1％上昇し、60歳以上全体でみると2013年時点の29.8％（4万75人）から2022年3月時点では36.7％（4万6,048人）となり、6.9％上昇している。

障害者自立支援法制定以降の入所施設は、施設箇所数の増加を抑制し、施設入居者数を削減させながらも、重度障害者や高齢障害者に対象を限定して維持され、新たな役割をもった居住場所として展開することになった。

2.1.3. 自立の支援と日常生活の充実：保護型施設への再編

障害者自立支援法の制定によって、入所更生施設と入所授産施設は障害者支援施設として統合された。障害者支援施設の処遇上の目的としては、2006年9月29日の「障害者の日常生活及び社会生活を総合的に支援するための法律に基づく指定障害者支援施設等の人員、設備及び運営に関する基準」（厚生労働省令百七十二号）には、「相談」「介護」「訓練」「生産活動」が明記された。具体的には、「介護は、利用者の心身の状況に応じ、利用者の自立の支援と日常生活の充実に資するよう、適切な技術をもって行われなければならない」と記されている。

従来の施設の処遇上の目的であった「更生」や「保護」は、「自立の支援」や「日常生活の充実」、「自立した日常生活又は社会生活」という用語に変更された。ただし、「地域において」という文言や、地域移行や社会自立については明記されておらず、この場合の自立は、施設内での自立を前提とした概念であると考えられる。すなわち、障害者支援施設は施設内での自立を前提とした保護型施設として再編されたことを意味する。

2.2. グループホーム入居者の拡大と分類収容化

2002年5月14日に、厚生省児童家庭局通知「『知的障害者地域生活援助事業の実施について』の一部改正について」が出されると、グループホームの対象者が拡大した。

「グループホームの入居対象者は、満15歳以上の知的障害者であって、グループホームの入居を必要とする者（入院治療を要する者を除く）とする」。

　つまり、グループホームは、福祉的就労という稼働能力を有さない人も対象にすることになった。ただし、共同で家事を行うことができるという点での身辺ケア能力は求められた。

　グループホーム居住者数は、2023年には18万1,330人となり、2005年の1万7,677人から約10倍増加している。単年度の増加数は、2000年以前は約1,000人以下で推移していたが、2003年の支援費制度制定によって約3,000人前後で推移し、2006年以降は約7,000人前後となっている。2020年からは、単年度増加数は1万人を超えている（表2.3.）。

表2.3. グループホームにおける居住者数と単年度増減数の年次推移

年	グループホーム居住者数(人)	単年度の居住者の増減数(人)	年	グループホーム居住者数(人)	単年度の居住者の増減数(人)
1989	408		2007	35,740	10,928
1990	816	408	2008	46,485	10,745
1991	1,212	396	2009	53,306	6,821
1992	1,620	408	2010	61,288	7,982
1993	2,080	460	2011	68,306	7,018
1994	2,556	476	2012	79,523	11,217
1995	3,052	496	2013	86,607	7,084
1996	3,760	708	2014	93,451	6,844
1997	4,536	776	2015	100,314	6,863
1998	5,368	832	2016	106,325	6,011
1999	6,724	1,356	2017	112,432	6,107
2000	6,488	− 236	2018	119,474	7,042
2001	8,160	1,672	2019	127,385	7,911
2003	11,998	3,838	2020	139,087	11,702
2004	14,949	2,951	2021	151,854	12,767
2005	17,677	2,728	2022	165,553	13,699
2006	24,812	7,135	2023	181,330	15,777

出典：「社会福祉施設等調査」と国保連データより作成。1989～2001年は住居箇所数に4名(当時最も多い居住者数)を乗じた推計値。2002年はデータが欠如。2003～2005年は「社会福祉施設等調査」の知的障害者地域生活援助事業の利用者数。2006年と2007年は「社会福祉施設等調査」の共同生活援助事業所／共同生活介護事業所の利用者数。2008年～2023年は国保連データ(各年次は10月のデータ)。2008年～2013年までは共同生活援助と共同生活介護の利用者数、2014年以降は共同生活援助(介護サービス包括型)、共同生活援助(外部サービス利用型)の利用者数。2018年以降は共同生活援助(介護サービス包括型)、共同生活援助(外部サービス利用型)、共同生活援助(日中サービス支援型)の利用者数。

グループホームが福祉的就労をしていない重度障害者の入所を可能にさせていった時期と、障害程度によって分類収容化が進むことになる時期が重なるのは偶然ではない。

　障害者自立支援法の成立により、グループホームは共同生活介護と共同生活援助という類型に分かれ、グループホーム事業が障害程度、すなわち、自立能力ごとに居住形態が分化することになった。2006年になると重度障害者支援費加算Ⅱが制度化され、施設だけではなく、共同生活介護、後に共同生活援助でも可能になる。この結果、グループホームは行動障害のある人も利用する場として展開する。ただし、グループホームは家事参加が利用者に求められ、ある程度の身辺ケア能力が求められる点で障害者支援施設と異なる。

　2014年4月に共同生活介護が介護サービス包括型共同生活援助（以下、介護包括型）に、共同生活援助が外部サービス利用型共同生活援助（以下、外部利用型）に類型化された。2018年には日中サービス支援型（以下、日中支援型）という第3の類型が制度化された。それぞれの目的と対象者について、「障害者の日常生活及び社会生活を総合的に支援するための法律に基づく指定障害福祉サービスの事業所の人員、設備及び運営に関する基準」（厚生労働省令第百七十一号）に依拠すると、介護包括型も外部利用型も「利用者が地域において共同して自立した日常生活又は社会生活を営むことができる」ことが目的とされる。

　一方、日中支援型は、「常時の支援体制を確保することにより、利用者が地域において、家庭的な環境及び地域住民との交流の下で自立した日常生活又は社会生活を営むことができる」ことを目的とする。いずれの形態も、障害者支援施設と同様に「自立した日常生活又は社会生活」という文言があるが、「地域において」が記されている点に違いがある。日中支援型は、「共同して」の部分が削除され「家庭的な環境及び地域住民との交流の下で」とあり、「常時の支援体制を確保する」と追記されている。これは夜間を含む支援体制の確保を意味しており、他の類型よりも常時支援の必要な重度障害者を想定していることが分かる。ただし、他の類型と同様、「調理、洗濯その他の家事等は、原則として利用者と従業者が共同で行う」とされ、家事等への参加が利用者には求められる。

また、介護包括型は、サービス管理責任者の責務として「自立した日常生活を営むことができると認められる利用者に対し、必要な支援を行うこと」や「利用者が自立した社会生活を営むことができるよう指定生活介護事業所等との連絡調整を行うこと」が明記されているが、日中支援型にはその記載がない。外部利用型は、サービス管理責任者の責務についてのこうした記載はなく、介護については、必要な場合に外部の受託居宅介護事業所から提供されることを前提としている。外部利用型はサービス報酬費について障害支援区分ごとの算定がなされておらず、区分の高低にかかわらず一定の報酬費が提供され生活支援員の配置はない。これは重度障害者を対象としていないことを意味する。

　一方、2014年3月31日に「『障害者の日常生活及び社会生活を総合的に支援するための法律に基づく指定障害福祉サービス等及び基準該当障害福祉サービスに要する費用の額の算定に関する基準等の制定に伴う実施上の留意事項について』等の一部改正について」（障発0331第51号厚生労働省通知）が出され、サテライト型という類型が新設された。この通知では、「サテライト型住居を設置する指定共同生活援助事業者は、サテライト型住居の入居者が、当該サテライト型住居を退去し、一般住宅等において、安心して日常生活を営むことができるかどうか、他の障害福祉サービス事業者等の関係者を含め、定期的に検討を行うとともに、当該サテライト型住居に入居してから原則として3年の間に、一般住宅等へ移行できるよう、他の障害福祉サービス事業者等との十分な連携を図りつつ、計画的な支援を行うものとする」と規定された。サテライトの住居は、本体住居のグループホーム職員の巡回によって運営され、3年の間に自立生活に移行することが想定されており、グループホーム制度において最も自立能力の高い人を対象としている。

　グループホームの類型別データでみると、2014年は介護包括型82.8％（7万7,384人）、外部利用型17.2％（1万6,067人）であり、2017年は介護包括型85.1％（9万5,643人）、外部利用型14.9％（1万6,789人）となり、介護包括型の割合が増加した。日中支援型は、2018年は532人（0.4％）だったが、2023年に13,951人（7.7％）となり、約26倍に居住者数が増えている（表2.4.）。

表2.4. グループホームの類型別の居住者数と割合の推移

年＼人	外部サービス利用型	介護サービス包括型	日中サービス支援型	総数
2014	16067 (17.2%)	77384 (82.8%)		93451
2015	16327 (16.3%)	83987 (83.7%)		100314
2016	16437 (15.5%)	89888 (84.5%)		106325
2017	16789 (14.9%)	95643 (85.1%)		112432
2018	16097 (13.5%)	102845 (86.1%)	532 (0.4%)	119474
2019	15697 (12.3%)	110300 (86.6%)	1388 (1.1%)	127385
2020	15641 (11.2%)	120072 (86.3%)	3374 (2.4%)	139087
2021	15396 (10.1%)	130363 (85.8%)	6095 (4.0%)	151854
2022	15051 (9.1%)	140714 (85.0%)	9788 (5.9%)	165553
2023	14829 (8.2%)	152550 (84.1%)	13951 (7.7%)	181330

出典：国保連データより作成。各年次の10月のデータ。パーセンテージは、当該年度の総数に対する割合。

　外部利用型より介護包括型が重度障害者の居住を想定していると考えると、グループホームは障害の比較的重度の人の利用が増えていることになる。また、介護包括型より日中支援型において、重度障害者や高齢障害者の居住が想定され、今後はこの利用者の増加が予想される。一方、外部利用型は、2014年の1万6,067人（17.2%）から2023年に1万4,829人（8.2%）まで減少している（表2.4.）。障害の比較的軽度の人はグループホーム利用ではなく、自立生活など他の居住形態の利用が想定されていることが示唆される[16]。

　グループホームの入居者の障害程度は、区分なし・区分1の割合が2008年は33.9%であったが、2019年は18.0%に減少し、区分3・4・5・6の各割合が2008年は14.7%、6.7%、2.9%、1.9%だったが、2019年は22.7%、19.5%、11.6%、8.7%に増加している。このことは、障害者支援施設の居住者と同様に障害程度が重度化していることを示している（表2.5.）。ただし、区分5・6は2019年では全体の20.3%であり、これは障害者支援施設の同年度の区分5・6の79.8%に比較するとはるかに低い割合に留まる。

　グループホームの類型別の障害支援区分ごとの居住者の割合は、2020年4月の時点で、外部利用型は区分のない人が68.9%、介護包括型は区分2・3・4がそれぞれ21.1%、24.8%、21.7%、日中支援型は区分4・5・6がそれぞれ27.9%、23.8%、24.6%である（表2.6.）。外部利用型、介護包括型、日中支援

型に移行するにつれて、障害支援区分が重度化しており、障害程度によってグループホーム形態別の住み分けがなされていることが分かる。公益財団法人日本知的障害者福祉協会「全国グループホーム・ケアホーム実態調査報告」及び「全国グループホーム実態調査報告」のデータを分析すると、65歳以上の居住者は、2016年の10.6％から2020年の13.9％に約3.3％増加し、居住者の高齢化が進んでいるが、全体的に65歳以上の居住者割合は低い。

　このように、この時期のグループホームは、日中支援型→介護包括型→外部利用型→サテライト型に移行するにつれて、段階的に自立能力の高い人を分類収容する体系へと再編されたことが示されている。

表2.5. 障害程度別のグループホーム居住者の割合の年次推移

人＼年	区分なし・区分1	区分2	区分3	区分4	区分5	区分6	その他	総数
2008	14761(33.9%)	8057(18.5%)	6415(14.7%)	2927(6.7%)	1275(2.9%)	813(1.9%)	9346(21.4%)	43594
2009	15939(31.9%)	9917(19.8%)	8687(17.4%)	4391(8.8%)	1865(3.7%)	1133(2.3%)	8097(16.2%)	50029
2010	17388(29.9%)	11717(20.1%)	10955(18.8%)	6152(10.6%)	2807(4.8%)	1837(3.2%)	7329(12.6%)	58185
2011	18957(29.0%)	13598(20.8%)	13249(20.3%)	7629(11.7%)	3712(5.7%)	2452(3.8%)	5679(8.7%)	65276
2012	21684(28.8%)	17195(22.8%)	17332(23.0%)	10188(13.5%)	4996(6.6%)	3287(4.4%)	591(0.8%)	75273
2013	23164(27.9%)	18605(22.4%)	19124(23.1%)	11550(13.9%)	6087(7.3%)	4258(5.1%)	139(0.2%)	82927
2014	24090(27.1%)	20031(22.5%)	20395(22.9%)	12614(14.2%)	6861(7.7%)	4902(5.5%)	0(0.0%)	88893
2015	24063(24.9%)	20872(21.6%)	22083(22.9%)	15023(15.6%)	8527(8.8%)	5960(6.2%)	0(0.0%)	96528
2016	23401(22.8%)	20139(19.6%)	22856(22.2%)	18215(17.7%)	10586(10.3%)	7551(7.3%)	0(0.0%)	102748
2017	22929(21.0%)	20866(19.1%)	24384(22.4%)	20449(18.8%)	11848(10.9%)	8561(7.9%)	0(0.0%)	109037
2018	22915(19.7%)	22551(19.4%)	26212(22.5%)	22243(19.1%)	12944(11.1%)	9491(8.2%)	0(0.0%)	116356
2019	22273(18.0%)	24164(19.6%)	28001(22.7%)	24085(19.5%)	14362(11.6%)	10704(8.7%)	0(0.0%)	123589

出典：障害福祉サービス等報酬改定検討チーム（2020）「共同生活援助（介護サービス包括型・外部サービス利用型・日中サービス支援型）に係る報酬・基準について≪論点等≫」第14回（R2.9.11）資料2のデータより作成。国保連データの各年次の4月のデータが使用されている。パーセンテージは、当該年度の総数に対する割合。

表2.6. グループホーム形態別の居住者の障害支援区分の割合（2020年4月のデータ）

区分 ＼ ％	外部サービス利用型	介護サービス包括型	日中サービス支援型
区分なし	68.9%	7.5%	0.5%
区分1	1.9%	2.1%	1.1%
区分2	13.8%	21.1%	4.7%
区分3	9.2%	24.8%	17.3%
区分4	4.6%	21.7%	27.9%
区分5	1.2%	13%	23.8%
区分6	0.3%	9.7%	24.6%

出典：障害福祉サービス等報酬改定検討チーム（2020）「共同生活援助（介護サービス包括型・外部サービス利用型・日中サービス支援型）に係る報酬・基準について≪論点等≫」のデータより作成。

３．居住環境

第2に、施設とグループホームにおける居住環境についてみてみよう。

３．１．施設の個室化／小規模化の推奨

1995年12月の障害者対策推進本部の「障害者プラン～ノーマライゼーション7か年戦略～」以来、国の計画には施設の個室化・小規模化を進めることが記載されてきたが、施設基準が変更されたのは障害者自立支援法以降だった。

2006年9月29日の「障害者自立支援法に基づく指定障害者支援施設等の人員、設備及び運営に関する基準」には、「利用者一人当たりの床面積は、収納設備等を除き、九・九平方メートル以上」とされ、床面積が拡大することによって物理的に個室の設置を誘導する規定となっている。ただし、「居室の定員は、四人以下とすること」と記されているように、個室化は義務ではない点に留意しなければならない。この省令には、サービス管理責任者が「利用者及びその家族の生活に対する意向、総合的な支援の方針、生活全般の質を向上させるための課題」など記載した施設障害福祉サービス計画の原案を作成しなければならないと明記されており、生活の質への配慮に言及されていることが分かる。

内閣府（2010）「障害者基本計画（第2次計画　平成15年度～平成24年度）―平

成 20 年度推進状況」によれば、当計画の 2008 年度の進捗状況について、分野別施策である「入所者の生活の質の向上を図る観点から、施設の一層の小規模化・個室化を図る」ことについては、「社会福祉施設等施設整備費において、個室化の整備を行った入所施設に対して補助を実施」という厚生労働省の報告が記載されており、2010 年度の進捗状況の報告まで同様の文言が記載されている。法制度において個室は義務化されているわけではないが、社会福祉施設等施設整備費の対象に個室化整備が含まれることで個室化を推奨していることが分かる。

　公益財団法人日本知的障害者福祉協会調査・研究委員会による「全国知的障害児・者施設・事業実態調査報告書」には、調査対象となった事業所の入居者の居室の状況についてのデータが記されている。年次推移をみると、個室は、2012 年は全体の 48.0％（2 万 133 室）であったが、2020 年になると 59.3％（2 万6,502 室）に増加している。ただし、2020 年の段階でも 2 人部屋利用が 33.0％（1 万 4,780 室）、3 人部屋利用が 4.1％（1,855 室）、4 人部屋利用が 3.5％（1,566 室）、5 人以上利用が 0.1％（22 室）という結果が示されている（表 2.7.）。この居室の数から居住者数を推定すると、個室を利用する居住者の割合は、2011 年の18.7％から 2020 年の段階で 39.0％に増加していること分かる。しかし、2020年で 2 人部屋は 43.5％と最も高い割合であり、3 人以上の居室にいる利用者は17.6％に相当することが示されている（表 2.8.）。

表2.7. 障害者支援施設の居室状況の年次推移

年＼部屋	個室	2人部屋	3人部屋	4人部屋	5人以上	居室総数
2011	3,842(36.6%)	4,513(43.0%)	927(8.8%)	1,185(11.3%)	33(0.3%)	10,500
2012	20,133(48.0%)	16,612(39.6%)	2,696(6.4%)	2,411(5.8%)	61(0.1%)	41,913
2013	17,306(47.3%)	14,936(40.8%)	2,260(6.2%)	2,053(5.6%)	57(0.2%)	36,612
2014	20,335(51.1%)	15,002(37.7%)	2,233(5.6%)	2,194(5.5%)	30(0.1%)	39,794
2015	20,877(52.7%)	14,693(37.1%)	2,026(5.1%)	2,006(5.1%)	27(0.1%)	39,629
2016	23,131(54.8%)	15,095(35.7%)	2,078(4.9%)	1,929(4.6%)	11(0.03%)	42,244
2017	24,043(56.3%)	14,703(34.4%)	2,089(4.9%)	1,816(4.3%)	37(0.1%)	42,688
2018	25,283(57.1%)	15,218(34.3%)	1,978(4.5%)	1,801(4.1%)	37(0.1%)	44,317
2019	26,563(56.5%)	16,834(35.8%)	2,011(4.3%)	1,569(3.3%)	19(0.04%)	46,996
2020	26,502(59.3%)	14,780(33.0%)	1,855(4.1%)	1,566(3.5%)	22(0.1%)	44,725

出典：公益財団法人日本知的障害者福祉協会調査・研究委員会による「全国知的障害児・者施設・事業実態調査報告書」（2012 ～ 2020)のデータより作成。パーセンテージは当該年度の総数に対する割合。

表2.8. 障害者支援施設の定員規模居室ごとの居住者推定値の年次推移

人数/年	個室	2人部屋	3人部屋	4人部屋	5人以上	居住者総数
2011	3,842(18.7%)	9,026(43.9%)	2,781(13.5%)	4,740(23.1%)	165(0.8%)	20,554
2012	20,133(28.2%)	33,224(46.5%)	8,088(11.3%)	9,644(13.5%)	305(0.4%)	71,394
2013	17,306(27.7%)	29,872(47.8%)	6,780(10.9%)	8,212(13.1%)	285(0.5%)	62,455
2014	20,335(30.8%)	30,004(45.5%)	6,699(10.2%)	8,776(13.3%)	150(0.2%)	65,964
2015	20,877(32.4%)	29,386(45.6%)	6,078(9.4%)	8,024(12.4%)	135(0.2%)	64,500
2016	23,131(34.4%)	30,190(44.8%)	6,234(9.3%)	7,716(11.5%)	55(0.1%)	67,326
2017	24,043(35.8%)	29,406(43.8%)	6,267(9.3%)	7,264(10.8%)	185(0.3%)	67,165
2018	25,283(36.6%)	30,436(44.1%)	5,934(8.6%)	7,204(10.4%)	185(0.3%)	69,042
2019	26,563(36.6%)	33,668(46.4%)	6,033(8.3%)	6,276(8.6%)	95(0.1%)	72,635
2020	26,502(39.0%)	29,560(43.5%)	5,565(8.2%)	6,264(9.2%)	110(0.2%)	68,001

出典：公益財団法人日本知的障害者福祉協会調査・研究委員会による「全国知的障害児・者施設・事業実態調査報告書」（2012 〜 2020）のデータより作成。これは、居室の数に居室定員数を乗じて推定した各部屋の居住者数である。5人以上の部屋については、居室定員を5人として計算し推定値を示した。パーセンテージは当該年度の総数に対する割合。

　「障害者自立支援法に基づく指定障害者支援施設等の人員、設備及び運営に関する基準」によれば、職員配置は、障害者支援施設が生活介護を行う場合は、「看護職員、理学療法士又は作業療法士及び生活支援員の総数」は、「平均障害程度区分が四未満」は「利用者の数を六で除した数以上」、「平均障害程度区分が四以上五未満」は「利用者の数を五で除した数以上」、「平均障害程度区分が五以上」は「利用者の数を三で除した数以上」と規定された。この規定は、重度障害者は利用者3人に職員1人、軽度障害者は利用者6人に職員1人となったことを意味すると考えられる。1990年12月19日の「精神薄弱者援護施設の設置及び運営に関する基準」では、精神薄弱者更生施設（入所）と精神薄弱者授産施設（入所）の職員配置はいずれの施設も利用者4.3名に職員1名が配置されていたことは前章で確認した。更生施設は重度障害者、授産施設は軽度障害者が入所する傾向があることを考えると、この時期の職員配置基準は区分5以上の重度障害者の場合は改善し、区分4以下の軽度障害者の場合は悪化していると解釈することが可能である。

　ただし、これは日中活動の時間帯である生活介護のことについて記された内容であり、施設入所支援の職員配置を記した内容ではないことには留意しなけ

ればならない。「障害者の日常生活および社会生活を総合的に支援するための法律に基づく指定障害者支援施設等の人員、設備及び運営に関する基準」には「施設入所支援を行うために置くべき従業者及びその員数」は、生活支援員は「利用者の数が六十以下一以上」と規定された。さらに「施設入所支援については、夜間の時間帯（午後 10 時から翌日の午前 5 時までの時間を含めた連続する 16 時間をいい、原則として、指定障害者支援施設等ごとに設定するものとする。）において、入浴、排せつ又は食事の介護等を適切に提供する必要があることから、当該夜間の時間帯を通じて、施設入所支援の単位ごとに、利用定員の規模に応じ、夜勤を行う生活支援員を必要数配置するものである」と記されている。生活介護を併設する障害者支援施設は定員 60 名以下であれば、1 名の生活支援員を配置することを最低条件としているのみであり、夜間の施設入所支援の配置基準は各施設に委ねられている。

3.2. グループホームの大規模化／職員配置の類型化／施設環境化
3.2.1. 大規模化の容認

　障害者自立支援法が制定されると、グループホームは最大定員が 10 名まで認められることになった。「共同生活住居は、その入居定員を 2 人以上 10 人以下とする。ただし、既存の建物を共同生活住居とする場合にあっては、当該共同生活住居の入居定員を 2 人以上 20 人（都道府県知事が特に必要があると認めるときは 30 人）以下とすることができる」と規定された。すなわち、新設する場合は 10 名定員だが、既存建物は 20 名定員が可能である。

　2018 年に新設された日中支援型は、新設を含めて、20 名定員が可能となった。改正「障害者の日常生活及び社会生活を総合的に支援するための法律に基づく指定障害福祉サービスの事業所の人員、設備及び運営に関する基準」（2018年 4 月 1 日公布）によれば、「共同生活住居は、その入居定員を二人以上十人以下とする。ただし、構造上、共同生活住居ごとの独立性が確保されており、利用者の支援に支障がない場合は、一つの建物に複数の共同生活住居を設けることができるものとする。この場合において、一つの建物の入居定員の合計は二十人以下とする」「既存の建物を共同生活住居とする場合にあっては、当該共同生活住居の入居定員を二人以上二十人（都道府県知事が特に必要があると認め

るときは三十人）以下とすることができる」とある。最大定員5名の短期入所も義務付けられているため、日中支援型は他のグループホーム形態より定員規模が大きくなる傾向がある。

　定員別グループホームの箇所数については、定員5名以下住居数は、2012年時点では全体の63.6%（8,792か所）だったが、2022年時点には全体の55.2%（1万6,709か所）へと8.4%減少し、定員10名以上住居数は、2012年は全体の7.5%（1,040か所）だったが、2022年時点は全体の12.6%（3,804か所）へと5.1%上昇した（表2.9.）。

　これを定員数でみると、2012年に比較すると2022年は、定員5名以下住居の総定員数は全体の47.7%（3万4,368人）から38.5%（6万6,445人）へと9.2%減少し、定員10名以上住居の総定員数は全体の15.5%（1万1,158人）から23.2%（4万55人）へと7.7%増加している（表2.10.）。表2.10.は11～20人の住居と、21～30人の住居はそれぞれ最少定員11人と21人として推定定員数を算出した。これらの住居を最大定員数20人と30人として算出した場合は、2022年時点では10人及び11～20人住居は全体の26.4%（4万5,780人）、21～30人住居は全体の1.4%（2,370人）となり、10人以上の住居における総定員数は27.8%（4万8,150人）となる。すなわち、2022年は4人に1人の割合で、定員10名以上の住居に居住している可能性があることが示されている。

　なお、1989年の「グループホーム運営マニュアル」制定当時は、グループホーム定員は5名以下を基本としていたが、2022年時点で6名以上の住居数は全体の44.8%（1万3,540か所）、6名以上住居の定員数は全体の61.5%（10万6,065人）となり過半数を遥かに超えている。

　住居数及び定員数の観点からみても、グループホーム住居の大規模化が進行していることがこれらのデータから示されている。

表2.9. 定員別グループホーム住居戸数の年次推移

年＼戸	2〜5人	6〜9人	10人	11〜20人	21〜30人	合計
2012	8,792(63.6%)	3,983(28.8%)	592(4.3%)	417(3.0%)	31(0.2%)	13,815
2013	9,395(62.2%)	4,445(29.4%)	728(4.8%)	504(3.3%)	34(0.2%)	15,106
2014	9,239(61.3%)	4,557(30.2%)	744(4.9%)	500(3.3%)	36(0.2%)	15,076
2015	9,567(60.4%)	4,910(31.0%)	841(5.3%)	484(3.1%)	41(0.3%)	15,843
2016	9,722(58.6%)	5,267(31.8%)	988(6.0%)	570(3.4%)	38(0.2%)	16,585
2017	10,165(58.0%)	5,627(32.1%)	1,067(6.1%)	615(3.5%)	66(0.4%)	17,540
2018	12,242(56.4%)	7,143(32.9%)	1,479(6.8%)	786(3.6%)	57(0.3%)	21,707
2019	12,707(55.9%)	7,529(33.1%)	1,592(7.0%)	858(3.8%)	50(0.2%)	22,736
2020	13,912(55.4%)	8,296(33.0%)	1,859(7.4%)	993(4.0%)	69(0.3%)	25,129
2021	15,876(56.0%)	9,140(32.2%)	2,286(8.1%)	989(3.5%)	78(0.3%)	28,369
2022	16,709(55.2%)	9,736(32.2%)	2,579(8.5%)	1,146(3.8%)	79(0.3%)	30,249

出典：厚生労働省「社会福祉施設等調査」の詳細票「共同生活援助事業所の共同生活住居定員別箇所数, 国－都道府県－指定都市－中核市別」のデータより作成。各年次の10月時点のデータ。パーセンテージは当該年度の総数に対する割合。

表2.10. 定員別グループホーム住居の推定定員数の年次推移

年＼人	2〜5人	6〜9人	10人	11〜20人	21〜30人	推定総数
2012	34,368(47.7%)	26,453(36.8%)	5,920(8.2%)	4,587(6.4%)	651(0.9%)	71,979
2013	36,682(46.0%)	29,573(37.1%)	7,280(9.1%)	5,544(6.9%)	714(0.9%)	79,793
2014	36,224(45.1%)	30,424(37.9%)	7,440(9.3%)	5,500(6.8%)	756(0.9%)	80,344
2015	37,417(44.1%)	32,833(38.7%)	8,410(9.9%)	5,324(6.3%)	861(1.0%)	84,845
2016	38,033(42.1%)	35,371(39.1%)	9,880(10.9%)	6,270(6.9%)	798(0.9%)	90,352
2017	39,980(41.4%)	37,777(39.1%)	10,670(11.0%)	6,765(7.0%)	1,386(1.4%)	96,578
2018	48,389(40.0%)	48,013(39.7%)	14,790(12.2%)	8,646(7.1%)	1,197(1.0%)	121,035
2019	50,422(39.5%)	50,784(39.8%)	15,920(12.5%)	9,438(7.4%)	1,050(0.8%)	127,614
2020	55,449(38.9%)	56,158(39.4%)	18,590(13.0%)	10,923(7.7%)	1,449(1.0%)	142,569
2021	63,305(39.4%)	61,925(38.6%)	22,860(14.2%)	10,879(6.8%)	1,638(1.0%)	160,607
2022	66,445(38.5%)	66,010(38.3%)	25,790(14.9%)	12,606(7.3%)	1,659(1.0%)	172,510

出典：厚生労働省「社会福祉施設等調査」のデータより作成。詳細票「共同生活援助事業所の共同生活住居定員別箇所数, 国－都道府県－指定都市－中核市別」の定員別箇所数に各定員数を乗じて計算。ただし、定員11〜20人、定員21〜30人の定員別箇所数は定員数ごとの内訳箇所数はない。このため、定員11〜20人、定員21〜30人の住居については、それぞれ最低定員数である11人、21人を乗じて計算。パーセンテージは当該年度の総数に対する割合。

2014年9月22日には、厚生労働省社会・援護局障害保健福祉部・障害福祉課地域生活支援推進室の事務連絡「共同生活援助（グループホーム）の共同生活住居の取扱いについて」が出され、「マンション等の建物内の全ての住戸を共同生活住居にするのではない場合は、その入居定員合計数が（中略）第210条第4項及び第5項に規定する入居定員を超えても差し支えないこと」（罫線は筆者）と示された。これは、マンション等の建物に1名でも共同生活住居利用者以外の人が居住していれば、何名でも居住してよいことを意味する。

　なお2014年4月1日から、3年間を期限として自立生活を目指すサテライト型が導入されたが、「サテライト型住居は、一の本体住居に2か所の設置を限度とする」ことになり、「当該サテライト型住居ごとに、原則として、風呂、トイレ、洗面所、台所等日常生活を送る上で必要な設備」が設けられ「入居定員は、1人」、「居室の面積は、7.43平方メートル（和室であれば4.5畳）以上」とされた。自立生活を想定した定員となった（2014年3月31日「『障害者の日常生活及び社会生活を総合的に支援するための法律に基づく指定障害福祉サービス等及び基準該当障害福祉サービスに要する費用の額の算定に関する基準等の制定に伴う実施上の留意事項について』等の一部改正について」障発0331第51号厚生労働省通知）。

3.2.2. 職員配置基準の類型化

　職員配置の比率は、障害者自立支援法の制定以降、グループホームの入居者の障害・支援程度に応じて類型化された。「障害者の日常生活及び社会生活と総合的に支援するための法律に基づく指定障害福祉サービスの人員、設備及び運営に関する基準」によると生活支援員はサテライト型と外部利用型では配置されておらず、介護包括型と日中支援型は、区分6の利用者は「利用者の数を二・五で除した数」以上となった。日中支援型はそれに加えて、「夜間及び深夜の時間帯を通じて一以上の夜間支援従事者を置くこと」が義務となった。世話人の最低配置基準は、日中支援型は利用者5対1、介護包括型は利用者6対1、外部利用型は利用者10対1となっており、サテライト型では配置はない。

　つまり、グループホームは、サテライト型、外部利用型、介護包括型、日中支援型に移行するにつれて、定員規模が大きくなり、職員配置比率が増加するため支援度の必要な重度障害者が居住することが想定されていることが分かる。

3.2.3. 施設設備化

障害者自立支援法以降、グループホームの消防設備は入所施設と同等の基準が適用されることになった。これは、2006年1月8日に長崎県大村市の認知症高齢者グループホーム「やすらぎの里さくら館」での火災で死者7名の犠牲者が出たことが契機となっている。

　2007年6月13日に「消防法施行令の一部を改正する政令」（平成19年政令第179号）と「消防法施行規則の一部を改正する省令」（平成19年総務省令第66号）の解釈通知が出され、グループホームは「社会福祉施設」と定義され、障害者支援施設と同様に消防設備設置基準が強化された。具体的には、障害程度区分4以上の人が8割を超えるグループホームは、1）延べ面積275㎡以上の場合（2015年にこの条件は撤廃）にスプリンクラー設備、2）自動火災報知設備、3）消防機関へ通報する火災報知設備、の設置が義務化された。障害程度区分4以上の人が8割を超えないグループホームは、1）延べ面積6,000㎡以上にスプリンクラー設備、2）300㎡以上に（平成27年に「利用者を入居させ、若しくは宿泊させるもの、又は延べ面積が300㎡以上のもの」に変更）自動火災報知設備、3）500㎡以上に消防機関へ通報する火災報知設備の設置が義務化された。

　また、神奈川県綾瀬市の知的障害者グループホームの火災が契機となり、2008年6月に建築基準法に基づき、グループホームを「寄宿舎」／「共同住宅」／「児童福祉施設等」と規定する自治体が全国でみられるようになった（日本グループホーム学会調査研究会, 2012）。一般の「住宅」とは異なり、障害者支援施設と同様の「児童福祉施設等」と規定された場合だけではなく、「寄宿舎」／「共同住宅」と規定された場合にも、「木造建築物である特殊建築物の外壁等」「耐火建築物又は準耐火建築物としなければならない特殊建築物」「共同住宅の界壁」「廊下の幅」「2以上の直通階段」「排煙設備」「非常用照明」「階段の幅、蹴上げ、路面」「建築物の界壁等」などが、各条件に応じて設置・整備することが義務付けられることになった。

4．地域社会との関係

　第3に、施設とグループホームにおける地域社会との関係についてみてみよう。

4.1. 施設と地域生活支援拠点

　「障害者自立支援法に基づく指定障害者支援施設等の人員、設備及び運営に関する基準」では、「常に利用者の家族との連携を図るとともに、利用者とその家族との交流等の機会を確保するよう努めなければならない」、あるいは、「指定障害者支援施設等は、その運営に当たっては、地域住民又はその自発的な活動等との連携及び協力を行う等の地域との交流に努めなければならない」と、家族や地域住民との連携・協力・交流の意義が記されている。

　「障害者の日常生活及び社会生活を総合的に支援するための法律に基づく指定障害福祉サービスの事業所の人員、設備及び運営に関する基準」においても、「指定障害者支援施設等は、施設障害福祉サービスの提供に当たっては、地域及び家庭との結び付きを重視した運営を行い」と記されており、地域や家庭とのつながりのある場であることが述べられている。

　さらに、この頃から地域生活支援拠点という考え方が現れるようになった。2013年10月11日に「障害者の地域生活の推進に関する検討会」が「障害者の地域生活の推進に関する議論の整理」を提示している。ここには、「平成24年6月に成立した『地域社会における共生の実現に向けて新たな障害保健福祉障害施策を講ずるための関係法律の整備に関する法律』における衆参両院の附帯決議においては、『障害者の高齢化・重度化や「親亡き後」も見据えつつ、障害児・者の地域生活支援をさらに推進する観点から、ケアホームと統合した後のグループホーム、小規模入所施設等を含め、地域における居住支援の在り方について、早急に検討を行うこと』とされているところである」と記されている。「地域共生社会」構想において、グループホームと共に障害者支援施設が地域における居住支援の拠点としての役割を担うことが初めて示された。

　「(3) 地域における居住支援の機能強化について」という項目では、「障害者の地域生活の支援については、障害福祉計画等に基づき取組を進めているところであるが、今後、障害者の重度化・高齢化や『親亡き後』を見据えた視点に立ち、上記のような機能をさらに強化していく必要がある」と記されている。居住支援に求められる機能として「相談（地域移行、親元からの自立等）」「体験の機会・場（一人暮らし、グループホーム等）」「緊急時の受け入れ・対応（ショー

トステイの利便性・対応力向上等）」「専門性（人材の確保・養成、連携等）」「地域の
体制づくり（サービス拠点、コーディネイターの配置等）」が示された。

　2015年4月30日に厚生労働省社会・援護局障害保健福祉部障害福祉課長か
ら「地域生活支援拠点等の整備にかかる留意事項について」の通知が出された。
ここには、趣旨として以下のように記されている。

　「障害者及び障害児の入所施設や病院からの地域移行を進めるとともに、
　障害者の高齢化・重度化や『親亡き後』に備えるためには、地域での安心感
　を担保し、障害者等の生活を地域全体で支える体制の構築が急務である。
　　地域には、障害者等を支える様々な資源が存在し、これまでも地域の障害
　福祉計画に位置付けられ整備が進んできているところであるが、資源が存在
　しても、それらの間に有機的な結びつきがなく、効率的・効果的な地域生活
　支援体制となっていない、重症心身障害や強度行動障害等の支援が難しい障
　害者等への対応が十分でないとの指摘がある。また、地域で障害者等や障害
　者等の家族が安心して生活するためには、緊急時にすぐに相談でき、必要に
　応じて緊急的な対応が即座に行われる体制が必要であるとの指摘がある。こ
　のため、障害者等の地域生活支援に必要な緊急対応等ができる機能について、
　障害者支援施設やグループホーム等への集約や必要な機能を持つ主体の連携
　等により、重症心身障害や強度行動障害等により支援が難しい者を含めた障
　害者等の地域生活を支援する体制の整備を行うため、地域生活支援拠点及び
　面的な体制の整備の推進を図る。」

「拠点」は「多機能拠点型」として施設／グループホームが上記の居住支援
の機能を単独で担うことを、「面的な体制」とは、「面的整備型」として施設／
グループホームを含みながら複数の事業所との連携のもとで居住支援の機能を
担うことを意味する。いずれにしても、障害者支援施設やグループホームが地
域生活支援の拠点となることが示されている。

４．２．グループホームと地域生活支援拠点
４．２．１．グループホームの施設敷地内の設置と集約化

障害者自立支援法の成立によって、グループホームを隣接して設立すること
や、一定の条件下で施設・病院の敷地内で設置することが制度の上で可能に
なった。

　2006年12月6日に、「障害者の日常生活及び社会生活を総合的に支援する
ための法律に基づく指定障害福祉サービスの事業等の人員、設備及び運営に関
する基準について」（障発第1206001号厚生労働省社会・援護局障害保健福祉部長通
知）が出された。ここでは、「入所施設や病院の敷地外に立地されるべきこと」
とされているが、「入所施設又は病院の敷地内に存する既存の建物を共同生活
住居とする場合であって、次の要件を満たす場合に限り、地域移行型ホームと
して、指定共同生活援助又は外部サービス利用型指定共同生活援助を行うこと
ができるものとする」とされ、2012年3月31日までの間に指定を受けた地域
移行型ホームについては、2012年4月1日以降についても、引き続き当該事
業を行うことができることとされた。

　この要件とは、「(1) 指定共同生活援助又は外部サービス利用型指定共同生
活援助の量が、都道府県障害福祉計画において定める量に満たない地域であっ
て、都道府県知事が特に必要と認めた場合であること。(2) 入所施設の定員数
又は病院の精神病床数の減少を伴うものであること」とされ、「① 入所施設又
は病院の一部又は全部を地域移行型ホームに転換する場合については、入所施
設又は病院の定員1以上の削減に対し、地域移行型ホームの定員を1とする。
② 入所施設又は病院の敷地内にある看護師寮や職員寮など、入所施設又は病
院以外の建物を地域移行型ホームに転換する場合については、原則として、入
所施設又は病院の定員1の削減に対し、地域移行型ホームの定員を2とする。
③ 入所施設又は病院の敷地内にある身体障害者福祉ホーム、精神障害者生活
訓練施設、精神障害者福祉ホーム（A型及びB型）、知的障害者通勤寮又は知的
障害者福祉ホームを地域移行型ホームに転換する場合については、入所施設又
は病院の定員削減は要さないものとする」ことになった。その上で、当該共同
生活住居の入居定員の合計数は、4人以上30人以下となった。

　提供期間は「2年を超えてサービスを提供してはならないことを原則として
いる」が、「個々のケースによっては、当該2年間が経過した時点において、
利用者の状況や退去後の居住の場の確保が困難な場合など、一律に退居を求め

ることは適当でない場合も想定されることから、例外的に、市町村審査会における個別の判断により、地域移行型ホームにおける指定共同生活援助等の提供期間の延長が認められるものとする」と例外規定が設けられている。つまり、例外規定として、2年間を超えても、敷地内でのグループホーム運営が可能であることが規定されている。

なお、2011年5月2日公布の「地域の自主性及び自立性を高めるための改革の推進を図るための関係法律の整備に関する法律」（第1次一括法）により障害者自立支援法が改正され、グループホームの設備及び運営に関する基準が条例に委任され、設置場所は「参酌すべき基準」とされた（内閣府地方分権改革推進室, 2014）。これを受けて各都道府県は、グループホームの配置を条例で定められるようになった。

例えば、兵庫県は、2012年10月に入所施設等からの地域移行促進及び入所施設等との連携を推進するため、「法令の規定により条例に委任された基準等に関する条例の一部を改正する条例」において、「障害者の自立を促進するため独立した住居で、かつ、住宅地と同程度に利用者の家族や地域住民との交流を確保するなどの条件を満たした場合に限って、障害者の入所施設や病院の敷地内にグループホームが設置できるよう、基準を緩和した（即日施行）」（前掲書：2014）。あるいは、北海道では、2019年4月3日の北海道上川総合振興局保健環境部社会福祉課長発出の「共同生活住居設置に係る取扱方針について」[17]によれば、共生型障害福祉サービスが創設されるという一定の条件のもとで、入所施設・病院の敷地内でのグループホームの設置を認めている。また、地域共生社会の実現のため高齢者・児童・障害者にサービスを提供する場合は日中活動場所と同一の敷地内でのグループホームの設置が認可された。

グループホームを隣接して一か所に集約化して設置することについては、障害者自立支援法においては禁止する規定はないが、2014年9月22日の厚生労働省社会・援護局障害保健福祉部・障害福祉課地域生活支援推進室の事務連絡「共同生活援助（グループホーム）の共同生活住居の取扱いについて」によって同一建物内でのグループホームの設置が可能になった。すなわち、ここには「マンション等以外の建物であって、1つの建物内に複数の共同生活住居を設置する場合、その入居定員の合計数が（中略）第210条第4項及び第5項に規

定する入居定員以下である場合は、入口（玄関）が別になっているなど建物構造上、共同生活住居ごとの独立性が確保されている場合は複数の共同生活住居を設置して差し支えないこと」と明記されている。これは、同一の建物内の全入居定員数が20名以下であれば、同一建物内に複数のグループホームが立地することを容認するものとなっている。

公益財団法人日本知的障害者福祉協会（2012-2019）「全国グループホーム・ケアホーム実態調査報告」・「全国グループホーム実態調査報告」のデータによれば、隣接／近接させている割合が2012年は46.0％だったが、2018年には63.9％に増加し、分散させている割合が2012年は36.4％だったが、2018年は33.8％に減少している（表2.11.）。

4．2．2．バックアップ機能

2014年4月に、3年以内に自立生活を目指すサテライトのサービスが新設されると、グループホームはこのサテライトのバックアップ機能を有するようになった。これはかつて入所施設が有していた自活訓練棟・通勤寮・グループホームをバックアップする機能が、グループホームにおいてもみられるようになったことを意味する。

2014年3月31日付の「『障害者の日常生活及び社会生活を総合的に支援するための法律に基づく指定障害福祉サービス等及び基準該当障害福祉サービスに要する費用の額の算定に関する基準等の制定に伴う実施上の留意事項について』等の一部改正について」（障発0331第51号厚生労働省社会・援護局障害保健福祉部長通知）には、以下のように記されている。すなわち、「サテライト型住居は、本体住居とサテライト型住居の入居者が、日常的に相互に交流を図ることができるよう、サテライト型住居の入居者が通常の交通手段を利用して、本体住居とサテライト型住居の間を概ね20分以内で移動することが可能な距離に設置することを基本」とし、「サテライト型住居の入居者に対しては、共同生活援助計画に基づき、定期的な巡回等により、相談、入浴、排せつ又は食事の介護その他の日常生活上の援助を行うものとする」とされた。本体住居のグループホームの職員が、巡回等を通して支援するかたちが想定されている。

4．2．3．体験・緊急時の受け入れ・専門性

表2.11. グループホーム住居を隣接／近接あるいは分散させている事業所数の年次推移

事務所数 年	隣接して一体的運営をしている	隣接はしているが一体的運営ではない	隣接はしていないが近接に集約している	分散している	その他	無回答	総数
2012	135(13.1%)	105(10.2%)	234(22.7%)	375(36.4%)	46(4.5%)	198(19.2%)	1,030
2013	177(15.8%)	89(7.9%)	328(29.2%)	447(39.8%)	59(5.3%)	129(11.5%)	1,122
2014	259(20.3%)	130(10.2%)	394(30.8%)	465(36.4%)	65(5.1%)	146(11.4%)	1,278
2015	317(22.1%)	124(8.6%)	508(35.4%)	488(34.0%)	63(4.4%)	145(10.1%)	1,436
2016	271(20.1%)	122(9.1%)	453(33.6%)	468(34.7%)	73(5.4%)	145(10.8%)	1,348
2017	325(20.8%)	129(8.2%)	513(32.8%)	570(36.4%)	82(5.2%)	141(9.0%)	1,566
2018	265(20.7%)	126(9.8%)	429(33.4%)	434(33.8%)	60(4.7%)	118(9.2%)	1,283

出典：公益財団法人・日本知的障害者福祉協会(2012-2019)『全国グループホーム・ケアホーム実態調査報告書』・「全国グループホーム実態調査報告書」のデータより作成。2019年以降のデータからはこの統計データがなくなっているため分析できない状態である。パーセンテージは、各年次の総数に対する割合。

　障害者自立支援法の制定後、グループホームは入居者以外の在宅者にサービスを提供する場として再編されていった。

　2009年3月12日の厚生労働省社会・援護局障害保健福祉部障害福祉課による「障害保健福祉関係主管課長会議資料」において、グループホーム・ケアホームでの体験利用の加算が新設されている。これは、グループホームの定員空きの居室において、在宅者だけではなく、入所施設・宿泊型自立訓練・病院の入居者がグループホーム生活を体験するサービスであり、利用期間は連続30日以内かつ年50日以内となった。2009年3月12日の厚生労働省・社会・援護局障害保健福祉部障害福祉課「平成21年度障害福祉サービス報酬改定に係るＱ＆Ａ（VOL.1）」では、「体験利用の対象者は、入院・入所している者に限定されないので、家族と同居している者も利用は可能である。家族と同居しているうちから体験利用することは、将来の自立に向けてその可能性を育み、高めていく観点からも非常に重要であり、活用が広がることを期待している」と記されている。

　2013年になると、地域生活支援拠点の考え方が施設だけではなく、グループホームでも適用されるようになった。これは居住支援に求められる「相談（地域移行、親元からの自立等）」「体験の機会・場（一人暮らし、グループホーム等）」「緊急時の受け入れ・対応（ショートステイの利便性・対応力向上等）」「専門性（人材の確保・養成、連携等）」「地域の体制づくり（サービス拠点、コーディネイターの

配置等）」といった機能をグループホームに付加することを想定したものである。

　この点は、居住定員の大規模化の動向と関連する。2013 年 10 月 11 日の障害者の地域生活の推進に関する検討会による「障害者の地域生活の推進に関する議論の整理」では、「グループホームに地域の居住支援のための機能を付加的に集約する場合においては、専門的な知識・技術を有するスタッフによる支援や夜間の支援体制等を確保する観点等から、一定程度の規模が必要なケースも考えられる。この場合に複数の共同生活住居を隣接して整備するなども考えられるが、都市部など土地の取得が極めて困難な地域等においても各都道府県等の判断で地域の居住支援体制を整備できるよう、以下の特例を設けることとする」として、ひとつの建物の中に複数の共同生活住居の設置を認める（定員20 名以下とする）こととした。これは地域生活支援の拠点となることを条件として、住居の集約化や定員の大規模化を容認する内容となっている。

　緊急時の受け入れを意味する「短期入所」のサービスについては、グループホームのサービス自体に組みこまれた。2018 年 2 月 21 日の厚生労働省社会・援護局障害保健福祉部・障害福祉課地域生活支援推進室・地域移行支援係の「自立生活援助及び日中サービス支援型共同生活援助について」という事務連絡では、日中支援型の趣旨として、「日中サービス支援型共同生活援助（グループホーム）は、障害者の重度化・高齢化に対応するために創設された共同生活援助の新たな類型であり、短期入所を併設し地域で生活する障害者の緊急一時的な宿泊の場を提供することとしており、施設等からの地域移行の促進及び地域生活の継続等、地域生活支援の中核的な役割を担うことが期待される」と記された。地域生活支援拠点としてのグループホームのモデルとして、日中支援型が期待されていることが分かる。

　この事務連絡には「日中サービス支援型グループホームが行う短期入所（空床型を除く）は、原則として、日中サービス支援型グループホームと併設又は同一敷地内において行うものとする。なお、短期入所の利用定員は、日中サービス支援型グループホームの入居定員の合計が 20 人又はその端数を増すごとに 1 人以上 5 人以下とする」と記された。2018 年 4 月 1 日の「障害者の日常生活及び社会生活を総合的に支援するための法律に基づく指定障害福祉サービスの事業等の人員、設備及び運営に関する基準」では、日中支援型は「指定短

期入所（第百十五条第一項に規定する併設事業所又は同条第三項に規定する単独型事業所に係るものに限る。）を行うものとする」と記載されている。

このように、地域生活支援拠点という考え方に依拠して、「居住支援の機能強化」のために施設と同様の機能がグループホームに付与されていった。

5．小括

本章では、2000 〜 2020 年代における国の社会保障政策の特徴を概観した上で、この時期の知的障害者を対象とする入所施設とグループホームの居住支援政策において、1）どのような対象者をどのような居住の場に配置し、2）各居住の場をどのような居住環境と規定し、3）各居住の場と地域社会との関係をどのように捉えているのか、を明らかにした。

2000 年代における社会保障制度には「持続可能性」という用語が繰り返し使用されている。また、持続可能な社会保障制度を達成するために、「自立」や「活躍」、「効率性」、「公平性」、「非政府の公の拡大」や「地方分権」といった考え方が示された。この間、政権交代はなされたが、いずれにしても社会保障費を可能な限り抑制し、財政を健全化させていくという意図が一貫してあった。これらの社会保障の考え方は、2010 年代になると「地域共生社会」という概念に組み入れられ、展開することになる。この考え方は1）分野を横断しての対応、2）生産性の観点からのサービスの効率的提供、3）地域住民や利用者が支える役割を担う、といった特徴を有する。ここには、少子高齢化や就業構造の変化の中でニーズのある人への十分なサービス提供が困難になるという認識に基づいて、可能な限り最少の人材や費用で、最大の対象者にサービスを提供するという費用対効果の論理が示されていた。

自立の規範という観点から見ると、2000 〜 2020 年代の「持続可能性」や「地域共生社会」といった社会保障制度の枠組みは、利用者の自立や自己責任による自助を促し、さらに、「活躍」や「参加」という概念のもと、サービスの支え手や担い手にもなる方向性が示されている。この背景には、社会保障費の伸びを抑制し、財政の健全化を図ろうとする政策的意図があったと考えることができる。

こうした社会保障制度全体の影響を受けながら、入所施設やグループホーム
は、どのように制度的に規定されたのかを検討してきた。

　第1に、対象者と居住の場についてである。この時期には施設数の増加が抑
制され、区分認定や福祉計画を通して、入所施設は重度障害者に対象を限定さ
せた。処遇上の目的は、入所施設は「相談」「介護」「訓練」「生産活動」を行
う場とされ、かつての「更生」や「保護」という用語ではなく「自立の支援」
「日常生活の充実」「社会生活」という用語に変更された。ただし、地域移行や
社会自立は明記されず、施設内での自立や社会生活を想定していた。

　一方、グループホームは就労要件が撤廃され重度障害者の受け入れを可能に
させたが、共同入居者との家事役割の分担などある一定の自立能力が想定され
ていた。この時期にグループホームは、自立能力の程度に応じて知的障害者を
サテライト型・外部利用型・介護包括型・日中支援型へと序列化し、分類収容
する体系に再編された。

　第2に、居住環境については、施設は床面積が増加し、社会福祉施設等施設
整備費の優先補助によって、個室化を誘導し推奨することになった。ただし、
これは個室が義務になったわけではない。職員配置基準は以前に比較すると、
区分5以上の重度障害者の場合は改善し、重度障害者を対象とする場として運
営されることが想定されている。

　一方、グループホームは大規模化・集約化・施設環境化が進められた。これ
は、サテライト型・外部利用型・介護包括型・日中支援型に移行するにつれて、
定員規模が大きくなり、職員配置の比率が増加するため支援度の高い重度障害
者が居住する体系として再編されていた。消防設備は入所施設と同等の基準が
適用され、建築基準法に基づき「寄宿舎」／「共同住宅」／「児童福祉施設
等」と規定する自治体が全国でみられ、施設と同様の物理的規準が適用される
ようになった。

　第3に、地域社会との関係については、入所施設は家族や地域社会との連
携・協力・交流が重視された。その上で、グループホームと共に地域生活支援
拠点として、「相談（地域移行、親元からの自立等）」「体験の機会・場（一人暮らし、
グループホーム等）」「緊急時の受け入れ・対応（ショートステイの利便性・対応力
向上等）」「専門性（人材の確保・養成、連携等）」を有した場と位置づけられた。

第2章　入所施設とグループホームの制度と動向：2000～2020年代　　113

これは、1990 年代から継承する役割や機能であるが、障害者の重度化・高齢化や「親亡き後」を見据えた視点が強調されている点に特徴がある。

　一方、グループホームは相互に隣接して設立し集約化させることや、一定の条件下で施設・病院の敷地内で設置することが制度上可能になった。2014 年にサテライト型ができると、このバックアップ機能を有するようになったが、これは入所施設のバックアップ機能が、グループホームでもみられるようになったことを意味する。2009 年には「体験利用」によって、グループホームは入居者以外にサービスを提供する場として再編され、2013 年には入所施設と同様の地域生活支援拠点としての機能と役割が付与された。

　第 1 章と第 2 章において、1980 〜 2020 年代の入所施設とグループホームの制度の規定と動向を分析することを通して、各年代の居住支援政策に埋め込まれた知的障害者観／処遇観を明らかにしてきた。この結果、各年代の居住支援政策において、身辺ケア能力、一般就労や福祉的就労の稼働能力といった自立能力の程度に応じて、知的障害者を段階的に社会一般に限りなく近い居住の場に分類収容する知的障害者観／処遇観があり、これは各年代の国全体の社会保障政策の動向とも関連しながら変容し再編されていることが分かった。

　国全体の社会保障政策は、80 年代の日本型福祉社会、90 年代の社会福祉基礎構造改革、2000 年代の持続可能性、2010 〜 2020 年代の地域共生社会という社会保障制度の目標のもとに、社会保障関連経費を抑制しながら効率的な経済システムや財政の健全化を実現させるための政策として展開してきた。とりわけ 1990 年代以降は、施設福祉と地域福祉の連続性、契約、民間事業所の参入や競争、在宅福祉の重視、市町村主義という方向性のもとに居住支援政策が位置づけられ、施設やグループホームのあり方が規定されることになった。

　第 1 に、居住の場については、1980 〜 1990 年代において、1960 年代以降の自立能力に応じてコロニー／重度棟、入所更生、入所授産という施設内で分類収容する体系から、身辺ケア能力や福祉的就労の稼働能力に制約のある重度障害者のみを施設収容されるべき存在と捉える体系に変容し始めた。統計データからも施設内居住者の重度化の傾向が、1980 年代以降に表れていた。一方、グループホームは身辺自立や福祉的就労以上の稼働能力といった自立能力のあ

る障害者の居住の場と捉えられ、この時期の地域移行は、これら自立能力のある障害者を対象とする制度として展開した。

　2000 ～ 2020 年代になると、図 2.2. のように自立能力を基準にした分類収容の体系が施設からグループホームに移行した。すなわち、障害者支援施設（支援施設）は重度障害者に限定し、グループホームはサテライト型（サテＧＨ）・外部サービス利用型（外利ＧＨ）・介護サービス包括型（介サＧＨ）・日中サービス支援型（日サＧＨ）というかたちで自立能力に応じて序列化し、分類収容する居住支援体制に再編された。統計データからも、障害者自立支援法制定以降に障害者支援施設の入居者の障害支援区分が重度化し、グループホームは障害支援区分ごとに再編されていることが示されていた。

　第 2 に、居住環境や地域社会との関係については、1980 ～ 1990 年代において、施設は重度化と並行して、職員配置基準の改善・定員規模の縮小・個室化や小規模化・生活の質への配慮といった施設環境の改善、地域社会へのオープン化や専門的機能の提供が目指されるようになった。一方、グループホームは施設とは異なる居住環境と捉えられ、物理的にも施設とは異なる地域生活の場と位置づけられていた。

　2000 ～ 2020 年代になると、90 年代にあった施設とグループホームの境界は不明瞭となり、施設と地域の相互の連続性が強化された。施設の個室化や小規模化、生活の質の配慮によるグループホーム化と、グループホームの大規模化・集約化・施設環境化による施設化が進められ、いずれも地域生活支援拠点としての役割が期待されることになった。

　こうして 2000 年代以降の居住支援体制は、グループホームを包摂することによって施設と地域の連続性を強化しながら、自立能力に応じて社会一般と同等の生活条件を付与する自立規範に依拠して知的障害者を捉え、彼／彼女らを各居住の場へと分類収容する体系へと再編されることになった。テイラー（Taylor, 1988）の研究と同様に、日本の居住支援政策においても、施設と地域の居住形態の連続体において自立規範が埋め込まれ、行為者の考え方や行動を方向付けるものとして機能していることが明らかになった。

　A 法人による施設閉鎖の実践は、施設とグループホームが自立規範に依拠して序列化された分類収容の体系として構築される時期に実施されており、こう

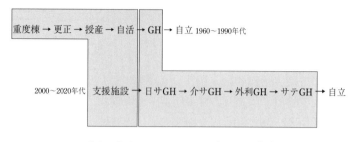

図2.2. 施設からグループホームへの分類収容の体系再編

出典：筆者作成。

した制度的動向の影響を受けている。ただし、制度の運用場面に関与する行為者である本人、家族、職員は、自立規範のみで考え方や行動が枠づけられているわけではなかった。この点については、次章以降の調査結果から検討したい。

第二部

施設入所と施設生活

第3章　家族にとっての施設入所と施設生活

　第二部から第四部では、A法人における調査結果に依拠して分析したい。第二部では、施設入所の局面をみていく。具体的には、第3章及び第4章では、自立規範と相互作用過程に焦点を当てて、学園Ⅰ及び学園Ⅱへの施設入所の経緯や施設入所後の生活が、家族や知的障害者本人（以下、本人）によってどのように捉えられてきたのかを明らかにしたい。

　本章では、学園Ⅰと学園Ⅱの親の捉え方をみていく。なお、A法人の学園Ⅰ／Ⅱに子を入所させた家族のうち、調査対象となった親は、家族会の会合や法人主催の行事に積極的に参加した親である。施設に積極的に関わった親であるからこそ、私がA法人に依頼した今回の調査研究に協力してくれた。施設に積極的な関与をしていない親は、本研究で関わりをもてず、不明な点が多い。あるいは、親以外のきょうだいは、施設との関わりはほとんどなく、本研究でも協力を得られなかった。

1．施設入所の経緯

　本調査研究の対象となった学園Ⅰの10組、学園Ⅱの5組の親のうち、学園Ⅰの9組、学園Ⅱの4組の親が幼少期／学齢期に、養護学校の寄宿舎、あるいは、入所施設に子を預けていた。これらの親は、預け先の教育や福祉の専門機関のネットワークを通して、学園Ⅰや学園Ⅱの入所に至っている。第1に、学園Ⅰや学園Ⅱへの施設入所の経緯をみていこう。

1．1．インフォーマル／フォーマルなネットワーク

　まず、親は、それまでに関わってきた信頼する個々の職員との関係といったインフォーマルなネットワーク、あるいは、養護学校や入所施設といった専門機関同士のフォーマルなネットワークを通して施設入所を決めていたことがわかった。

118　第二部　施設入所と施設生活

1.1.1. 信頼する職員との関係

　神谷裕子（以下、裕子）とその子である茂は、A法人のあるM町の出身である。学園Iと学園IIの入居者のうちM町出身は数名だった。茂は1960年代後半の生まれであり、学園Iの開設年の1990年に入所し、2008年8月31日に学園Iが閉鎖するとM町の自宅に戻り数か月間、両親と暮らした。この後、2009年3月にA法人が運営する職員の常駐するグループホーム（以下、職員常駐型グループホーム）に隣接した職員が巡回する形態のグループホーム（以下、職員巡回型グループホーム）に入居している。茂の障害支援区分は4である。

　茂は2歳時に熱を出し、脳性小児麻痺／脳膜炎の診断を受けた。この後、足の不自由さと「落ち着きのなさ」を心配して、裕子は茂と肢体不自由児のための通園施設に通いながら、歩行の訓練をすることになった。夫は仕事をし、裕子は自宅で茂と下の子を育て、養育責任の一切を担った。

　小学校入学時の年齢になったとき、肢体不自由を理由に普通学校での受け入れを拒否された。茂が小学校へ入学した年は1970年代中期であり、養護学校が義務化される1979年の前である。全国で養護学校も特殊学級も整備されていない時期だった。役場から自宅を訪問した担当者は、N整肢学院（M町から南に約100キロメートル離れたN市にある）という主に肢体不自由児のいる施設への入所を裕子に勧めた。このときのことを裕子は、次のように語った。

　裕子：親が年取ってきたり、最後は見れなくなるし、うちに置いておくよりかはいろんなことを覚えるし。（中略）親元にずっと置いておいたら、子どものためにはよくないなぁと言ったんだよね。何もしてあげられないもんね。ただわがままになったりするから。(18.7.23)

　N整肢学院は、児童福祉法に基づく肢体不自由児施設である。当施設のホームページを見ると、1962年に主にポリオの児童を対象とした施設として開設され、現在は脳性麻痺、二分脊椎、筋ジストロフィー、障害の重複する子の割合が高くなっていると記されている。

　施設入所を勧められた理由はいくつかある。まず、子の発達の面で、施設の方が様々なことができるようになること。次に、母の養育負担を軽減できるこ

と。そして、親亡き後のこと、である。裕子はこのとき20代前半であるが、行政関係者に親亡き後の観点から施設入所を勧められ、彼女自身もこの時期から親亡き後を心配していた。裕子はこのとき、養育上の困難を抱えていたわけではない。しかし、「親から離したほうがいい」という役場の提案を受けて、子の発達や親亡き後を考え、N整肢学院に茂を入所させた。このとき、夫や親族など誰にも相談することなく、自らの判断で決めたと裕子は語った。

筆者：施設に預けるときに、本当は自分が育てなければいけないんだけど、という気持ちがありましたか。

裕子：うん、ありますよね。やっぱり離すのがかわいそう、というか。やっぱ寂しかったし、自分で見ようと思っていたから。（中略）相談というのはしないです。自分の子どものことだから。いろんなことを考えて。(18.7.23)

　入所を裕子が決めたとき子は6歳前であり、別れて暮らすことに伴う辛い思いが語られた。それは「自分で見ようと思っていたから」だと、母としての養育責任の意識が語られている。茂の養育を夫が手伝うことはほとんどなく、裕子が養育責任を負った。裕子には、母が養育するのは当然だという認識があり、茂に「かわいそう」という申し訳なさを抱えた。それでも、子の成長や発達のために施設入所させるのは親の責任と考え、苦渋の決断をした。子が小さいときの親子の別離を伴う施設入所の決断は、どの親にとっても思い出したくなく辛い経験として私に語られている。当時の話をすると、涙を流しながら話す人も数名いた。

　私たちの社会には、子の養育の第一の責任は親であるという家族規範があり、この規範が親の考え方や行動を規定してきた。子に障害のある場合、親の責任が一層意識させられることが多い。このとき、男性優位の社会構造では、とりわけ母の養育責任が強く求められる。こうした家族規範やジェンダー規範の影響が親子の別離に伴う経験の背景にはあり、その後の施設との関係にも影響を与えていくことになる。

　N整肢学院に入所後1か月間、母子で入所した。母子共に入所するという福祉施設の処遇のあり方自体が、家族規範やジェンダー規範を内在させている。

この後は、茂のみ6歳から9歳まで当学院に入所した。学院では「みんないい先生だったから、歩くことができたんけど、ちょろちょろしたり、落ち着きがなかったり。かなりひどかった」ようで、茂の「落ち着きのなさ」はなくならなかった。そして、入所してから3年後に、転機が訪れた。茂が懇意にしていたN整肢学院の職員が、Z市のZ養護学校の校長になることが決まり、その職員から一緒に「行かないか」という誘いがあったのである。

　裕子は、茂をZ養護学校に行かせることを自ら決めた。茂が小学4年生の頃である。Z市はM町から北に約150キロメートル離れており、そのため、Z養護学校の寄宿舎で生活しながら通学することになった。再び親子で生活することができなくなったが、それでも、裕子は「校長先生になった人がすごく良かったんです。その人がすごく良かった」とZ養護学校に入学できたこと、そして、この信頼のできる職員について感謝の思いを語った。

　この後も裕子は、出会った信頼のできる職員の助言や個人的ネットワークによって、茂の生活の場を決めることになる。裕子にとって、どのような職員がいるのかということが最も重要な関心事項であり、茂がどのような居住場所にいるのかということより重視されている。第11章では、茂が生活を始めた当初の職員巡回型グループホームは、職員の関与が少ないことや信頼の置ける職員が少なくなったことを理由に、地域ではなく施設を支持する語りを紹介することになる。職員の質や関与の度合いを重視する視点は、他の親にもみられた。ここには、自立能力という基準だけではなく、良い職員がいるかどうかという基準によっても学校への進学や施設入所が決定される状況が示されている。

　裕子は1週間に1回、茂の面会のために電車で片道3時間かけてZ市へ、下の子を連れて出かけた。学園祭や運動会も欠かさず、泊まりがけで行った。茂はZ養護学校に中学まで通い、中学卒業後は同一市内にあるＡＺ学園という知的障害児施設に入所した。ここは成人施設も併設されている。中学卒業時に高等養護学校への進学も検討したが、Z養護学校の校長からＡＺ学園への入所を勧められた。裕子は「自立はできるとは思ったことはないから、やっぱり施設になるなぁと思っていたから。自立は無理だと思ったから。高等養護学校も無理だと思った」という。裕子は高等養護学校の選択をあきらめ、茂はＡＺ学園に入所した。裕子にとって自立とは、就職をして自らの力で生活することを意

味し、自立できない場合は施設で生活すると考えており、自立生活と施設生活とが表裏の関係にある。校長への信頼と共に、自立規範が裕子の施設入所の決定に影響を与えている。

　同一市内にあるＺ養護学校とＡＺ学園との間には相互に交流があり、高等部のないＺ養護学校の卒業生はＡＺ学園に入所する傾向がある。ＡＺ学園は1949年に盲ろう児施設として建設されたが、1969年に知的障害児施設となり、1982年に知的障害者施設が併設された。Ｚ養護学校は1977年に開校しており、高等部ができるのは1998年である。このため、Ｚ養護学校中等部を卒業した生徒は、ＡＺ学園の知的障害児施設に入所し、18歳になると併設された知的障害者施設に入所するという経路ができていたわけである。茂もこうした施設と養護学校間の関係を通して、学園Ｉに入所する23歳まで、この施設で生活することになった。

　茂がＡＺ学園に入所しているとき、裕子はＭ町に1990年に学園Ｉが設立されるという計画を知った。裕子は、Ｍ町に自宅があるため、建設中の学園Ｉを訪問しながら職員と話をし、最終的に学園Ｉへの入所を決断した。長年茂が生活し、交流のあったＺ市から離れることに抵抗はあったが、自宅のあるＭ町であれば茂に会うことは容易になるのが一つの理由である。それに加えて、Ｚ養護学校で懇意にしていた職員が学園Ｉの施設長として異動することになったことも一つの重要な理由だった。

裕子：団地にいたから、見にいったりして、（筆者注：施設入所のための）面接。先生もＺ養護学校の、（筆者注：校長とは）違う先生なんですけど、その先生が学園Ｉの園長先生になって来たんですよ。それで、息子も知っていたんだよね。茂、茂って、かわいがってくれたもんだから。そういうのもあるから。

筆者：やっぱりお世話になった人が来るっていうのはいいですか。

裕子：いいですよ。安心できます。（中略）でも長くあっちにいたから、別れるのも寂しくて、それもあって言ったんだけど、でもお母さん、近い方がいいよって言ってくれて。(18.7.23)

　職員とも面談し、学園Ｉの雰囲気が良く、Ｍ町で親子が出会える機会も増え

るので良かったと裕子は話した。茂が在籍したZ養護学校の教員が学園Ⅰの施設長となるということもあり、この教員を信頼していたがゆえに、安心したと語った。親子の関係や、個人的に関わった教員との関係が、施設入所の決定に影響を与えることが示されている。

1.1.2. 養護学校との関係

本調査で、両親ともにインタビューに応じてくれたのは、学園Ⅰで3組、学園Ⅱで3組だった。これらの両親は、父親も子の養育に協力的だった人たちであり、曽根英明（以下、英明）と文美もそのような両親だった。彼らはM町から南に約80キロメートル離れたQ町の出身であり、息子の隆と2人の娘がいる。隆は学園Ⅰ開設年の1990年4月に入所し、2008年8月の学園Ⅰの施設閉鎖以降に職員常駐型グループホームに移行し、現在に至る。隆の障害支援区分は5である。

隆は1970年代前半生まれで、生後数年経過しても歩けない状態が続き、母の文美が主に隆の養育に関わった。1歳3か月から、様々な方法で息子の訓練を行い、苦労してきた。その後、地域の保育園に入園したが、この頃から「落ち着きのなさ」が目立ち始めた。保育園では、保育士が常に隆のそばについて行動した。

この後、両親は自分たちの希望で地元の普通小学校に息子を入学させている。この年は養護学校が義務化された1979年に相当するが、就学相談は行われなかった。この時期にはまだ、就学相談を通して障害児が特殊学級や養護学校を勧められていく仕組みが普及していなかったことを示唆している。ただし、同時期に就学相談を受けて養護学校を決めた親もあり、地域によって教育委員会の対応が異なる。

しかし、入学後すぐに隆の「落ち着きのなさ」を理由に、教育委員会からL養護学校に移行することを勧められた。「落ち着きがない」ことで、「学校の特殊学級の先生方が判断をして、学校では、うちでは面倒をみれない」と伝えられた。このとき、隆は知的障害などの医学的診断を受けていたわけではなく、学校側の判断を通して、養護学校という「専門の」教育の場への移行が進められた。英明は、「勉強の遅れは少しはあった。いろんなことを教えたけど、進み具合はあんまりできなかった」と語った。しかし、「子どもが家におれるか

ら、ここ（筆者注：普通小学校）のほうがいい」（15.8.16）と両親は考え、学校側に伝えた。つまり、一般の子と同様に家族との暮らしを継続できるように要望してきた。

　ところが、教育委員会の課長が自宅まで来て、「子どものためにはいいですよ」「なんとか理解してほしい」とL養護学校に移ることを頼まれた。この学校は自宅から南西に約20キロ離れており、当時小学2年生であった隆が学校併設の寄宿舎で生活することを意味した。L養護学校は1978年に設立されており、当時は中等部までで高等部は1998年に開設されている。父の英明は最終的に養護学校への移行を決めた理由について、「私らも自由になるからさ。ここにおったら、いつもついていないと駄目だから」（18.7.24）と語った。自宅から普通学校に通うことを望んではいたが、家庭内の養育の困難さも実感しており、子をL養護学校に行かせることを決めることになった。

　母の文美は、寄宿舎生活が始まったときのことを次のように回想した。

文美：いやー、本当に、離したくないですよね、親としては。そうかといって、ずっと家に置くわけにもいかんし。本人のため、と言って、親元離したんですよ。
筆者：息子さんはどんな感じでしたか。
文美：やっぱり寄宿舎生活だからね、親も姿見えなくなるの待って帰って来るという感じ。おっかけてくるからね。
英明：本人の様子は、うちに一緒に帰りたい。
筆者：そう言っていた？
英明：帰りたい、嫌だ嫌だと言って。
文美：うちに帰るって言って泣くんですよ。それで泣かれるのが辛くて。どこか、違うところに行って（筆者注：寄宿舎に連れて行き）帰ってきたんですよ。だから本当にかわいそうだと思いました。（15.8.16）

　文美には「本人のため」という思いがあり、子と別れることの辛さに耐えながら、最終的にL養護学校への移行を決めた。しかし、子は「うちに一緒に帰りたい」と抵抗し、親は「違うところに行って」子の気持ちを紛らせながら寄宿舎に連れて行った。このとき、「本当にかわいそうだと思いました」と母

は語った。

　土日は親の迎えで自宅に戻り、日曜日に寄宿舎に戻る生活が始まった。息子は中学校まで寄宿舎で生活し、Ｌ養護学校に通った。親から見て、寄宿舎での生活環境は決して望ましいものではなかった。小学校まで6畳4人部屋であり、クーラーもなかった。こうした中で、生活環境の改善を学校側に求めたが、それはかなわなかった。また、音楽が好きな息子のために、ＣＤプレイヤーをもっていくことを学校側に交渉し、それは実現された。両親は子のことを思い、少しでも寄宿舎生活が快適になるように努力をした。毎週の帰省時は、息子が自由な暮らしを送れるように、両親は最善の努力をした。別れて生活する中でも親子の関係を維持し、子にとって最善の生活環境にしようと努力する親の姿が示されている。

　1984年にＭ町にＭ高等養護学校が設立されると、隆はこの学校に進学することになった。Ｍ町は、両親のいる実家のＱ町から北に約80キロメートル離れた場所にある。入学の経緯について、父の英明は次のように説明した。

英明：少しでも伸びるんじゃないかと思って。Ｌ養護学校の先生がＭ（筆者注：高等）養護学校を勧めていたんです。Ｌ養護学校とＭ（筆者注：高等）養護学校は関連していました。Ｌ養護学校には高等部はありませんでした。今はあるけどね。うちから近いのはＭ高等養護（筆者注：学校）。他にもあったけど、先生のほうからＭ高等養護がいいんじゃないかと。(18.7.24)

　Ｌ養護学校の教員の勧めでこの学校に通うことになったということだ。Ｌ養護学校とＭ高等養護学校は、教員が人事異動によって双方の学校で勤務することがあり、現在に至るまで相互に連携をしている。こうした学校間の関係を通して、進路が学校側から提案される側面がある。Ｍ高等養護学校の卒業時には、学校側から勧められた学園Ｉへの入所を決めることになる。

英明：Ｍ町のＭ高等養護学校高等部と学園Ｉの関係が深かった。親にも行きますかどうですかと聞いたけど、学校側でも決めたんだよね。(18.7.24)

第3章　家族にとっての施設入所と施設生活　125

学園Iが設立された1990年代は、一般就労する人が限られており、卒業生の中には授産施設に入所する人は数多くいた。こうした中で、学園IはM高等養護学校の卒業生の受け皿として設立された経緯がある。M高等養護学校と学園Iとの間には人事交流があり、この時期には卒業生が教員紹介を経て、学園Iに入所する本人が多かった。M高等養護学校の校長は、学園Iの2代目施設長として勤務している。

1.1.3. 児童施設との関係

　飯倉恵美子（以下、恵美子）の娘の康子は、1970年代後半生まれである。康子は、学園II開設年の1997年に入所し、現在に至る。康子の障害支援区分は6である。

　康子の下には3人のきょうだいがいる。恵美子は夫と子どもと共に、夫の両親と暮らしてきた。現在は夫とその母の3人で暮らす。この家族は、M町から南に約150キロメートル離れたX市の出身である。康子は4歳のときに1年間保育所に通ったが、このときは、「本当に普通の活発な女の子だった」という。しかし、5歳時に幼稚園に行くと、異変を感じるようになった。しかし、医大や日赤病院でも、十分な診断や対処方法を言われることはなかった。このため、「頭の中はぐっちゃぐっちゃで、そのときは乗り越えなきゃくらいの気持ち」（16.8.7）だった。

　ただし、幼稚園では、園長をはじめとして、康子のために献身的に関わる教員がいた。入園前に、園長の妻が恵美子と共に、病院に一緒に行き、康子への接し方についての話を聞いている。また、康子が他の子と同じように過ごせるように、様々な配慮がなされた。このとき全員が娘を応援し、支えてくれたと恵美子は語った。

　一方、娘の康子が5歳の時に、上記の症状や行動が現れても、同居する夫や姑、あるいは、親戚からの支援は全くなかった。このため、康子の養育は恵美子がすべて担った。恵美子が仕事で家を出なければならないときに康子の面倒をみてくれたのは、下の子たちだった。この時期に、恵美子にとって支えとなったのが、幼稚園の康子の同級生とその家族だった。彼らは自宅近くに住んでおり、今でも恵美子や娘によくしてくれる。恵美子は「自分の家族より、その人たちがいたから、私ここまでこれたんです」と語った。精神的に孤立して

いた中で、恵美子にとっての「行き場所」となった。夏休み期間中、康子は施設から帰省することがあるが、夫や姑からは「来てもいい」という態度は示されなかった。

　恵美子は、小学校入学前の就学相談は受けていないという。この頃は 1980年代前半であり、1979 年の養護学校義務化から数年が経過している。恵美子は養護学校の仕組みが分からず、行政の関与も一切ない中で、地元の普通小学校に康子を入学させた。康子は、調子の悪い時は特殊学級で過ごしながら普通学級に通った。小学 2 年生の頃に国語教員が校長と交渉し、特殊学級で康子の担任をすることになり、専用カルタを作成するなど康子に積極的に関わってきた。上記の幼稚園時代の康子の同級生も同じ小学校に通うことになり、様々な支援をしてくれた。例えば、康子の発作が起きた時に教員に対応方法を教えたり、康子がいじめにあったときも一緒に連れて帰ってきたりすることがあった。

　この時期に、行政が運営する「言葉の教室」に通った。ここは、自閉症など言葉の発達に遅れのある子に言語訓練を行う場である。しかし、「何も役に立たず」と恵美子は語った。この教室に通っていた時に勧められ、医大の精神科に入院することになった。ところが、康子は体温計を折ったり、彼女の病室は 10 階にあったが運動靴を窓から投げて看護師にとりに行かせたり、周囲を困らせた。医大から 1 日で電話があり「連れて行ってくれ。無理です。調べられない」と言われ、康子のことについては何も分からない日々が続いた。恵美子の疲弊はピークに達していた。姑から「なぜ自分に頼まないのか」と言われるのを恐れ、実の母親にも頼ることはできなかった。

　そこで、康子が 10 歳の頃、X 市から北に約 60 キロメートル離れた N 市にある児童相談所に行き、相談すると娘は一時的に経過観察のために入所することになった。1 週間すると連絡があり、「大変だったでしょう」と言われ、施設を探すので、今は家に連れて帰ってほしいと言われた。その後、児童相談所における医学的診断を通して、施設入所が決められることになった。恵美子が家に帰ると、「おまえが行くから、連れて帰る羽目になった」と夫と姑から言われることになった。「その言葉が忘れられないんです」と恵美子は語った。

　児童相談所から紹介されたのは、道立の障害児施設だった。施設入所を決めたときの気持ちを尋ねると、記憶がないと彼女は語った。見学にも行かずに入

所を決めている。

恵美子：何もその記憶はないんです。説明した記憶がない。家族にもどういう説明
　　　　をしたか。そこらへんの記憶。ただ、（筆者注：施設に）入れて、生活を立
　　　　て直そうということだけですね。
筆　者：入れるときのお母さんのお気持ちは？
恵美子：何の感情もないです。それすらも覚えていない。
筆　者：どうして覚えていないんですか。
恵美子：どうしようということだけだった。とりあえず、自分の中では生活をしな
　　　　きゃみたいな。
筆　者：追い詰められていた？
恵美子：そうなんでしょうね、きっと。(16.8.7)

　恵美子の中で「生活をしなきゃ」という気持ちだけが強くあり、娘や家族へ
の説明がどうだったのか、悲しい思いをもったのか、あるいは、安心したのか、
という感情すら記憶にないのだという。恵美子は精神的に追い詰められていた。
施設入所を決めたときに、児童相談所の職員から次のように言われたのを彼女
は鮮明に覚えている。

恵美子：年よりの先生だったんですけど、お母さん、入れてよかったと思っちゃい
　　　　けないよと。下の子どもたちにも姉ちゃんいなくて、良かったって思わせ
　　　　ないでくださいと言われたんですよ。それがずっと、私。そのときに、そ
　　　　の先生が定期的にあなたを捨てたわけではない、自分たちの中から消えさ
　　　　せるのでなくって、その代わりお母さん、定期的に行ってくださいと。
　　　　(16.8.7)

　児童相談所の職員が語った「お母さん、定期的に行ってください」という言
葉の理由は、施設入所してから親が面会をせず家族関係が希薄化する事例が数
多くあったからだった。このため面会を続けることを母に求めたが、これは母
としての養育責任を恵美子に意識させることになった。恵美子は熱があっても、

1か月に1回は障害児施設にいる康子を訪問した。これは、学園Ⅱに入所させた後も継続して行ってきたことである。

　障害児施設は原則として、18歳までの入所年齢の制限がある。恵美子は、康子が18歳になると、退所先を見つける必要があった。このとき、M町で学園Ⅱが開設されることを知り、即座に学園Ⅱへの入所を決断した。A法人の学園Ⅰを訪問した時のことを次のように語った。

恵美子：園長先生と話をして、絶対入れてあげると言ってくれたんです。そこで、
　　　　娘のいる施設に行って、会ってきてくださいっ、ということで。そうしたら、
　　　　そこから4人とってくれたんです。みんな行くところがなくて、すごく困っ
　　　　ていたんですよ。児童が入れないんですよ。(16.8.7)

　第5章で述べるように、学園Ⅱの入所者は、学園Ⅰの2代目施設長が中心に決定した。この人はM高等養護学校の校長経験者であり、北海道立の障害児施設とのつながりがあったため、理事長は入所者の決定を委ねることになった。この結果、道立の障害児施設から数多くの重度障害者が学園Ⅱに入所している。このような道立障害児施設とA法人とのネットワークの中で、恵美子は学園Ⅱへの入所を決めていくことになった。

1.2. 施設生活への適応
　次に、親の学園Ⅰ及び学園Ⅱへの施設入所とその後の生活への適応をみていく。幼少期／学齢期に、養護学校の寄宿舎、あるいは、入所施設に子を預けていた親は、比較的抵抗感なく施設入所を決定している。この背景には、施設生活への適応ともいえる状況が見られた。
　学園Ⅰに茂を入所させたときの本人の思いと親の思いを、裕子は次のように語った。

筆者：息子の茂さんの思いはどうでしたか。
裕子：別に関心はない。寂しいということもないけど。嫌だということもない。ど
　　　こにいってもそういう感じだから。その場その場で慣れちゃうという感じで。

誰とでも好かれるというか。誰にでも話して。

筆者：（筆者注：施設を）最初見たときは、どんな印象でしたか。

裕子：何も思わない。ずっと施設に入っていたから、別になんとも思わない。（18.7.23）

　裕子は息子の茂の様子については、「寂しいということもないけど。嫌だということもない」と語った。それは、茂の性格が「誰にでも話して」「誰とでも好かれる」性格であるからだという。しかし、私が茂に学園Ⅰへの入所の思いを尋ねた際に、彼は「嫌だなぁと思いました」と語った。そして、「M町の人が来て、ここにいい施設があるよって言ったんですけど、それで、面接をして、合格して、入ったことは入ったんですけど、いろんな利用者がいるじゃないですか。怒ったりして、怒られたりして」（15.7.18）と語った。ここには、親と、子の施設に対する捉え方の認識の差異がある。

　裕子は、親の思いは、「ずっと施設に入っていたから、別になんとも思わない」と語った。幼少期から自宅から離れた施設や養護学校の寄宿舎に子を生活させてきた裕子にとっては施設生活への慣れがあり、特別な感情がもたれていない。これは、N整肢学院に子を入所させたときの思いとは異なる。「ずっと施設に入っていたから」と裕子が語るように、長年の施設生活を通して、施設生活への違和感が減少することが示されている。

　文美と英明は、小学2年生時に教育委員会の勧めで、L養護学校小学部の寄宿舎に息子を預けた際に子との別離の悲しみを抱いたが、M高等養護学校の寄宿舎に預けたときについては次のように語っている。

筆者：L養護学校に入れたときと比べて。

文美：ちょっと安心していた。

筆者：養護学校のときの寄宿舎で慣れたというか。

英明：それもあるね。大人になって、しゃーないなぁと本人も思っているんだろうね。

筆者：帰省してから戻る時には泣くことは？

文美：それはなくなっていた。仕方ないと思ったんでしょうね。（15.8.16）

　本人はL養護学校での生活経験もあり、M高等養護学校の寄宿舎生活に移行

することには抵抗はなかった。文美は、「仕方ないと思ったんでしょうね」と語り、英明も「大人になった」と表現する。息子は落ち着いて生活しているようにみえた。

その後、学園Iの入所時の頃を次のように振り返った。

筆者：学園Iを見たときの感想はどうでしたか。
英明：狭い、クーラーないから暑いだろうになぁと。4人で寝起きしていたから大変だろうなぁと思いました。まっ、高等養護学校の延長だから、がんばれ、がんばれと言って励まして。(15.8.16)

両親は、M高等養護学校の教員の紹介で、学園Iへの入所を決めた。英明は、施設は「高等養護学校の延長」と語る。小学生の頃から子が寄宿舎で生活しながら養護学校に通う経験をしたため、成人施設への入所は、両親が抵抗感を抱くことなく決めていることがこの語りで示されている。つまり、施設は養護学校の寄宿舎の延長上に位置づけられている。一般と異なる生活場所で訓練をして自立するという考え方が、寄宿舎生活を通して生成されており、成人施設への入所が抵抗感なく親には受け入れられた。

康子は1980年代後半、10歳の時に、道立の障害児施設に入所した。入所後まもなくして、康子は監視カメラつきの部屋に入れられた。ここは2畳の部屋で、鍵がかけられていた。監視カメラを通して、どのような行動をするのか、どのような暴れ方をするのかが調べられた。国際障害者年以降、ノーマライゼーションや障害者の権利が言われるようになったが、障害児者施設では人権に配慮しない処遇が行われてきた。現在は原則として認められない監視カメラの存在は、それを象徴する。

康子は職員から食事の配膳を拒否されたり、棒で叩かれたりすることがあった。康子が職員の注意をひくために故意に食べることを遅らせることがあり、そのことに激怒した職員が、康子の配膳されたものをすべて取り上げることもあった。この結果、康子は食事をとるのを拒否するようになり、体が衰弱し、入院することになった。入院の付き添いを頼まれた恵美子が施設を訪問したときに、管理者の立場にいる職員から「お母さんに謝らなければいけないことが

ある」と言われ謝罪されたという。このとき恵美子は次のように応えた。

恵美子：上（筆者注：指導員）の2人の人がきて大変申し訳なかったって言ったんで
　　　　すけど。やった人は来ませんでした。私も、どれくらい大変かは半端じゃ
　　　　ないくらい分かるんで。大丈夫ですって。ただし、それからはたぶんなく
　　　　なった。
筆　　者：痣は見なかったんですか。
恵美子：見てないんです。
筆　　者：見たくなかった。
恵美子：分かんない。見なかったですね。(16.8.7)

　娘への折檻があっても、養育の大変さという理由でそれを容認する心性がみ
られる。なぜ痣を見なかったのかと尋ねると、理由は「分からない」と恵美子
は語った。
　恵美子は、毎年の施設側との面談のときに「お母さん、本当は家で育てた方
がいいんだよって、毎年言われました。本当に大変だったと。本当、分かるん
ですよ」と語っている。母が自宅で子を養育すべきであるという規範は、施設
職員の指摘に示されている。恵美子が、娘に痣があると分かっても強く言えな
かったのは、娘の養育の困難さが分かるということもあるが、母が本来養育す
べきだと指摘され続け、しかも養育の困難さが分かり自宅に戻って来ては困る
という思いがある中で、施設側への遠慮があるからだった。
　その後、恵美子は康子を学園Ⅱに入所させたが、そのときのことを次のよう
に語った。

恵美子：雰囲気。そんなに嫌じゃなかった。もちろん、学園とかもいろいろ見てるし、
　　　　精神病院も見てるし、いろんなところは行ってはいるんですよね。病気の関
　　　　係で。いろんなところに行っているか、何の抵抗もなかったですね。いい感
　　　　じって。園生とも接してもいい感じがした。だからいいかなぁって、スト
　　　　レートに。とりあえず、移動できるところがあって、良かったなぁと。もう
　　　　それだけですよね。基本、何もないですね。(16.8.7)

恵美子にとっては、すでに18歳を超えている康子の行き先があるかということが大きな懸念事項だった。障害児施設では、受け入れ先の成人施設が見つからず、18歳を超過して在籍している人もいた。このような中で、A法人が受け入れてくれるということだけで、「良かったなぁ」と安心したと語った。幼少期から病院や施設を見てきた恵美子にとって、施設入所は安心感以外に特別な感情はなかった。

2. 施設生活

第2に、施設入所以後の生活を親はどのように捉えているのかをみていこう。

2.1. 生活の質への配慮

裕子が茂の学園Iへの入所を決めたのは、自宅のあるM町であれば茂に会うことが容易になることが一つの理由だった。裕子は「地元だし、これからずっとだから、やっぱり入れたいなぁと思いました」(18.7.23)と語った。裕子は、幼少期から親子が別々に暮らし、ようやく地元で親子が近くに住みながら生活できるという思いをもっている。

裕子は現在から振り返ると、学園Iに入所させて良かったと語るが、この理由について次のように語った。

裕子：人間関係もいいし、指導員もね、すごくいいし、やっぱり人間関係というか、
　　　やっぱり慣れてしまっているから、園生もかわいいし。(18.7.23)

裕子は、茂が職員とどのような関係を築いているのかということに大きな関心をもっていた。私とのインタビューにおいても繰り返し、職員の関わり方について言及していた。学園Iでは、職員は茂のことを気にかけ、穏やかに丁寧に接していたと裕子は考えている。単に自立能力の向上という観点だけではなく、茂にとって過ごしやすい人間関係が形成されているかどうかという観点から施設生活を捉えていた。

英明は息子が高校を卒業した後は、学園Ⅰではなく実家に近い他施設に入所させることを考えていた。しかし、隆が、M高等養護学校の同級生が行く学園Ⅰを望んだことで考え方を変えた。

英明：〇施設を一度、見に行った。家に近いから。だけど、息子は行きたくないと、
　　　言った。やっぱり友達もいるし。私も、〇施設に行って寄付をしたの。30万
　　　くらい。入ってもらおうと思って。でも最終的に、行きたくないということで、
　　　学園Ⅰに決めた。(18.7.24)

　実家に近い施設に寄付をしたのは、入所させることを考えてのことだった。しかし、息子の希望を尊重して、M町の学園Ⅰを選択した。英明は息子がM高等養護学校の生活を通して形成した友人関係を大切にしたいと考えたという。ここには、子にとっての望ましい生活環境を基準にして行動する状況が示されている。
　親の中には、複数の施設を見学して、A法人の施設を選択した人もいた。三島陽一（以下、陽一）と芳恵の息子は、現在学園Ⅱに入所している。彼は、障害支援区分5である。一家はM町から約200キロメートル南東にある市の出身であり、息子は小中学生時代には普通学校の特殊学級に通っていた。高等養護学校は、「重度の子」が入学することは難しいと判断し、中学卒業後は4年間、自宅から地域の共同作業所に通ったという。その後、陽一がM町から約100キロメートル東に位置するY市に転勤することになり、一家で引っ越した。息子が18歳の時である。
　福祉事務所の障害福祉課に相談し、自分たちでも施設を探し、3つの施設を見学している。この頃、A法人では学園Ⅱを開設したときであり、空きがあった。いくつかの施設を見学したが、学園Ⅱへの入所を決めた理由について、両親は次のように語った。

陽一：Y市の方に転勤になって、Y市の方にあるかなぁと思って、探したんですけど、
　　　そのときちょうど、A法人の学園Ⅱができて、ちょうど募集をしてたんです
　　　よね。で、あちらこちらの施設を見せてもらったんですけども、ちょっと

遠いんですけども、Ａ法人の方がいいと思って、それですぐに入れましたからね。

芳恵：市役所から連絡が来たんだよね。福祉課に行ったんです。どこか空いているとこないですかって言って。そして、何日か経ったら福祉課の人から電話来て、Ａ法人で１人、男の子１人入れますからって。（中略）

陽一：Ｙ市に転勤になって、（中略）一緒にＹ市の方に行かなければならないということで。（中略）

芳恵：単身で行くっていっても、私と子どもとで２人で暮らすというのも厳しいから。

筆者：Ｙ市で通所を探されたんですか。

陽一：その時点で、将来的には、自分たちではずっとみられない、まっ、順番でいえば、先に、我々がいなくなるので、どっちみち、施設とかそういうところで、見てもらわないとならないということで、それで、そういう、通所の作業所よりかも、施設に入れた方がいいかなぁということで、最初、Ｙ市の方を探したんですけども、空きがなかったということだったんで。で、施設の見学だけはさせてもらったんですよね。Ｙ市のところにある△学園と□学園と。

芳恵：△学園も建ててたんですよね。どっちにするかということで、やっぱりＡ法人の方が、なんか町みたいだしなぁ。

陽一：△学園行ってみたら、なにせ山の中で、施設自体が、本当に、田舎で、山の中に施設だけがポツンとあるような、そんなような感じだったんで、ちょっと我々が行っても寂しいのに、こんな寂しいとこに子ども入れたら、かわいそうだなぁと。Ａ法人も見せてもらったので。３施設の中で町の中で、空きがあって、まあまあ町らしいところで、そういう生活ができるのはＡ法人の方がいいなぁということで。(16.8.6)

　学園Ⅱは町の中にあり雰囲気が良く、安心したと両親は語った。この他に、職員対応などが語られた。

2.2．自立能力の基準による差別化
　親は子の生活の質の基準だけではなく、自立能力の観点からも施設生活を捉えている側面がある。学園Ⅰは、授産という形の福祉的就労が行われる。裕子

は、学園Ⅰでの生活をする中で息子が施設内の作業に積極的に取り組む様子を
次のように語った。

裕子：お話が好きだからね。かえっていいかなぁって思って。かえってしゃべらん
　　　子よりもいいかなぁって思って。きさくでね。いいよーって言ってくれるから。
　　　息子は短気だけだねーって。（中略）仕事もやるから。がんばりすぎるくらい、
　　　やるよって（筆者注：職員から）言ってくれたから。(18.7.23)

　裕子は息子が「かえってしゃべらん子よりもいいか」と思い、学園内の作業
も行えると考えている。すなわち、自立能力の観点から学園Ⅱの本人と比較し
ながら、息子の状態を捉えている。一方、実習や就職ができる本人と息子とは
異なると彼女は語った。

裕子：この子は（実習には）行かないですね。そういうあれじゃないから。できない
　　　から、できる子は行っていますよ。でも、うちの子は無理だと思います。（中
　　　略）
筆者：学園Ⅰに入れるときには、ずっとそこにいる感覚で入れられましたか。
裕子：はい、今でもそう思っております。(18.7.23)

　息子は、福祉的就労は可能であるが一般就労は難しいと考えている。一般就
労できなければ、授産施設を退所できず施設生活が継続すると捉えていた。一
般就労と施設生活は表裏の関係にあり、自立能力の観点から息子の状態を捉え
ていることが示されている。
　英明と文美は、息子が高等養護学校の卒業をすると、「就職」も考えた。し
かし、「学園Ⅰがちょうど建設中で、それがいいということになった。作業も
していたから。学園Ⅰの先生方も真剣に考えてくれ」、学園Ⅰへの入所を決め
た。英明は次のように述べた。

筆者：就職は考えましたか。
英明：就職を考えたけど、もう学校でも、無理という判断をされたんだ。我々がみ

ても分かる。親の判断でも難しいと思った。

筆者：実習は行きましたか。

英明：行きました。それでもやっぱり難しいね。

筆者：家に戻ることは考えつかなかったですか。

英明：それもいいかもしれないけど、旅をするのもいいかと思って。家にいても、我々も自由になれないので。行ったほうが本人のためにもいいから。それは考えなかったです。かわいさでね、あれだけど。

筆者：ずっと施設に入れるつもりで入れましたか。

英明：能力によって変わるかもしれないけど、変わらないから、ずっといるつもりで入れました。（筆者注：いつか出ることは、）ぜんぜん考えていない。ある程度、学園の先生にある程度任せているから。（18.7.24）

　息子が就職することは難しく、施設に入所すれば作業科もあるので、力を伸ばすことができると両親は考えた。また、自宅に戻っても、親の負担が重くなり、「本人のために良くない」と考えた。両親は、一般就職ができなければ施設退所はできないと考え、息子は施設生活をしていくものと考えていた。

　1997年に学園Ⅱが設立された際には、「程度の低い人がいるなぁと思ったね。学園Ⅱというのは、ちょっと、重い方がいるんだなぁ」とも語っており、ある程度の作業ができる息子と重度障害者との違いを認識するようになった。

　学園Ⅱは女子棟と男子棟に分かれ、それぞれ5つの寮（10名単位のユニット）に分かれるが、重度障害者の生活棟があり、恵美子の娘の康子はこの棟で生活することになった。一方、学園Ⅱは、高等養護学校の卒業生が入居者に含まれていた。様々な障害程度の違う人がいる中で、学園Ⅱに子を入所させた親の多くは、他の本人との障害程度の違いを意識した。恵美子はまず、学園Ⅰの入居者と学園Ⅱの違いを次のように述べた。

恵美子：（筆者注：学園Ⅰは）トマトジュースもつくっているし、普通に会話しているし、そこでは受け入れられない。（16.8.7）

　学園Ⅰの本人はトマトジュース作りという作業を行い、娘はこのような作業

を行わない班に所属する。こうした班分けは、障害程度を考えると当然だと恵美子は考えるようになった。学園Ⅱでも、比較的自立能力の高い人と重度棟にいる人の違いを次のように述べた。

恵美子：自分のことができる子がこっちにいる。あっちは、康子を含めて目が離せない子がいる。分かれている。
筆　者：それでいいと思いますか。
恵美子：前は分別のつく人もいたから、そのときの方がいいかなぁと思う。面倒をみてくれるし、その子たちのプライドもサポートできるから。できる子も健常者がいるところに働きにいって、結構（筆者注：精神的に）やられたということを言っていましたので。だから、うちの子のために、やってあげるよーと言ってやってくれることによって、優越感をもっているなぁと。そういう相乗効果がある。(16.8.7)

　学園Ⅱの比較的自立能力の高い本人は、A法人の施設解体計画によって現在はグループホームに移行した。以前はこうした本人が重度棟の人のケアをすることがあった。恵美子は、こうした本人との交流を通して、康子の障害程度をより明確に意識するようになった。
　陽一と芳恵の息子は、学園Ⅱの中でも最も重度の障害のある人が在籍する寮で生活を始めた。しかし、本やカレンダーが他の利用者から破られることがあったため、この寮から出た。これについては、「良かった」と両親は語り、息子より「重度」の人と比較しながら、この差異を意識化している。学園Ⅰの本人との違いについては次のように語った。

陽一：うちらの子よりも人の言うことが聞けて、ある程度のことができる方が多いように見ていました。
筆者：自分の息子はそこではないという感じ？
陽一：そうですね。学園Ⅰの方たちみたいにはできないなぁと思っていました。
芳恵：誰かが見てくれるんだったら、やるんですよ。一人にされたら駄目、という感じ。一緒のテーブルで指示をしてくれれば、できるけど。

筆者：そういう声かけがなかったら続かない？

陽一：学園Ⅰの子は言われなくとも、続けることができる人たちが多いなぁと思いました。(16.8.6)

　授産施設内の実習、授産と更生、更生施設内の各寮の処遇の違いを通して、親は自立能力を基準にして子の状態を捉えるようになった。

2.3. 感謝と申し訳なさ

　多くの親は学園Ⅰ／Ⅱに子を入所させた後も、親が本来養育すべきであるという意識を継続してもってきた。子と一緒に暮らしたい、あるいは、子を養育したいという親としての感情もある。茂は2008年8月に学園Ⅰの入所機能が廃止された後、一旦は自宅での生活に移行した。これは、裕子が「手元に置きたい」(18.7.23) と思ったからだった。幼少期から子と別れて暮らしてきた裕子にとっては、子と再び生活できる機会となった。

　帰宅してからの数か月後、グループホームの空き状況の関係で、当時A法人の共同生活援助事業所の管理者をしていた大田豊彦らはｈホーム（職員巡回型グループホーム）への移行を裕子に提案した。裕子も将来を考え、2009年2月にA法人のｈホームに茂を入れた。このとき、裕子は息子を自宅からA法人の就労継続支援B型事業所に通所させることを大田らに申し出ている。この理由を裕子は、次のように語った。

裕子：うちの子は短気だから、かえって、申し訳ないなぁって。私、うちから通わせますって、言ったの。お母さん、そんなことしなくていいよって、言ってくれて、大丈夫よって言ってくれるから。短気だけなんです。それは治りませんもんね。かーとくるから。自分でぱっぱっとできない子だから。すぐにおさまるんだけど、自分が何を言っているか分からないんだよね。なんで怒ったのって言っても、分からんの。それが病気なんだよって言われたって、やっぱり病気だ、病気だって言ってられないし。でもすごくよくなったから。本当におかげさんで。(18.7.23)

裕子が自宅からの通所を提案したのは、親として「手元に置いておきたい」という思いだけがあったからではない。裕子はＡＺ学園に息子を入所させたときに、問題のある職員もいたが、子を預ける以上、何も言えないと語っている。Ａ法人については問題を感じることがなく、学園Ⅰに入所したことで息子が著しく成長したと裕子は考える。幼少期から息子の行動への対応に一人苦労した裕子にとって、学園Ⅰの職員に感謝の念を強く抱くと共に、「申し訳ない」という気持ちがあった。これは、裕子が自ら自宅で子を養育すべきだと考えていたからである。このため、彼女は、自宅から通所させようと考え、法人側に申し出た。施設に子を預ける親は、施設への感謝の思いと遠慮の思いを抱く。このことは、私がインタビューをした他の親にも共通してみられる特徴だった。

　英明は、学園Ⅰの４人部屋の環境に懸念を抱き、施設職員に交渉したことがある。制約された施設内環境で可能な限り子の生活の質の改善を望む親の思いがあった。しかし、学園Ⅰに子を預けることに伴い、施設への遠慮があり、「強く言えない」と語った。

英明：学園の先生にある程度任せているから。親の意見も聞いてもあんまり。どうこうしたって、無理なことだからね。
筆者：それは信頼しているってことですか。
英明：信頼、うーん、信頼しています。いろんな情報も来るしね。（中略）
筆者：子を預けているということで、職員に遠慮することはありますか。
英明：それはあるよね。お世話になっているからあんまり強く言えない。遠慮。あんまり。やっぱり１日中24時間世話になっているから、親がみるのに当たり前なのに、なんでそこまでみてもらえるのかという、ちょっと、うしろめたい気があるよね。誰でもそうだと思うんだけどなぁー。要求としてはあんまりないよね。なんとかしてくれるという安心感もあった。（18.7.24）

　英明は、「親がみるのに当たりまえなのに、なんでそこまでみてもらえるのか」という「うしろめたい気」があるため、「あんまり強く言えない」という。これは他の親でも同様なのではないかと語った。ここには、養育責任の意識があるがゆえに、施設側に対して遠慮の思いがあることが示されている。英明は、

Ａ法人の父母の会の役員を長年務めてきた。それについては、「これも一つ、学園に対して貢献できているかなぁ」と語り、子の世話をしてもらっている学園に対して少しでも貢献したいと考えた。一方、施設を信頼しようという思いをもち、「先生にある程度任せている」(18.7.24) とも述べた。

3．小括

　本章では、自立規範と相互作用過程の観点から、施設入所の経緯や施設入所後の生活が親によってどのように捉えられているのかを検討してきた。

3．1．インフォーマル／フォーマルなネットワークと施設生活への適応

　第１に、学園Ⅰ／Ⅱへの入所の経緯についてである。

　学園Ⅰ／Ⅱへの入所を決めたのは親である。親が施設入所を決めたのは、親は子の発達や自立の訓練の必要性、親の養育の限界や疲弊、あるいは、親亡き後の不安を認識したからだった。まず、親は、それまでに関わってきた信頼する個々の職員との関係といったインフォーマルなネットワーク、あるいは、養護学校や入所施設といった専門機関同士のフォーマルなネットワークを通して施設入所を決めていた。すなわち、親を取り巻くその時代の個々の行政／教育／医療／福祉関係者の判断と、専門機関同士をつなぐ有機的ネットワークが施設入所の決定に影響することが明らかになった。自立能力に制約があれば、社会一般とは異なる施設という場に入所すべきであるという自立規範は、この種のネットワークを通して構築され、親の考え方や行動を規定していた。

　土屋葉の研究（土屋，2002：172）は、母親が1）「訓練を施す母親」、2）「介助する母親」として家族規範を構成し、「自らの手による介助が不可能になった時には、子どもは施設へ入所させることを前提」とされており、親の役割の引き受けと施設入所の決定が表裏の関係にあることが示されていた。麦倉（2004）の研究では、親が周囲との相互作用を通して、障害児を「療育する親」としてのアイデンティティを構築し、親自身の高齢化やケアの重度化によって施設入所を決定する過程が描かれていた。中根成寿（2006）の研究では、親は「将来がみえない」という形で予測可能性が低下すると、親亡き後の生活について模

索を始め、施設入所という選択肢が浮上する状況が描かれていた。

　本研究でも、親、とりわけ母親の養育や療育の責任という役割の引き受けが限界に直面すると、施設入所が決定される過程が示された。ただし、個々の親の判断や認識だけではなく、親を取り巻くその時代・社会状況に依拠した形で展開する個々の行政／教育／医療／福祉関係者の判断と、専門機関同士をつなぐ有機的ネットワークが、施設入所の決定に大きな影響を与えていることが本研究では明らかになった。

　この調査結果から現在の障害者福祉の政策動向を考えることは、意義のあることである。なぜなら、第2章で述べたように2013年以降、地域生活支援拠点という取り組みが重視されるようになり、法人間のネットワークによるセーフティネットの構築の必要性が指摘されているからだ。この種の法人間のネットワークは、本章で語った親が施設入所を決定する時期からすでに存在しており、こうしたネットワークが、どのような考え方や価値観によって運営され、構築されているのかを詳細にみることこそが重要である。

　次に、幼少期と学齢期の分離された教育や生活での経験を経てきた親は、施設生活への適応が生まれ、抵抗なく施設入所を決定していることが分かった。

　寄宿舎生活・施設入所経験のある親のうち、当時の記憶がないと語る恵美子以外のすべての親が親子の別離の悲しみを語った。しかし、いずれの親も、学園Ⅰ／Ⅱに子を入所させたときの苦悩を語らなかった。いずれの親からも学園Ⅰや学園Ⅱへの入所に際して、比較的抵抗感を抱くことなく施設入所に至ったことが語られた。幼少期や学齢期における寄宿舎や入所施設での生活を経ることによって、学園Ⅰ／Ⅱへの施設入所を抵抗感なく決めていたのだ。障害者権利条約第19条では、分離教育と施設入所の関係性について問題提起がなされているが、幼少期や学齢期の経験と成人施設への入所の経緯の関連は今後も検討される必要がある。

　ゴッフマンは『アサイラム』の中で「身近な人」である家族が「仲介者」である周囲の専門機関とどのようなネットワークを形成しているのかということが精神科病院への入院と入院患者の自己形成に影響を与えると述べた（Goffman, 1961＝1984：138-153）。このとき、このネットワークは「偶然的与件」に左右されるという。すなわち、患者や家族がその時々に偶然、どのような人と関わり、

142　第二部　施設入所と施設生活

どのような地域に暮らし、どのような社会資源があるのかといった条件によって入院するかどうかが決まり、同じ症状でも精神科病院に入院しない「他でもあり得た可能性」（天田, 2007：159）があるものとして示されている。

本研究における家族も、その時々で偶然出会った人々や機関との関わりによって子を養護学校の寄宿舎に入れ、最終的に学園Ⅰ／Ⅱへの施設入所という決定に至っていた。ただし、当時の制度的動向では、養護学校から施設入所に至る経路以外の可能性は著しく制約された環境であったと考えられる。

A法人の施設閉鎖を主導した大田は、学園Ⅰの閉鎖後にM高等養護学校の評議員となり、卒業後の行き先としての学園Ⅱへの入所を阻止しようとした。これは、養護学校と入所施設をつなぐネットワークに抵抗し、施設入所ではない「他でもあり得た可能性」としての選択肢を提供する試みだったと考えられる。

3.2. 生活の質への配慮と自立規範／家族規範

第2に、施設生活に対する親の捉え方についてである。

まず、専門機関のネットワークや施設生活への適応を通して、自立のために、あるいは、自立が困難である場合には、施設入所が必要であるという自立規範が親の判断や決定を規定していた。しかし、親はこのような自立規範のみによって、学園Ⅰ／Ⅱへの施設入所を決定しているわけではないことが本研究では示唆されている。

すなわち、親は子の生活の質に配慮しながら、学園Ⅰ／Ⅱへの入所を決定する側面が見られていた。今回の調査対象となった親の多くが、学園Ⅰ／Ⅱの見学をして職員の対応や生活環境が良いと判断をし、入所を決定した。複数の施設を見学して選んだと語る親もおり、本人の意向について確認しながら選択する親もいた。当時は、措置制度の時代であり選択肢が限られるため、親が施設と契約をする現在の仕組みとは異なる。しかし、措置制度下でも、行政や施設と交渉し、親が施設を選び入所を決定した側面が見られた。

地理的環境、施設内環境、職員の質といった観点から、親はA法人の施設を望ましいと判断した。自立能力の基準のみで施設入所を選択するだけではなく、子にとっての生活の質という観点からも選択している。親が子と離れるときに苦悩を抱えたのは、親子が同居して暮らすことによって親子ともに他の一般の

人と同じように普通の生活が送れると考えたからだった。子の生活の質を捉える視点を、施設入所以降も継続して親はもち続けており、様々な機会が制約された施設内環境でも子が自分らしい暮らしを可能な限り送れるように気にかけ、時には施設職員と交渉しながら、最善の生活環境を保障しようと関わりを継続させていた。

親は自立規範のみによって子の処遇方針を決めているわけではない。以降の章で地域移行を選択した親が、子の生活の質の観点から地域生活を肯定する語りを見ていくことになるが、親はこうした観点も施設入所時からもち続けてきた。施設入所に関わる親についての先行研究（Lord & Hearn, 1987；河東田ら, 2000）では、親亡き後の不安や他の選択肢のない中で施設入所を決定する親の姿が描かれてきたが、限られた選択肢の中でも子の生活の質の観点から、最善の選択をしようと模索する親の姿が本章の中では示されていた。

このとき、生活の質への視点があるがゆえに、施設入所への抵抗感が減少し、自立規範が維持されることになることにも着目する必要がある。日本では近年、全室個室で、ユニットケアという形で少人数の居住単位がつくられ、設備もバリアフリーの環境が提供される施設が増えつつある。これは、国による 2000 年代以降の施設内生活環境を向上させる政策として展開しているが、生活の質が保障されることによって、親による施設入所に伴う抵抗感は減少する。施設の環境が快適なものになることは子にとっても親にとっても望ましいことではあるが、このことでかえって施設という居住形態は、地域の居住形態に代替される正当性を失い、子にとって望ましい生活環境として存続していくことになるのである。生活環境のノーマル化によって、ノーマルな生活を送る機会が制約されるというノーマライゼーションのパラドックスともいえる事態が生じる。この点については、第 11 章の学園Ⅱの親の語りの中に示されている。

次に、施設生活を通して、自立規範が親の考え方や行動を規定する側面も見られた。施設での他の入居者との比較や職員の評価、各居住形態の処遇の違いを通して、自らの子の状態について自立能力を基準にして判断していることが示されていた。学園Ⅱに子を入所させた親は他の利用者との比較によって、子の自立能力の限界をより一層意識していた。

親の施設入所の決定や施設生活の捉え方には、自立規範が参照基準の一つと

して機能している一方、生活の質への配慮といった他の基準も機能しており、複数の規範が混合しながら親の考え方や行動を規定していることが明らかになった。まさにそれゆえに、施設生活は自立規範に依拠して運営されていくことになった。つまり、親は生活の質への配慮の面で施設生活に一定程度満足するがゆえに、施設生活への抵抗感情を喪失し、自立能力に制約のある本人は施設で生活すべきであるという自立規範は維持されていくのである。

　さらに、親は、子を施設に預けることによって、親が子を養育すべきであるという家族規範から解放されているわけではないことも明らかになった。施設に子を預けているために、施設の行事に参加する、あるいは、何らかの役割を果たす必要があるという意識が、私がインタビューをした親の中にはあった。面会をしたり、あるいは、長期休暇の際に帰省をしたりするのを望ましいことだと親が捉えるのも、施設に対する貢献という側面があるからだった。A法人の家族会の初代会長は、学園Ⅰが設立されてから数年後には親の行事への参加割合が減少していることを嘆いて次のように述べる。

　　「会員の皆様には、それぞれ職業も違い、また居住地も違いますので、一概に参加を強制したりできませんが、自分の子供を園に預かってもらい教育から生活まで何から何までお世話になっているのですから、せめて1年に何回かある行事には、是非出席していただきたいものです」（学園Ⅰの機関紙34号、1996年5月15日発行）

　スウェーデンの研究（河東田ら, 2000：131）では、親が子を養育すべきであるという家族規範が、施設入所後も親の考え方や行動を規定する状況が描かれていた。本研究でも、施設入所以降でも家族規範は継続し、施設で子が適切なケアを受けられるはずだという信頼の思いと、本来は自らが養育すべきはずの子を預けている施設と職員への遠慮の思いが親に生まれる場合があることが分かった。

　土屋（2002：172）や麦倉（2004）の研究では、「訓練を施す親」や「療育をする親」が描かれてきた。このとき、親の判断や行動を規定するのは、生活・就労面で可能な限り自らの力でできるようにすべきであるという自立規範が働い

ていたといえる。本研究では、家族規範だけではなく自立規範にも着目し、この規範が親の態度や行動をどのように規定しているのかということに焦点を当ててきた。自立規範は、家族規範／ジェンダー規範によって家族／母親に自立のための訓練／保護の実施を迫りながら、その限界に直面すると施設側にそれを迫ることになる。すなわち、施設入所という決定は、自立規範による訓練／保護の主たる責任が家族から施設に移行することを意味する。親はこの規範の実施責任を施設に委ねることによって、中根（2006）のいう予測不可能性としての親亡き後の不安という最大の懸念を解消することができるのである。

　この結果、親は施設への信頼と共に遠慮の態度が生まれ、A法人の施設解体計画の受け止め方に影響を与えていくことになった。この点は、第11章において検討したい。

第4章　本人にとっての施設入所と施設生活

　他者の力を借りずに自らの力で、身辺ケアを行い、仕事をし、収入を得て生活するべきであるという規範は、社会一般の人々の行動に大きな影響を与えている。しかし、自立した生活をするために、一定の期間、あるいは、一生涯、地域から離れた施設という特殊な場所において、集団生活をしながら指導・訓練を受けるべきであるという自立規範は、「知的障害」というレッテルを貼られた特定の人々に課せられてきたものである。自立を運営目標に掲げる施設という場に入所した本人はどのように施設入所までの経緯や入所後の生活を捉えているのか。施設から地域への移行過程や地域生活における本人の思いや考えを理解する上で、施設入所の経験について考えることは重要である。

　本章では、自立規範と相互作用過程の観点から、本人の施設入所の経緯や施設生活の捉え方を明らかにしたい。学園Ⅰ、あるいは、学園Ⅱからグループホーム・自立生活・家族との同居といった地域生活に移行した本人のうち、本調査研究の内容を理解した上で同意し、明確に意思疎通が可能だとA法人が判断した本人全員を対象にした。これらの本人は10名となった。学園Ⅰ／Ⅱから地域生活に移行したのは、学園Ⅰは男性23名、女性18名（学園Ⅱ移行後にグループホームに移行した人を含む）、学園Ⅱは男性8名、女性7名の合計56名である。したがって、本研究の対象となったのはその一部である。それでも、インタビューを通して明らかになる本人の現実は、インタビューできなかった本人にも経験されうることだ。

　本章では、過去の出来事を比較的明瞭に記憶しており、私とのインタビューにおいて言語によって具体的に表現することが可能だった本人4名の語りを中心にみていく。これらの本人は調査時点で、職員常駐型グループホーム、職員巡回型グループホーム、一人暮らしの形態で生活しており、職員が捉える障害程度や自立能力が異なる。また、施設生活に対して否定的な考えをもつ人だけではなく、肯定的な考えをもつ人が含まれる。施設入所の多様な現実を、自立能力の程度や施設に対する捉え方の違いから多角的に把握するために、これら4名の語りを選定した。

なお、本章では、これら本人へのインタビュー結果だけではなく、大田豊彦が行った本人へのインタビュー結果の一部も引用して分析した。

1．施設入所の経緯

第1に、学園Ⅰと学園Ⅱへの施設入所の経緯をみていこう。

1．1．普通学校からの分離の経験

　まず、本人の中には普通学校から分離される経験が学園Ⅰと学園Ⅱへの入所につながったと捉える人がいることが分かった。

　大宮有紀（以下、大宮）は1970年代前半の生まれであり、M町から南に約100キロメートル離れたN市の出身である。彼女は18歳の時に、A法人の学園Ⅰに入所し、調査時点では当法人の運営する職員巡回型グループホームで生活していた。大宮の障害支援区分は2である。

　彼女が小学校に入学したのは、養護学校が義務化される1979年の前だった。生まれたときから足に軽度の障害のある大宮は生後2か月後のときに入院し、手術を受けて訓練を行い、歩行がある程度まで可能になった。このため、養護学校や特殊学級は検討されることなく、地元の小学校に入学し、自宅から通うことになった。

　普通学校では、楽しい時間を過ごしたと大宮は語った。このとき、勉強が遅れているという感覚はなく、同級生との違いを認識することはなかったという。しかし、運動会のときに、手術をした自らの足について周りから言われたことを気にするようになったと語った。

大宮：運動会をやっているときに、足が手術しているから、それには、分かったの
　　　かなぁ。自分で。でもお母さんたちには言わなかった。
筆者：周りの対応が違うということですか。
大宮：うん。周りでこの子は足が悪いというのは、言われていたんだけど。そんな、
　　　障害をもっていないなぁと思っていたんだよね。（18.7.21）

運動会の各種競技を行う中で、足の動作が目立ち、周囲の生徒からは「この子は足が悪い」という言葉を言われることがあった。このことについて、親には伝えなかった。大宮は「そんな、障害をもっていないなぁと思っていた」と語るように、小学校時代は障害についての意識や、他の生徒との違いをはっきりと意識することはなかったという。

　中学校に行ってから、1年次の途中でクラスの同級生から教科書にジャムをつけられることがあった。このときの経験を次のように語った。

大宮：中学に入って、いじめられて、私があれなのかなぁと。自分で、施設、あれ
　　　なのかなぁと。
筆者：あれとは何ですか。
大宮：障害なのかなぁと。勉強はやられた（筆者注：できた）んだけど。
筆者：なぜその生徒はいじめをしたのですか。
大宮：教科書にジャムをつけたり、あったかなぁ。友達が、有紀ちゃんの教科書に
　　　ジャムをつけられていたよ、ということは教えてくれて。担任に言って、校
　　　長にも言って。私も嫌だと。何回もあって。この学校にいたくないと。
筆者：理由は？
大宮：何もやっていないのに。先生にほいほいしていたからかなぁ。でもそれでい
　　　じめないよね。放課後のときに、本人（筆者注：いじめをしていた人）たちの
　　　前で先生が話があると言っていたかなぁ。その人たちの前で。
筆者：いじめがなかったら、そこの（筆者注：新しい）学校に行っていない。
大宮：行っていなかったと思う。
筆者：でもどうして、他の学校で普通学級に行かなかったのですか。
大宮：またいじめられると思ったから。学校が変わってそこの特殊学級に行った。
　　　それでよかった。（中略）
筆者：普通学級の生徒さんと比べて、自分が勉強ができないと思ったことはなかっ
　　　た？
大宮：なかったと思う。（18.7.21）

　中学では、勉強について遅れているという認識はなかった。しかし、「いじ

め」によって、自らの「障害」を認識することになり、後に施設入所につながった経験として捉えられている。大宮は現在から振り返ったときに、学校でのいじめの経験と、施設入所、あるいは、障害認定とがつながっていったと考えている点に特徴がある。

いじめにあったときにクラスの同級生の一人は心配をしてくれ、声をかけてくれた。「何もやっていないのに」と理由が今でも分からないと大宮は語った。大宮はこのことを担任の教員や校長に伝え、親と共に市の役所に相談しに行き、この結果、他の中学校にある特殊学級に通うことになった。普通学級ではなかったが、「またいじめられると思ったから」、特殊学級で良かったという。以前の学校については、「二度と行きたくなかったので。もう学校の建物も見るだけで嫌だった」と語っており、本人にはいじめを経験した学校を見ることすら抵抗があり、学校が変わったことで安心感が得られている。

同じ時期に、自宅にいた親戚が彼女の「しゃべり方」について問題にしていたことをたまたま聞くことにもなったと大宮は続けて語った。

大宮：親戚が言っていたから。どっちかの親戚が言っていたんだよね。しゃべり方があれかなぁと。お父さんとお母さんがしゃべっていたときに、そのときにおりていったときに、私の名前が出ていたから。
筆者：それを聞かなかったら、障害とは思わなかったということですか。
大宮：うん。(18.7.21)

中学校でのいじめの経験や、親や親戚が自らの「しゃべり方」について話す場面を聞くという経験を通して、大宮は自らの「障害」について徐々に意識するようになったという。そして、それが施設入所に至る契機となったと捉えている。ただし、彼女は、知的障害を「もっているような、もっていないような」と私に語った。自らに知的障害があるという認識を今でも明確にもっているわけではない。このため、後述するように、大宮はなぜ施設に行くことになったのかが理解できないと語った。

中学卒業時になると、進路について話し合われることになった。この数年前にM町内にM高等養護学校が設立されており、この学校は、大宮の実家のある

市から最も近い高等養護学校だった。中学校の特殊学級の担任教員は、M高等養護学校に行くことを大宮とその親に勧めた。大宮は、本当は「制服のかわいい普通高校」に行きたかったため、養護学校には行きたくなかったという。しかし、担任からも親からも普通高校は勧められなかった。

大宮：なんか頭おかしい。なんか難しいよっていうところがあった。中学校の同級生が言っていたから。○○高校（筆者注：普通高校の名前）が簡単そうだったから、同級生が試験やったときに難しいよって言っていた。やめた方がいいよって。担任はへんなところに行かない方がいいと言われた。（筆者注：普通高校に）行きたいと思ったの。でも、親からやめなと言われたから。（18.7.21）

　M町は出身地から約100キロメートル離れた場所にあるため、M高等養護学校に進学するということは、親と別れて養護学校の寄宿舎で寮生活を送ることを意味する。大宮は、親と別れて暮らすことについて「すごく嫌だった。わんわん泣いた」と、この頃の出来事について辛い表情を浮かべながら私に話した。入学式の日、親と別れるのが嫌で、「帰りたい」と思ったが、「私の先輩たちが、2人くらいちょうど、いたから大丈夫だよって（筆者注：言ってくれて）、うちの親が、有紀を頼むわと」（18.7.21）伝えて、親子は別れたという。この日から大宮は親と別れて、M町で生活することになる。高校の頃は、週末や長期休暇の時に実家に帰っていたが、親や姉と別れて暮らすことが非常に辛い経験だったと大宮は語った。
　大宮は、M高等養護学校を卒業してから実家に戻り、就職することを希望していた。しかし、当校の担任教員と進路担当の教員から学園Iへの入所を勧められた。

大宮：地元に帰りたいと思った。でも、担任と進路の先生が、おまえにはN市に戻るより、M町に残るほうがいいと言われた。またM町かよー。なんで残るのかよって。学園Iができるからと。なんでよー。なんで学園Iに行かないといけないのと。（18.7.21）

高等養護学校の担任と進路担当の教員から、出身地に戻るより、M町の学園
Ⅰへの入所を勧められた。学園ⅠはM高等養護学校の卒業生を受け入れるため、
1990年に設立されている。大宮が高校を卒業する頃に設立されることになり、
学園ⅠとしてもM高等養護学校の卒業生の受け入れを必要としているという事
情があった。このような中で、学園Ⅰへの入所を、周囲の教員や親から強く勧
められることになった。大宮は、M高等養護学校に入ることで、結果的に学園
Ⅰに入所することになったと考えていた。

　白石勇樹（以下、白石）は1970年代後半の生まれで、M町から南に約60キ
ロメートル離れた町の出身である。彼は18歳の時に学園Ⅱに入所し、現在は
Ａ法人の支援を受けてアパートで一人暮らしをしている。白石の障害支援区分
は１である。

　彼は出身地の町にある小学校の普通学級に通った。しかし、小学２年生の時
に特殊学級に行くことになった経緯について、白石は次のように語った。

白石：１年生のときは普通学級に行って、皆と一緒に同じことができたんだけど。
　　　途中からおかしくなって。２年生のときにノートの端っこに落書きをしたり
　　　とか。そういうことが何回かあったから、それで特殊学級になっちゃった。
筆者：特殊学級に移ったときにどう思いましたか。
白石：最初に移ったときには、残念だなぁと思いましたね。なんで急におかしくな
　　　ったのかなぁって。まっ、それも運命かなぁと思いました。
筆者：誰が移ることを言ったのですか。
白石：誰からも聞いていないけど、普通学級の担任の先生が、机と椅子を移して。
　　　それで特殊学級になっちゃって。（中略）
筆者：いじめの経験はありますか。
白石：小学校のときにはいじめにあったりしましたね。
筆者：何年のとき？
白石：普通学級のいたときですね。そのときはなんとなく覚えていますね。
筆者：それが特殊学級に行った理由ですか。
白石：それもあるけど、自分で、考えるのが、苦手というのがありましたね。何も
　　　分からない状態で、普通の人と同じことをするのも難しくて。（18.7.21）

1年生のときは、他の生徒と楽しく過ごしたのを白石は覚えており、普通学級に残ることを希望した。2年生のときにいじめを受け、そのことも特殊学級に移った原因の一つとして語った。それに加えて、「自分で、考えるのが、苦手」で「普通の人と同じことをするのも難しく」なったことが原因だと語った。

　特殊学級に移った時は、「残念だなぁと思いましたね。なんで急におかしくなったのかなぁって。まっ、それも運命かなぁと思いました」と語った。このときの経験が人生を左右したと白石は考えており、それを「運命」という言葉を使って表現した。特殊学級に移ることを決めたのは担任教員だが、この決定によって自らの人生が変わってしまったと語った。

白石：自分からは言いませんでした。普通学級の担任の先生が気づいて、特殊学級の方に移して。たぶん、職員会議で話しあって、移すことを決めたかもしれませんね。

筆者：移りたかったですか。

白石：本当は普通学級の方が良かったなぁ。普通学級に行っていたら、今ごろ人生が変わっていたなぁと思います。

筆者：どういうふうにですか。

白石：普通の高校とか、大学に行ったりとか。そういうふうになっていましたね。
　　　（18.7.21）

　白石は自らが普通学級に残っていたら、「今ごろ人生が変わっていた」と語った。そして、「普通の高校とか、大学に行ったりとか」と他の「普通の人」と同じ人生を歩むことができたのではないかと語った。彼は振り返ると、小学校のときに普通学級から分離されたという経験が、後に成人施設への入所につながったと認識している。このため、普通学級に残っていれば、施設入所をしない人生が送れたのではないかと考えていた。

　白石は自らに障害があり、普通の人と同じようにできない自らの状態についての認識を明確にもつ。この点は大宮とは異なる。しかし、大宮と同じように、周囲が提示した処遇のあり方に対しては、その他の可能性がありえたことも

第4章　本人にとっての施設入所と施設生活　153

語った。彼とのインタビューでは「運命」という言葉が繰り返されたが、これは、周囲による処遇は自らの意志に反して受け入れなければならないものとして認識されていたからではないかと考えられる。この後、彼は同じ町内にある中学校の特殊学級に通った。

　高校進学の進路時になると、M町の高等養護学校に行くことを決めることになった。このとき、彼は自ら選んだと語ったが、同時に、本当は普通高校に行きたかったとも語った。

筆者：養護学校に行くことは自分で決めたんですか。

白石：自分で決めた。本当は普通高校に行きたかったんだけど、M高等養護学校に決めて。

筆者：そのことは先生に言いましたか。（中略）

筆者：普通高校の受験は受けましたか。

白石：受けていないですね。

筆者：本当は受けたかった？

白石：受けたかったですね。そしたら、人生変わっていますね。

筆者：それは、先生には言わなかった？

白石：言わなかったです。

筆者：それはなぜですか。

白石：迷っていて。ちょうど特殊学級ということもあったから。それで迷っていましたね。

筆者：親はなんと言っていましたか。

白石：普通に OK してくれました。高等養護学校に希望して、中学3年のときに、試験を受けにいって、受かって。それで、養護学校から入学を希望するか、しないかのハガキがきたんだけど、入学しないことに決めようかと思ったんだけど、親が、何も理由もないのに、入学を希望しないのは失礼だと言われて、それで入学、ハガキに希望して。

筆者：受かったときに迷ったんですか。

白石：迷いましたね。行くかどうか。本当は普通高校に行きたかったですね。普通学級だったら、普通高校を受験していましたね。（18.7.21）

154　第二部　施設入所と施設生活

白石はM高等養護学校への進学は自分で決めたと語った。「養護学校に行き
たいという希望も出し」ている。しかし、「本当は普通高校に行きたかったん
だ」とも語った。教員や親との話し合いの中では、自らの選択、あるいは、希
望という形で進路を伝えたが、本心では、普通高校への希望があり、それは誰
にも伝えていない。普通高校に行っていれば、「人生変わっていますね」と語
り、白石は施設入所以外の可能性もあったのではないかと考えていた。

　普通高校の受験をしなかったのは、中学校の特殊学級に在籍していたためだ
と白石は考えている。特殊学級に籍があることで、普通高校への進学は難しい
という認識をもち、自らの希望を伝えられなかった。本人が選択をしているよ
うにみえるが、周囲の判断や先の進路まで予め決められている特別支援教育の
システムによって、彼はM高等養護学校への進学を選択せざるを得なかった。
入学試験には無事に合格したが、彼は入学希望通知を提出するかどうかで
「迷った」と語った。親にもそのことは伝えた。これは、白石が自らの希望を
伝えるための抵抗の証だったともいえる。しかし、親からは「何も理由もない
のに、入学を希望しないのは失礼だと」言われ、養護学校に進学する道を選ぶ
ことになった。

　高等養護学校では、寮生活となり、親と別れ、小学校や中学校で仲良くして
いた地元の幼馴染とも別れることで、寂しさを感じたと白石は語った。これ以
降、彼は出身地を離れて今日まで、M町で生活をすることになった。M高等養
護学校を卒業してから、白石は就労することを考えたが、結果的には学園Ⅱへ
の入所を決めている。小・中学の支援学級、そして、高等養護学校に入学する
ことで、施設入所を選択せざるを得なかったと白石は考えていた。

1.2. 非対称の関係性

　次に、本人と周囲の専門家、あるいは、親との間に非対称の関係性が形成さ
れた中で施設入所が決定されていることが明らかになった。

　大宮は卒業後、地元に帰り、親と暮らしながら、就労したいと考えていた。

筆者：卒業したらどうしたいと思いましたか。

大宮：地元に帰りたいと思った。（中略）

筆者：住む場所は？

大宮：親と一緒に住んで、仕事に行くことをしたかった。

筆者：そのことは言ったの？

大宮：うん。でも、うち父の知り合いが温泉の支配人をやっているんだ。そこで面
　　　接をしたんだけど。だけど私にとっては、難しかったんだよね。合格してい
　　　たけど。でも、働けるだろうかって。でも、今思ったら合格したかった（筆者
　　　注：働きたかった）。親元に帰りたかった。でも、お父さんの送り迎えがあっ
　　　たら、親が大変かなぁと思った。本当に遠いところばっかり。今でもＮ市に
　　　戻りたい。(18.7.21)

　大宮は父親の知り合いの温泉施設で就職面接を受け合格していたが、親の送
り迎えが大変になることを考え、断念したと語った。このような中で、学園Ｉ
への入所を、周囲の教員や親から強く勧められることになった。
　このときのことを大宮は、次のように語った。

大宮：養護学校の進路の先生、親、地元の市役所の福祉の人と、5人くらいいた。
　　　入りたくないと言ったけど、5対1で。なんで入らないのーと言われたから。
　　　本当は入りたくないと言ったんだけど。(19.7.20)

　大宮は教員、行政関係者、そして親の前で、明確に施設には入りたくないと
伝えた。しかし、それは受け入れられず、学園Ｉへの入所が決まったという。
彼女に学園Ｉがどのような場所なのか説明を受けたかどうかを尋ねると、「聞
いていない。Ｍ高等養護学校で、進路の先生と、担任の先生と私とで、言われ
て、学園Ｉに入れって、言われたから、学園Ｉに」と一方的に決められたと
語った。面接場面では、行政関係者が説明をしないということは考えられない
が、本人からすれば、施設がどのような場所なのか想像することが難しかった
ため、説明は聞いていないと考えているのかもしれない。いずれにしても、本
人にとっては十分に納得できないまま施設入所が決まっていったということだ。
　大宮は、Ｍ高等養護学校の卒業式に体調不良のため出席できなかった。別の

日に親と共に担任の教員にあいさつに行ったとき、親が見学のため学園Ⅰに連れていったという。

大宮：お父さんが見に来たんだ。建物が建っていたんだ。養護学校の卒業式に出られなくて、先生にあいさつに行こうと言われて、そのついでにここに、建物を見にきた。ちょっと、ここかよって。うちの担任は私をどこに行かせようとしているのかよと。(18.7.21)

　彼女は、学園Ⅰが、知的障害者が集団で生活する場所であることをこのとき初めて理解し、「なんで学園Ⅰに行かないといけないの」と非常に落胆した日のことを語った。面接では説明を聞いても理解できなかった施設という場所が、見学を通して初めて実感をもったかたちで理解されることになった。担任教員に対しても「私をどこに行かせようとしているのかよ」と怒りの感情をもったことを語った。しかし、このときすでに学園Ⅰへの入所は決定されており、大宮にとって他の選択肢は用意されていなかった。
　大宮は、学園Ⅰに入所したことについて今も納得できない思いを抱えている。

筆者：本当は学園Ⅰには来たくなかった？
大宮：うん。決められたし、嫌だった。
筆者：何のために学園Ⅰに入ったんですか。
大宮：何のため、なんだべ？(18.7.21)

　大宮には、施設入所の理由が今でも分からないでいる。前述したように、大宮はいじめの経験、周囲の人から「しゃべり方」についての話を聞いた経験を通して、「一般の人」との違いを認識している。彼女とのインタビューの中では、「一般の人」という用語が繰り返し使用されており、「一般の人」と自らが異なる存在として認識されていることが分かる。
　しかし、彼女に知的障害があると自分では思うかどうかと尋ねると、「もっているような、もっていないような」と語った。知的障害者と言われる人々が集団で暮らす施設で生活しなければならなかったのは、なぜなのか。この点に

ついて納得できないと大宮は語る。このため、施設で暮らしても、他の人と自分とは異なるという認識をもち続けることになった。

　猪俣幸子（以下、猪俣）は1950年代後半生まれで、M町から南に約250キロメートル離れた市の出身である。学園Ⅰには、1990年に30代前半のとき入所した。学園Ⅰが閉鎖した2008年に、家族の反対で学園Ⅱに移行したが、2015年に職員常駐型グループホームに移行し現在に至る。猪俣の調査時点での障害支援区分は4である。彼女は、小中学校は普通学校に通い、中学卒業後は専門学校に通った。しかし、しばらくしてから猪俣は、精神疾患を発病し、専門学校をやめることになった。この後、M町から約200キロメートル離れた市にいる専門学校時代の友人の家に行き、喫茶店の仕事を紹介してもらった。その後、デパートで働いたが、精神科の入院歴があることが分かり、解雇された。この後も、クリーニング屋、食堂や居酒屋などを転々としたが、スナックで働いていたときに、母親と姉が迎えにきて、荷物をもって家に帰ることになった。

　猪俣は、母の判断によって施設入所が決められたと語った。病院に入院しているとき、「試験場につれられて、試験みたいなところに行かされて、その前に母に幸子、まともに受けたら駄目だよって、適当に答えなきゃ駄目だよって（中略）言われて、1か月したら通知がきて、それが来てから、ここに来たの」（15.8.11）と学園Ⅰへの入所の経緯を語った。「試験」は療育手帳を取得するための手続きだと思われるが、一般就労をしてきた猪俣が施設入所できるかどうかは、この「試験」にかかっていた。理解能力の高い彼女がまともに答えてしまえば健常者と判断され、施設入所の資格が得られない。母親から「適当に答えなきゃ駄目」だと言われ、猪俣はそのように対応した。

　彼女は、施設がどのようなところなのかが全く想像できなかったという。

筆者：入る前に学園Ⅰがどういう場所かをご存じでしたか。
猪俣：いやー、1回来たんですけど。見に来たんですけど、何が何だか分からなくて、また戻って、そして、また来たんです。それで、そこで一応入るようになったんです。
筆者：見学に来たんですか。
猪俣：そうそうそうそう。

筆者：どう思いましたか。

猪俣：いやー、わけ分かんないで、母親が、なんか、ここはいい景色だねー、たん
　　　ぼもあっていいとこだよ、幸子。おまえは寂しがりやだから、ここで、住む
　　　んだよーって言われて。おまえの住むところだと。そのときは、そんなこと
　　　を言われても、ピンとこなくて、でも母親が亡くなってから、これが母親が
　　　言ったことなんだなぁーって。(19.7.20)

　猪俣は、施設はどのような場なのかが十分に理解できないまま、入所するこ
とになった。施設生活を始めたばかりの頃について次のように語った。

猪俣：私、施設ってぜんぜん分からなかったですね。高等養護学校って聞いた時に
　　　はね、高等ってついていたから、なんで、高等学校の人がいるんだろうって。
　　　高等っていうから、高校だと思ったの、私。高校の人がなんで学園Ⅰに来る
　　　んだろうって。それが不思議でしょうがなかったの。

筆者：猪俣さんは中学までだから、高校ってすごいところなんだと？

猪俣：そうそうそうそう。

筆者：で、入ってみて分かりましたか。

猪俣：別に馬鹿にはしないんだけど、養護学校って職員から聞いて、猪俣さん、違
　　　うんだよって。養護学校というのは、知的障害者っていうか、知恵遅れの人
　　　とかが入る学校だよって。あーそうなんだーって。(中略)

筆者：猪俣さんは自分に知的障害があるって、思いますか。

猪俣：いや。私は、精神障害、精神科だから、鬱とか躁とか、あと、暴言があるから。
　　　(19.7.20)

　猪俣には躁や鬱といった精神障害に対する認識はあるが、大宮と同様に、
「知的障害」があるという認識はない。このため、高等養護学校が知的障害の
ある生徒が行く学校であり、この学校の卒業生が学園Ⅰには多いということが
分かったときに、なぜ自分がこの施設に入所することになったのかが分からな
くなったと語った。

　三浦太一（以下、三浦）は、M高等養護学校を卒業してからM町から約150

キロメートル離れたＡ市にある製造会社に就職し、寮で一人暮らしをしていた。彼の障害支援区分は２である。その後、会社で人間関係のトラブルがあり、寮を出ることになり、一時的にホームレス状態になった。この間、手配師の斡旋で日雇い労働に従事した。しかし、そこで詐欺にあい生活が破綻し、Ｍ高等養護学校時代の担任教員に助けを求めた。この結果、紹介されたのが、Ａ法人だった。

三浦：本当は、あの、学園っていうところあんまり好きじゃないから、あの、「部屋、借りて、仕事して」とは言ったんですけど。

筆者：ああ。そしたら？

三浦：いや、「とりあえずは学園で入ってあれする（筆者注：面倒をみる）」って言って。（18.7.21）

　　Ｍ高等養護学校とＡ法人とは緊密な関係が形成されており、このような緊急時の対応の際にも、Ａ法人が協力することになる。この時期、Ａ法人において学園Ⅰの施設解体計画が提示されており、学園Ⅱが三浦の施設入所先として選定されることになった。

　　彼は、養護学校時代の担任教員に勧められて学園Ⅱに入所したことを次のように語った。

三浦：しょうがなく。

筆者：しょうがなく入ったんだ。それまでどんなところかって分かってましたか。

三浦：いや、分かんなかった。

筆者：分かんなかった、ああ。でも、施設だよっていうことは聞いたんですか。

三浦：いや、それも聞いてないんです。

筆者：聞いてなくて、どんな説明を受けたんですか、学園Ⅱってどんな場所か。

三浦：いや、ただ連れてこられて、そしてなんか説明されて。（18.7.21）

　　三浦は施設についての十分な説明を受けることなく、「ただ連れてこられて」学園Ⅱに入所したという。学園Ⅱを見たときには、「びっくりはしてないです

けど、ただ変わったところだなと」思ったと語った。選択肢はなく、担任教員の意向に従わざるを得ない状況だった。

　一方、白石は1990年代後半にM高等養護学校を卒業後、学園Ⅱに自ら入所したと語った。彼は、この経緯を次のように述べた。

筆者：学園Ⅱに来るのは誰が決めました？
白石：親と話し合って、親が決めましたね。
筆者：それはどう思いますか。
白石：今はその方がいいかなぁと思います。
筆者：そのときは？
白石：本当は、別のところが良かったなぁって。
筆者：どこが良かったですか。
白石：○○（他の施設名）が良かった。
筆者：卒業したらどこに行きたいと思いましたか。
白石：卒業したら、学園Ⅱに行きたいと希望しました。
筆者：就職は考えた？
白石：就職は考えたけど、ちょっと迷って。
筆者：就職して一人暮らしを（筆者注：しようと）思ったの？
白石：そのときは少し思いました。親が心配して、最初から仕事はできるもんじゃ
　　　ないから、施設で訓練してから社会に出るようにするとか言っていましたね。
筆者：それを聞いてどう思いましたか。
白石：良かったと思います。
筆者：何のために入ったと思いますか。
白石：一人暮らしをするためというのもあるし、地元に戻って生活したいというの
　　　もありましたね。(18.7.21)

　白石は、「卒業したら、学園Ⅱに行きたいと希望しました」と語るように学園Ⅱへの入所の希望を担当教員や親に伝えている。しかし、施設に入所するのであれば、学園Ⅱではなく他施設を考えていたと語った。さらに、就職して一人で暮らすことも「少し思いました」と語った。この思いは親との話し合いで

伝えられており、親から「最初から仕事はできるもんじゃないから、施設で訓練してから社会に出るようにする」と言われ、その説明を聞いて、施設入所の目的は自立のための訓練だと理解している。この点は大宮や猪俣とは異なる。しかし、施設入所の決定は、親や学校の教員によるものだと白石は考えていた。

　彼は過去を振り返り、学園Ⅱに入所して良かったと語った。しかし、他の可能性もあったのではないかとも語った。

筆者：学園Ⅱに入って良かったですか。

白石：良かったと思います。最初から仕事をするのも不安だから学園Ⅱに入って良かったなぁという気持ちが半分ありますね。

筆者：もう半分は？

白石：社会に出て働きたいなぁという気持ちがありましたね。

筆者：もう一度人生やり直すとしても、学園Ⅱに入りますか。

白石：学園Ⅱには入らないで、養護学校を卒業したら社会に出て働くか、○○中学（筆者注：自ら通った中学名）を卒業したら、高校を受験して、高校に入学する道を選んでいましたね。(18.7.21)

　白石は、「仕事をするのも不安だから学園Ⅱに入って良かった」という思いの一方、「社会に出て働きたいなぁという気持ち」があったと語った。彼は、もし過去に戻れるのであれば、中学も高校も普通学校に行くことによって、働いて一人で暮らすという選択をしたかったと何度か語ってくれた。彼の中で、自立するためには施設入所すべきであるという規範は、必ずしも内面化されているわけではなかった。

　施設に入所した理由については、「一人暮らしをするためというのもあるし、地元に戻って生活したいというのもありましたね」と語った。白石は現在、M町に一人で生活をするが、私とのインタビューの中で「地元に帰りたい」と繰り返し語った。白石は親との同居でも、一人暮らしでもよいと語っているが、地元に戻ることを大切にしているようだった。これは、学齢期に離れることになった家族や地元への思いが現在まで消えることなく、彼の心の中にあり続けたことを示している。

この点は、大宮も同様である。入所施設で生活してきた人が、出身地に戻ることを希望するのは、幼少期や学齢期に自らの意思に反して離れることになった家族や地元への思いと共に、人生をもう一度そのときからやり直したいという思いがあるのかもしれない。白石とのインタビューの中で「地元に帰りたい」という言葉と「人生が変わっていたかもしれない」という言葉が繰り返し語られたのは、このような思いがあるからではないだろうか。

2．施設生活

第2に、施設生活の捉え方をみていこう。

2．1．無力化の過程

　まず、本人は施設生活において、ゴッフマンが『アサイラム』で描いた状況（Goffman, 1961＝1984：14-16）と同様に、自らの「家郷世界」から得た「既存の文化」における自由や尊厳が剥奪される無力化の過程を経験することになった。
　例えば、親と別れることの辛さについて本人から語られた。

大宮：養護学校を卒業して寮生活に慣れていたんだけど、やっぱり親と離れるのが
　　　（筆者注：辛かった）。(15.8.9)

　大宮は養護学校を卒業すれば、再び両親や姉と暮らせるのではないかという希望をもってきた。彼女にとって、家族と暮らした日々は、大切な時間と捉えられている。彼女に自らの「うち」はどこかと尋ねると、施設でもグループホームでもなく、実家だと明確に答えた。本人にとって、実家で暮らせないことの失望感は非常に大きかった。しかし、大宮は、学園Ⅰを初めて見た日に「帰りたい」という思いを両親に伝えなかった。
　大宮は私とのインタビューの中で、一人暮らしや結婚生活を希望していることを語っている。いつの日か、交際をしている男性とM町で結婚生活をしたいと私に嬉しそうに語っていた。ただし、自立生活や結婚生活への希望と共に、地元で親と一緒に暮らしたいという希望についても繰り返し話してきた。

第4章　本人にとっての施設入所と施設生活　163

大宮は15歳の頃から親と離れて暮らしてきた。正月、盆などの長期休暇の時には、毎年実家に帰るが、普段の日に会うことはできない。本調査対象者の中には、施設生活を通して、出身地に戻り、親と暮らしたいという思いをもち続けた人たちがいた。この人たちは、幼少期や青年期に親と離れ、出身地から遠い土地で生活してきた。親と同居する時間をもちたいという思いをもつのは、寄宿舎生活や施設入所によって失われてしまった家族とのかけがえのない時間を取り戻し、家族の一員としての思いを共有したいという願いがあるからではないか。施設入所の出来事は現在もなお、大宮の生活に影を落としていた。

　施設に入所すると、様々な面で不自由になることが多い。学園Iの多くの本人から不満が語られたのは、4人部屋に伴う不自由な生活だった。学園Iでは、部屋は畳であり、布団を敷くと足の踏み場もない。居室の問題の次に、人間関係に苦労したことが本人から語られた。学園IIも2人部屋だったが、三浦にとって、これが最も苦痛だったという。

三浦：知らない人と一緒に部屋、入んのが、嫌、嫌なんです。
筆者：何人部屋ですか。
三浦：2人部屋。それが嫌なんです。(18.7.21)

　白石は、学園IIに入所してから一番の懸念だったのは人間関係だったという。

白石：私と同級生で、3年間農業科の人なんだけど。私よりも背が小さくて、まるぼうずの人で。おそいかかってくるときは嫌だなぁと思って。(15.8.13)

　白石には施設に入所するにしても、グループホームで生活するにしても、他の共同入居者との人間関係が最も心配だった。学園IIでは、M高等養護学校時代の同級生が「おそいかかってくることがあり嫌だ」と思い続けていた。現在アパートで一人暮らしをしていることで最も良かったのは他の人に気を遣う必要がないことだと何度か語った。

　一般就労してきた猪俣にとって一番驚いたのは、工賃の低さだったという。

猪俣：私、看護婦の試験を受けて、なんで、こんなところにいるのかと不思議でしょうがない。なんで働いて、高いお金をもらって働いたのに、なんでこんなところにいるのかと。もう過ぎたことだけどね。最初にもらったのが3,000円だよ。3,000円しかもらわなかったから、わけ分からんかった。どうやって買い物すればいいかと思った。だって、何万も、何十万（筆者注：円分）も働いてきたのに、こうやって計算して使っているのに。びっくりしちゃった。ここはなんちゅうところだと思っちゃったの。どうやってやっていくの。ここはなんというところなのって（笑）。(18.7.25)

　施設がどのような場所かが分かるにつれて、自分がなぜこの場所にいるのかが分からなくなったと猪俣は語った。居酒屋や飲食店で働いてきた猪俣にとって、施設で就労してもわずかな工賃しかもらうことができない生活に戸惑いを感じた。

　その他、日課が決められ、自由が制約された生活についても多くの本人から不満が語られた。

三浦：時間も決められてるから。9時ぐらいに消灯。
筆者：9時に消灯。他には決められてることって？
三浦：どっか出かけて、出かけるのに1回1回、断っていかないといけないです。
筆者：ああ。平日って出かけることできましたか。
三浦：ああ、できないんですよね。あの、外出届、出さないと。
筆者：すぐそこのコンビニ行くのにも、セイコーマートとか。
三浦：ええ。そういうのが一番、嫌なんです。(18.7.21)

　外出については、一人でできると判断された本人であれば、平日であっても出かけることが可能な場合がある。しかし、そのような人以外は、職員の付き添いが必要になり、外出が自由に行えない状況となる。

2.2. 特権体系
学園Ⅰ／Ⅱでの生活は、無力化の過程と共に、特権体系が形成されている

（Goffman, 1961=1984：51）。すなわち、社会一般で享受している自由、例えば、「外出する」といったことが特権となり、一方、施設の課すルールを破り、「問題行動」を犯す可能性があると職員によって判断された場合には、職員の付き添いが必要となる。これは、結果的に外出の機会が制約されるといった「罰」を受けることを意味する。

　施設入所前は一人暮らしをし、自由に外出していた三浦は、学園Ⅱに入所してから「問題行動」を懸念され、職員が付き添うことになった。この理由について尋ねると、彼は次のように述べた。

筆者：どうして職員はくっついてきたんですか。
三浦：いや、最初、自分が「ず、ずっと住んでたから、自分一人でも行けるから」って言ってんのに、自分で行かせてくれないんです。そういうところがむかつくんです。
筆者：それは、どうして職員くっついてきたんだろうね。
三浦：最初から言ったんですよ。「自分一人で、地元だから分かるから。俺、一人で行きたいんだわ」っつって、そしたら「駄目だ」って言う。だから一回、車の中でもうこっちも限界まで我慢してて、もう完全ぶち切れて、「おまえ、ふざけんなよ」って言いまくって。
筆者：そしたら職員さんは何て言ったんですか。
三浦：くっついてくるんですよ。それから、なんか職員のほうが、なんか自分が扱い、扱いにくいって言ってるんです。いや、だから自分がキレると、自分で止めれないから。
筆者：ああ、そっか。
三浦：だから、普通にこう話してるうちはいいんですよね。
筆者：あ、はいはい。
三浦：だんだん、こう、もういらいらしてくるとどうしても言っちゃうんです。
　　　（18.7.21）

　三浦は施設入所した当初、外出の際に付き添いにくる職員に対して反抗的な態度を繰り返していた。このため、職員は三浦を「扱いにくい」存在として捉

え、外出時に毎回付き添うようになった。その後、三浦は反抗的な態度を示さなくなると、一人で外出することが認められるようになった。

　学園Ⅰ／Ⅱの生活において、自立規範に即して行動し、施設退所することは施設入居者にとっては最大の「特権」となり、施設に滞留化することは「罰」として機能することを意味した。例えば、大宮は施設からの退所について次のように述べる。

筆者：仕事につかないと出られない？
大宮：うん。
筆者：仕事がなくても出られない？
大宮：それは無理じゃないかい。
筆者：「自立」という言葉を聞いていた？
大宮：うん。自立できるようにしようねって聞いていた。
筆者：自立はどういう意味？
大宮：自立をして、一人で、生活をするため。（18.7.21）

　大宮は、自立とは「一人で生活をする」ことであり、仕事をもてなければ施設退所ができないものと捉えていた。

　このような施設退所に近い段階が企業への実習だった。学園Ⅰでは、施設開設当初から企業での実習の機会が作られた。実習には、高等養護学校で実習経験のある人や過去に一般就労をしたことのある人のうち、一般就労の可能性のある人が選ばれることになった。実習とは、普段の施設内の作業とは異なる仕事を施設外で行うことである。このため、実習に行くことは、「特権」となり、入居者の間では、実習に行ける本人は羨望のまなざしで見られた。大宮は実習に行き始めた頃の他の入居者との関係について次のように述べた。

大宮：いいなぁと（筆者注：他の利用者から）言われた。一歩進んだねとか。
筆者：どう思いましたか。
大宮：あんたたちと関わりたくないし、私は。私は関わりたくないので。
筆者：周りと比べてできていたと思いましたか。

第4章　本人にとっての施設入所と施設生活　167

大宮：できていたよ。でも会社の人に言われていたよ。大宮さん、一般の人と同じ
　　　だね。早いし、仕事の仕方も早いし。仕事の進み方も早いよね（筆者注：と言
　　　われていた）。
筆者：他の入居者と違うと思っていた？
大宮：実習に行っているから（筆者注：施設からの退所は）早いかなぁと思った。でも、
　　　学園Ⅰでもできる人は早いと思う。(18.7.21)

　大宮は、「実習に行っているから（施設からの退所は）早いかなぁと思った」
と語った。企業での実習は、学園Ⅰの中では、施設退所に近づいたことを象徴
する。そして、学園Ⅰの中でも「できる人」が実習に行くことができることを
意味する。本人にとっては、他の入居者よりも自らが「できる人」と思え、さ
らに周囲の本人からは羨望のまなざしで見られる。大宮は「一歩進んだね」と
他の本人から言われたときに、「あんたたちと関わりたくないし、私は」と
思ったと語り、他の本人と自分とは異なるという認識をもったことを話した。
　彼女は他の入居者との比較を通して、自らがより自立する力を有していると
いう認識をもちながら施設生活を送った。このため、第10章でみるように、
施設解体計画において、自立能力が高いとは思えない他の人が先にグループ
ホームに行くと、「なぜ私が先ではないのか」と疑問をもったことが語られる。
　一方、学園Ⅱは、障害程度や自立能力の違いのある入居者が混在して生活す
る施設である。利用者の中でも重度の障害のある人は、療育班と呼ばれる女子
棟5寮、男子棟3寮に属していた。白石は、学園Ⅱでの他の本人との関係につ
いて次のように述べた。

白石：療育班があって、男子寮には3寮は障害の重い人が入る寮があります。女子
　　　は5寮が障害の重い人が入る寮なんですよ。
筆者：障害の重い人が入る寮についてはどう思っていましたか。
白石：でも仕方がないなぁって思いましたね。でも親が考えて、施設に入れたのか
　　　なぁと思いました。学園Ⅱに来た時には、療育の人たちとそうではない人た
　　　ちと社会見学に行っていたんだけど。
筆者：療育って？

白石：療育班。女子棟は5寮、男子棟は3寮。言葉が話せない人とか、自分で考え
　　　ることが難しい人とかが入る寮なんですよ。
筆者：そこと自分は違うという感じ？
白石：そこと自分は違うと思いましたね。生まれつきだから仕方がないかと思いま
　　　すね。（18.7.21）

　療育班と呼ばれる重度知的障害者の所属するグループと比較しながら、自ら
はその班の人たちとは異なるという認識をもったと白石は語った。療育班が男
子棟にも女子棟にもあり、これらには言語能力に限界があり、障害の最も重い
とされる人たちが生活していたと白石は説明してくれた。学園Ⅱの生活を通し
て、白石は障害程度や自立能力に応じて居住形態が異なる状況が生じることを
体感することになった。第10章で述べるように、障害の重い人たちはグルー
プホームなどの地域生活ではなく、施設生活が望ましいと彼は語っているが、
こうした認識は学園Ⅱでの生活を通して形成されたと考えられる。

2.3. 第二次的調整
　本人は自立規範に即して行動しながらも、そこには規範的役割からの距離が
見られる。すなわち、「職員に真っ向から挑戦することはないが、被収容者に
は禁じられている満足を得させる、あるいは禁じられている手段によって許容
されている満足を得させる実際的便法」（Goffman,1961＝1984：57）を活用しなが
ら本人は生活してきた。これは、ゴッフマンの述べる「第二次的調整」という
生活戦術である。例えば、施設によって提示されている規則から逸脱して行動
してきたことが本人から語られた。これは、「第二次的調整」のうち「妥協の
限界線」や「状況からの引きこもり」に相当する。
　次章で述べるが、学園Ⅰは設立当初、一部の職員によって利用者の生活管理
が強化される時期があった。このとき、毎週木曜日に利用者を集めたミーティ
ングがあり、これらの職員から厳しい生活指導が本人に対して行われた。大宮
は職員によるミーティングに参加することを恐れ、そこに参加しないように対
応していたことを語った。

第4章　本人にとっての施設入所と施設生活　169

大宮：私は木曜日のあの人のミーティングが怖かった。長いし、最近、みんなが悪い言葉づかいを使っているから気を付けようねって（中略）だから、あの人のミーティングの時は出るのをやめようかってみんなで話していた。（大田豊彦によるインタビュー、11.8.11）

　この時期にはこれらの職員によって、外出時の買い物の際にパンを購入しないようにするというルールが決められた。これに対して、大宮は皆内緒で買ったことを語った。

大宮：みんなほとんど内緒で買ってた。この職員さんがいないときとかね。（大田豊彦によるインタビュー、11.8.11）

　猪俣も、制限された生活の中でも、自由を確保するために何とかしてきたことを語った。

猪俣：4人部屋だったからね。9時、9時消灯だったからね。起きてたらね、起きてたらね、電気消された。
筆者：ああ、そうなんだ。
猪俣：電気消されて、起きててね、しゃべってたら、うるさいよって言って。
筆者：ああ、本当。どう思いました？
猪俣：ここ厳しいなって。
筆者：ああ。おしゃべりもできなかった？
猪俣：できたけど。いや、おしゃべりはしてたけど、小さな声でお話ししてた。（18.7.25）

　消灯の21時を過ぎた後も、同じ部屋の友人と話をしていたことを語った。
　猪俣は、起床時間も平日は6時半だったが、他の利用者が朝食をとっている時間帯に部屋にこもり、皆が作業に行ってから起きていたことも語った。

猪俣：みんなが作業行ってるのに私だけ寝てて、10時頃起きたりとかして。それで、

そのとき私もたばこ吸ってたんだよね。

筆者：ああ、そう。

猪俣：今はたばこ吸ってないよ。やめたけど。そして、10時頃起きてきて、牛乳だけ、あのー、冷蔵庫に入れといてもらって、そして、そのときはもう、そのときは鍵もかけてなかったんだ。宿直室ね。

筆者：ああ、そう。

猪俣：だから、10時頃起きてきて、牛乳飲んで、たばこ吸って、そして、顔洗って、歯ブラシして、新聞読んだりして。そして、お昼ご飯食べて、そして、作業に出たり出なかったり。(18.7.25)。

　起床時間を守って作業に出ることが施設では入居者に求められるが、猪俣は職員に頼み牛乳を宿直室の冷蔵庫に入れてもらって飲んだり、作業にでなかったりすることもあった。

　このように本人は施設生活の規則に逸脱した行動をとりながらも、最終的には施設の規範に従うことで早期の退所を目指した。これは、「第二次的調整」の「転向」に相当する。

　大宮は施設退所に向けて努力したことを次のように述べた。

大宮：がんばったら出られるよって言われたことがある。でも、がんばったから出られたのかなぁ。

筆者：何をがんばったら出られる？

大宮：嫌なことを我慢すれば、出れるかなぁ。(18.7.25)

　大宮は、「嫌なことを我慢すれば、出られる」と思いながら生活してきたと語った。施設生活は、社会自立のために必要な訓練期間としてではなく、我慢すべき「嫌なこと」と捉えられていることがこの語りには示されている。

　猪俣は、母親になぜ学園Ⅰに自分を入れたのかと尋ねたことがあった。このとき、「お母さんが亡くなってから寂しがるから。ここに入れたんだよって言われた」という。これについては、「母が亡くなって今思えばそうかなぁ」と彼女は静かに語った。彼女が就労実習に力を入れてきたのは、就労をして社会

自立を目指すという施設の規範に従って行動したというよりも、母親からの言葉を忠実に守るためだった。

> 猪俣：私はね、母親に言われました。幸子って。仕事っていうのは裏表なしに働きなさいよって。働けば絶対にいいことがあるからねって。働けば絶対誰かが見ているからって。仕事だけは、絶対にまじめに働かなければ駄目だよって。給料は少なくてもいいから、仕事だけは真面目にやりなさいよって、言われました。だから、私は母親の言った通りに、ただ真面目にやったんです。私はただ、母親が言っていたことを守っていただけなんです。(19.7.20)

　母親から仕事をすれば「いいことがあるから」と言われ、猪俣は就労実習に励んできた。彼女は仕事を一生懸命行えば、将来、母親と再び一緒に暮らせるのではないかと考えてきた。彼女に、どうすれば施設を退所できると思っていましたかと尋ねると以下のように語った。

> 猪俣：家に帰れればと思って。
> 筆者：家に帰れればと思って？
> 猪俣：うん。
> 筆者：職員にどうすれば出られると言われましたか。仕事ができれば出られると言われましたか。
> 猪俣：うーん、うーん（筆者注：否定する仕草をして）。思っていなかった。眼中になかったね。(18.7.25)

　猪俣は、「家に帰れれば出られる」と考えてきた。このため、学園Ⅰでの生活が嫌になったときに、学園Ⅰを出られないかと母親に相談したこともあったという。このとき、「お母さんが連れてくるから」と約束してくれたのだという。しかし、その直後に事故のため、母親は亡くなった。猪俣は就労自立を果たせば、施設を退所できると思っていたわけではない。仕事に集中したのは、母親の言葉を忠実に守ったからだった。

3．小括

　本章では、学園Ⅰと学園Ⅱに入所した本人4名の語りを通して、本人の施設入所と施設生活の捉え方をみてきた。

3．1．普通学校からの分離の経験と非対称の関係
　第1に、本人の学園Ⅰと学園Ⅱの施設入所までの経緯の捉え方である。
　まず、成人施設に入所する前に、普通学校から分離される経験をしている本人がいる。このとき、「いじめの経験」「『普通の人』と同じようにできない」という経験を通して、「一般の人」や「普通の人」と異なるという他者との差異の認識を本人がもつようになったことが示された。普通学校の中に支援環境が整備されれば改善される可能性がある問題が、本人自らに問題があると認識することになる構造がある。社会的不利益の原因が、個人の責任として医学モデルの観点から解釈されたということである。
　普通学校からの分離は、結果的に成人施設への入所につながったと捉えられていた。例えば、白石は、小・中学時に特別支援学級に分離された経験によって普通高校への進学をあきらめ、特別支援学校に分離された経験によって施設入所を受け入れたと語った。施設入所前の分離教育の経験を通して、自立のためには施設入所すべきであるという自立規範が植えつけられ、考え方や行動が規定される状況があることが示唆されている。この点は親の施設入所の決定でも見られており、施設入所前の学齢期を含めた時期における経験がどのように施設入所の決定に至るのかを分析することが、脱施設化研究において重要であることを示している。
　次に、本人と周囲の専門家や親との間に非対称の関係が形成された中で、学園Ⅰ及び学園Ⅱの成人施設への入所が決定されていることが明らかになった。親子は家族という親密な関係にあるが、まさにそのような関係であるがゆえに、本人は親の決定に異議申し立てをすることは困難だった。白石のように、施設入所の目的について理解し、決めたと語る本人も、他の選択肢がない中で親の意向に沿うように施設入所を決めていた。私が聞き取りをした人の中で、自ら進んで施設入所をしたという人は誰もいない。

自らの意向に関わりなく施設入所をした本人からは、施設入所した当初、親や周囲の専門家に対して強い不満の感情をもったことが語られた。例えば、大宮は学園Ⅰを初めて見学したときの当時の思いを「担任は私をどこに行かせようとしているのかよ」と担任教員への怒りの感情について語った。ゴッフマンは精神病院への入院が患者に与える影響について「典型的な場合、遺棄、裏切り、怨恨を経験することから始まるのである」（Goffman, 1961=1984：140）と述べる。施設入所による、本人の自己形成や親を含めた周囲の人々との関係への影響について分析することが求められる。

　白石は、施設入所して良かったと語り、施設生活は一般就労の場で働く上で必要だったと述べる一方、自らが人生をやり直すのであれば、施設入所はしていないとも語った。彼の中では、自立生活のための施設生活の必要性と不必要性という価値判断が共存する。施設での経験は、全面的に否定されるものとしてあるのではなく、現在の生活につながる経験としても認識されている。ただし、他でもあり得た可能性を見出してもいて、社会自立のためには施設生活をするべきであるという自立規範を内面化しているわけではなかった。

　これまで知的障害者の語りから実践方法や政策のあり方を分析する研究は十分にされてこなかった。こうした中で、杉田穏子（杉田, 2011）の研究は貴重である。杉田は社会モデルに依拠して、知的障害者6名のライフヒストリーの語りの分析を通して、ディスアビリティ経験による彼らの自己評価に与える影響を明らかにした。この結果、学齢期のいじめや本人意思の無視、就労期のつらい仕事や失職といった社会の否定的態度や対応が否定的自己評価の積み重ねを招き、閉じこもりにも至ることが明らかにされた。一方、福祉サービス選択時に自己選択・決定の機会の提供という社会の肯定的態度や対応がなされることによって肯定的自己評価に一転し、一人暮らし支援やアドボカシー役割の提供でいっそう自己評価が高まるパターンがあることが明らかにされた。

　これによって、教育や福祉サービスの選択時に、事前体験や丁寧な聞き取りによる本人意思の関与が重要だと杉田は結論づけている。この研究は、本人の語りからディスアビリティの生成と解消の経験を明らかにした点に意義がある。ただし、施設入所や施設生活の経験は分析の対象とはされていない。

　知的障害者の施設入所や施設生活の経験についての語りを検討した最初の文

174　第二部　施設入所と施設生活

献は、「10 万人のためのグループホームを！」実行委員会（2002）による書籍だと考えられる。この中には、知的障害者 21 名の語りによる、彼らの施設入所の経緯や施設生活が記録されている。これは研究書ではないが、知的障害者がどのような経緯で施設入所に至り、施設生活をどのように捉えてきたのかを具体的に理解する上で重要である。

　海外及び日本の脱施設化研究においては、本人の経験から施設入所の経緯を明らかにした研究はほぼ皆無に等しい。これは、知的障害ゆえにインタビュー調査が困難であるという、調査を行う上での課題と関係するだろう。しかし、親と本人の認識には差異があるがゆえに、本人の認識から施設入所の経験を明らかにし、そこから施設の課題を含む社会福祉実践のあり方を検討する研究がなされなければならないだろう。

3.2. 地元への思い

　大宮、猪俣そして白石は、施設入所ではなく、地元で親と暮らしたかったと語った。家族や地元への思いが現在まで消えることなく、彼らの心の中にあり続けていた。とりわけ大宮や白石のように、幼少期や学齢期に自らの意思に反して家族や地元から離れた本人からは、地元で親と暮らしたかったことが繰り返し述べられた。

　例えば、大宮は調査時点において職員巡回型グループホームで暮らすが、親が高齢化する中で、「実家に戻って親の介護をしたい」「家族の一員としての役割を果たしたい」と語った。白石は、自立生活という形で彼が望む暮らしを実現させたが、地元に帰りたいという思いを何度も語った。猪俣は、母親のもとに帰ることを思い続けながら生活してきたと語った。

　しかし家族との同居という選択肢は、親の高齢化と共に、現実的には実現が難しかった。そもそも家族での養育困難や親亡き後の不安ゆえに、施設入所が親によって決められてきたわけである。脱施設化を推進する立場からすれば、施設からグループホームや自立生活への移行が重視されており、親との同居が地域移行の選択肢の一つとなることには批判的な主張もある。障害者運動でも、脱施設は脱家族と共に主張されてきた歴史的経緯がある（岡原, 1990）。

　確かに、家族介護を重視する日本社会において、家族同居を地域移行の選択

肢として考えることは、グループホームや自立生活などの地域生活の基盤を整備するという公的責任の後退をもたらしかねない。しかし、家族と共に同じ時間を再び共有したいという思いは、施設入所ゆえに家族との時間を喪失してきた本人にとっては切実な問題である。したがって、公的支援を受けながら家族同居が可能となるような仕組みもまた、地域移行の重要な選択肢として考えられるべきであると私は考える。

　また、家族や地元への思いについて語るのは、人生をもう一度そのときからやり直したいという思いがあるからなのかもしれない。白石とのインタビューの中で「地元に帰りたい」という言葉と「人生が変わっていたかもしれない」という言葉とが共に語られたのは、このような思いがあるからではないか。家族や地元に戻りたいと語る本人は、実際にそうしたいだけではなく、他にもありえた人生の選択可能性について言及しているともいえる。

　家族や地元は、本人にとっては、入所の他としてありえた可能性の場であり、時間だった。寄宿舎生活や施設入所はこのような選択可能性を閉ざした出来事として記憶され、選択可能性の場と時を取り戻したいという思いが本人にあるのではないか。本人が語る家族と地元の多様な意味を受け止めながら、脱施設化のあり方について考えなければならない。

3.3．無力化・特権体系と第二次的調整

　第2に、施設生活の捉え方を考察したい。

　本人は施設生活を通して様々な困難に直面した。4人部屋やプライバシーの欠如、集団生活に伴う人間関係の問題、日課や規則による不自由さなど、生活は決して快適なものではなかったことがすべての本人から語られた。こうした生活困難は、ゴッフマンが『アサイラム』で描いた状況（Goffman, 1961＝1984：14-16）と同様に、自らの「家郷世界」から得た「既存の文化」における自由や尊厳が剥奪される無力化の過程に他ならなかった。

　こうした中で、施設入所当初は、入所理由が不明確だった人も、施設生活に不満だった人も、施設生活を通して、自立規範に即しながら行動する状況が見出された。なぜなら、ゴッフマンの用語を援用すれば、自立規範に即して行動し施設退所することが施設入居者にとっては「特権」となり、施設に滞留化す

ることは「罰」として機能していたからだった。

　本人からは、職員による評価、他の利用者との比較を通して、生活・仕事の領域における自立能力を基準にして、自己や他者の状態を差別化して捉えるようになることが示された。例えば、学園Ⅰで実習に行くことになった大宮と猪俣は、実習に行き就労自立が近い自分自身とそれが困難な他の入居者との差異を認識していた。あるいは、学園Ⅱにいた白石は、障害程度や自立能力に応じて居住形態が異なると認識することになった。施設生活を通して、自立能力を基準にして捉える見方が形成されていることが示されている。

　しかし、本人は、自立規範を内面化しているわけではなく、規範的役割からの距離が見られた。これは、ゴッフマンが指摘する「第二次的調整」としての生活戦術である。本人からは、「妥協の限界線」や「状況からの引き籠り」によって施設の規則に抵抗しながら生活する様子が示された。例えば、大宮は職員主催のミーティングに参加しなかったり、職員によって外出時の購入が禁止されたものを秘密裏に購入したりしていたことを語った。あるいは、猪俣は夜遅くまで友人と話したり、起床時間も遅らせたりしながら、生活していたと語った。

　ただし、本人は自立規範に沿うように行動することによって早期の退所を目指した。これはゴッフマンのいう「転向」の側面である。例えば、大宮は「嫌なことを我慢すること」や「職員の評価に沿うこと」といった形で、施設で望ましいとされる行動規範を守る姿勢を示すことで、早期の施設退所を目指した。猪俣は、「仕事だけは、絶対にまじめに働かなければ駄目」という「母親が言っていたことを守っていただけ」だと述べた。ここには、母親との約束を守り、母親との暮らしに戻るために就労実習に励む様子が示されている。

　家族と同様に、本人も、その時代の周囲の人々との相互作用の中で、自立規範を参照して行動する側面と、この規範とは距離をとりながら行動する側面とが行為遂行的に現れていた。しかし、まさにそれゆえに、施設における自立規範に対して異議申し立てがなされることはなく、この規範は維持されることになった。

第三部

施設閉鎖の背景と方法

第5章　職員の援助観と制度的動向の影響

　第三部は、施設職員がなぜ、どのように施設閉鎖を行ったのかを検討する。第5章では、職員がなぜ施設閉鎖を行ったのか、第6章から第8章では、職員はどのように施設閉鎖を行ったのかを見ていきたい。

　A法人において施設解体計画を立案し主導したのは、施設内の職員階層では下位に当たる生活指導員や生活主任という、利用者への直接処遇の役割を担う職員だった。本章では、A法人において施設解体計画を主導することになる改革派職員（以下、改革派職員）に焦点を当てながら、なぜ彼らが施設閉鎖を行ったのかを検討したい。

1．学園 I

　第1に、改革派職員と本人との相互作用過程に焦点を当てて検討していこう。

1.1．学園 I の開設時の状況：地域との交流

　A法人は、M町に1989年10月10日に設立された。M町は東西に山地を望む盆地にあり、町内中央を南北に貫流する川の沿岸に開けている。M町のホームページによれば、町の大部分は豊かな林産資源を包蔵する森林地帯であり、肥沃な農耕適地として開け、農業と木材産業を主要産業とする町として栄えたと記されている。M町の人口は2023年1月現在で3,861人、世帯数は2,046戸である。1960年の1万4,046人（2,773世帯）をピークに減少を続け、1975年には1万人を下回り、現在はピーク時の約1万185人減少した。2020年時点で、高齢化率は42.2％となり、人口減少・高齢社会が進行している。まさに過疎化が進む日本の町村部の特徴が現れている。

　A法人は1990年4月1日に、旧知的障害者入所授産施設として学園 I を開設した。法人が設立された時期の人口は7,103人（2,450世帯）であり、生産年齢人口（15〜64歳）は66.5％だった。人口減少が加速化し始める時期に法人が設立されており、過疎化対策の一環としての側面もあった。

180　第三部　施設閉鎖の背景と方法

学園Iの定員は女性20名、男性30名だった。この定員数は、当時の入所授産施設の最低定員数である。A法人における入所者の決定プロセスは、法人から各行政機関に依頼し、後日、家族と面接するかたちで行われた。このとき、定員の倍以上の希望者がいる場合は、書類選考が行われることもあった。また、施設長や法人関係者の個人的つながりで、面接をせずに入所が決まる場合もあった。学園Iの開設当時の入所者の大多数は、1984年4月にM町内に開校したM高等養護学校の卒業生だった。学園Iは、M高等養護学校の卒業生を受け入れ、地元のM町内で就労自立することを目的に設立されたからだ。この他、M町から南に約90キロメートル離れたL町のL高等養護学校の卒業生、北に約200キロメートル離れたZ高等養護学校からの卒業生もいた。L高等養護学校は、M高等養護学校の次に距離的に近いことがあり、L高等養護学校の異動でM高等養護学校に勤務することが多く、A法人とは設立当初から人事交流があった。Z高等養護学校は教員とA法人の職員との個人的なつながりがあったという経緯である。

　入所者の選考面接をしたのは、初代施設長の佐藤慶一（以下、佐藤）、旧北海道立コロニー・「太陽の園」（以下、太陽の園）から出向し指導課長をした川口亮介（以下、川口）、M町から出向し総務課長をした職員の3名だ。太陽の園は地域移行の実践において全国的にその名が知られており、北海道の施設関係者が施設運営や支援方針を考える際にモデルとした施設だった。A法人は設立当初から太陽の園の協力によって施設運営がなされてきており、学園Iの開設当初は太陽の園と学園Iの職員が交換派遣というかたちで双方の施設に勤務した。川口はA法人の設立準備段階から関与し、学園Iでは2年間指導課長として勤務した。入所者の最終決定は理事長が行ったが、実質的にはこの3名が面接し入所者を決めた。高等養護学校の卒業生は当時、福祉的就労の可能性のある人が多く、授産施設の入所が可能だった。佐藤は、入所者の自立を目指す通過型施設として学園Iを運営する方針を明確にもっていた。

　旧知的障害者福祉法の入所授産施設は、「十八歳以上の知的障害者であって雇用されることが困難なものを入所させて、自活に必要な訓練を行うとともに、職業を与えて自活させることを目的とする施設」と定義される。学園Iでは、「自活」に相当する用語として「社会自立」が使用されていた。社会自立とは、

一般の会社に就職して経済的に自立し、身辺ケアも自ら行えるようになる（身体的自立）ことを意味し、このような意味での自立の規範が施設運営の基本方針に据えられていた。

国橋哲則（以下、国橋）は、開設後から廃止されるまで学園Ⅰで継続して勤務してきた唯一の職員であり、後のＡ法人による施設解体計画を支持し、計画実現のために尽力した改革派職員の一人である。彼は、2019年3月に定年を迎えたが、嘱託職員として学園Ⅰが解体した後に残った建物で運営されるＡ法人の就労継続支援Ｂ型事業所で勤務している。国橋は、民間企業で働いたが、家業が農業をしていた関係で、農業を母体として開設された学園Ⅰに関心をもち再就職した。Ｍ町は彼の出身地だった。Ａ法人では設立当初から現在まで、Ｍ町へのＵターン組職員は国橋を含めて7名いた。学園Ⅰで国橋は、生活指導員、後に作業指導主任、そして作業指導課長となった。開設当初について、国橋は次のように語った。

国橋：トマト生産を1年目から始めました。そして、ＪＡで作った加工場がここの敷地内にあって、その寄贈を受けたので。その中で、町を含めて特産品を作ろうということで。それで1年目に作って、ネーミングも決めて。事業として支援として、両面で作っていこうかというスタートでした。(15.8.14)

トマトジュースを中心としたトマト加工品はＭ町のいくつかの土産店でも販売され、現在でも利用者にとっての重要な収入源となっている。

設立当初に当学園に就職し、生活指導員となった阿部とも子（以下、阿部）はＭ町の出身であり、Ｍ町に隣接する市の大学を卒業しＡ法人に就職した。彼女もＡ法人の施設解体計画を支持することになる改革派職員の一人である。彼女は、当初の学園の様子を次のように述べた。

阿部：高等養護学校や他の養護学校の卒業生の割合が多かったので、授産施設だったので、ここでがんばって社会へ、自宅に戻れるということだったので、皆さんモチベーションが高く、わきあいあいという明るい感じでした。(16.8.5)

高等養護学校出身者は言語能力が高く、人とのコミュニケーションを円滑に行える人も多い。このため、学園Ⅰの寮内は「わきあいあいと明るい」雰囲気があった。

　学園Ⅰは授産施設ゆえに、企業での実習や、施設内での作業が重視された。この時期に設置されたのは、第1作業科として農産、しめなわ製作、割箸製作、豆選別、農産加工であり、第2作業科として木工、養鶏、クリーニング、椎茸栽培、であった。社会自立を目指すために、施設生活は、作業だけではなく生活面でも訓練や指導が重視された。

国橋：その頃は自立に向けて生活するための能力を高めるというようなことが多かっ
　　　たですね。洗濯とか、清掃とか、後は自分の身の回りの整理ということをやっ
　　　ていましたね。自分で洗濯をして干してたたんでもらって。その中でできな
　　　い人もいましたね。そのできないところは職員が介助していました。(15.8.14)

　洗濯・清掃・身辺整理といった自立のための生活訓練が重視されただけではなく、生活上の様々な規則もあった。例えば、食事や就寝時間が決められ、酒は行事や外食のときのみ認められていた。部屋は4人部屋が基本であり、布団を敷くと足の踏み場もなくなるほどの広さしかなかった。利用者は職員による指導を受けながら、生活面や仕事面での自立力を高め退所し、企業に就職して自立できるように努力してきた。

　一方、週末の外出は自由だったと初代施設長の佐藤は語った。

佐藤：買い物なんかも自分でできる人はやっているし、それから、できない人もい
　　　ますけど、それはもう、お金をもってついていって、ということでやってい
　　　ましたね。田舎ですからね、こんなところですから、まず、犯罪も少ないし、
　　　それから、どっかに行こうと思っても、交通がそんなにねー。(19.7.21)

　施設から市街地まで1キロメートルも離れておらず、15分あればスーパーや飲食店に通うことができる。週末のみではあるが、毎週外出をして、買い物をしたりするなど地域との交流が行われてきた。地域から特別苦情が寄せられ

ることもなかった。そして、法人主催の祭りだけではなく、日常的にも学園Ⅰで生産した商品を市街地の人々が購入することがたびたびあった。

佐藤：市街地の人から、学園の祭りだよって言うと、（中略）そのときにジャムのめ
　　　ずらしいのを出すよと言って、買いに来る。そういうのと、何か、ヨサコイ
　　　のダンスをやったりする。みんなが来てくれるんです。にぎやかです。（中略）
　　　ここに来れば、生みたての卵を買えるということで、町の人も来てくれまして。
　　　(19.7.21)

　町内で行われる地域主催の祭りに、学園Ⅰの開設当初から施設入居者が参加してきた。学園設立当初の頃は、すでに高齢化や過疎化が進行していたため、町内で祭りを行ってもそれに参加する住民は高齢者が多い。踊る人が少なくなったため、施設入居者がダンスや出店で祭りに参加するということは、町内自治会の関係者からも感謝された。
　入居者の家族も学園祭があるとほぼ全員が参加した。学園祭には「ほとんど来ていましたね。やっぱり、自分の子どもですから、どんな暮らしをしているかということだったと思います」と佐藤は語った。また、年に数度本人は実家に帰省し、施設の行事として家族を含めた旅行が行われた。地域と交流しながら、農業を母体にして施設運営を行っていくこと。これは後述するように、初代理事長の新橋幸三（以下、新橋）が施設運営の基本理念として掲げたことだった。

1.2. 日常生活の改善と主体性のための試み
　1990年代は、ノーマライゼーションの考え方が障害福祉領域において重視されていた時期に相当し、この影響もあって、職員たちは、本人との日々の関わりの中で、日常生活をより良いものにしようと試行錯誤を繰り返していた。

阿部：日課を廃止しましょうということを話し合いました。朝の起床のチャイムを
　　　なくしたり、休日の朝食はフレックスタイムにしたり、バイキング形式をやっ
　　　てみたりとか。相談室を部屋（筆者注：居室）にし、そこに男性の方に来ても

らいました。そこを 3 名にすることで、別の部屋を 3 名にすることができました。話し合いのきっかけは、大田さんが来たのも大きかったけど、生活課の職員の思いとしてはより良い生活にしていきたいというのがありました。（16.8.5）

　阿部は、生活課の職員の思いは「より良い生活にしていきたい」ということにあったと述べている。また、大田の存在について言及している。彼は太陽の園を含むいくつかの知的障害者入所施設で勤務した後、1992 年に A 法人に就職し、学園 I の生活指導員となった。大田は北海道出身ではあるが、M 町出身者ではない。この M 町出身ではないということで、「しがらみ」なく様々な取り組みが行えたと彼は語っている。彼は、A 法人の施設解体計画を立案することになる中心人物である。

　1996 年 8 月の機関紙には、次のような文章が記されている。

　「生活の豊かさを求めて日課などの見直しを一つ一つ検討し実施しています。職員会議への入所者の参加、個々人の 1 年間の日課を個々人が決める、日曜・祭日の過ごし方の工夫、食事面ではフレックスタイムを取り入れる、バイキングメニュー・選択メニューの導入、好きなときに〇〇などに外出する等等様々あります。

　極当たり前の生活を、極当たり前に出来る生活を求めていきたいと考えています」（学園 I の機関紙 34 号、1996 年 8 月 15 日発行）

　この当時、食事のバイキング方式、就寝時間や外出方法を緩やかにすること、朝食のフレックスタイム（土日の休みのときは朝起きる時間を緩やかにして朝食時間を 8 時から 10 時までにすること）、洗濯機の台数を増やして自由な時間に洗濯が行えるようにすること、部屋以外の場所では娯楽室を設けて部屋ではできないゲームをできるようにすること、食堂も就寝時間まで開放することがなされた。

　このような施設内の生活環境改善の取り組みに対して、入居者は当初混乱していたという。例えば、土日の朝食時間が自由になったが、入居者の多くはしばらくの間、決められた時間に起床し、朝食をとり続けていた。しかし、職員

の方から「決められた時間でなくてもいい」と言われると、徐々に自分の時間に起きる人も出てきて、自由に過ごすようになったという。

　日常生活の改善の試みだけではなく、学園Iでは利用者の「主体性」の理念に基づく取り組みが試行的に行われた。阿部は、「みんなが利用者さん主体をどのように支えていけばいいのかという戸惑い」（16.8.5）を抱えながら試行錯誤を繰り返していたと語る。学園のクリスマス会や学園祭では本人中心の実行委員会を作り、職員が支援の役割に徹した。1995年7月27日に発行された学園Iの機関紙には、「行事を通して主体性を」というタイトルの生活指導課長の記事が掲載されている。

　「行事は、利用者が主体的生活をするには、最も重要であり関わりやすいものです。初年度より誕生会は職員が出来るだけ口をださず準備から後片付けまで行って来ました。数年前からはそれを推し進めるため学園祭、クリスマス会などを利用者主体の行事として位置づけ実施しました。しかし、以前の職員主体のものを模倣する事が目的となってしまった傾向があります。特に、クリスマス会は実行委員会制を採り、希望を採り各班に全員が参加し、計画から実行まで二か月程かけ討議されました。討議の過程で、職員からは仲々進まない事に対して口を出したいといった事が多々有りましたが、主体性を尊重し、見守ることに徹しました。結果として利用者個々の能力を十分発揮されたかといった疑問が残りました。一方では、援助する側としての職員の取り組みに対する考え方・姿勢が不十分な事。つまり、具体的にどういう方法でフォローし、利用者個々に対し理解させる事が出来るのかという方法論や認識が不足していた。他方では、利用者自身が受け身の存在であり、自主性が日々の援助の中で身についていなかった事によるものと痛感しました。」（学園Iの機関紙30号、1995年7月27日発行）

　この時期の利用者の主体性を重視した取り組みは、誕生会や学園祭など施設内行事に限定した試行的なものに留まった。また、生活指導課長の述べる「主体的生活」や「主体性」という価値観は、社会自立という目標を達成するために必要な指導訓練の一環として位置づけられている。例えば、学園Iの作業指

導課長は、次のように述べた。

　「現在、社会福祉の在り方を方向づける原理として、自己決定、参加およびサービス入所者の立場、権限の強化が強調されています。職員としては、入所者のニーズに応えるためにもノーマライゼーションの理念の基に、事務、調理の職員共々各種の実行委員会に参加、よりよい施設環境づくりと、より専門的な資質の向上につとめ歩んでおります。」（学園Ⅰの機関紙34号、1996年5月15日発行）

　ここには、入所者のニーズに応えるノーマライゼーションに依拠した諸々の実践は、「よりよい施設環境」や施設職員の専門性の範囲に位置づけられていたことが示唆されている。
　A法人の初代理事長の新橋は、「自ら創造する力をもって」と題する文章を機関紙に寄せている。

　「昨秋は全員空路東京に旅行、見学やら遊覧の中にも、自分を発見し、自分を大切にすることを学んできたと思う。そして一人の若者は旭川に就職、今一人は地元企業に就職が決まった。一つの仕事をやり抜くことは、たとえその出来栄えが不十分だとしても、十分に意味のあることで、自分の頭で考え、自分の力でやり抜き、やがて成功の喜びをかみしめることであろう。」（学園Ⅰの機関紙30号、1995年7月27日発行）

　行事での取り組みを含めた施設で行われる様々な活動が、就労自立という目標の一環として位置づけられていたことが分かる。

1．3．自活訓練事業とグループホーム
　施設で生活訓練をして自立能力を獲得し、最終的に施設を退所して地域で自立生活をすること。これは、知的障害者入所更生及び授産施設が設立されて以来、施設運営の目標として位置づけられてきた。1988年に自活訓練事業が始まり、施設より小規模且つ地域の居住環境に近い居住形態で訓練をすることで

自立を目指す考え方が取り入れられた。学園Ⅰでは、開設から3年後の1993年10月1日に、自活訓練事業が開始された。これは6か月間を期限に、就労自立を目指す事業だった。当事業が国の制度になる以前から先駆的に実施してきたのが、太陽の園である。太陽の園は、施設入居者が自活訓練事業を経て地域のグループホームや一人暮らしなどに移行する支援を積極的に行った。学園Ⅰが設立当初から地域移行を行えたのは、太陽の園の協力を得たことが大きかった。

　自活訓練事業は4名定員であり、一般の住宅と変わらない住宅を活用し、利用者一人ひとりに個室が与えられた。学園から徒歩1分以内の同一敷地内にあるが、徒歩1分以内に民家に行ける距離でもある。学園自体も町のスーパーや商店、美容室や喫茶室などが徒歩圏域に位置する。当事業の生活状況について、学園Ⅰの機関紙に入居者の感想が掲載されている。

　「十月、自活訓練棟に引っ越しました。ここでは何でも自分たちの力でやらなければなりません。大変な時もありました。お米とぎを初めてしたときは、何をどうやればいいのか分からず、泣いてしまいました。でも何回もやっているうち一人で出来るようになりました。初めての夜は一人部屋で寝ることが怖くて、寂しくて泣いてしまいました。

　でも、今では慣れました。一つ一つ色々な事に挑戦して、自立出来たらいいなぁと思っています。」（学園Ⅰの機関紙30号、1995年7月27日発行）

「ここでは何でも自分たちの力でやらなければなりません」とあるように、自活訓練棟という場は、学園Ⅰの生活よりも自立規範によって生活が強く規定されている。

　自活訓練事業は「社会自立」を実現させるための学園Ⅰと地域とをつなぐ、中間施設と位置づけられた。学園Ⅰから自活訓練棟に移り、そこで実際の地域での一人暮らしを想定した生活に向けて訓練し、企業での実習を経て、就職していくことによって退所する。ジョブコーチや障害者差別解消法といった制度もない中、独力で仕事をすることが求められた。自活訓練棟は、地域で就職して自立生活する暮らしを想定した短期間の指導訓練の場であるため、自立規範

が施設内よりも一層強く職員や入居者の考え方や行動を規定している。

　こうした中で1999年4月1日に、地域生活の拠点としてグループホームである a 寮が開設された。a 寮の定員は男性4名である。ＮＴＴの独身寮で町から払い下げられたものだった。a 寮には、学園Ⅰから企業に実習に行った4名が選抜されて引っ越しをした。町営住宅にすでに移行していた2名と、他の2名とを合わせてグループホームになった。このため、グループホームでも、「自活」や「社会自立」が重視された。

　　「念願のグループ・ホームができました4月は、職員が交代で朝・夜と食
　　事を含めた援助を行いました。地域で生活を行うと言う事は自立した人が
　　『必要としている分の援助を行う』という事です。（中略）世話人さんからは、
　　『食欲があって驚いてしまいましたが、頼んだ事は、すぐ手伝ってくれ、自
　　分の事は、自分たちで行い、みんなで、協力しあっています』と話して下さ
　　いました。」（学園Ⅰの機関紙51号、1999年5月26日発行）

　当時のグループホーム生活は、自活訓練棟と同様に、入居者が自らのことを自ら行うという身辺自立が原則だった。その上で、食事作りなどの「必要としている分の援助」を受ける場となる。また、入居者は一般就労が前提だった。このため、比較的障害の軽い人が施設を退所し、グループホームに移行した。

　この時期の施設内改革の実践では、本人の「主体性」に依拠する活動は施設内行事の運営のみであり、生活環境の改善も日常生活の些細な事柄に限定されており、地域移行も就労自立能力のある人を対象とし、自立能力による選別が行われた。大田と阿部が1997年に新設された学園Ⅱに異動すると、学園Ⅰの学園祭やクリスマス会は職員主導で行われることになっていった。また、一部の職員による入居者への管理が強化されていくことになり、施設内の日課が厳格に適用され、自由が著しく制約されていくことになった。

2．学園Ⅱ

2.1. 入所者の特徴：「年長組」と高等養護学校卒業生

1997年1月、A法人は旧知的障害者入所更生施設である学園Ⅱを学園Ⅰと同一敷地内に開設した。定員は男性30名、女性20名である。法律の最低定員数30名よりも20名多い定員が設定された。1995年12月に出された障害者対策推進本部の「障害者プラン～ノーマライゼーション7か年戦略～」には「重度障害者等の福祉、医療ニーズに的確に応えられるよう、地域的なバランスに配慮しつつ、生活・療養の場として必要な入所施設を整備することとし、特に供給が不足している施設の待機者を解消するため、身体障害者療護施設については約2.5万人分、精神薄弱者更生施設については約9.5万人分となることを目標として計画期間内にそれぞれ整備する」と明記された。国の重度障害者に重点化した施設政策が展開する中で、M町でも重度障害者を対象とした更生施設が設置されることになった。更生施設は、知的障害者福祉法では「十八歳以上の知的障害者を入所させて、これを保護するとともに、その更生に必要な指導及び訓練を行うことを目的とする施設」と定義されている。

学園Ⅱの入所基準も、学園Ⅰと同様に明確に決まっているわけではない。しかし、入所授産施設よりも重度障害者が主に入所することになった。入所者は、学園Ⅰの2代目施設長が中心に決定した。この人はM高等養護学校の校長経験者であり、北海道立の障害児施設とのつながりがあったため、理事長は入所者の決定を委ねることになった。この結果、道立の障害児施設から数多くの重度障害者が学園Ⅱに入所した。これは、施設長の個人的人脈を通して、入所者が決定される側面があることを意味する。

これらの入所者は当時「年長組」と呼ばれ、どの入所施設でも受け入れが難しいとされていた。「年長組」とは、知的障害児施設で18歳以上となり、成人施設の受け入れを待つ人を意味する。この他、精神病院から看護師と医師が付き添い救急車で来た人もいた。このため、学園Ⅱは強度行動障害があり、重度の知的障害者が数多く入所することになった。1997年1月時点で35名が入所した。

1997年4月には、M高等養護学校などからの養護学校卒業生15名が学園Ⅱに入所した。日本の更生施設は比較的障害の重い人が入所する傾向があり、学

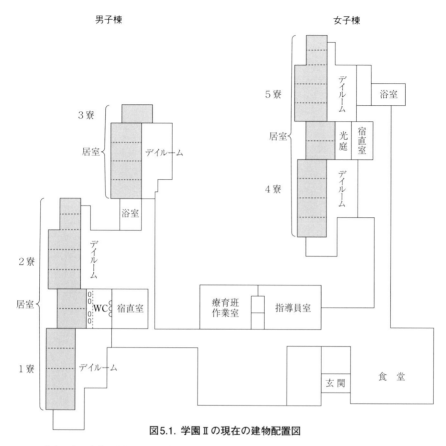

図5.1. 学園Ⅱの現在の建物配置図

出典：大田豊彦より提供された資料をもとに筆者作成。

園Ⅱも同様だったが、この時点では養護学校を卒業した就労可能な人が入所することになり、学園Ⅱは軽度障害者と重度障害者が混在するかたちで運営されることになった。

　学園Ⅱの開設と共に、学園Ⅰの生活指導課長をしていた嶋田裕之（以下、嶋田）、大田と阿部が学園Ⅱに異動した。学園Ⅱでは、嶋田が引き続き指導課長、大田は生活指導主任、阿部は生活指導員として配属された。この中で、A法人に就職するまでに、入所施設などの知的障害福祉領域での勤務経験があったのが、嶋田と大田だった。設立時に学園Ⅱに就職し生活指導員となった岩垣清

（以下、岩垣）と工藤英文（以下、工藤）、さらに阿部は、大田の考え方や支援方法に感化されながら生活支援に従事した。岩垣と工藤も、阿部や大田と同様に、Ａ法人の施設解体計画を支持し主導することになる改革派職員である。

　学園Ⅱの居住棟は１寮あたり10名が入所しており５寮に分かれる。２人部屋が基本であり、自閉傾向のため、他人との共同生活ができない人は個室だった。この形態は現在も継続する。図5.1.で示されているように寮玄関入口から入って、左側が男子棟、右側が女子棟である。男子棟の１寮と２寮は中度障害の男性利用者が対象で玄関近くに位置し、トイレを通して両棟は物理的につながっている。その奥に３寮があり、最重度の男性入居者が生活する。女子棟の４寮は最重度障害の女性入居者を対象とし、玄関に近いところに位置する。その奥が５寮であり、中・軽度障害の女性入居者が生活する。学園Ⅰとは異なり、各寮がユニットごとに障害特性や程度に応じて分けられている点に特徴があった。

2.2.　無力化による受容

　学園Ⅱの開設当初、重度知的障害者の支援経験があるのは、生活指導主任の大田のみだった。このため、大田を中心に支援の方針が立てられた。大田は、札幌育成園が創設した社会福祉法人が運営する知的障害者更生施設の開設から勤務してきた。しかし、当時の施設内における管理指導の方法に疑問を抱き、退職。その後、太陽の園において臨時職員として勤務した。当時の太陽の園では、「深夜に利用者が外で飛び跳ねていようと敷地内ならおとがめなしでしたし、週末は敷地内のカフェの土手でアイスを食べて昼寝をしたり、本当に敷地内は自由」で、「コロニーというのは、職員にとっては、管理を出来るだけしなくて済むという点では気持ちが楽でした」（19.4.25）と振り返った。

　太陽の園は、コロニーという一般社会から隔離された敷地内であるがゆえに可能だった方法が採用されていたため、学園Ⅱの開設当初は札幌育成園で実施してきた管理指導中心の支援方針を取り入れることになったという。

大田：学園Ⅱが開設した時、重度の人たちへの支援は、型にはめる指導を行いました。
　　　ＡＤＬ（日常生活動作）の向上を目指していたわけです。（19.4.25）

ところが、軽度知的障害者と異なり、重度知的障害者は型にはめた支援を行うこと自体が困難だった。施設の日課や集団処遇に基づく対応によって問題が多発した。特に道立障害児施設から入所したある男性入居者は「かみつき行為があり、爪を立てる行為も多くありました。大声をあげて、職員に向かってくると手に負えなかった」（19.4.24）という。このような行動が生まれた背景について大田は次のように語った。

大田：道立障害児施設の利用者さんは、人間関係が崩壊しており、防御ではなく、
　　　反撃、攻撃によって自己を守るという習慣がついていたのだと思います。彼
　　　らにとって、周囲の人たちは敵だったのです。ホスピタリズムというのがあ
　　　りましたが、それは、ネグレクトによるものだと思いますが、体罰を受け続
　　　けると防御の姿勢ではなく、自己を守るために攻撃をすることを覚えてしま
　　　うのではないかと思います。しかし、そうした人の心にどうすれば入り込め
　　　るのか、どうすれば、ラポートが形成できるのか。毎日、格闘の日々が続き
　　　ます。（21.1.29）

　ここには、施設での経験ゆえに問題行動が現れるとする大田の解釈がある。当時の障害者施設で管理指導が行われてきた実態を知るがゆえに、大田はこのように解釈していた。
　格闘の日々は、3年ほど続いた。生活支援はうまくいかず、職員は「ぼろぼろの状態」であった。あるとき上記の男性入居者がパニックになったため、部屋に連れて行き、そこを出ようとしたが、大田は背中を押され壁に全身を強打することになった。居室から出ると、大田の靴下が血で真っ赤に染まっており、靴下を脱ぐと右足の親指の爪が靴下の中に入っていたという。大田は「もう無理だ、もう自分には対応できない」と寮の床に座り込んで動けなくなった。彼との関わりの中で、精神的に追い詰められ、「体が重く、足が地面に埋まり歩けない感覚を体験し、すべての自信をなくした」（16.8.7）と大田は語った。
　そして、これまでの支援のあり方に問題があったからだという認識に至ったという。

大田：私の支援に問題があったのです。支援が通じず、打ちのめされていました。
　　　私たちが負けて降参したのです。（中略）私は、ぼろぼろになっていました。
　　　その彼が外に行き、アスファルトに裸足になって気持ちよさそうにしていま
　　　した。自分はそのアスファルトに吸い込まれていきそうでした。バーンアウ
　　　トしていました。それは初めての経験でした。（16.8.7）

　大田は、この経験が支援のあり方を見直す契機になったと述べた。

大田：でも無力化されたときに、自分の無力さを感じたときに、私は考えを180度
　　　変えることができました。彼と同じように裸足になり、アスファルトに触れ
　　　たときに、とても心地よかったのです。気持ちのよい風も吹いてきました。
　　　彼の感じている世界を感じることができました。（中略）相手を私たちの型に
　　　はめるのではなく、相手のことを考えること、相手にとって良いことを考え
　　　ることが重要だと考えるようになりました。彼との経験があったからこそ、
　　　施設を解体できたのです。（16.8.7）

　「私たちの支援に問題があった」「自分の無力さ」という経験は、これまでの
支援のあり方を根本的に考え直すことになったことを意味する。指導的な関わ
りから「彼の感じている世界」、すなわち、本人の生活世界に即して考えるこ
とへの転換だった。この結果、本人を職員の「型にはめるのではなく」、「相手
にとって良いことを考えることが重要だと考えるように」なった。これは、学
園Ⅰでの入居者への関わり方を見直す契機にもなった。

大田：学園Ⅰの人たちが、私たち職員に合わせる能力があったからこそ職員は、絶
　　　対的強者として入所者の上に位置することができていただけのことです。そ
　　　のことを考えた時、学園Ⅰの入所者がどれだけ抑圧された状況に置かれてい
　　　るかが初めて理解できたのです。（21.2.20）

　学園Ⅰにおける行事への本人参画や施設内の生活環境の改善の取り組みを通

して、入居者と職員の間にある関係を変えようと努力しても、結局は、入居者が「職員に合わせる能力があったから」に過ぎず、彼らが「どれだけ抑圧された状況に置かれているかが初めて理解できた」という。

大田を中心にして、改革派職員は入居者が良いと思うことを試みるようになった。彼らはこのような新たな関わり方を「受容」と表現し、大切にする。「受容」という言葉は改革派職員が頻繁に使用する用語である。この言葉には「自分の無力さを感じたときに」と大田が語るように、職員の力の行使を最小にし、職員・入居者間の関係を職員主導から当事者主導に転換させようとする志向性がある。

入居者の思いに寄り添い、彼／彼女らの生活世界に合わせた支援内容に、可能な限り変える努力が試行錯誤で行われた。大田はこのときの経験があったからこそ施設解体を行えたと語り、この重度知的障害者を「私たちの先生」と呼んでいた。

2.3. 試行錯誤の取り組み

受容の実践が、学園Ⅱでどのように行われてきたのかをみていこう。

学園Ⅱの開設当初に就職した職員に、岩垣がいる。彼はM町出身である。岩垣は、企業の営業部で仕事をしたとき、福祉施設を回ったことがあり、福祉領域に興味をもった。父親から学園Ⅱの開設の話を聞き、地元であるということもあり、採用面接を受けた。彼も国橋と同様、Uターン組の職員だった。A法人の採用が決まると、学園Ⅱに配属された。彼は、福祉の仕事は初めてであり、大田から支援のあり方について影響を受けることになる。

岩垣：最初は机にも座れない人がいっぱいいましたし、最重度の方なんで言うことを聞いてくれないということがたくさんあったんですけど、大田さんのやり方が、根気強く試すようなやり方をやっていたので、自分も初心者だったものですから、大田さんは最初の影響を受けた人でした。（中略）いろいろ試す。相手が悪いんじゃなくて、自分たちのやり方が悪いんじゃないかという考え方をしていました。(15.8.14)

他者と同じプログラムを押し付けないことが重要であることを学んだと岩垣は語った。

岩垣：時間がかかりましたね。（筆者注：障害の）重たい人であるほど時間がかかりましたし。同じことを押し付けないということをしていました。最初は一生懸命やろうと思って日課みたいなもの、プログラムみたいなものをつくったんですけども、思ったようにはいかなくって、これ自体が悪いのかなぁということで、だんだん個別に分かれて。（15.8.14）

時間の経過と共に、集団処遇的対応から個別対応になり、日課を押し付けるのではなく本人の個々の状況に応じた支援に変化した。

工藤も学園Ⅱの開設時にA法人に就職した職員である。彼も岩垣と同様、福祉の仕事はこのときが初めてだった。M町出身の彼は、M町の高校を出て、7〜8年、東京の企業で勤務した。この後、地元の北海道の環境がよいと考え、1997年1月の学園Ⅱの開所に伴い指導員の募集があり、親の誘いを受けて採用になった。彼も重度知的障害者に関わることは初めての経験であり、当初は多くの戸惑いの中、直属の上司である大田の方法を模倣しながら支援をした。工藤は、当時の学園Ⅱの支援のあり方について、次のように語った。

工藤：雑誌の応募するはがきが好きな人がいて、雑誌を破く。普通なら散らかしているので「片付けなさいよ」と声かけをするんだと思いますが、それは個性だよって。その人の余暇支援でなかろうかと。ただ片付けるときだけ声かけしようと。食事の前になったら片付けて食事しようかと。（15.8.15）

雑誌を破くという行為を本人の個性として受容し、余暇支援として位置づけたことが示されている。ただし、個性を認められるようにまでに長い時間がかかったと述べる。

工藤：やっぱり本人も好きなことでしょうし、手先を使いながらでしょうし。それをいきなり注意されて奪い取られてというのは、落ち着かなくなりますよね。

196　第三部　施設閉鎖の背景と方法

写真 5-1　マッチングカード

出典：筆者撮影。

ある程度認めながら、まっ、個性ですよね、大切にしようというのは。そこまで理解するまで時間がかかったと思いますけど、利用者さんの個性をね。(15.8.15)

　女子棟では、恵美子の娘の康子の支援に苦労したことが多くの職員によって語られた。阿部は、康子との関わりについて次のように述べた。

阿部：いつもパニックを起こしていて、対応が大変でした。作業とか食事とかの日課にのせようとしてもぜんぜんできなくて。(16.8.5)

　当時、女子棟の課題でも、男子棟の職員とも話し合いが重ねられ、支援のあり方が模索された。康子に対して、大田は「マッチングカード」という手作りのカードを使用して、日中の時間を過ごす取り組みを始めた。マッチングカードとは、写真を貼ったカードを同一の写真を貼った封筒に入れていくという単純な作業である。学園Ⅱでは当初、陶芸、紙すきによるカードづくり、ビーズ細工といった作業をしていたが、これらはいずれも、康子には合わず、うまくいかなかった。しかし、マッチングカードを始めると、彼女は落ち着くようになったのだという。

阿部：大田さんがマッチングカードを始めたところ、この利用者にぴったりあったんですよね。それができることになって、何枚かやると休憩とか、何枚かやるとほめるということをすることで、とりあえず活動の日課にのれたりとか。

第5章　職員の援助観と制度的動向の影響　197

怒ってしまうと興奮してしまうので、結局暴力もひどいので、私たちも抑えざるを得ない感じになっていたんですけど、そこを怒らない、受容的な対応をとることで、そういうことがちょっとずつ減っていくというのが。(16.8.5)

　学園Ⅰで勤務していた頃に比較すると、関わりの仕方が大きく変わったと阿部は感じた。

阿部：その人がパニックを起こすと、物は壊す、他の人を叩いてしまうので。この利用者に合わせた対応しなければならないということがみんな理解できました。私が一番対応が変わったと思うんですけど、学園Ⅰのときには「さあ、行くよ」みたいな掛け声をする対応はしていたけれども、なかなか待つ対応ができていなかったんだけど、学園Ⅱに行ってからは待てるようになったというか。利用者さんがその気になるまで待つとか、急がせても駄目だし、無理な時は無理なんだということが分かった。(16.8.5)

　「マッチングカード」などの方法が行動障害のある人に有効であるということよりも、職員が試行錯誤を繰り返しながら利用者にあった作業の内容に支援のあり方を変えていくこと自体が重要なのだと大田は語った。試行錯誤を通して、職員が入居者に合わせた支援を考えるようになる過程自体が重要だということである。「彼らに教えるのではない、彼から教わろう。そして、彼らを職員の型にはめるのではなく、彼らの型に職員が合わせよう」(大田豊彦、19.4.25)という考え方を職員同士で共有するようになった。

　受容に基づく取り組みは、私がフィールドワーク調査を開始した頃も大切にされていた。例えば、ある男性入居者は毎日、午前中に起きると、コンビニに朝食を買いに行き、神社にお参りに行くという彼独自の「日課」を行っている。学園Ⅱの職員が突然死をしたときに、大田の指示で職員と仲の良かった、この男性利用者を葬儀に連れて行った。祭壇の前で手を合わせる彼の姿は、参列者の涙を誘ったという。その直後から、男性利用者は墓参りに行くことを希望するようになり、行きたいときに連れて行った。ある職員が手を合わせるポーズを見て、寺ではなく神社に連れて行くと、それが気に入ったためか、この人は

神社へ行ってお参りするようになった。過去に昼夜逆転し、精神的に不安定になったこともあるが、この「日課」を行ううちに精神的に安定し、投薬量は減った。施設ではたいてい集団活動が一般的だが、個々の生活世界に合わせた支援は可能な限り重視されていた。

こうした受容の実践は、入居者の生活世界に合わせた個別支援の実践ではあるが、施設内の秩序を安定させるための実践としても位置づけられている。「雑誌を破く」という余暇支援は食事時間の前には終了しており、マッチングカードによる支援も本人を「日課にのせる」ことが目指されており、既存の施設の秩序を維持することが重視されていた。

２．４．虐待行為への自覚

受容に基づく実践が重視される一方、虐待につながる行為には批判的に検討されてきた。バーンアウト経験をした時期、大田は虐待に関わる多くの本を読んだ。例えば、水戸アカス紙器事件、サングループ事件、福島県白河育成園事件に関わる内容である。バーンアウトしている状態で読んだので、「余計に身に染みた」（15.3.30）という。大田はかつて、利用者の年金横領事件を起こした施設である札幌育成園で勤務したことがあり、このときの経験があったからこそ施設と虐待の関係について深く考えるようになったという。

大田：多かれ少なかれ、我々の世代はそれに手を染めてきているんですよ、だから申し訳なかったという思いもずっとひきずっていて、それは消えることはないんだけれども、どっかで変えなければいけない、という世代だったと思うんですよ。指導から支援に変えなければいけないという世代だったのは確かだった。（16.8.5）

岩垣は就任直後、太陽の園において１週間の研修に参加した。岩垣が研修をしたとき、太陽の園では一部の職員の言葉づかいが荒く入居者に厳しい対応をしており、入居者同士のトラブルも多かった。一方、研修から学園Ⅱに戻ると、大田の対応は「根気強く試すこと。相手が悪いんじゃなくて、自分たちのやり方が悪いんじゃないかという考え方」（15.8.14）が重視されていた。

岩垣：利用者が一度町で暴れて、支援員が4人いたんですよ。その人の手と足をもっ
　　　て、そんなことがあって。大田さんがそれを聞いたときに虐待まがいのこと
　　　は注意されたりしたので。虐待というのは悪いんだなぁと。そういうことが
　　　あったら会議をして、何が悪かったのかを追及して。そういうのが身にしみ
　　　ていった。(15.8.14)

　学園Ⅱの職員同士の研修会では、市川和彦の『施設内虐待——なぜ援助者が
虐待に走るのか』(市川, 2000) を参考にして、虐待問題の研修が定期的に行わ
れた。虐待防止の研修に力を入れているが、職員が怒りや感情をコントロール
するための「アンガーマネジメント」の方法ではなく、施設の構造自体を問い
直す独自のプログラムが作られていた。アンガーマネジメントは怒りの感情と
向き合うための心理トレーニングであり、施設における研修において一般的に
採用されている方法である。しかし、大田らは個人の感情に向き合うだけでは
根本的な虐待問題の解決には至らず、施設の構造的限界と向き合うことが重要
だと考えたからであった。

3．学園Ⅰへの異動

3．1．施設内改革の限界への認識
　先述の通り 1997 年に大田や阿部らが学園Ⅰから学園Ⅱに異動になった後、
学園Ⅰの職員体制が変わり、支援のあり方が管理的になった。生活支援は指導
課長を中心に行われ、施設長は学園で生じる事態に十分に対応できていなかっ
た。職員が退職するなどの事態が起こると、施設長は状況を改善させるため、
学園Ⅰに学園Ⅱの職員を配属した。2002 年に、学園Ⅱから岩垣（生活指導員）、
阿部（生活主任）、2003 年には大田（課長補佐）、工藤（生活指導員）が学園Ⅰに
異動になった。
　岩垣は、学園Ⅰに異動した直後の印象として「集団で行動していましたし、
とにかく暗かったというか。利用者もくだけて話してもらえない」(15.8.14) 状
況だったと語った。例えば、食事時間に皆が一斉に食べるというルールがあっ

たという。

岩垣：食堂に入ってもご飯を食べたら駄目だよって、最初に言われて。「どうしたの」
　　　と聞いたら、みんな来るまで駄目なんだと。頂きますと言って。食べ終わっ
　　　てもそのまま待っていて全員でごちそうさまと言って。そういうことをやっ
　　　ていて。トラブルがあったときのサポートもなかったんです。(15.8.14)。

　これらの問題の他、パンをおやつとして購入することが禁止される、男性が
女性に触る行為をしたときに反省文を書かせられる、というルールがあった。
買い物のときには買うものを消費税 1 円も間違いなく計画させたり、値段を把
握するために前もって、店に行って調べることもさせたりしていた。買い物に
行ったときに計画を立てていないために、ものを買えない人もいた。職員が外
出の日程も決めていた。一人で外出することは許可されていたが、外出届を提
出する必要があった。
　学園 II での生活支援の経験を積んできた職員は、学園 I の管理的構造に対し
て批判的認識をもつことになった。大田は、2003 年 6 月に学園 II から課長補
佐として学園 I に異動した。国橋は主任に就任した後、2004 年 4 月に課長に
就任した。その後、大田も学園 I の課長に就任するが、学園 I の雰囲気は暗く
入居者は無気力な状態に放置されていると感じた。このため、大田は様々な改
革を実施する。例えば、外出の自由を認め、好きなものを買ってよいことにし
た。職員室を開放すると入居者であふれ、職員からは「日本一事務仕事ができ
ない事務室だ」と言われるほどであった。また、食事時間に幅をもたせ、食事
をしてもしなくてもよいことにした。相談室を居室として活用し、一人一台の
テレビを見られるように配線の整備もした。
　ただし、このような取り組みの過程で職員は、施設内の生活環境の改善だけ
では限界があると認識するようになった。例えば、設立当初から勤務する国橋
は施設内の居室を個室にしても限界があると認識していた。国橋は以前から職
住分離を行い、入居者全員を地域に移行させた方が良いと考えていた。

国橋：ここ（筆者注：学園 I）に住んでいる人たちにとって、そんなに良い状況では

なかった。今の部屋を一人部屋にしても、気分的に快適な部屋になんないんですよ。別に作らないと、快適な状況の部屋を作ってあげないと。一人部屋にしても何の意味もない。(15.8.14)

　また、阿部は次のように語った。

阿部：結局、横の人がしていることも気になるし、職員がどういう動きをしているかも、みんなすごく見ていて、職員が話をしていると、それで妬まれたり。文句を言われたりとか。フォローするために話を聞きにいくと、(筆者注：妬まれるために)困るんだよねっていうことを逆に言われたりとか。(中略) 女子棟はとにかく混乱していたので、環境を変えられるんだったら出ようという感じだった。(16.8.5)

　生活環境の改善をしても、集団生活ゆえの人間関係の問題は改善しない。このため、施設ではなく地域で、施設の環境自体を解消し少人数になれば、こうした問題が改善するのではないかと阿部は述べている。
　さらに、岩垣や工藤は自らの生活に比較しながら、施設生活の問題を感じたという。

岩垣：朝8時半に勤務すると次の日の10時15分まで帰れないんです。それだけでも苦しいのに、この人たちがずっと住んでいると思うと、施設なんて本当に壊してしまった方がいいと思います。(15.8.14)

工藤：やっぱりこれは差別だろうなぁって。自分の子どもだって、6畳一間の子ども部屋を作ったり、それが(筆者注：学園Ⅰに)17年住まれているというのは本当に辛いんだろうなぁって。素人ながらに思っていたんですよね。理念とか、大田さんみたいに細かなあれはないんですけど。本当に支援員としては入ったときに、利用者さんに置き換えて、自分だったらこんなところに生活したくないよなぁって。そういうふうに思ったのが地域移行の始まりだと思います。(15.8.15)。

岩垣も工藤も、自分が入居者だったら、あるいは、自分の子を入所させることになったらということを想像しながら劣悪な生活環境を批判している。工藤は、「差別」という強い言葉を使用していた。これらの職員の中には、同じ生活者として入居者の生活環境を捉えた上で、そこにある差別性や非平等性への視点がある。

３.２. 地域移行の限界への認識
　職員は地域移行の取り組みについても、職員と入居者との対等な関係を形成する上で限界があると認識していた。A法人では、最終的に実習から一般就労に結び付いたのは６〜７名程度だった。６か月間の自活訓練を行って一般就労することが前提だったが、就労に結びつけることは容易ではなく、実際には、自活訓練棟を２〜３回利用する人が出てきた。

　A法人は農業主体の事業運営を目指し、様々な農作物を栽培してきた。しかし、農業という仕事が知的障害者にとっては容易な労働ではなく、様々な困難に直面した。A法人の設立時は離農者が増え始めた頃であり、A法人の土地は離農者から購入した土地である。各農家は後継者不足で困難を抱える中、知的障害者が農業関係の職場に就職することが期待されたが、現実は厳しかった。

　M町では、農業の次に重要な産業が酪農だった。しかし、1980年代後半には酪農人口が著しく減少し、酪農学校も閉鎖した。酪農に実習に行った人はいるが、農業と同様に高齢化と後継者不足のため閉業し、就職につながらなかった。農業と酪農以外に、リサイクル業、木材業、製造業、温泉施設などがM町にある。学園Ⅰの開設当初、こうした企業に実習に行く人がいた。しかし、学園Ⅰが設立されてから間もなく、日本の経済全体で生じたバブル崩壊に伴う景気低迷の影響が深刻化し、北海道では都市銀行である拓殖銀行の倒産という事態が生じた。このあおりを受けるかたちで、M町の産業も影響を受けて、解雇にあった人が数名いた。

　こうしたM町の経済・社会構造を背景にしながら、実際に就労自立のできた人はごく少数だったこともあり、職員は地域移行の限界を認識するようになった。地域移行という取り組みは、一部の利用者が地域に移行し、残りの人は施

設に残ることを意味する。職員は本人と日々関わる中で、誰を実習に行かせ、グループホームに行かせられるかを考え、対応している。しかしそれは、職員が入居者をその能力で選別する権力を有していることを意味する。学園Ⅱでの重度知的障害者との関わりを通して、職員と入居者の上下関係の解消を目指してきた職員にとって、この選別は納得できるものではなかった。

岩垣：地域移行っていうのはやわらかくて、意志の弱さが感じられる。出して、また入れるんだろう、みたいなぁ。施設が残っちゃうというか。（中略）最初に私が（筆者注：学園Ⅰに）移ったときのあの感じが。（筆者注：グループホームに利用者が）移ってみて改めて思います。（15.8.14）

大田：施設解体のときと、地域移行のときとでは、職員と利用者の関係がまるで違うんです。選別しなくていいわけですよね。全員出すんです。そのときの関係は利用者がとても（筆者注：職員のことを）信頼してくれるわけです。彼らは選別されないんです。（中略）そこが施設解体の一番大事なところです。出せる人、出せない人って、誰が選ぶかといえば、職員が選ぶわけですよね。それを我々はやっていたわけですよね。この人を出して、あの人を出さないという作業の苦しさというか。ばかばかしさというか。だったら全員出せるじゃないかと。（16.8.7）

　施設解体の意味とは、どのような障害をもっていても自立のための条件を課されることなく無条件に地域で生活できるということに他ならない。施設を維持しながら地域移行を行うということは、施設で生活する人と地域生活する人という新たな選別を生み出すだけである。このような選別は職員だけではなく、入居者の家族、さらには入居者自身の内面にも影響を与え、障害や自立の程度によって人を差別化することになる。
　施設解体については、学園Ⅰだけではなく、学園Ⅱの重度知的障害者についても検討していたことを、大田は次のように述べた。

大田：学園Ⅱは２人部屋でしたし、重度の人たちがパニックを起こすというのは毎

日でしたし、誰にとっても施設というのは、快適に生活できる環境ではありません。(中略) 自分に置き換えたときどんなに古いホームでも暮らすことはできると思いますが、プライバシーのない生活環境で暮らすことはできません。(21.1.27)

大田は「自分に置き換えたとき」と語るように、自らの生活に比較しながら、重度障害者の置かれた生活環境の構造的問題を認識し、学園Ⅱの解体を検討していた。

こうして、改革派職員が学園Ⅱで重視してきた受容的関係性という援助観が、施設の構造的変革の志向性と結びつくことによって、施設解体計画が実施されることになった。

4．制度的動向の捉え方

以上のように、職員は本人との相互作用を通して、援助観が変容していった。しかし、その背景には、内発的要因だけではなく、施設外部の制度的動向も影響していた。そこで、第2に施設内改革と施設閉鎖の実践の背景にある障害福祉の動向について、職員の捉え方を検討したい。

4．1．ノーマライゼーション・自己決定・地域移行

学園Ⅰが設立された1990年代初期は、ノーマライゼーションや在宅福祉の考え方が知的障害福祉領域に普及し、社会福祉基礎構造改革期の契約制度において重視された「自己決定」という考え方が現れ始めた時期に相当する。

とりわけ1994年11月20日に徳島市で行われた全日本育成会全国大会最終日には「本人決議」が出され、「利用者主体」や「当事者参画」の考え方が知的障害福祉領域に影響を与え始めた。この決議には、「私たちに関することは、私たちを交えて決めていくようにしてください」という本人の言葉が盛り込まれた。

国橋は、1994年の徳島大会以降、指導から支援への流れに変わったと語った。

国橋：そのあたり（筆者注：徳島大会）からそういうのが入ってきて、前のスタイル
　　　では駄目なんだという形のものがすごい職員の中に入ってきた。（中略）その
　　　人の希望とか、いろんなことを生かすには 4 人部屋の空間の中では難しいと
　　　いう。問題行動とか昔は言われていましたけど、それは本人が起こしている
　　　問題ではなくて、違う要因があるんじゃないかということで。その中で本人
　　　じゃなくて、違う部分が影響しているんじゃないかと。考え方の転換。(15.8.14)

　ここには、本人との日々の関わりだけではなく、施設の外部における障害福
祉の動向も施設内の実践に影響を与えていることが示されている。
　大田は、90 年代に学園 I で本人参画の取り組みを試行した経緯を次のよう
に述べる。

大田：学園 I は開設してから、指導が中心でした。私も厳しい方の指導員だったと
　　　思います。当時は、規則とか規律とかを守らせることが指導員の仕事とされ
　　　ていました。そんな中で、河東田先生の講演や著書に触れながら、考え方が
　　　大きく変わっていきました。ノーマライゼーションや本人の力を信じること
　　　ですとか。（中略）学園祭を本人たちの実行委員会形式にして、援助者とは何
　　　か、自己決定とは何かを、学んでいったのです。彼らにはできることがたく
　　　さんあるということを私たちは理解するようになりました。当時、日課につ
　　　いては、横井さんが必要ないという主張をしていました。私は横井さんの背
　　　中を追いかけている人間なので、横井さんのやっていることをまねたのだと
　　　思います。(19.4.24)

　横井は、元太陽の園の職員である。1993 年に北海道の剣淵で、日本初の全
室個室、12 ～ 13 人のユニット単位の寮構成である入所施設を設立した横井寿
之（以下、横井）のことだ。90 年代は、国による施設の居住環境の改善の取り
組みが行われる時期に相当するが、横井はまさに、国の動向に先駆けて施設の
個室化の取り組みを行った。また、河東田は「はじめに」で紹介した元立教大
学教授の河東田博のことである。河東田は、本人参画の必要性を主張してきた
研究者だった。大田は、学園 I に勤務してからすぐに、これらの人物と出会い、

彼らの考え方の影響を受けながら、施設内改革の取り組みを行った。

　80年代後半に自活訓練事業やグループホーム制度が制定されると、学園Iでも、1993年に自活訓練事業、1999年にはグループホームが開始され、地域移行の取り組みが展開することになった。しかし、これらの制度は、福祉的就労を含めてであるが、就労自立を前提としており、改革派職員もこうした自立能力を基準にして地域移行の取り組みを行った。

4.2. 施設解体宣言

　2000年代初期になると、いくつかの重要な制度改正が行われた。うち一つの2002年5月14日には、厚生省児童家庭局通知「『知的障害者地域生活援助事業の実施について』の一部改正について」が出され、福祉的就労を含む就労自立や身辺自立が困難な人も含めて、グループホームに入居することが可能になったことである。これによって、就労の困難な重度障害者の地域生活への移行ができるようになった。

　こうした中で、宮城県船形コロニーの施設解体宣言が出された。宮城県福祉事業団の前理事長であった田島良昭（以下、田島）は、2002年11月23日に開催された「第2回福祉セミナー in みやぎ」において宮城県船形コロニーを2010年までに解体すると宣言した。その後、2004年2月21日には、前宮城県知事である浅野史郎が「宮城県内にある知的障害者の入所施設を解体して、知的障害者が地域の中で生活できるための条件を整備すること」を宣言した。施設解体は、自立能力に関わりなく、地域生活が無条件に保障されることを意味するものだった。このニュースは、全国の知的障害福祉の現場にかかわる関係者に衝撃を与えた。

　施設解体計画の実施において主導的役割を果たした国橋や大田は、田島の講演を聞いたときのことを次のように語った。

国橋：出すんだったら50名を地域の方に出して完全に職住分離をして地域生活を推
　　　進した方がいいんじゃないかと思いました。（中略）仙台に行く前から構想自
　　　体はあったんですけど、それを形にするためにいろいろなところに行かせて
　　　もらったということです。（筆者注：講演会に行ったのは、）田島さんが宮城に来

てすぐだと思います。支援費を説明していた時に解体案も説明していたので。
（15.8.14）

大田：田島さんの講演は、聞いたことがあります。障害の重い子をもつ親たちには、
　　　夢のような話だったのではないかと思います。親の反応は、障害の程度によっ
　　　て異なっていたと感じました。（18.8.3）

　宮城県の施設解体宣言は、A法人の職員が施設解体計画を立案する際の一つ
の契機となった。国橋は以前から施設の地域への完全移行の可能性を構想して
いたが、田島の話を聞くことで、これがどのように現実的に可能になるのかと
考えるようになった。大田は田島の考えに共感しつつ、「障害の重い」入居者
の家族にとっては「夢のような話」であり、親の反応も様々だったと語った。
いずれにしても、宮城県の施設解体宣言は、施設閉鎖を実現可能性のある選択
肢として本格的に考え、議論し、計画する際の重要な契機となった。

4.3.　支援費制度

　宮城県の施設解体宣言は、社会福祉基礎構造改革という新しい制度的動向の
流れの中で計画された。改革の一環として 2003 年に制度化された支援費制度
の制定は、A法人の職員にとって大きな影響を与えた。この制度改正によって、
行政処分として福祉サービスが提供された措置制度から、利用者と事業所が契
約を交わすことによってサービスが提供される契約制度への転換がなされた。
契約制度が導入されたことによって、福祉サービスを提供する事業所同士が競
争をして、質の高いサービスを提供する事業所が利用者によって選ばれる時代
を迎えた。A法人では、支援費制度が制定された際に、職員の間で以下のよう
な議論があったと、岩垣、阿部や工藤は語った。

岩垣：これからは施設が選ばれる時代なんでということは話していました。契約し
　　　ないんだったらそれで終わりなんだよねーということは話していました。ど
　　　うやって契約をしていったらいいんだろうみたいなぁ。（15.8.14）

阿部：学園Ⅰは授産施設で通過施設なので、残ってはいけないというところは。入所としてはもう残ってはいけないよねーって。高い工賃を出せているわけではないですし、利用者さんが選べるようになってくれば、自分の希望に合うところを当然選ぶだろうし、コムスンさんとか、民間さんだと、対応がいいのだろうねっみたいな。(16.8.5)

工藤：契約になるんだから責任は重くなるなぁみたいな。施設にも責任があると思うんですけど、もっと意識が芽生えたような気がするんです。契約を交わすという、措置時代と違って。措置時代は（筆者注：ほうっておいても利用者が）入って来るような感じでしたけど、契約するということは選ばれる時代にもなってくるわけですから。本当にきちっとした仕事をもっとしなければならないかなぁという。(15.8.15)

　株式会社コムスンが近隣地域に進出し、社会福祉協議会も在宅サービスを引き受けるようになった。こうした中で、施設が利用者によって選択されなければ、事業運営ができなくなるという懸念が職員間で話し合われた。施設もサービスの質を向上させる努力をしなければ、生き残りができなくなるという危機感が職員に生まれた。
　支援費制度制定後の 2003 年 12 月に、A 法人では、施設解体計画が策定された。この計画の正式名称は、第一次福祉総合計画「入所施設解体と地域生活移行に関するビジョン―全ての知的障害者を地域で支援するために―」であり、2004 ～ 2013 年度までの 10 か年戦略となっている。この計画は大田が主に作成したものである。当計画の主旨には、以下のように記述された。

　　「この長期ビジョンを作成していく過程において、入所定員を縮小し、個室化を図る方法が議論されました。しかし、縮小後の入所施設を維持することは、現状の支援費制度では、難しいという指摘も多く、（中略）私たちは、入所定員の縮小ではなく施設そのものを解体する方向で再度、協議に入りました。」（第一次福祉総合計画「入所施設解体と地域生活移行に関するビジョン―全ての知的障害者を地域で支援するために―」）

支援費制度によって入所定員を縮小し、個室化しサービスの質を向上させる必要性が生じたが、定員を縮小して施設を維持することはサービス報酬費が著しく減少し、経営的に厳しくなるということが議論された。続けて、計画内容には「施設が倒産する時代」という章が設けられ、以下のように説明された。

　　「支援費制度は、利用者が施設と利用契約を結び、サービスが開始されます。しかし、今後、施設を希望しない利用者は多くなります。また、在宅利用者の保護者も、施設入所を希望せず、地域サービスを選択していく事が予想されます。例えば、町外の事業者が地域サービスを展開した場合、施設の利用者は施設を自らの意志で退所し、町外の事業者が行うサービスと契約するという事態が現実のものになってきます。（中略）施設は、利用者に選択されずただ倒産するのを待つのか、今ここで、新たな地域支援サービスを前向きに展開するかによって、その将来は大きく変わっていきます。当施設の利用者は、『私の将来を頼むわよ』と私たちに自分の将来を託して居ます。そのためにも、私たちは、施設が倒産するのを黙って待つことだけは、出来ないのです。」（第一次福祉総合計画「入所施設解体と地域生活移行に関するビジョン―全ての知的障害者を地域で支援するために―」）

　他事業者との競争が進む中で、施設と地域の在宅サービスが利用者にとって選択肢として提示されたとき、利用者の多くは施設ではなく在宅サービスを選択することが増えていくだろうという予想が示されている。実際この時期に、在宅から施設ではなくグループホームに直接移行する入居者が増えていった。このため、入居者に選択され、契約をしてもらう事業所になるためには、施設ではなく、地域におけるサービスを展開させる必要性があることが危機感をもって主張されている。
　1990年代後半から支援費制度に至るまでの期間、他者の支援を受けながら地域で生活することや自己決定という考え方が重視されていく中で、施設は入居者のニーズに沿うサービスを提供することが求められた。施設解体は、契約制度への転換という新たな障害福祉の動向に対して、A法人が事業所として生

き残るために選択しなければならない取り組みと位置づけられたのである。

4．4．障害者自立支援法

　支援費制度が制定されてから2年後の2005年に、障害者自立支援法が成立した。このときにはすでにA法人では施設解体計画が発表された後であるが、この計画を実際に遂行する上で、障害者自立支援法の制度規定が影響を与えることになった。

　障害者自立支援法が2005年11月7日に公布され、2006年4月1日に施行されるまでの期間に、厚生労働省の障害保健福祉関係主管課長会議において、新法の各サービスの利用者像などが示された。2006年3月1日の障害保健福祉関係主管課長会議資料「障害者自立支援法による基準・報酬について（案）」には、「施設入所支援の対象者は、区分4以上。ただし、①50歳以上にあっては、区分3以上。②自立訓練、就労移行支援利用者にあっては、生活能力により単身での生活が困難な者又は地域の社会資源の状況等により、通所することが困難な者」と明記された。その後、区分による対象規制には様々なかたちで批判があり、2011年10月31日には、障害保健福祉関係主管課長会議資料によって、特定旧法受給者だけではなく新規入所希望者もケアマネジメントの手続きを通して必要性が認められれば、区分に関わりなく施設入所ができることになった。このため障害者自立支援法が制定された当初の対象者に対する規定は緩和されることになるが、制定時の対象規定を厳密に解釈し、その後の施設運営の方針を決定する事業所もこの時期にはあった。法制度の規定についての解釈がその後の施設運営の方針を決定していったわけであり、その捉え方には事業所によって差異があったのではないかと考えられる。

　A法人の運営する学園Ⅰでは、入居者の障害程度区分の低さが問題と捉えられた。2006年3月に、A法人では、職員対象に「障害者自立支援法について―1次判定認定調査結果」という報告書が作成された。これは、北海道より提示された「認定調査マニュアル」に従って実施された調査結果を示したものだった。ここには、学園Ⅰの入居者50名は、区分1は28名（56％）、区分2は19名（38％）、区分3は3名（6％）、区分4〜6は該当者なしという結果が示された。これを受けて、以下のように結論付けられた。

第5章　職員の援助観と制度的動向の影響　211

「施設入所支援事業及び生活介護事業の該当者は、0名という結果となっています。障害者自立支援法で活用できる日中の事業は、自立訓練事業（生活訓練）、就労移行支援、就労継続支援（非雇用型）の3事業に限定される結果である。」（第一次福祉総合計画「入所施設解体と地域生活移行に関するビジョン―全ての知的障害者を地域で支援するために―」）

　この法律の受け止め方について、職員は次のように語った。

岩垣：自立支援法の時には自立という言葉が表面に出てきて、だんだん施設から地域に出ていくんだよっていう話はしていましたね。
筆者：障害程度区分の話はしましたか。
岩垣：しました。軽い方ばっかりだとやっていけないよねーと。
筆者：それは職員さんの中で取り上げられたんですか。
岩垣：学園Ⅱがあったので、それに比べると学園Ⅰは低いだろうということは予想していました。施設に住めないと。たぶんそれは（筆者注：施設解体の）追い風になったと思います。(15.8.14)

国橋：区分でいったら、1とか2の人が9割いて、入所は使えないということになった。町にグループホーム建設の陳情に行ったときに、「軽い人は残せない」「部屋を減らさないといけない」と言っていた。(15.8.12)

　障害程度区分の低い利用者が比較的多いと判断された学園Ⅰでは、入居者が入所を継続すること自体ができなくなるのではないかと議論された。この時期に各事業所に流通していた「認定調査マニュアル」では、障害程度区分が比較的低く出されるという特徴があった。
　実際、A法人の学園Ⅰでは、障害者自立支援法制定後の障害程度区分認定調査で、入居者の障害程度区分はシミュレーションのときの値より高く出ることになった。学園Ⅰの本人の障害程度区分は、未判定7名（男性2名、女性5名）、区分2が10名（男性6名、女性4名）、区分3が13名（男性10名、女性3名）、

区分4が15名（男性9名、女性6名）、区分5が4名（男性3名、女性1名）、区分6が1名（女性1名）だった。つまり、区分4以上の本人は20名だったことを意味する。

　ただし、改革派職員は、障害者自立支援法制定当初の規定をも「追い風」にしながら施設解体計画を進めた。このことは、家族や町関係者に施設解体計画について説得する上で重要な役割を果たすことになり、家族も町も法律規定に即して障害程度の軽度の人は「自立」に相当するという観点で地域移行や地域生活を理解することになった。

5．小括

　本章では、2000年代以降において、なぜ施設解体計画を、職員が主導し実施することになったのかを検討した。

5．1．職員の援助観

　職員が施設解体を立案し実施した背景には、第1に、本人との相互作用過程を通して職員の援助観が変容したからだった。

　1990年に開設された学園Ⅰでは当初、地域社会との交流による施設の社会化、入居者の行事運営への参画、施設内の生活環境の改善といった施設内改革の実践が試行的に行われてきた。また、自活訓練事業やグループホームを通して地域移行が進められてきた。しかし、この時期の施設内改革や地域移行は、施設の構造自体を問う方向性をもたず、職員による入居者への指導的・管理的関係性が変わることはなかった。施設の社会化や行事運営活動によって入居者が地域住民と関わったり、主体性やリーダーシップを発揮できるようになったりすることは、社会自立のスキルを向上させる上で有効だったという側面がある。地域移行も就労自立を前提にしており、一般就労に向けた指導訓練は重視されていた。施設内改革や地域移行の考え方は、指導・訓練によって就労及び生活面で自立すべきであるという自立規範と調和しながら、入居者と職員の非対称な関係性は持続されることになった。

　1997年に学園Ⅱが開設された当初、職員は重度障害者と関わる中で、学園

Ⅰで形成してきた指導的・管理的関係が通用しなかったため、バーンアウトを経験した。職員の側が無力化される経験を通して、これまでの援助観を問い直し、入居者の生活世界に合わせて支援するという受容の考え方が重視されるようになった。この結果、日課を一律に適用せず、入居者の生活リズムに合わせて個別支援が行われた。ただしこの時点では、施設閉鎖という発想はもたれておらず、施設内秩序を安定させるために受容の実践が行われてきた。

改革派職員は、学園Ⅰに異動すると、一部の職員によって入居者の生活が管理される状況に直面することになった。この結果、施設内の日課を自由にしたりするなど施設環境の改善のための受容の実践が行われることになった。しかし、これらの職員は施設内改革や地域移行をしても、入居者の生活環境を本質的に変えられず、入居者を自立能力によって選別することになるという限界を認識するようになった。この背景には、職員が自分たちと同じ生活者として入居者の生活環境を捉え、そこに不平等性を認める感覚があった。こうした本人との相互作用過程を通して職員の援助観が変容したことが、施設閉鎖を行う際の原動力となったことが分かった。

5.2. 構造的変革の志向性と役割解除

施設閉鎖を積極的に進めた職員の援助観は、先行研究（樽井ら, 2006；樽井ら, 2008a；樽井ら, 2008b；井上ら, 2006；井上ら, 2008；河東田, 2006a；2006b；鈴木, 2010：121-147）で見られたような、施設の構造を維持しながら地域移行を行う際の援助観とは異なる。

受容概念を提起した大田は、バイスティックのケースワークの原則からこの概念について学んだと語った。バイスティックは次のように述べる。

> 「援助関係とは、ケースワーカーとクライエントとのあいだで生まれる態度と情緒による力動的な相互作用である。そして、この援助関係は、クライエントが彼と環境とのあいだにより良い適応を実現してゆく過程を援助する目的をもっている。」（Biestek, 1957=2006：17）

改革派職員が大切にしてきた受容という概念は、バイスティックの述べるよ

うに、クライエントである入居者が施設の生活環境との間により良い適応をもたらし、安心して生活できるようにする側面がある。受容による実践は施設内秩序を安定化させるために行われており、施設の構造自体の変革には至らなかった。しかし、彼らは学園Ⅱから学園Ⅰに異動したとき、施設自体が虐待をもたらす構造を有し、施設内での生活環境を改善して地域移行をしても限界があるという問題意識をもった。すなわち、施設という環境への適応を促すのではなく、施設という環境自体の変革を目指す必要性が認識された。

　この点は、自閉症研究や実践の第一人者であった石井哲夫による「受容的交流理論」における受容概念とも異なる。石井は受容的交流理論について、「自閉症を療育する、または処遇するに当たって、大切であると思われるポイントは、①刺激の制限、②分かりやすい生活状況の提示、③圧力をかけない関わり、の三つである」と述べ、「次に求められることは、援助者と利用者との間に交流を起こすことである」と主張する（石井, 1995：253-254）。

　その上で、「人の存在を重要視する」受容と「人とのふれあいや交流」を大切にする「構えや態度」に依拠して、①刺激の制限、②分かりやすい生活状況の提示、③圧力をかけない関わり、を行うことが「受容的交流理論」だと石井は述べる。これは、石井が「今ではすっかり、自閉症療育界では主流になったこの視点」（石井, 1995：253）と述べるように、自閉症療育の現場では、一般的に普及している考え方である。このような態度や関わり方は、本章の職員が受容と称して実践してきた方法と重なる。改革派職員が重視してきた「ほめる」「個性を認める」「相手の世界を知る」ということは、石井が「受容的交流理論」を導き出す上で引用している事例の中でも見られる、援助者の基本的な態度や関わり方でもある。

　しかし、石井は「受容的交流理論」を実現する上で入所施設での養護を重視する「積極的施設処遇理論」を主張する。

　　「社会福祉施設では、全てが利用者中心の思想で貫かれていることが大切であるが、利用者中心というのは利用者の好きなようにさせるということではなく、自己管理能力に乏しい利用者に対しては、その健康を考え、実生活の中で利用者が望む希望、欲望が実現する状況をつくっていくことを考える

ということが大切である。この際、利用者中心を貫くために、指導者側の指導力のいかんが問われてくることも当然のことである。

　今強調したいことは、社会福祉施設の専門性を育成するということである。」（石井, 1995：206）

「利用者中心を貫くために、指導者側の指導力」が問われ、それゆえに、社会福祉施設の専門性の育成に焦点が当てられる。この意味で、「利用者中心」の考え方は、指導的関係性と両立するものと捉えられている。確かに、学園Ⅱの職員も無制限に入居者の希望や行為を受容しているわけではない。施設には施設ゆえの制限もあり、集団生活であるがゆえの制約もある。しかし、本章で見てきた職員が施設の構造的限界に焦点を当てていくのに対して、石井は施設の活性化を主張している点に違いがある。

　「現在では、欧米諸国の施設政策の硬直化とノーマライゼーションやインテグレーションという理想的理念の影響から、新たな施設解体論が出現している。

　それに対して、ここに再び『積極的施設処遇理論』が必要だと思っている。つまり、我が国の社会・文化の特性及び社会福祉施設政策により、多くの利用者を支えてきた施設の養護性、教育性、治療性のさらなる発展を今こそ願っているからである」（石井, 1995：207-208）

石井は、入所施設の生活を向上させ、活性化させる必要性の理由として、「諸外国とは社会文化状況が異なること」「多くの利用者を支えてきた施設の養護性、教育性、治療性」「在宅や病院などの関連した福祉援助の水準を押し上げていくこと」を指摘する（石井, 1995：207-208）。それでも、ノーマライゼーションを否定するのではなく、地域住民との交流を促すために、施設のオープン化を進めるべきだと主張する。石井の理論は、あくまでも入所施設の構造を維持することによって、受容の実践が効果的になると主張している。

　一方、本章でみてきた職員は受容の実践を行う中で、施設の構造的限界について認識し、施設環境自体を解体することを目指した。ここには構造的変革の

志向性が示されている。構造的変革の志向性をもちえた背景には、職員と本人との関係性がある。本章は、職員が本人との間で同じ生活者としての不平等性を感受する状況が示されていた。この点について、ポール・ウィリス（Willis, 1977=1996）による制度分析の視点を参照しながら検討してみよう。

　ウィリスは1）たてまえの層、2）実務の層、3）文化の層、を指摘する。1）の「たてまえの層」は「社会の構造的・組織的な特徴についての一定の解釈をもち、そうした社会像との関連で制度それ自体の存在理由を明示し、社会と制度の相互関係のありかたを公式に定める」（前掲書：414）側面である。法制度に規定された施設の運営目標が「たてまえの層」の側面である。2）の「実務の層」では、「制度の秩序を維持し機能させるという日々の課題に直面しているのであり、たまたま受け継いだ制度の現在の枠内でおのれの安心立命をはからなければならない。そのためには『公式』のイデオロギーにたいして、実践者としての目配りが要求される」（前掲書：416）という。施設で働く職員が「たてまえの層」に即して、施設内の秩序を維持するために行われる実践が「実務の層」である。

　3）の「文化の層」については、ウィリスは次のように述べる。

　　「制度の受益者たちの、制度と折り合いをつけるための文化的な営みがある。制度を超えて広がる階級社会の生活経験と、やむにやまれぬ事情からひとびとが制度とかかわらねばならない現実とが、この第三の層で干渉し合う。そこにはさまざまな観念が形成されるけれども、なかでもある種のインフォーマルな対抗文化の役割に注目しなければならない」（前掲書：416）

　施設における「文化の層」とは、施設入居者が施設入所前に形成してきた文化の側面である。施設入居者が所属する文化とは、「地元」と呼ばれる地域社会で、家族と日々の普通の暮らしを営んできた文化である。ウィリスは労働者階級の子どもたちの間に形成されてきた階級文化に焦点を当てたが、知的障害者一人ひとりが地元で家族と共に固有のライフスタイルを送ってきた普通の暮らしがここでは重要である。ある日を境にこのローカル文化から切り離され、それぞれ固有のライフスタイルを取り戻すために、施設生活を送ってきた。

「実務の層」にいる職員は、「たてまえの層」と「文化の層」の間に位置し両者の影響を受け、ときに「文化の層」に関与し、ときに「たてまえの層」に関与しながら、日々の実践を行う。ここには、職員が本人の生活文化に触れながら、施設の秩序を変容させる可能性がある。本人の施設入所以前、あるいは、帰省のときに戻る家族の暮らし、さらには、未だ実現されていない普通の暮らしを想像しながら、職員は本人と同じ普通の暮らしに生きる者として、本人の不平等な生活環境に対する問題意識をもっている。

このような関係性はゴッフマンの施設論で描かれていた被収容者と職員の「役割分離」（Goffman, 1961=1984：99）の関係性と異なる。ゴッフマンは、一時的に被収容者と職員の境界線が破られ、「役割（からの）解除」（前掲書：100）が生じる事例を紹介するが、これは施設の秩序を維持するための「儀礼」と捉えられていた。あるいは、境界線を越えた関係を形成しても、この種の「危険」が生じた際に職員はその場から退去する状況が描かれていた。この結果、職員が「役割分離」の関係性を再構築し、施設の秩序が維持されていた。

しかし、本書では、同じ生活者として本人の生活環境における不平等への視点をもち、結果的に、施設閉鎖という施設の構造的変革を志向することになった。ここには、儀礼とは異なる役割解除の関係性が示されている。

5.3. 制度的動向の影響

第2に、職員が施設閉鎖の実践を行ったのは、本人との相互作用という内発的要因だけではなく、施設外部の制度的動向についての職員の捉え方も影響した。90年代に施設内改革を行った背景には、施設居住環境の改善、ノーマライゼーションや在宅福祉、利用者主体や当事者参画の考え方の普及といった制度的動向が影響していた。自活訓練事業やグループホーム制度が制定されると、これらの制度に依拠して、就労自立を前提として地域移行が行われた。

2000年代初期になると宮城県の施設解体宣言が出され、施設解体を実現可能性のある選択肢として本格的に考え、議論し、計画する際の契機となった。2003年の支援費制度では、行政処分として福祉サービスが提供された措置制度から、利用者と事業所が契約を交わすことによってサービスが提供される契約制度への転換があった。この結果、福祉サービスを提供する事業所同士が競

争することで、質の高いサービスを提供する必要性を職員は考えるようになった。施設と地域の在宅サービスが選択肢として提示されたとき、入居者の多くは施設ではなく在宅サービスを選択することが増えていくことや、定員を縮小して施設を維持することは、サービス報酬費が著しく減少し経営的に厳しくなることが議論された。

　2005年の障害者自立支援法の制定・公布は、Ａ法人の施設解体計画が発表された後であるが、計画を実際に遂行する上で、この法律の捉え方が影響を与えることになった。法律制定当初は、施設入所支援の対象者は区分4以上（50歳以上は区分3以上）という規定が設けられ、区分の低い入居者が比較的多いと判断された学園Ⅰでは、入所自体ができなくなるのではないかと議論された。改革派職員は、障害者自立支援法の制定当初の規定をも「追い風」にしながら施設解体計画を進めることになった。

　これまでの脱施設化研究では、制度的動向がどのように職員の考え方に影響を与えているのかということについては検討されてこなかった。本章で取り上げた制度的動向の中でも特に障害者自立支援法は、Ａ法人の職員が施設閉鎖を行う上で重要な影響を与えた。

　これは、北海道内で施設閉鎖を行った他法人でも見られる。例えば、1980年代に旧知的障害者入所授産施設（定員50名）を設立したＢ法人は、新法施行前に施設独自で認定調査のシミュレーションを行い、障害程度区分が3以下の入居者が約半数いることが分かった。この結果を受けてＢ法人は施設閉鎖を決定した。当施設は建物が山中にあり、市中心部から車で約15分の距離にある。施設のある地域には小さな店が2軒ある程度であり、施設周辺には一般住民の家もない。病院や診療所もないため、車で市中心部に行く必要があった。こうした立地条件や建物の状態を考慮して施設の改築を検討していたため、障害者自立支援法の規定を一つの根拠として、施設解体計画を実施した。

　障害程度の規定だけではなく、2006年9月29日の「障害者の日常生活及び社会生活を総合的に支援するための法律に基づく指定障害者支援施設等の人員、設備及び運営に関する基準」（厚生労働省令第百七十二号）第6条には、「利用者一人当たりの床面積は、収納設備等を除き、9.9平方メートル以上とすること」と明記された。旧施設の規定では居室面積は6.6平方メートルだったため、こ

れは大きな変更だった。当基準省令の附則第17条には「施行日において現に存する〜指定特定知的障害者更生施設、指定特定知的障害者授産施設（中略）において施設障害福祉サービスを提供する場合におけるこれらの施設の建物について、（中略）6.6平方メートルとする」と経過措置が設けられたが、この解釈をめぐり法人間で見解の相違があった。障害者自立支援法の附則第1条第3号の経過措置期限（2012年3月31日）までに、居室面積を変更する必要があると解釈した法人もあった。

　北海道にあるC法人は、障害者自立支援法における居室面積の規定を主要な理由として施設廃止を行った。ここはもともと町立であった旧知的障害者入所更生施設（定員70名）2000年以降に、を民間委託によって運営を開始した。この施設は、町庁舎から約17キロ離れた数百の世帯のみが暮らす小さな集落に立地していた。入居者は、養護学校出身者はほとんどおらず、精神病院や刑務所から入所する人が多く、町外からの比較的障害の重い人が入所する傾向があった。当施設は1970年代に設立されており、2000年には建物が老朽化し利用者も高齢化したため、施設を新築する必要性について議論がなされていた。ただし、この時期は、町から民営化した直後であり、資金確保のできない状況にあった。

　こうした中で、障害者自立支援法が制定され、主に居室面積が問題になった。4人部屋を3人部屋にする必要があり、数十名を地域に出さなければならないことになった。また、施設の立地の問題も議論された。設立当時にあった美容院、小学校、診療所、農協などが徐々になくなり、2000年代にはいくつかの商店と郵便局だけが残る状態となった。利用者も高齢化する中、集落から車で15分ほどの距離にあるところに通院に行かなければならなかった。このため、施設を新築するよりも、入居者全員が地域のグループホームに完全移行するという計画が実施されることになった。

　一方、A法人に関しては、居室面積の規定については問題として議論されておらず、あくまでも旧法施設については居室面積を維持できるものとして解釈されている。このため、学園Ⅱは、居室面積が旧法の基準のままであるが、そのことが理由で学園Ⅱの閉鎖を進めるという議論はなされることはなかった。

　このように、北海道では、障害者自立支援法の制度規定を根拠に、いくつか

の法人は施設閉鎖を行った。このことは、制度的動向がどのように職員の考え方に影響を与えるのかを研究することが、脱施設化研究において重要であることを示している。また、国がどのように脱施設化政策を実施しているのかということは、個々の施設の実践に多大な影響を与えるという点で極めて重要であることを意味する。

ただし、本章で明らかになったのはこうした制度的動向の影響だけではなく、本人と職員の相互作用過程を通して職員の援助観が変化したことが、施設閉鎖の実践の背景にあったという点である。職員による施設閉鎖の実践には、外発的要因だけではなく、内発的要因が重要な役割を果たしている。こうした内発的な施設閉鎖の実践が、その後の支援のあり方にどのような影響を与えるのかということを検討することが重要である。

第6章　組織への働きかけ

　施設解体計画を策定し主導したのは、法人組織では下位の職階である生活主任や生活指導員といった現場職員だった。生活主任の大田が中心となり、彼に共感する職員を巻き込みながら、新たな支援の方向性が確立された。これは、受容概念を基本としながら施設の構造的限界に対する問題意識をもつ態度や意識のあり方を意味した。

　本章では、A法人における組織構造の特徴を検討した上で、施設解体計画を策定するために、改革派職員は組織にどのような働きかけを行い、この結果、他の職員との間にどのような関係が形成されたのかということについて検討したい。

1．法人と自治体の一体化

第1に、A法人における施設の組織構造をみていこう。

1.1．町主導の法人設置

　A法人はM町内に1989年10月10日に設立され、1990年4月1日に旧知的障害者入所授産施設として学園Iを開設した。これは主に、1984年4月にM町内に開校した、M高等養護学校の卒業生を受け入れるために設立された。当法人を設立し初代理事長となったのは、新橋幸三（以下、新橋）である。彼は、自らの出身地であるM町の元町長でもあり、その後、1960年代後半から1990年代前半まで道議会議員を務め、道議会議長の経験もある。新橋は、M町での高等養護学校の誘致に積極的に関わり、A法人も新橋の働きかけによって設立された。設立に必要な補助金の獲得において、新橋の町や道との政治的つながりが重要な役割を果たした。

　新橋と共に1987年から法人設立準備に関わり、学園Iの初代施設長となる佐藤は、新橋について次のように述べた。

222　第三部　施設閉鎖の背景と方法

佐藤：（筆者注：新橋は）高等養護学校と地域との関わりを一生懸命考えていて、た
　　　だの政治家ではなくて、学校はでていないんですけど、学者風の人でして、
　　　いろんなことを深く考える人でした。それで、M町の町長になられたときも、
　　　戦後30代でなられたんですけど、町の復興などに、ちゃんとして計画をたて
　　　て、農業やらなにやら、全部そういうことをきちんとやった方だったんですよ。
　　　政党は無所属で入った方なんですけど。経済的にも、政治的にも、関わりを
　　　深くもった方でしてね。それで、農業を主体とした地域発展というものを一
　　　生懸命考えられた方です。（19.7.21）

　新橋が道議会議員をしているとき、M町を含む3市町において福祉制度が整
備されておらず「福祉関係の空白地帯」として問題になった。このため、これ
ら市町の学区としてM町にM高等養護学校が設立された。新橋は元M町の町
長として「農業を主体とした地域発展」を考えており、この構想に福祉の課題
解決を含めて計画が進められることになった。
　この後、M高等養護学校の卒業後の受け皿としてA法人が設立された。

佐藤：高等養護学校の社会進出といいましょうか、職場探しをするのに、ここで育っ
　　　た者については、やっぱりM町の地域で、働くところがあればいいじゃないか、
　　　ということで。直接企業で働ける人もいるし、程度によっては、行けない人
　　　もいますので、その中間的なところを一つ、助けてあげましょうかと。（19.7.21）

　A法人はM高等養護学校の卒業生の受け入れを目的に設立され、就労自立が
目指された。学園Iの2代目施設長には、M高等養護学校の元校長が就任して
おり、その後も両者の人事交流は続いた。M町の役場から課長級の職員が派遣
され、法人設立の準備に関与した。佐藤もM町の教育長をしてきた人である。
学園Iの建設費3億円のうち、半額が町の補助金で賄われた。補助金獲得にお
いて新橋が町長を長年務めてきたことが関係しており、A法人は「町立といっ
てもいいくらいですからね」（19.7.21）と佐藤は語った。
　法人設立の背景には、高等養護学校の受け皿として設立された側面があるが、
人口減少や過疎化が進む町にとって、人口対策や雇用創出、経済活性化も意図

されていた。農業や林業が衰退する中、福祉という領域が新たな雇用を創出する重要な役割を果たすことになった。A法人は、町内で唯一の障害関係の法人であり、職員数は 2018 年時点で、法人本部職員 10 名、施設・事業所職員 198 名（内 3 名のみ非常勤）であり（A法人 2018 年・現況報告書）、これはM町の生産年齢人口の 20％が当法人で働いていることを意味する。つまり、M町にとっては、A法人の存在が、社会・経済的に大きな影響がある。この点は、A法人が施設閉鎖を行う際に町の協力を得る上で重要な意味をもつことになった。

　M高等養護学校や学園Ⅰの設立の際は、地域から苦情や反対運動が起こることはなかった。

筆者：スムーズにいきましたか。反対があったりとか、地元から抵抗されたりとか。

佐藤：それはぜんぜんなかったですね。高等養護（筆者注：学校）をつくるときには、そんなことはありませんし。よく都市部には、郊外につくれっていうのがありましたけど、ここではそんなことはぜんぜんなかった。

筆者：地元の人の理解を得るために説明をしましたか。

佐藤：特になかったですね。町の広報で、こういうような施設ができるよと町民には知らされておったようですけど。特に説明会を催したとかはなかったです。自然のうちに浸透していったという。（19.7.21）

　「自然のうちに浸透していった」のは町の発展に尽力してきた新橋が主導し、A法人の理事長を務めることになったことも関係しているであろう。

　学園Ⅰは、離農した農家から購入した土地に設立された。この土地は市街地にも近く、農業を母体にしたかたちで、町民と交流しながら、運営を行うことが意図された。市街地に近いところに設立された背景について、初代施設長の佐藤は次のように述べた。

佐藤：やはり、町民との交流なんかもあるし、それから、生産したものの運びとか、そういう利便性というものを。考えておかないといけないということでしたね。（中略）ここで、何か産業をやるとすれば、やっぱり農業が主体になるで

あろうと。それで、ある程度の農地があったほうがいいと。（中略）

筆者：町民との交流とおっしゃっていましたが、それもイメージされていましたか。

佐藤：そうですね。非常に、みんな、喜んで、地域で何かあったら助けようということで、利用者なんかを非常にしっかりと応援して頂いたんです。

筆者：自治会とか、企業とかが応援してくれたということですか。

佐藤：そうですね。企業も、小さな町ですから、そういうこともあるんでしょうけど。理事長の新橋さんが非常に信用のある人でしたからね。その方が声をかけてくれるというのが。すっと、組織がすんなりと動いてくれた、ということです。（19.7.21）

　元町長の新橋が地域から広く信頼されていた人物であり、町民との交流の中で学園Ⅰを運営していくことが意図されていた。

　学園Ⅰの創設に当たっては、太陽の園の関係者が関与している。なぜなら、太陽の園の当時の総合施設長がM町の出身であるからだった。太陽の園の総合施設長と新橋との関係について佐藤は次のように述べた。

佐藤：やっぱり、総合施設長と深い関わりがあったと思いますし、札幌の会やなんかでもしょっちゅう会っていましたし。そういう施設の長をやっているというのが分かっていたから。そういう点（筆者注：信頼があったという点で）で力を貸したのだと思います。（19.7.21）

　学園Ⅰの開設に当たって、太陽の園の職員である川口が派遣され、創設の準備と開設後の2年間、指導課長として赴任した。当時の様子を川口は次のように述べる。

川口：創設から行ったもんですから、すごい旧態依然とした考え方だったんですよね。役場の役人が設置人になって。（17.6.27）

　町村役場が法人を設立する形態は、M町に特殊な形態ではなく、北海道ではよく見られると川口は説明した。町主導型という形態、あるいは、太陽の園と

の関係がA法人の組織運営に影響を与えた。川口は2年が経過すると太陽の園に戻り、当時太陽の園の臨時職員として勤務していた大田をA法人に紹介し、大田は1992年に学園Iに赴任することになった。

1.2. 町関係者の出向

A法人は、設立当初から2022年調査時まで、M町の行政関係者が理事長、あるいは、常務理事や施設長といった要職に就く慣例を継続させていた。この結果、A法人の施設解体計画は、町の意向を反映させながら進められた。以下、理事長・施設長・常務理事の系譜をみていこう。まず、理事長は表6.1.にあるように、初代は道議会関係者であり、同時に初代と6代目はM町の元町長である。M町議会議長も4代目と7代目に就任している。道や町との関係の中で法人が運営されていることを示している。

表6.1. 理事長の系譜

			経歴
初代	1989年10月～2000年12月	新橋　幸三	M町町長、 道議会議員（1967～1991年。 その間に道議会議長の経験）
2代目	2001年1月～10月	○○	M町　商店店主
3代目	2001年10月～2003年10月	○○	M町　会社社長
4代目	2003年10月～2006年6月	○○	M町議会　議長
5代目	2006年6月～2007年10月	○○	M町　郵便局長
6代目	2007年10月～2013年10月	大河内　忠浩	M町　町長
7代目	2013年10月～2022年現在	○○	M町　議会議長

出典：筆者作成。

次に、表6.2.にあるように、学園Iの施設長は、初代がM町の教育長、2代目がM町のM高等養護学校元校長、3代目がM町役場関係者である。表6.3.のように学園IIは、初代と3代目施設長は学園Iの3代目施設長が兼任し、2代目がM高等養護学校の元校長、4代目がM町役場関係者だった。

さらに、常務理事は、表6.4.の通りである。当初は常務理事と施設長の兼務だったが、2009年からは、施設長との兼務をとりやめて、常務理事だけになっ

226　第三部　施設閉鎖の背景と方法

表6.2. 学園 I の施設長の系譜

			経歴
初代	1990 年 4 月～1993 年 3 月	佐藤　慶一	M町 教育長
2 代目	1993 年 4 月～1997 年 3 月	○○	M高等養護学校 校長
3 代目	1997 年 4 月～2008 年 8 月廃止	前場　一英	M町職員、 M町社会福祉協議会 事務局長

出典：筆者作成。

表6.3. 学園Ⅱの施設長の系譜

			経歴
初代	1997 年 1 月～1999 年 3 月	前場　一英	M町職員、M町社会福祉協議会 事務局長、学園 I と兼務
2 代目	1999 年 3 月～2002 年 3 月	○○	M高等養護学校校長
3 代目	2002 年 3 月～2003 年 10 月	前場　一英	M町職員、 M町社会福祉協議会 事務局長、 学園 I と兼務
4 代目	2003 年 10 月～2005 年 3 月	○○	M町職員
5 代目	2005 年 4 月～2010 年 3 月	嶋田　裕之	学園 I の職員
6 代目	2010 年 4 月～2019 年 3 月	大田　豊彦	学園 I の職員
7 代目	2019 年 4 月～2022 年現在	○○	学園 I の職員

出典：筆者作成。

表6.4. 常務理事の系譜

			経歴
初代	不明～2008 年 12 月	前場　一英	M町職員、 M町社会福祉協議会
2 代目	2009 年 1 月～2011 年 10 月	酒見　和喜	M町の副町長
3 代目	2011 年 11 月～2022 年現在	○○	M町立の特別養護老人ホームの施設長

出典：筆者作成。

た。常務理事の地位は、施設長より上の立場にあり、主な業務は理事会の調整や予算1,000万円以上の入札を必要とする備品・建物購入、人事などである。学園 I の 3 代目施設長の前場一英（以下、前場）が施設長と兼務するかたちで初代常務理事となった。その後、M町の元副町長が常務理事を務め、2011 年から、M町立の特別養護老人ホームの元施設長が就任している。このため、常

務理事もM町役場と深い関係のある役職となっている。

このように、理事長、施設長、常務理事といった、施設運営における意思決定機構の上層部を、M町の行政関係者や教育関係者が多く務めた。このような町と法人の一体化した関係が、施設閉鎖のあり方を規定することになる。

社会福祉法人は、地域移行のために必要な通所施設やグループホームの建物を確保するためにある一定の自己資金が求められ、小規模法人では市町村行政による補助金が不可欠となる。それゆえ町村部における社会福祉法人は、町村行政の財政的支援が重視され、法人と町村行政の協力体制が構築される点に一つの特徴がある。

1.3. 地域の経済や文化への影響

自治体にとっても、A法人の存在は、町内の経済や文化への影響という観点から重要だった。M町において、障害者を対象とする法人はA法人のみである。M町には、高齢者を対象とする特別養護老人ホームがあり、ここはM町が設立し運営してきたが、現在はA法人に委託され運営されている。この他、M町には、町が運営する児童養護施設がある。M町における社会福祉関連施設はこれらのみであり、雇用や経済の面でA法人の存在は大きい。

人口減少が進む中で、M町にとっては、雇用の確保や、職員とその家族／利用者とその家族による消費経済への貢献という点で、A法人の存在は大きいと考えられている。開設当初から、学園Iは地域との関わりを重視しており、職員は2〜3人の入居者を連れて毎週、外出の支援もした。学園Iの設立当初から勤務してきた国橋は、次のように述べる。

国橋：ここは町が近いので、その頃は2〜3人を連れて職員が町の方に行って、自分の選択したものを買い物をしていました。お金の支払いなんかは見ながらこちらで介助したり、店の方にお願いをしたりとか。自分の嗜好品。飲み物とかおやつとか。洗剤とかはみがきとか日用品ですかね。後は自分の好きな本とかCDとか購入していましたね。後は最初の頃は喫茶店に行ったりとかしていましたね。(15.8.14)

入居者は嗜好品、飲み物やおやつ、洗剤やはみがきなどの日用品、本やＣＤなどを購入するため町に出かけた。喫茶店や美容室を利用し、年5～6回は食堂で外食した。入居者は地域にとっての重要な消費者となり、地域経済にとって大きな貢献をしている。

　自治体の文化の存続においても、職員や入居者による貢献は大きい。学園と地域との関わりを象徴するのが、「行燈行列」という地域行事への参加だった。これは年1回開催されるＭ町の夏祭りの際に行われる行事であり、各団体が製作した「行燈」の山車の行列が町中を練り歩くものである。行燈は住民の手作りであり、山車は骨組みから色塗りまですべて住民によって行われる。この行事に開設当初から学園全体として参加していた。このため、入居者も職員も行燈製作に関わった。1999年に行燈製作に関わった職員は次のように述べている。

　「7月18日、日曜日、この日は、入所者にとって、待ちに待った、私にとって初めての行灯行列の日でした。学園Ⅰと学園Ⅱの合同の製作で今年で三年目を迎えました。1か月前よりよる七時から九時までみんなで力を合わせ協力して作り上げてきました。行灯名は七福神、縁起をかつぎ幸福を運んでくれる、七福神に一人一人の心を込めて描きました。その甲斐あってすばらしい作品が出来、成功を納めることができました。（中略）踊り担当と言うことで、今までの踊りと違ったものをと考え、少々リズムの速い音楽を選んでみました。最初はどうなるかと思いましたが、自主的に踊りの練習をしている人もおり、嬉しい限りでした。当日は今までのすべてを見せるために、顔にはメイク、手には鳴子と気合いを入れて臨みました。その結果敢闘賞頂きました」（学園Ⅰの機関紙53号、1999年10月8日発行）

　学園Ⅰは、1997年にＡ法人が開設した学園Ⅱと共に、行燈を製作し、行事に参加した。入居者と、職員が一丸となって、この行事に参加してきた。

　グループホームでは、入居者は自治会の会員となり、自治会の一員として行燈製作や当日の山車を押す役割、行列の中で行われる踊りに参加するようになった。近年は高齢化が進み、行燈行列の際に山車を押したり、踊りに参加したりする地域住民の数は減っている。

私は 2019 年 7 月 24 日に M 町の第一自治会の踊りの練習に参加した。このときは、自治会会員として参加するのは会長と副会長、もう一人の住民のみであり、残りの約 10 数名は A 法人のグループホームの利用者だった。職員の岩垣もこの町内会に住んでおり、踊りに参加していた。1 週間に平日 2 回、仕事が終わる夕方の時間帯に、自治会会館前で約 1 時間の練習をする。他の日もこの日と同様、一般住民で参加する人は少なかった。

　会長（2018.7.25）や副会長（2019.7.23）は、「すべてをこちら（筆者注：A 法人）にお願いしてしまっている」「この人たちのおかげでなりたっている」「行燈を押す人も少なくなって、昔はもっといたんですけど」と語っており、グループホーム入居者の参加がなければ、行燈行列への参加は難しいと考えている。他の町内会では、踊り手がいなくなり、参加できなくなったところもあるという。したがって、町内会にとっては、グループホーム入居者が行燈行列にとっては不可欠な存在になっている。入居者には踊りの仕方を教える「先生」となった人もいる。私が参加したときにも、この「先生」が中心となって、皆が汗を流しながら、本番に向けて踊りの練習に励んでいた。

1．4．支援方針を現場職員に委ねる

　町行政と法人が一体化した組織構造において、A 法人の意思決定の仕組みがどのように形成されてきたのかをみていこう。

　学園 I の設立当初は、施設長をトップにして次長が続き、指導課長がその下に置かれた。学園 I の指導課長は太陽の園から派遣された川口であり、2 年間勤めた。川口が太陽の園に戻ってから、生活指導と作業指導のそれぞれに課長が配置され、生活指導課長の下に生活指導員 2 名、作業指導課長の下に作業指導員 10 名の体制がつくられた。学園 II は設立当初、施設長の下に、次長、その下に指導課が置かれ、指導課長 1 名の下に生活指導係と作業指導係が置かれた。生活指導係は主任 1 名、生活指導員は 7 名、作業指導係は主任 1 名の下に作業指導員 6 名が配置された。

　学園 I と学園 II では開設当初、支援経験の希薄な施設長ではなく、生活主任や生活指導員といった現場職員の意見が反映されたり、彼らが主導したりしながら、支援のあり方が決められていった。学園 II では、設立当初、様々な問題

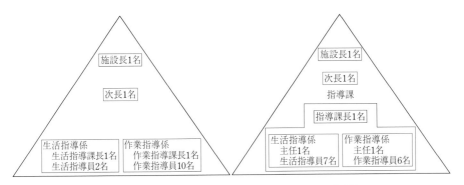

図6.1. 学園Ⅰ（左）と学園Ⅱ（右）の設立初期の職員階層

出典：筆者作成。

を解決する上で、学園Ⅰから学園Ⅱに異動し、生活指導係の主任の立場にあった大田が主導的役割を果たした。学園Ⅱの2代目施設長は、M町のM高等養護学校の元校長だったが、重度知的障害者への支援経験はなく、支援経験のある大田に現場の方針を委ねることになった。学園Ⅱの指導課長だった嶋田も、A法人に就職するまでは、道内にある社会福祉法人の知的障害者入所施設に勤務した経験があった。嶋田は学園Ⅰの開設当初から勤務経験があり、大田と嶋田は法人内で唯一の入所施設勤務経験者として気持ちも通じ合い、協力しながら学園Ⅰで勤務をしてきた。学園Ⅱに二人が異動してからは、嶋田は指導課長として勤務することになるが、現場の支援のことには関与せず、大田らに支援を任せてきた。設立当時の学園Ⅱの生活指導課長と、大田ら生活指導員との関係について、工藤は次のように述べる。

工藤：どちらかというと我々に任せていたと思います。そのへんで大田さんともぶつかっていたと思います。やっぱりやりかたでしょうね。時間をかけながら個を大切にしていたので。それに対して常識を当てはめて駄目なものは駄目ということとの間で。（15.8.15）

大田と嶋田は次第に支援のあり方をめぐって対立するが、嶋田は大田らと「ぶつかり」不満をもちながらも、生活指導員に支援方針を委ねていた。指導

第6章　組織への働きかけ　231

課長や施設長がイニシアティブをとるようになったのは、後年になって経験を積んだ職員が指導課長や施設長に就任してからのことである。生活主任だった大田の立場は、課長や課長補佐より下位となり、管理職手当も出ない役職だった。ところが実際には、課長以上の仕事をしていた。勤務表の作成や事業計画、報告の作成など現在であれば次長クラスの仕事を大田が行った。また、指導課で使用する書式なども大田が作成した。学園開設の混乱期に、業務経験のある大田がこれらの仕事をこなしながら、現場の支援方針を決めた。

1997年に学園Ⅱが開設された後、大田や阿部が学園Ⅰから学園Ⅱに異動になったが、その後、学園Ⅰの体制は、次長という立場がなくなり、施設長の下に指導課が置かれ、生活指導課長と作業指導課長が一つに統合され、指導課長1名が配置された。つまり、学園Ⅰの設立時の組織体制に戻ったことになる。この指導課の下に生活指導係と作業指導係が置かれ、生活指導係は生活指導係主任2名の下に生活指導員2名、作業指導係は作業指導係主任1名の下に作業指導員10名が配置された。指導課長に権限が集中する中で、生活領域については、指導課長の指揮のもと生活主任を中心に運営されることになった。

大田と阿部が異動になった後の学園Ⅰは、指導課長の体制のもとに入居者の生活が管理される状況になったという。学園Ⅰに残った国橋は、その頃のことを次のように語った。

国橋：指導というのが強くなりましたね。（中略）決めごとが多くなりましたね。外出でも何時までに戻って来るとか。時間を完全に何時から何時までと決めて提出させるとか。（中略）やりづらかったですね。（中略）決めごとをきっちりとか。それに対して職員は何をしている、というのが口癖でしたね。そういう部分で職員にプレッシャーをかけていましたね。そういう印象が強いですね。(15.8.14)

生活支援は指導課長を中心に行われ、施設長は報告を受ける立場にある。当初は学園内で生じる事態について、施設長は適切な対応ができない状況が継続した。学園Ⅱが開設された時期に当たり、当時の学園Ⅱで生活支援をしていた大田、岩垣、工藤、阿らは学園Ⅰで起きていた問題に気づくことができな

かった。学園Ⅱの開設当時は、職員たちは周囲を見る余裕が全くない状況だったからである。現場経験の浅い人が施設長になるというＡ法人開設時の組織的環境によって、生活指導員などの現場職員が支援方針を決めた。これは、管理的志向の強い職員が主導すると、入居者の生活環境が管理的になることを意味する。

　1997年4月から学園Ⅰの施設長を務めた前場は、学園Ⅰの管理的体質を変えるため、2002年4月に学園Ⅱの指導課長だった嶋田を学園Ⅰの指導課長に配属させ、学園Ⅰの指導課長を学園Ⅱに異動させた。しかし、嶋田は地域移行に慎重であり、当時、地域移行を推進しようとした前場と次第に意見が対立し、わずか1年後に、嶋田が学園Ⅱに異動する事態が生じた。工藤は、嶋田は「移行推進派ではなかった。この人はグループホームの管理者もやっていたが、最後までこれでいいのかと言っていました」と述べる。嶋田は、大田らが施設解体計画を実施することに対して、退職するまで批判的考え方をもっていた。

　この時期、学園Ⅰの前場施設長は、学園Ⅱで生活主任として働いていた大田に信頼を置くようになった。大田が2003年6月に学園Ⅰに異動になり課長補佐に就任すると、前場は行政との交渉の際は大田を付き合わせた。

前場：通所をやっても利用する方が選ぶことは難しいだろうと思って、施設自体が
　　　しっかりしていないといけないと思った。しっかりした職員がいなければな
　　　らないだろうと思った。職員の採用も理事長も考えて、私は経験のないとこ
　　　ろからやりましたから、大田さんが来てくれて、専門の人が来てくれて、大
　　　変力強く、私以上に職員の指導をしてくれました。私は経営者側の観点が強
　　　かった。(15.8.15)

　前場は経営者の役割を果たし、現場の支援は大田に委ねるようになった。

２．組織への働きかけ

　上記の組織構造や意思決定の仕組みにおいて、改革派職員はどのように組織に働きかけをしていったのかを次に検討しよう。

２．１．改革派グループの形成：目標達成のための集団維持行動の限定化

　組織のリーダーシップ論については、三隅二不二のPM理論が知られている（三隅, 1986；近藤, 2020；野田, 2005）。PM理論は、「Ｐ行動（Performance function）」という「目標達成行動」と「Ｍ行動（Maintenance function）」という「集団維持行動」の２機能によって構成される。Ａ法人の大田及び改革派職員によるリーダーシップは、目標達成行動を重視する一方、集団維持行動については、地域移行や施設閉鎖に積極的に取り組む職員内のチームに限定し、改革派グループを形成していった点に特徴がある。

岩垣：利用者が問題行動を起こした時には注意したり、声をかけたりするんですけども、ちゃんとフォローを入れて、という連携がとれていたんですよね。ひどいパニックとかいっぱいあったんで、誰かが大変だったときには僕がサポートに行ったりとか。途中で代わってご飯を食べてきてくださいとか、連携とか、困ったらすぐに人が来ていました。（15.8.14）

　実際の支援において協力するということだけではなく、支援のあり方について職員同士で相談し、より良い支援のあり方を探求する姿勢がみられている。
　こうした職員同士のチームという関係性は、他施設に異動した後も継続する。阿部や岩垣が2002年に学園Ⅱから学園Ⅰに異動した後、彼らが学園Ⅰの施設内改革を行う際に、この時期にまだ学園Ⅱにいた大田と頻繁に連絡を取り合い、支援の相談をしている。施設としては双方の独立性を保持しているが、個々の職員同士では連絡をとりあっていた。例えば、岩垣は、学園Ⅰで利用者が同じ時間に食事をしなければならないことに対して異議申し立てをした後にも大田に相談をしていた。

岩垣：僕、会議でどなったので、すぐに課長が大田さんに、私が会議のときにこういうふうに言っていたぞと。たぶん言ったんだと思います。大田さんから大丈夫かという連絡がありました。施設の状況はこんな状況なんですけど、相談にのってくれませんかと（筆者注：大田さんに言いました）。（15.8.14）

これらの職員は、異動後もチームとして思いや考えを共有しながら勤務してきた。2003年には大田（課長補佐）、工藤（生活指導員）も学園Ⅰに異動になった。その後は、大田、阿部、岩垣、工藤、そして、学園Ⅰに設立当初から勤務する国橋の5名が中心となって学園Ⅰの施設内改革、そして、施設閉鎖を進めていくことになった。

　次に、チーム内で重視されていたのは、課題達成を客観的なかたちで明らかにしていくことであった。例えば、学園Ⅱでの取り組みの中で、TEACCHプログラム[18] を試行的に行ったり、ビデオや本から視覚的な方法を学んだりしたことをチームで検証する作業を大事にしている。1997年に学園Ⅰから学園Ⅱに生活指導員として異動した阿部は、次のように語った。

筆者：事例検討もやっていましたか。
阿部：そうですね。その頃はみんな困り果てていたので、わらにもすがる感じだったので。支援会議の中で困っている人の事例とか、カードをとりいれた後はどうか、他に何があるか。日課（筆者注：日中活動のこと）の拒否も多かったので、日課を終わらせてから食事という支援をしてから、食事をする前に日課を終わらせなければならないのかという職員の順序に合わせるやり方があっているのか、適しているのかということを話していました。
筆者：学園Ⅰの頃はこのような会議はなかったのですか。
阿部：はい。やらなくてもみんな（筆者注：利用者）がついて来てくれるというのがありました。(16.8.5)

　学園Ⅰの頃は、比較的障害の軽度の人が利用しているため、日課による対応であっても問題が起きることはなかった。ところが、重度知的障害者の多い学園Ⅱでは、日課による対応が通用せず、個別支援が必要になり、さらには、職員がチームを形成し、相互に情報共有しながら対応することが求められるようになった。課題を達成したかどうかを明らかにするために、データによる成果の発表が重視された。

第6章　組織への働きかけ　235

岩垣：自閉症ではない人は結構いたんですけど、その人に合うやり方を少しずつ探していた。その人の行動を見て、何曜日には問題が多いとか、何時に問題が多いとか、誰に時にこういう対応をとるとか、そのときからデータをとったりして、原因は何だろうねっとかを話したりして。(15.8.14)

　学園Ⅱの混乱した状況の中で、受容の姿勢を重視し、個々の利用者に合った支援方法を実行したため、入居者の生活は安定し、以前より「明るい生活環境」に変わっていった。この成果は、知的障害者施設協会の職員研修で発表され、学園Ⅱの２代目施設長から高い評価が得られた。この施設長は、大田らが作成した教材を高く評価し、施設長自らが作成した教材を提供してくれたのだという。当時、この教材学習によって、問題行動を起こした入居者の状態は安定し、それをまとめたものが職員研修で発表された。発表の中で、大田らの「型にはめない、我々が柔軟に型に合わせる」という考え方が打ち出された。客観的データを示しながら、改革の取り組みが進められていった。

2.2．権限のある施設長との関係構築
　大田らは目標達成行動を重視しながら、施設内改革や施設閉鎖を志向する改革派グループを形成して集団維持行動を限定していった。ただし、施設解体計画のような法人全体の運営に関わることについての決定権は現場職員にはなく、施設長が意思決定において重要な役割を果たしている。したがって、施設解体計画を実施する上で、施設長との連携が重視された。
　2003年に施設解体計画が策定されたときの学園Ⅰの施設長は、３代目の前場だった。前場が1997年に学園Ⅰの施設長となったときは、学園Ⅰは課長１名、課長補佐１名、生活主任１名と作業主任１名、残りは生活指導員と作業指導員という構成だった。
　2000年前後の学園Ⅰでは、一部の職員による過剰な指導によって、利用者の生活が管理される状況が生じていた。前場は2001年に大田を町内の居酒屋に呼び、学園Ⅰの問題職員を学園Ⅱで指導するように依頼した。前場は学園Ⅱの大田らによる重度障害者支援の取り組みの成果を知るようになり、支援実績を残している大田に関心をもつようになっていた。また、大田はM町の出身で

はない「よそ者」であるため、こうした職員を預けやすかったのではないかと大田は語った。

大田：私は、よそ者ですから、押し付けるにはちょうどよかったのではないでしょうか。田舎というのは、先輩後輩とか家とか親戚とか、いろいろとしがらみがあって、陰口は叩きますが、表面的には、何も言えない特徴があります。私は、何のしがらみもありませんし、これらの職員を私に預けやすかったと思います。(19.4.29)

　問題となった職員はM町出身であり、町外の職員に委ねる方が前場にとっても都合が良かったのではないかということである。大田は、町外という立場を逆に利用し、「しがらみがありませんから、これまでも、ずいぶんと好き勝手をやらせてもらいました」と語った。2002年4月に、学園Iの指導課長と問題となった職員が学園IIに異動になり、これら職員への指導が大田に期待された。大田は生活主任としてこれらの職員への対応をしている。
　2003年6月には、大田は学園IIから学園Iに異動になり、課長補佐に就任した。2006年に通所授産施設が開設するが、これは前場施設長の指示による取り組みだった。前場施設長は支援費制度によって施設経営が厳しくなることを懸念し、大田に20名を地域移行させて通所授産施設を作る計画を指示したという。このことは、前場施設長が大田を信頼し、この計画を進めるために大田を学園IIから異動させたことが示されている。
　しかし、大田は「結果的に利用者を選択できないという思いから全員を地域へ送り出すという施設解体計画」(19.4.29)を立案した。前場は大田からの施設解体計画に賛同することになったが、このときの思いを次のように語った。

前場：とにかくM町に住んでもらいたかった。そして、ここの施設を中心としてつながってほしいなぁと。(中略)とにかく入所施設を大きくしようと。グループホームに出ていってもつながりたいと。(15.8.15)

　前場には、グループホームというかたちで地域に事業が展開することは、施

設が拡充するものとしてイメージされている。この点で、大田らの意図とは異なる側面があるが、施設ではなくM町の地域で生活してもらいたいという思いにおいては共通していた。施設の元入居者が地域生活していることについては、次のように語った。

前場：少人数の中で生活が安定して、楽しくやれていれば、利用者の方も喜んでおられるのかなぁと思います。M町を離れるんじゃなくて、M町で生活して、会うと「おいっ」てあいさつをして、これで嬉しいかなぁと思う。(15.8.15)

　前場がもともとM町役場に勤務していた際、A法人の初代理事長である新橋が町長を務めており、両者は部下と上司の関係にあった。前場がA法人に勤めたのは、新橋による働きかけがあったからだった。

前場：福祉の仕事をせよって言われて、そのまま仕事をすることになった。私が役場にいたときから新橋が町長でした。(中略) 福祉について分からないうち、道議会の先生がよくしていたものですから、やれやーということでやることになった。(15.8.15)

　町役場時代に、前場は休職後に新橋町長の配慮によって復職する際、M町の社会福祉協議会に勤めたことがある。このとき、前場は地域の高齢者の在宅を支援した経験がある。大田によれば、このときの経験があったからこそ、前場施設長は地域や入居者のことについて深く考えるようになったのではないかということである。

大田：前場さんは、町内の高齢者の家を自転車で回ったそうです。そういう中から、地域で暮らすことの大切さを学ばれたと思います。前場施設長は、「福祉は心、福祉は人なり」という言葉が好きでしたし、何より、利用者を大切にしていました。(15.8.15)

　前場は学園Iの施設長に就任すると、新橋が元道議会議長ゆえに道や町の協

力が得られると考えており、新橋への信頼は大きかった。新橋理事長の退任後の２～５代目理事長は、民間関係者や元町議会議長が就任した。これらの理事長は現場の意向に委ねており、施設長の決定が妨げられることはなかった。Ａ法人の総務課長もしていた前場は、新橋理事長の退任後は大きな権限をもつことになった。

３．分裂と派閥政治

第３節では、大田らの「改革派グループの形成」や「権限のある施設長との連携」による組織への働きかけが、他の職員たちにどのように捉えられることになったのかをみていこう。

３．１．他の職員集団との分裂
改革派職員による取り組みについては、他の職員の受け止め方は２つに分かれていた。

例えば、大田や阿部が学園Ⅰに就職した当初に行った本人参画の取り組みについて、それに共感する職員がいる一方、職員の中には戸惑いや反発も生まれた。

国橋：（筆者注：戸惑いは）職員の中ではありましたよね。（筆者注：反発は）一部あったと思います。（中略）両極端ですね。大田さんをみて同様の動き方をする人とそうではない人と。半分くらいでしょうかね。（中略）いろいろなことを言って、できないだろうとか。そういう思いはあったんじゃないか。(15.8.14)

さらに、2002年に学園Ⅱから学園Ⅰに異動になった岩垣や阿部が学園Ⅰの中で施設内改革をしようとした際に、職員集団が分かれていく状況が見られた。例えば岩垣は、利用者が同一の時間に食事しなければならない問題を１回目の職員会議の際に指摘し、改善を求めたときの反応は以下の通りである。

岩垣：会議が終わりそうだったんですよね。ちょっと待ってくださいと。福祉の世

界で利用者を集団で管理するのはおかしいんじゃないかと。職員もいないの
に、利用者に利用者を見させていると。これでいいんだろうかという話をして、
ご飯だってみんな一緒に食べていることは普通じゃないと。当時はタブーと
いう言葉を使っていたと思うんですよ。議長に投げかけたんですけど。

筆者：そのときの周りの反応はどうでしたか。

岩垣：やっぱり戸惑ってですね、議長が一番困ったんですよね、僕がこうやって言っ
たので。議長が今すぐどうのこうのする問題じゃないのでと言ったので、今
すぐすることじゃないですかって言ったんですよね。（筆者注：議長は）何も
言えなかったです。それで周りの方が分かったということで、会議が終わって、
話そうということがありました。その後、当時の生活主任の人が集まってく
れって言って、岩垣みたいな考えをもつ人もいるので考えなきゃいけないと
言ってくれたんですよね。（筆者注：そう言ってくれたのは）男性職員だけだっ
たと思います。(15.8.14)

　職員会議の議長を務めたのは指導課長であり、生活主任2名と作業主任1名
を集め、この問題について話し合いをした。この結果、食事時間は個別化され
ることになった。一方、否定的な受け止め方をする職員について、岩垣は次の
ように語った。

岩垣：やっぱり学園Ⅱから来たんだというふうにはずっと見られていました。考え
が違うというふうに。私も阿部さんもそうですし。(15.8.14)

　改革派職員は、これらの職員の支援の方向性を共有しない職員からは、特別
なグループと見られることになった。
　施設解体計画に対する職員の意見は、分かれた。学園Ⅱから学園Ⅰに異動に
なった大田は、2003年12月15日に理事会用資料として、「入所者ゼロ宣言」
と「無資格職員ゼロ宣言」を掲げた第一次福祉総合計画を作成した。この計画
は同年同月に理事会で承認された。職員会議で当計画が発表されたときには、
職員から反対意見が出された。学園Ⅰに設立当初から2002年まで勤務し、
2002年から2009年まで学園Ⅱに勤務した中谷潤一（以下、中谷）は、大田の施

設解体計画には一貫して反対した。彼は大田と同期であり、4人部屋を解消するために施設の居住人数を減らすことについて話しあったことがある。しかし、施設閉鎖ではなく、施設定員を減らし、グループホーム数を増やすべきだと考えていた。

中谷：出ていけない人は、どうしてもいるんじゃないかと思って。施設は残すべきだと思っていたんですよね。どうしても町に出て、馴染めない人もいるんじゃないのかなぁと思った。別に施設をなくさなくても、グループホームの数を増やしていけばいいのではないかと思いました。

筆者：大田さんが計画を出した時はどう思いましたか。

中谷：そこまでやっちゃうというのは、ずいぶん急だなぁと思いましたね。もうちょっと段階を踏んだ方がいいんじゃないかと思いました。(19.7.19)

　中谷は、施設解体に反対した職員は他にも多くいたと語った。

中谷：ほぼみんな時期尚早と言っていました。私の周りはみんな言っていましたけど。

筆者：なぜ解体計画が通ったんですか。それは、前場施設長のリーダーシップですか。

中谷：そうですね。彼が、ほぼ鶴の一声というかたちだったんじゃないかと思いますけど。権限はありましたね。やっぱり役場とのつながりが強かったので、そこが一番。で、町がお金を出してくれたので。(19.7.19)

　中谷は、多くの職員が反対した施設解体計画が実行されることになったのは、前場施設長と町との強い関係があったからだと考えている。施設長の「鶴の一声」に対しては、周囲の職員は異議申し立てをすることは難しいという。そして、今でも、解体すべきではなかったと中谷は主張した。施設解体計画に反対する職員にとっては、改革派職員との考え方の差異を意識させることになった。

　中谷は、2002年に学園Ⅱに生活主任として配属され、後に次長という立場となる。彼が学園Ⅱに異動した後、施設解体計画の一環として、学園Ⅱの廃止についても議論がなされたが、彼はこの計画に反対したという。

第6章　組織への働きかけ　241

筆者：施設解体計画の中では学園Ⅱの解体という話もあったんですか。

中谷：一応最初はあったけど、私はやめましょうという話をして、やめることになりました。

筆者：その理由はなんですか。

中谷：やはりここを見たときに、今の職員の数ではできないと。(19.7.19)

　学園Ⅱでは、施設長と共に、次長である中谷も学園Ⅱの閉鎖には反対したため、結局、大田の学園Ⅱを含めた施設解体計画は修正されることになった。

3.2.　派閥政治に巻き込まれる

　次に、A法人はM町関係者が重要ポストに就く慣例を継続させてきたため、特定施設長との関係を構築することは、町内の派閥政治に巻き込まれる状態をもたらしたことが分かった。

　2007年10月にM町の元町長である大河内忠浩（以下、大河内）が理事長に就任すると、2008年12月に前場施設長は退任し、M町の副町長を務めた酒見和喜（以下、酒見）が常務理事となった。大田によれば、前場ではなく酒見が常務理事になったのは、大河内と酒見はM町内では上司と部下の関係にあり、大河内と前場には人間関係の確執があったことが一つの原因だったという。このとき、施設長と常務理事の役割は分離されたが、M町の元町長と元副町長がA法人における意思決定の重要なポストに就任したことになる。

　この後、2010年4月に大田は学園Ⅱに異動になった。大田と前場とは、施設閉鎖を協力して実現させた関係にある。前場の退任と大田の学園Ⅱへの異動は、A法人の取り組みを主導する権限が大河内と酒見にわたったことを意味する。これは新橋・前場の体制から大河内・酒見による体制へと「政権交代」(19.4.28) する状況を意味したと大田は語った。

　酒見は重度知的障害者の地域移行に極めて消極的であり、学園Ⅱの施設解体計画を構想していた大田とは意見が対立した。この結果、学園Ⅱに異動になった大田の見解が採用されることはなく、学園Ⅱの地域移行を進める計画は停滞することになった。これは、町行政の派閥政治が、A法人の施設解体計画のあ

り方にある一定の影響を与えたことを意味する。

4．小括

　本章では、A法人における組織構造の特徴を検討した上で、後に施設解体計画を主導することになる職員たちは、組織にどのような働きかけを行い、この結果、他の職員たちとの間にどのような関係が形成されたのかということについて検討した。

4．1．組織構造と意思決定の仕組み

　第1に、組織構造と意思決定の仕組みについてである。A法人は、行政主導の設立経緯ゆえに、町行政関係者が法人の要職に就任する慣例を継続させてきた。A法人にとって、建物の建築費のための国による補助金を獲得することが困難な状況では、補助金や土地の提供など町行政による協力が不可欠だった。一方、町行政にとって、人口減少や高齢化が進行する中で町内の経済や文化への貢献という点で、A法人は重要な存在になっていた。

　町行政と法人との一体化した関係があるがゆえに、以下のような特徴的な組織体制がつくり出されていた。つまり、現場経験や福祉の専門性が希薄な町関係者について施設運営の責任ある立場に就任することによって、現場の支援のあり方が指導員といった現場職員に決定権が委ねられた。このことは、現場の支援のあり方が、現場職員がどのような思想や考え方をもっているのかによって左右されることを意味する。

　先行研究（鈴木，2010：121；樽井ら，2008a）では、施設長ではなく現場職員が地域移行の実践の主要な役割を担っていたことが示されている。例えば、樽井康彦ら（樽井ら，2008a）は、知的障害者施設200か所400人の職員を対象としたアンケート調査を行い、知的障害者ケアにおける脱施設化志向の職員と施設長の意識の相違について分析した。この結果、脱施設化志向は全般的に職員群のほうが施設長群よりも意識が高いことが明らかにされた。本研究の成果も現場職員のリーダーシップが発揮される状況が示されたが、A法人の場合は、町行政との政治的関係といった組織的条件が背景にあることが明らかになった。

4.2. 施設閉鎖のリーダーシップの影響

第2に、施設解体計画を主導する職員は、組織にどのような働きかけを行い、この結果、他の職員たちとの間にどのような関係が形成されたのかについて検討した。

まず、改革派職員は施設内改革や施設閉鎖という目標達成のために、改革派グループを形成し、集団維持行動を限定化していたことが明らかになった。しかし、現場職員だけでは、施設閉鎖という組織運営に関わる意思決定を遂行できない。施設閉鎖を行うこと自体、法人の財政的負担が発生し、施設閉鎖に反対する職員も多い。このため、地域移行の理解があり、町行政と関わりをもつなど権限のある施設長との連携を通して、施設閉鎖が遂行された。「改革派グループの形成」や「権限のある施設長との連携」は、施設職員が入居者の生活環境を改善し、平等な生活を目指すために施設閉鎖を実現させる上での職務戦術だった。

ところが、結果的に、他の職員との関係に影響を与えることになった。まず、施設内改革、地域移行や施設解体計画といった支援の方向性を共有しない職員集団との分裂である。学園Ⅱから学園Ⅰに異動した職員たちは「異動組」として特別視され、施設解体計画に対して反対する職員との間に十分なコミュニケーションがとられないまま施設閉鎖が行われた。次に、町関係者の施設長の権限を活用することで施設閉鎖を実現させたが、これによって町内の派閥政治に巻き込まれる事態がもたらされた。

職員集団の分裂や派閥政治に巻き込まれる過程で、学園Ⅱの解体は施設解体計画反対派の職員から賛同が得られず計画対象から除外され、最重度の障害者を含めた地域移行は停滞した。本章の分析を通して、施設解体計画を実施しても入所更生施設が残ったのは、組織への働きかけにおける職務戦術が関係することが示唆された。

本章の分析を通して、施設解体計画を実施しても入所更生施設が残ったのは、組織への働きかけにおける職務戦術が関係することが示唆された。

組織のリーダーシップ論であるPM理論（三隅, 1986；近藤, 2020；野田, 2005）の「P目標達成行動」と「M集団維持行動」の二つの機能を軸にすると、1）

PM 型（目標達成行動と集団維持行動の両面で優れている最も理想的なリーダーシップ）、2）Pm 型（目標達成行動に長けているものの、部下との人間関係や集団維持があまり得意ではないタイプ）、3）pM 型（集団維持行動に優れている反面、目標達成行動が劣っているタイプ）、4）pm 型（目標達成行動と集団維持行動の両方が劣っているタイプ）の 4 象限のモデルができる（近藤, 2020）。

　PM 理論に依拠すると、大田及び改革派職員のリーダーシップは、2）Pm 型に相当すると考えられる。施設内改革や地域移行、施設解体という目標達成行動のために、事例検討によるエビデンスの提示、利用者の希望に応答した計画の立案・実施が行われていた。一方、A 法人の組織内には施設閉鎖といった革新的取り組みに対して抵抗感を有する職員も数多くおり、彼らの理解や協力が十分に得られない中で、集団維持行動を限定していくことによって施設閉鎖の実践が行われていた。

　この実践の背景には、日本における障害者総合支援法をはじめとした制度や社会的仕組みが、施設閉鎖という目標達成行動を実現させるために十分に整備されていない状況があった。この結果、A 法人の職員集団のマジョリティは、施設閉鎖ではなく施設内環境の改善を重視していた。A 法人の施設解体計画は、社会資源が不足するなかで、時間的に制約された条件下で実現させなければならないことも関係している。

　日本の施設閉鎖の取り組みは、行政が主導する福祉先進国の脱施設化とは異なり、施設職員が主導する点に特徴がある。高い目標達成意識を有する職員の実践を制度的に保障する仕組みが十分に整備されていない結果、組織内の他の職員集団の理解を得ることが困難になり、職員集団間の分裂をもたらしかねない。これに加えて、施設長が町行政関係者であるがゆえに、町行政の政治的関係が法人組織に影響を及ぼしかねない。町行政と組織経営特性との相互関係については、次章において詳細に論じたい。高い目標達成意識を有する職員の実践を、組織特性や地方自治体の事情に左右されずに、国の制度によって支える社会的仕組みを整備することは極めて重要だ。国の制度的保障があることによって、職員主導型の施設閉鎖の実践は展開し、利用者の生活の質の向上に寄与することが可能になる。

　これまで社会福祉学では、組織内のリーダーシップと、職員の職務満足及び

サービスの質との関係を分析する研究が行われてきた（中野 , 2007；田中 , 2022）。例えば、中野隆之（中野 , 2007）は、高齢者保健福祉施設の介護職員を対象にしたアンケート調査を行い、介護職員のエンパワメント及び職務満足と、上司のリーダーシップとの関係や影響力の測定を通して、サービスの質的向上を図るための人的資源管理のあり方を明らかにした。この結果、介護の現場ではＰＭ志向の強いリーダーシップが職員の職務満足やサービスの質の向上に重要な影響を与えていることが明らかにされた。

　ＰＭ型のリーダーシップが、施設閉鎖といった新しい実践とどのように関係しているのかということについても今後研究される必要があるだろう。施設閉鎖の展開過程は、Ａ法人の組織構造やリーダーシップのあり方の影響を受けている。脱施設化研究ではこれまで、組織構造やリーダーシップの観点から分析することが十分になされてこなかった。しかし、日本では、施設運営法人のイニシアティブによって地域移行が展開しており、これらの特徴とその背景要因を分析する研究が今後、重要になるだろう。

第7章　町行政への働きかけ

本章では、A法人による施設解体計画案とその実施状況を確認した上で、地域における居住支援の物理的基盤整備の財政的支援を得るために、職員は町行政にどのような働きかけをしたのかを明らかにしたい。

1. 施設解体計画案と実施状況

第1節では、A法人の施設解体計画案の内容と、それがどのように実施されたのかをみていこう。

1.1. 施設解体計画案

2003年に支援費制度が制定される前、学園Ⅰの3代目施設長である前場は通所授産施設を開設することによって、入居者20名を地域生活に移行させる案を検討していた。この計画作成を学園Ⅱの生活主任だった大田に依頼した。大田は2003年6月に、学園Ⅰに課長補佐として異動した。このとき、大田は「どうせ作るなら施設解体をビジョンに掲げたい」と考えた。宮城県では浅野史郎前県知事が施設解体宣言を行った頃である。このような動向の中で大田は、2003年12月に「入所者ゼロ宣言」と「無資格職員ゼロ宣言」を掲げた第一次福祉総合計画を作成した。当計画は2004年度〜2013年度までの10か年戦略であり、計画名称は「入所施設解体と地域生活移行に関するビジョン―全ての知的障害者を地域で支援するために―」となった。

まず、施設解体計画の根底にある理念をみていこう。当計画の主旨は、以下のように記述されている。

「平成15年4月より開始された、障害者支援費制度は、我が国における障害者福祉を入所施設中心から地域生活移行へと展開する制度である。
先進諸国において、ノーマライゼーションの発展は、脱施設化、施設解体へと展開し現在、北欧諸国、北米においては、入所施設の解体そして、障害

者の地域生活移行が始まっている。日本においても、現在３カ所の施設が解体を宣言し、地域生活移行への準備を進めている状況にある。

　第１次福祉総合計画は、入所施設利用者の生活環境の改善と通過型施設としての役割を完結することをその中心に据え、さらには、施設入所されている利用者と、地域に暮らす障害児の幸せを願い、大胆な発想と確実な計画に基づき、新たな障害者福祉の地域生活移行システム構築と地域生活の実現、そしてノーマライゼーション理念の追求を主旨として、その第一歩を踏み出すための福祉総合計画である」（第一次福祉総合計画「入所施設解体と地域生活移行に関するビジョン―全ての知的障害者を地域で支援するために―」）

　ここには、支援費制度への制度変更を背景にして、ノーマライゼーションの理念に基づく施設解体を行う計画が掲げられている。「入所施設利用者の生活環境の改善と通過施設」の役割を完結させるために、施設解体が宣言された。

　さらに、これまでの施設福祉の自立観の限界についての認識が示されている。

　「14年間に地域での自立を果たした利用者さんは、７名（内２名は自立に失敗し自宅に戻る）だけです。これは、現在の施設福祉の限界であることを様々な視点から分析し、自立へ向けた新たなサービスの構築と理念が求められています」（第一次福祉総合計画「入所施設解体と地域生活移行に関するビジョン―全ての知的障害者を地域で支援するために―」）

　「自立＝就労という壁は、多くの知的障害者にとって、超えることの出来ない障害になっています。どんなに、重い障害であっても、どんなに介護が必要であろうとも、全ての知的障害者は、施設を出て地域で暮らす権利を持っています」（第一次福祉総合計画「入所施設解体と地域生活移行に関するビジョン―全ての知的障害者を地域で支援するために―」）

　ここには、自立に対する考え方を変えていく必要性が示されており、支援を受けて地域で生活することを権利として主張する「新しい自立」の考え方が明示されている。

248　第三部　施設閉鎖の背景と方法

さらに、施設解体を阻害してきた要因を、社会的環境に求める視点が提示されている。「施設解体を阻害する要因　ハンディキャップは我々の中にある」という節で次の阻害要因が示されている。すなわち、1）施設職員が障害者の障害になる、2）親が障害になる可能性、3）地域が障害になる可能性、4）施設利用者の無気力状態である。4）については、以下のように記されている。

　　「施設に長年入所していたために、自立をあきらめ無気力になってしまう。施設生活は、自立より楽だというあきらめをもってしまう。自分は、働けないから、自立は出来ないと自立をあきらめてしまっている。そうさせたのも、施設です」（第一次福祉総合計画「入所施設解体と地域生活移行に関するビジョン―全ての知的障害者を地域で支援するために―」）

　こうした理念を実現させる上で、施設解体計画のスローガンの一つ「入所者ゼロ宣言」が掲げられた。以下のような宣言が記されている。

　　「A法人は、開設以来14年の歴史を持つ、知的障害者入所授産施設を段階的に通所授産施設に移行し、それと同時に、入所施設本体の定員を縮小し、開設以来の目的であった『通過型施設』としての役割を全ての利用者に対して、実現するために、今後入所者の欠員を一切、補充せず入所定員の縮小を図り、ここに『施設入所者ゼロ』を宣言致します。
　　そして、新たな時代に向けて、知的障害者の地域での暮らしを支援するためのビジョンを掲げ、その実現に向けて、努力して参りたいと思います。今後、多くの困難が待ち受けている事は、世界の施設解体の歴史を見ても明らかです。14年前にM町に移り住み、この町で自立することを夢見てきた50名の施設利用者そして、学園Ⅱの50名の施設利用者が本当に、町の一員として自立し、このM町に来て良かったと心から思って頂けるよう私たちは、新たな支援を展開して参りたいと決意する次第です」（第一次福祉総合計画「入所施設解体と地域生活移行に関するビジョン―全ての知的障害者を地域で支援するために―」）

この計画には、学園Ⅰの施設閉鎖と、学園Ⅱを完全個室化した施設縮小を目指すことが記されている。学園Ⅰの入所部門の廃止は2010年に完了させ、入居者50名を4名規模の地域に分散したグループホームに移行し、学園Ⅰは通所授産施設として活用されることが計画された。そして、2012年には、学園Ⅱは入居者50名のうち20名を地域生活に移行させ、入所定員30名（うち4名は自活訓練棟を活用する）に縮小させる計画が打ち出された。学園Ⅱについては当初、学園Ⅰと同様に廃止する案もあったが、多くの職員の反対にあい施設規模を縮小させる計画に修正された。

　さらに、施設解体計画のスローガンの2つ目「無資格職員ゼロ宣言」は、職員が資格取得や研修によって、施設処遇とは異なる地域支援の意識を獲得することが目指されている。当計画には「職員の意識改革」として、以下のように記されている。

　「施設解体と同時に、施設職員が地域支援を行うために必要な資格について、職員に対して、説明をしております。現在、社会福祉士資格取得者1名、介護支援専門員資格取得者1名、ホームヘルパー資格取得者3名です。さらには、社会福祉士通信教育受講者3名、ヘルパー2級受講者1名。このビジョンにより職員の意識も変化し、地域生活移行に必要な資格要件を満たすために各職員が努力を重ねております。（中略）

　さらには、施設処遇と地域支援では、職員の意識改革が大きな鍵を握ると言われています。施設職員は、利用者に対して集団的な処遇、管理優先、指導的上下関係を形成してしまう問題があります。個別支援、ニーズ優先、パートナーシップなど、職員の再教育プログラムは、地域支援にとって大きな課題です。現在、当学園では研修担当職員とこれらのプログラムを作成し、施設内研修として実施を予定しています」（第一次福祉総合計画「入所施設解体と地域生活移行に関するビジョン—全ての知的障害者を地域で支援するために—」）

　資格獲得のための努力や研修といった再教育プログラムが必要性なのは、地域生活においても虐待が発生する可能性があるからだと指摘された。

「札幌育成園の年金流用事件が、長年行われてきた原因は、チェック機能が
施設には無かったことに大きな原因があります。（中略）施設を解体すれば、
これらの人権侵害や年金の搾取が無くなるかといえば、決してそうとは言えま
せん。地域に移行した場合、支援する職員が限定され、さらには、密室化の傾
向が強化され、知的障害者に対する人権侵害は、より巧妙になり、施設よりも
見えにくい形で継続していく危険性が考えられます。私たちは、施設解体ビ
ジョンの中で、『最後までのこる課題』こそが、支援する職員の質であると考
えています。施設利用者が地域生活移行を果たしたとしても、彼らを支援する
職員の意識が、施設と同じであるならば、それらの、地域移行プログラムは失
敗であると言えます。知的障害者の生活環境をノーマルにする以上に、サービ
スを提供する職員の意識改革と再教育を重要視しなければなりません」（第一
次福祉総合計画「入所施設解体と地域生活移行に関するビジョン―全ての知的障害者
を地域で支援するために―」）

　地域生活でも、虐待構造への自覚をもつ必要性が述べられている。「最後ま
でのこる課題」として職員の意識改革が掲げられており、施設解体ビジョンの
重要な課題は、職員と入居者の間にある関係を変革させることにあるというこ
とだ。当法人の施設解体計画は、職員と入居者の間にある上下関係の解消を目
指したところから立案されており、このことが、当計画でも再確認されている。
　このように、新しい自立の考え方や社会的環境に阻害要因を求める視点、職
員の意識改革の視点が示されている点に特徴がある。ただし、当初の計画案に
しても、地域移行の受け皿としてグループホームが想定されている。当時、改
革派職員の施設からの地域移行の受け皿のイメージとしてあったのは、グルー
プホームだった。この点については、大田は「私たちは、グループホームを過
信していたのかもしれません」（18.8.2）と私とのインタビューで後に語った。
私は、改革派職員とグループホームの課題について議論をしてきた。その中で
グループホームで生活しても、本人は住む場所や一緒に住む人を選んでいるわけ
ではなく、社会一般に比較して自由な生活を送れていないと説明してきた。
この点については、例えば岩垣は、2015年にインタビューをした際、私が指
摘したグループホームの課題を理解していなかったと後に語った。2019年に

彼にインタビューをした際、このときを振り返り、「そのときは何を言っているんだろうと思いました」(19.7.21) と語った。

国の政策においても、地域移行の主要な受け皿としてグループホームが位置づけられており、こうした考え方の枠組みの中で、グループホーム中心の移行計画となった。

1.2. 実施状況

それでは、実際の施設閉鎖がどのように行われたのかを以下でみていきたい。

施設解体計画が実施される以前において、A法人では地域移行がなされている。1999 年にNTTの元社宅のa寮 (定員4名。後に5名) が開設した。さらに、2004 年2月にb寮 (定員4名) が開設され4名が移行している。これらのグループホームは、一般就労をして自立生活をした人を対象としている。

2004 年 10 月 1 日時点で学園Iは男性 30 名、女性 20 名だった。学園Iの施設解体計画は3段階に分けることが可能である。以下、( ) 内には旧障害程度区分の数値を記す。

施設解体計画における事業は、表 7.1. の通りである。

第1段階として、2005 年に男性1名 (未判定) と女性1名 (未判定) が自宅に戻り、2006 年7月に女性2名 (未判定) がアパートでの一人暮らし、女性1名 (未判定) が自宅に戻った。2006 年8月1日に通所授産施設が開設した。2007 年7月には、女性1名 (区分4) が結婚のため退所した。2007 年9月1日にはグループホームc寮 (定員5名)・d寮 (定員4名)・e寮 (定員4名) が開設され、男性2名 (区分2が1名、区分3が1名) がc寮、女性1名 (区分3) がd寮、女性2名 (区分2が2名) がe寮に移行する。なお、男性1名 (未判定) は他施設に移行した。この時点で、学園Iの入居者は男性 26 名、女性 12 名 (合計 38 名) である。

第1段階においては、当初の予定通り地域分散型の小規模グループホームに移行することが可能になっている。この背景には町の補助や物件譲渡を受ける中で、比較的支援の必要のない人を移行できたことがあった。旧障害程度区分も区分2と区分3の本人である。

第2段階として、2008 年9月に旧ケアホームであるf寮 (定員男性9名) と

表7.1. 施設解体事業の年表

年.月	A法人の事業	施設解体計画時の学園Iの地域移行者	施設解体計画の段階
1984.4			
1989.10	A法人の設立		
1990.4	学園Iの開設		
1993.10	自活訓練棟の開設		
1997.1	学園IIの開設		
1999.4	a寮(定員4名)の開設		
2003.12	第一次福祉総合計画の策定		
2004.2	b寮(定員4名)の開設		
2005.		男性1名・女性1名が自宅	第1段階
2006.7		女性2名がアパート一人暮らし／女性1名が自宅	
2006.8	通所授産施設の開設		
2007.7		女性1名が結婚	
2007.9	c寮(定員5名)・d寮(定員4名)・e寮(定員4名)の開設	男性2名がc寮／女性1名がd寮／女性2名がe寮 男性1名が他施設	
2008.8	学園Iの閉鎖	男性2名が施設解体計画前GH 男性1名・女性1名が自宅	第2段階
2008.9	f寮(定員9名)・g寮(定員9名)の開設／学園ホームの開設(定員9名)	男性6名・女性2名が学園II／女性1名が他施設 男性8名がf寮／女性7名がg寮 男性9名が学園ホーム	
2009.3	hホーム(定員6名)の開設	男性4名がhホーム 男性1名が施設解体計画前GH	第3段階
2009.5	iホーム(定員6名)の開設	男性4名がiホーム	

出典：筆者作成。

g寮（定員女性9名）が同一敷地内に開設した。この土地を提供したのが、3代目理事長の企業社長だった。彼は知的障害者に対する理解が深く、自らの会社で利用者を実習することになった。2022年現在もA法人の評議会委員を務めている。この敷地はもともと、会社があったところであり、その土地が提供されることになった。

　f寮とg寮の入居者は、職員が常駐するため、健康及び行動面で職員の支援が必要な人が選定された。また、親による意向で職員が常駐するグループホームを希望している場合にも、これらのホームへの移行が決まった。

岩垣：大きかったのは親の理解です。親が施設を出るのに反対しそうな人でした。
　　　例えば、うちの息子はそんなところに出られないだろうにっていう人は職員

がいますからという形での移動があったと思いますね。(15.8.14)

　学園Ⅰの男性8名（区分3が4名、区分4が3名、区分5が1名）がf寮、女性7名（区分2が1名、区分3が2名、区分4が3名、区分5が1名）がg寮に移行した。同時期に、学園Ⅰの男性2名（区分2が2名）が施設解体計画の開始以前に設立されたグループホーム、男性1名（区分4）が自宅、男性6名（区分3が2名、区分4が3名、区分5が1名）が学園Ⅱに移行した。さらに、学園Ⅰの女性1名（区分4）が自宅、女性2名（区分4が1名、区分6が1名）が学園Ⅱに移行し、女性1名（区分4）が他施設に移行した。

　第1段階に比較すると、第2段階の時期は、区分4や区分5の本人の人数が区分3以下の本人よりも多い点に特徴がある。また、家族の不安を解消するために、職員が常にいるグループホームに移行すべきと考えられた人が移行している。なお、女性1名（未判定）がこの時期に死去している。この時点で学園Ⅰの入居者は男性9名、女性0名となった。

　学園Ⅰが廃止されたのは2008年8月である。これ以降の取り組みを第3段階とする。このとき9名が残った学園Ⅰは、北海道の特例でグループホームの認定を受け「学園ホーム」となった。この特例は、将来的に完全に地域生活への移行が可能な場合において、一時的に入所施設をグループホームとして取り扱えることを規定する。このとき、学園ホームは大田と国橋、学園Ⅰの次長が

写真7.1.　学園Ⅰの男子棟の居室の様子
出典：大田豊彦より提供。

写真7.2.　学園Ⅰの男子棟の浴室
出典：大田豊彦より提供。

図 7.1. 施設閉鎖前の学園Ⅰの配置図

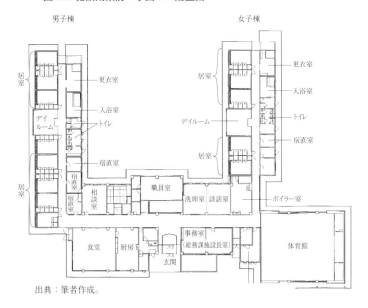

出典：筆者作成。

図 7.2. 施設閉鎖後の学園Ⅰの配置図

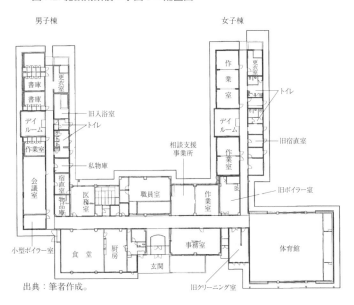

出典：筆者作成。

管理夜勤、生活支援員が夜勤で泊まり、対応をしていた。

2009年3月にf寮・g寮と同一敷地内にhホーム（定員6名。この他に2名の高齢者が同居。この二人はiホームから移行）が開設する。まず、hホームに学園ホームの男性4名（区分2が2名、区分3が1名、区分4が1名）が移行した。

同時に、学園ホームの男性1名（区分3）が施設解体計画以前に設立

写真7.3. 旧男子棟の居室の壁を取り壊し、会議室に改修している様子
出典：大田豊彦より提供。

されたグループホームに移行している。この時点で学園ホームには4名が残った。2009年5月にはhホームに移行した2名のいたiホーム（町の高齢者用住宅で6名定員）が6名定員のグループホームとして開設したため、学園ホームの4名（区分2が1名、区分3が1名、区分4が1名、区分5が1名）が移行した。

旧学園Ⅰの建物は施設閉鎖後、以下のように改修された。施設閉鎖前は図7.1.にあるように、玄関を入ると、左側は男子棟（定員30名）で4人部屋が7室・2人部屋が1室あり（写真7.1.）、右側は女子棟（定員20名）で4人部屋が5室設置されていた。施設閉鎖後は図7.2.にあるように、旧男子棟の3室の壁を取り壊して会議室に改修し、居室の一部は作業室や書庫として活用されることになった（写真7.3.）。旧女子棟では、居室は作業室として活用され、浴室が身体障害者用のトイレに改修された。作業室では、A法人の就労継続支援B型事業所及び生活介護の作業が行われている。

A法人は当初、小規模分散型の地域移行の計画を立案していた。しかし、実際には、第2段階において、f寮とg寮という比較的規模の大きなグループホームが1箇所に集約化されて建設されており、計画の修正を余儀なくされたことが分かった。この計画修正の背景には、2000年代初期の国の制度的動向を背景にした法人と町との関係がある。

表7.2.　施設解体に伴って学園Ⅰの元利用者が活用することになったグループホームや日中活動場所の設備費の法人・町・道・国の負担の内訳

開設日	1999年10月1日	2004年2月1日	2006年8月1日	2007年4月1日	2007年9月1日	2007年9月1日	2008年9月1日	2009年2月1日	2009年5月1日	2009年
施設名（定員数）	a寮（男性5名）	b寮（男性4名）	通所授産施設	地域活動支援センター	c寮（男性5名）	d寮（女性4名）とe寮（女性4名）	f寮（男性9名）とg寮（女性9名）	hホーム（知的障害者6名と高齢者2名）	iホーム（男性5名）	学園Ⅰの施設内改修
元の住宅形態	元NTT寮で町の所有物件	町長公宅	道の建物で町が管理		中古物件	町営住宅	新築	新築	町の所有物件（高齢者向け住宅）	
住宅入手形態	無償譲渡	無償譲渡	無償譲渡		購入	貸与			無償譲渡	
改修の有無	住宅の改修	住宅と作業環境への改修	作業環境への改修	学園Ⅰの一部を作業環境へと改修		2棟長屋を1棟に改修			改修（ボイラーの交換）	改修（居室を会議室にする等）
国の補助事業								地域介護・福祉空間整備等交付金	障害者自立支援対策臨時特例交付金の自立支援基盤整備事業	
道の補助事業						地域政策・総合補助金（福祉振興・介護保険基盤整備事業（グループホーム等整備事業））				
国の負担							2,300万円	3,000万円		2,000万円
道の負担							2,300万円			
町の負担		698万円	700万円	340万円		2寮で1,470万円	2,300万円	1,300万円	226万円	
法人の負担	500万円		75万円		500万円		5,000万円	1,031万円	40万円	
寄付			日本競馬会							

出典：A法人から提供いただいたデータをもとに筆者作成。

２．町との関係

　第２節では、Ａ法人の職員が町に対してどのような働きかけをしたのかをみ
ていこう。

２．１．町との協働関係の活用
　Ａ法人の施設閉鎖の実践では、グループホームや日中活動場所を整備する上
で町による物件の提供や補助金が重要な役割を果たした。表7.2.は、学園Ｉの
施設解体に伴って学園Ｉの元入居者が活用することになったグループホームや
日中活動場所に関連して発生した設備費の法人・町・道・国の負担の内訳を示
している。設備費の合計は２億1,480万円だ。このうち、法人が負担した額は
7,146万円（約33％）、町は7,034万円（約32％）、道は2,300万円（約10％）、国
は5,000万円（約23％）である。法人以外では、町の負担割合が最も大きく、
続いて国、道となっており、法人と町とで全体費用の65％を占めている。
　この他にも、Ｍ町の近年の人口減少に伴って、使用されなくなった公営の建
物が社会資源として有効に活用された。町運営の物件である町長公宅、高齢者
向け住宅、町の所有物件がグループホームとして、また、町の管理物件（道の
所有物件）が通所授産施設として活用されるために無償譲渡され、町営住宅が
貸与された。
　このように、Ａ法人の施設解体計画を行う上で、町の役割が大きいことが示
されている。施設解体計画が策定された後、学園Ｉの施設長の前場はこの計画
を町役場や道庁で説明した。前場は初代理事長が退任してからもその影響力ゆ
えに、施設解体計画を進める上で道や町の協力が得られるだろうと考えていた。

前場：当時から道とのつながりをもっていた先生方ですからね、経営については何
　　　の心配もしなかった。なんとか先生を通じながらね、費用を考えてもらった
　　　から、支庁とのつながりも強かったし。
筆者：補助金を出してくれるだろうと？
前場：私は思っていました。（中略）町が積極的に協力してくれなければ、こういう
　　　田舎の施設は難しいと思っていましたから、なにせ町長を始め担当職員が努

力をしてくれなければ、こういう社会福祉施設は難しいと思っていましたから。仕事をしている間は努力したいと思って。(15.8.15)

　施設解体計画に必要な協力を町に求める際に、町行政の担当窓口である課に事案について説明し、次に、課の担当者が町長や副町長に説明する。その後、財政関係の部署など町全体で調整し承認された案が議会に提示され、予算計画が議会において承認されることで決定される。グループホームや通所施設などの新築だけではなく、物件の譲渡も同様のプロセスを経て、最終的には議会での承認が必要になる。

　町行政の窓口となったのは、住民生活課の保健福祉グループの主幹だった。当時の保健福祉グループは、保健、介護保険、地域包括支援センター、福祉係（高齢・児童福祉・障害福祉）といった担当部署があった。M町役場では何か福祉サービス関連の事案がある場合は、住民生活課の課長と主幹が対応した。なお、2015年6月より、保健福祉グループは少子高齢社会への対応のため、保健福祉課として独立した課となった。

　施設解体計画当時の住民生活課・保健福祉グループの主幹は、ノーマライゼーションや地域移行の意義について理解していた。A法人の施設解体計画を法人側から最初に聞いたときの印象について、元主幹は次のように述べた。

元主幹：地域で生活するということについては協力したいと思いました。(中略)
　　　　ノーマライゼーション、障害は本人にあるのではなく社会にあるような考え方はもっていたつもりなので。重度の方は大変という思いはあるけど、障害者の方が地域で生活することについては共感していました。上の人は住宅を見つけたり、地域の人が見つけたり提供したりとか、上の人も努力したんだなぁと思います。(15.8.15)

　保健福祉グループはあくまでも窓口であるため、法人からの要望に対して、補助金の金額や使用方法について決定権があるわけではない。「上の人」という言葉があるように、町長や副町長の承認、さらには、議会での承認といったかたちで、具体的な対応方法が決定される。ただし、町長や副町長に法人の要

第7章　町行政への働きかけ　259

望を説明し、さらに、議会で説明を行うことがあるため、この課の担当者の役割は大きい。大田は施設解体計画を実現させる上で、この課の課長や主幹の協力が重要だったと述べていた。

　一連の法人と町との交渉過程において、住民生活課を代表して町長や副町長、あるいは、議会に説明した時の反応について、元主幹は次のように語った。

元主幹：施設から地域に住んで頂くことについての抵抗はあまり感じませんでした。僕らの感覚ですと、上の人は理解というか、考え方自体に厳しさはあまり感じなかったです。ただ、お金をどうするのかはありますけど。小さい町なので、障害者の方がたくさんいるのを、地域で支えていけるのかということを上の人は心配していたと思います。(15.8.15)

　計画の内容については賛同されたが、財政的問題や地域で支える人が十分いるかどうかということが懸念事項になったということである。

　施設解体計画が町側に比較的スムーズに受け入れられた理由について、元主幹は個人的な印象として次のように述べた。まずは、施設解体計画は、学園Ⅱが残るということで賛同された側面があるという。

元主幹：ただ全部なくなるわけではないですという、そういう方向だったと思います。入所の部分も大変な方について、入所が全くなくなるわけではないということですね。制度的なやむを得ない部分と、考え方が、思想が間違っているわけではないこととか。この後どうするのかということについては議論はあったかもしれないですね。(15.8.15)

　A法人の施設解体計画には、学園Ⅱの閉鎖が含まれていない点が大きかったという。「大変な方」については、施設入所支援が必要であるという認識がなされている。なお、「制度的なやむを得ない部分」というのは、障害者自立支援法のことである。障害者自立支援法については、A法人から施設解体計画を実施する上での一つの重要な根拠として示されており、こうしたことが、町が賛同する一つの理由になったと述べられている。

260　第三部　施設閉鎖の背景と方法

次に、この計画が受け入れられた理由は、学園Ⅰは入所廃止後も、日中活動の場として継続して活用されるということだった。学園Ⅰの設立時において、M町も財政的な負担をして建設したが、償還期間がまだ残っていたからである。学園Ⅰの建設総額は３億円であり、土地の買収で3,000万円を要し、その半額はM町の補助金で賄われた。学園Ⅰが建設されたのは1990年であり、施設解体計画が出されたのは2004年である。建設から15年が経過した時期に相当し、この建物を、「通所で使うということで良いことだったなぁと思ったことを記憶しています」（15.8.15）と元主幹は語った。

　さらに、A法人の学園Ⅰも学園Ⅱも町が中心となって設立した施設であり、町長がA法人の理事長を務めたことが大きかったと元主幹は述べた。大田らが町に協力を求めた頃の町長は、後にA法人の６代目理事長となる大河内であり、副町長はA法人の２代目常務理事となる酒見だった。

元主幹：スムーズに予算がついたなぁという思いもありますし、町を挙げて福祉施
　　　　設も誘致したし、養護学校を誘致したり、最初は新橋さんという理事長（筆
　　　　者注：初代理事長）だったり、その後の大河内町長が理事長になったりとか、
　　　　町が一体的になっていたというのがありますね。（15.8.15）

　M町の養護学校設立の誘致の段階から、福祉関連施設の設置において、M町と法人が「一体的になっていた」という印象が述べられている。A法人は、理事長、施設長、常務理事といった、施設運営における意思決定機構の上層部において、M町の行政関係者や教育関係者が多く務めてきた。町と法人の関係が、施設閉鎖の実践を規定することになった。

2.2．制度的動向の活用：市町村主義と障害者自立支援法
　前場らがA法人の施設解体計画を町に説明しに行ってから約２年後の2006年に障害者自立支援法が施行され、M町は2006年から2011年までの５か年計画である「M町障がい者福祉計画」を策定するための作業に取りかかった。M町は1997年３月から「M町障害者福祉計画」を策定しているが、法改正によって「障害福祉計画」と一体化した本計画を策定することになった。社会福

祉基礎構造改革以降、福祉サービスの整備において市町村の役割が以前よりも相対的に大きくなった。

　市町村障害福祉計画を策定することが町には義務付けられており、町が福祉サービスを整備する責任を負う。このため、どれだけのサービスをどのように整備するかについては、町が重要な役割を果たすことになった。このとき、法人からの働きかけが重要になるが、町が、いかなる財政事情にあるのか、どのような福祉政策の方針を有しているのか、ということが福祉サービスの整備状況に影響を与えた。

　M町の資料によれば、M町の障害福祉計画の策定のために、2006年6月27日に、M町障害福祉計画等作成委員会が設置され、第1回の会議が開催された。同年7月13日、8月4日、9月26日には、障害福祉計画等作成作業部会会議が開催されている。その後、2007年2月20日と3月20日に第2回、第3回のM町障害福祉計画等作成委員会が開催され、最終的に2007年3月に「M町障がい者福祉計画」が策定されることになった。作成委員会にはA法人の前場、作業部会会議にはA法人の大田がメンバーとなっている。

　この計画では、福祉施設の入居者の地域移行目標値として12人という数字が記されており、これはM町内外に居住するM町出身者の数値である。これは2005年現在のM町出身者施設入所者23人の52.2％に相当する。また、「指定障害福祉サービスの見込量」のうち「共同生活援助（グループホーム）」と「共同生活介護（ケアホーム）」を合わせて、2011年までに15人分（2006年時点で6名分）確保することが記されている。これらの数値の中に、A法人の施設解体計画における学園Iの入居者の数値も盛り込まれることになった。

　ただし、この時点での地域移行対象者は限定されたものであり、A法人の計画を十分に反映したものではなかった。このときの障害福祉計画によって実現されたのは、施設解体計画のうち第1段階であるグループホームへの移行のみであり、残り約40名の入居者をどのように地域移行させるのかということが課題として残った。

　そこで、2007年6月20日にA法人から正式に施設解体計画を遂行するための要望書が、町に対して提出されることになった。この要望書は、A法人の理事会において決定されている。このときA法人から提出された書類は、町内部

署への説明のために「障がい者の地域移行等を短期間に行う必要性について」
という題名の資料として町内でまとめられている。この資料（2007年6月20日
作成）では、次のような障害者自立支援法の障害程度区分の課題についての言
及から文章が始まっている。

　　「障害者自立支援法による施設入所の経過措置は22年度末（23年3月）ま
　　でである。現入所者の障害程度区分の見込みとしては厳しいものがあり、施
　　設入所が継続できる区分4（高齢者は3）以上に見込まれるものは1割程度
　　と考えられており（出身市町村に対し区分認定作業を依頼、進行中）、地域への移
　　行を余儀なくされる利用者が見込まれる（ただし、グループホームなどで地域で
　　生活したいと希望している方も多いようである）」

　ここでは、障害程度区分4（高齢者は3）以上に該当し、学園Ⅰでの施設入
所を継続できる人が1割程度に留まるという懸念が記されている。A法人は町
に対してグループホームの整備のための支援を求めるために、障害者自立支援
法という制度的動向を根拠として提示していることが示されている。その上で、
A法人の施設解体計画の進捗状態としては、以下のように記されている。

　　「平成18年度整備のグループホーム及び民間住宅活用によるグループホー
　　ムの開設によりこの7月には13名程度の移行が完了し、比較的重度の方の
　　学園Ⅱへの移行等も含め『学園Ⅰ』の入所者は約30名となる。これにより、
　　約30名に対する対策が急務となっている。」

　こうした状態の中で、A法人の施設経営上の問題点が以下のように記され
ている。

　「①グループホーム・ケアホームでの地域支援と施設に残る利用者の両方の
　　支援を行う必要があり、兼務で支える状況となるため、職員の超過負担や
　　サービス低下、ひいては事故等の懸念が生じる（職員を一時増員することは
　　困難）。（中略）

②入所施設を少人数の利用者数で維持することは困難である。

　　・光熱水費、暖房燃料等の施設維持費用の節減もあるが限界がある。

　　・入所減によるサービス収入の減収。（中略）（移行期間の短縮が必要であり、1ヶ月でも早く移行していくことが必要である。）

③日中支援のサービスが一時的に不足する。学園Ⅰの改修が必要。

　　・入所施設から地域生活（グループホーム）に移行した場合、ほとんどの方々について（通所などの）日中活動の支援が必要である。（中略）（これについても1ヶ月でも早く移行していくことが必要である。）

④学園Ⅰ改修に係る財源は、21年度以降は見通しがない

　　・入所施設を通所施設に改修する上で、施設改修等に対する補助制度は現段階では創設されておらず、19年度・20年度に限定された『障害者自立支援法円滑施行特別対策』において見込まれる補助事業のみの現状である（国が交付し、道に基金設置。該当すれば1施設あたり20,000千円限度の10割補助）。このことからも、平成19年度中など、早期の地域移行を完了させ、学園Ⅰの改修に取り組むことが必要になっている」

　ここには、施設の経営や補助金制度の期限の観点からも地域移行を早急に進めるべき必要性が述べられている。

　この文書の最後には、町としての見解が以下のように述べられている。

　「高等養護学校や障害者施設（学園Ⅰ・学園Ⅱ）の設置市町村として、今後、障害者自立支援法による全国・全道的な障害者の支援体制の整備状況（全市町村の平準化が理想か？）を見守りながらも、『M町で生活したい』と希望される障害者の方々のニーズをまず第一段階において満たしていくことが道義的な責任と考えることもできる。（また、社会福祉法人の従事職員及び家族の規模から見ても、M町にとっては一つの大企業であり、町の振興の面にも影響はあると考えられる）」

　この「道義的な責任」には、ノーマライゼーションの視点から入居者の地域生活への希望に応答するということと、障害福祉サービスを整備する責任が町

にはあるということの2つの側面がある。また、「町の振興の面にも影響はある」と記されているように、A法人の施設閉鎖の実践を支えることは、雇用や経済の観点からも重要であることが改めて確認されている。すなわち、過疎化・人口減少が進む町自治体にとって、A法人は雇用や経済、文化の継承という観点から不可欠な存在となっており、それゆえに、施設解体計画という一大事業を支援することが町の繁栄にとって重要であるという認識がもたれている。

2.3. 町の方針の重視

　この要望書が提出された後、法人関係者と町長・副町長との話し合いの場が設けられた。このとき、大田は初めて、町長及び副町長に正式にプレゼンテーションを行った。参加したのは、法人理事、学園I施設長の前場、そして、大田である。このとき、町長は後にA法人の6代目理事長となる大河内と、副町長は2代目常務理事となる酒見である。質疑応答は以下のようになされた。

町長：せっかく建てた施設を壊して、更地にしてどうするのだ。
大田：壊しもしないし、更地にもしません。通所として再利用します。
町長：せっかく建てたものを15年ぐらいで使わなくなるのなら、グループホームの
　　　部屋には洗面所とか風呂を付けたほうがいいんじゃないか。（大田豊彦、19.4.26）

　大田の印象では、大河内町長と酒見副町長は、「施設解体、地域移行という耳慣れない言葉に興味を示していた」という。このとき、「町長や副町長にしてみると、グループホームは町の補助金が入っていたので、自分たちがいなかったら施設解体は、できなかったと思っていたとしても当然でしょう」と大田は語った。町として協力したことは町長と副町長の功績となるが、2人はその後にA法人の理事長と常務理事に就任した。M町とA法人の協働関係が、施設解体計画が実現された1つの、しかし、重要な背景要因である。
　A法人が町長と副町長との話し合いに臨む際は、1棟のグループホームの建設を要望する予定だった。この1棟の定員数は、9名ということを前場施設長が決めていた。前場は前年に他法人のグループホームを見学しており、このグループホームの設計図をもとに9名定員のグループホームの建設を決めた。と

ころが、町長と副町長との話し合いの過程で、「どうせ建てるなら、1棟ではなく、同じ土地にもう1棟建てることがよいのではないか」ということになったという。グループホームの建設予定地の土地は、A法人の関係者が無償で提供しており、この土地は1棟以上建てることができるスペースがあった。

　9名定員ということ自体が、大田が当初計画していた案とは異なる。さらには、地域分散を目指した計画案だったが、規模の比較的大きなグループホームが2棟並ぶということに決まっていくことになった。前場はかつて町の職員であり、町関係者による意思決定に対して理事でもない一職員である大田が決定権を行使することは極めて困難だった。この決定を受け入れた理由について、大田は次のように述べた。

大田：1棟を町に申し込みにいったときに、まだ地域に出る人がたくさんいるだろうということになって、理事会も強気で町に言いにいったんですよね。それで2つ作ろうかという感じになったんですね。私は5名くらいで想定していたんですけども、9名はどちらかというと大きすぎたんですけども、理事会と町との話し合いの中では予算を使うという。（中略）実際の住宅の確保になると、私の計画があっても、理事会にわたってしまうことになるので、私に決定権はないんです。(16.8.5)

　理事会と町との関係において、一職員の意向が十分に反映されるわけではない状況が示されている。A法人では、現場職員のリーダーシップで個別の支援のあり方について決められてきたが、地域移行などに伴う補助金や予算に関わることになると、施設長や理事会の決定が重視されていることを意味する。

　また、自治体との協働関係は、町の補助がなくなれば、移行先の住居の確保が困難になることを意味する。f寮とg寮の建設の際には、町が補助金を負担する最後のグループホームになるという認識が大田にはあり、同一敷地内に大規模グループホームを2か所建設することを容認せざるを得なかった。

　施設解体計画の第3段階におけるhホームの建設に際しては、町による財政的支援の余裕は限界にきていた。大田は、次のように述べる。

大田：施設解体の後半では、住宅の確保にかなり苦労しました。町の反応が最初より弱くなっていました。施設長と何度か町の担当者に頭を下げて、住宅の確保についての協力依頼をしましたが、全く駄目でした。(17.11.6)

　法人関係者と町長・副町長との話し合いの後、グループホーム2棟を建設するための補助金を使用することが案としてまとまり、議会への承認を得るための資料が作成された。
　この資料にも、障害者自立支援法の障害程度区分による課題やグループホームの整備が急務であることが以下のように記されている。

・障害者自立支援法の施行により、障害者福祉施設には、原則として障害程度区分（非該当または1～6）のうち区分4～6（年齢50歳以上は区分3以上）でなければ入所できなくなる（経過措置期間は23年度まで）、障害程度区分で該当しない方については、住宅（自宅・借家）で生活するか、グループホーム（区分に関わらず入居可能）またはケアホーム（区分2～6の方）などで生活し夜間を中心として支援を受け、日中は通所施設へ通うなど、必要な支援を受けていくこととなる。
・M町においては、学園Ⅰ（知的障害者授産施設）と学園Ⅱ（知的障害者更生施設）があり、約100名の方が入所されてきたが、上記障害程度区分の導入により、施設入所に該当しない方が多数出現すると見込まれており、M町の地域で生活を継続したいというニーズに応えるためには、グループホームまたはケアホームに供する共同生活住居の整備が急務になっている。『M町障がい者福祉計画』及び総合計画においても、ヒアリングにより追加搭載しているところ。

　この資料では、2007年度中に「新棟2棟　計20名」と「民間住宅など10名」の「合計30名の移行を計画」していると記されている。「新棟2棟」というのが、上記の話し合いの場で決まった内容であるが、「民間住宅など10名」については、具体的な案はこの時点で示されていない。この後、第3段階の施設解体計画を実施する上で、町による補助金を期待することができなくなり、

大田らは苦慮することになった。

2.4. 地域移行の優先化と残る施設の解体戦略

計画を修正してでも実施したのは、施設解体自体を実現させることが重視されたからだった。

大田：出せなかったら意味がない。地域移行だったら4名、5名で出して、後は残しておけばいいわけですから。でも、最終的な目標は施設解体なわけですよ。解体というのは全員出さなければならないですよ。だから（筆者注：f寮とg寮の）定員9名という数も受け入れてやっていかなければそこはできない。（16.8.5）

当初計画を実現させるために必要なグループホームを建設するには補助金は不十分であった。このため、限られた予算及び期間において施設解体を実現させなければならないという認識があった。

施設解体の第3段階において、学園Iに残る9名をどのように地域移行させるのかということが大きな課題として残った。このとき、大田は道の支庁の担当者から、地域移行を条件にして有期限で入所施設の建物をグループホームとして認可する条例があるという情報を教えてもらうことになった。この結果、学園ホームという形で学園Iがグループホームとして一時的に認可された。これによって、新たに移行先を探す余裕ができ、助かったのだと大田は語った。そもそも、学園ホームとしての認可を職員が求めたのは、30名以下の入所施設を維持することは経営的に困難だったからである。このため、可能な限り早急に地域移行させなければならないという意識が職員には生じていた。

さらに、職員・入居者間の上下関係の解消という当初の目的を達成するには、施設閉鎖自体を実現させなければならないという認識もあったという。

大田：私の中で最も重要なことは、4名とか5名とかいうよりも、職員との関係だったんですよ。学園Iというのは、高飛車な職員が強制的に利用者を押さえている施設だった。それさえ変えれば、4名とか9名にこだわらなくても大丈

夫だと今でも思っているところがあるんです。（16.8.5）

　施設解体計画の第3段階で、学園ホームの入居者をグループホームに移行できるかどうかということが大きな課題となった。大田は2008年2月に道の支庁の説明会において、国の「地域介護・福祉空間整備等交付金」という事業について偶然知ることになった。これは、高齢者と障害者の共生をコンセプトにした補助事業だった。この時点で申請締め切りが過ぎていたが、大田は支庁に確認し、厚生労働省から申請書類の提出が認められた。その後、説明書や申請書類の一式を整え、同年3月13日に提出をすることになった。

　大田は、この事業が認可されなければ施設解体計画は実現できなかったと語る。M町の協力が限界に至り、この計画が頓挫しかねないという懸念が大田にはあった。この時期、彼は机の上には辞表を準備していたという。失敗したときに責任をとるつもりであったこと、さらに「もう戻ることはできない、また、戻してはならないという、焦りもあったと思います」（16.8.5）と彼は語った。そして、最終的にこの日に提出した申請書は認可され、これによって施設解体が実現した。申請書を提出した日について、大田は次のように語った。

大田：実は3月13日は私が初めて担当した児童施設の子どもが亡くなった命日でもありました。この子がどこかで見守ってくれたのではないかと思います。（16.8.5）

　この時期の大田の様子について、当時、学園Iの生活主任として勤務していた工藤は次のように語った。

工藤：大丈夫かなぁと。本当にね、思いましたね。最終的にhホームとiホームというグループホームができたんですけど、その案しかなかったんで、大田さんも焦っていたと思うんですよね。たまたま事業を教えてもらって、補助金が3,000万出るという話を教えてもらって、高齢者と障害者が住む、そういう事業があるということを聞いて、もう時間がないんだと。時間がないけど、やってみるかという話を。とりあえず手続きは俺（筆者注：大田のこと）のほうでやるから、現場は工藤さんがなんとか利用者さんに不安を与えないよう

に、という指示はあったと思います。(15.8.15)

　日本の地域移行政策は、入所廃止を実現する上で施設職員に過大な負担を与え、とりわけリーダーシップを発揮した職員が大きな負担を抱えることになることが示唆されている。

　施設解体の第2段階において定員9名という比較的規模の大きなグループホームを2棟隣接させて建設することを容認したのは、単に補助金が不足する事態を懸念しただけが理由ではない。大田にとっては、学園Ⅱという残る施設の解体も視野に入れた戦略的な受け入れでもあった。大田が施設解体計画案を出す際には、学園Ⅱも解体計画の対象に入っていた。しかし、職員の反発が強く、とりわけ学園Ⅱの施設長は反対し、「学園Ⅱは残さないといけない」と話していたという。学園Ⅱの保護者へのアンケート調査があるが、それは施設入所に誘導する内容になっていたという（大田豊彦、15.3.30）。学園Ⅰで施設解体を推進した職員からも学園Ⅱの解体については抵抗感があることが語られた（工藤英文、15.8.15）。この結果、学園Ⅱの解体案は見送られ、10名が地域生活に移行するという計画となった。

　しかし大田は、学園Ⅱの入居者が将来的に地域に移行するために、9名定員のグループホームを建設する必要性を意識していたという。

大田：妥協点は学園Ⅱの地域移行、施設解体を目指した時に、1か所である程度まとまって行ったほうがいい。始めから2棟は一時的なグループホーム。そこからアパートなり小さなところに移って行って、学園Ⅱの入居者を移していく。それで学園Ⅱの施設解体も完結するというのがそのときはあった。(16.8.5)

　重度知的障害者が地域生活に移行する上で、当時の障害者自立支援法の報酬単価の制約が大きな課題となった。重度知的障害者を対象にした小規模グループホームの場合は、現行の報酬単価では十分な人材を確保することが困難である。このため、定員数の規模が大きなグループホームが立地的に近接することによって、限られた職員数でも対応できるという計画があった。f寮とg寮は、重度知的障害者であっても現在の職員数でなんとか対応できるグループホーム

の形態だった。こうした考え方の中には、現行の制約された制度的環境及び町
との関係に従うだけではなく、こうした中でも、どうにか入居者の生活環境を
少しでも改善するために地域移行を戦略的に行おうとする現場職員の強かさが
示されている。

3. 国や道との関係

　第3節では、北海道と国による支援の状況はどうであったのかを見ていこう。

3.1. 北海道の事業転換交付金
　A法人が施設解体を行う際に、グループホームなどの建物整備費のために、
道の「グループホーム等整備事業」が使用されている。これは、法人や町が一
定額を負担するものだった。A法人が活用できた道の補助金はこれのみである
が、仮に学園Iの施設閉鎖の時期が数年後に開始されていれば、活用できた補
助金の制度が他にあった。
　北海道では、2009年に施設と地域の橋渡し役となる「地域生活移行コーディ
ネーター」の配置、アパート等を活用した地域生活体験などをパッケージにし
た「北海道地域生活移行システム」が開始された（中野, 2010）。その翌年の
2010年4月から2012年3月31日までに「入所施設事業転換」によって、「入
所施設定員削減」と「地域生活の受け皿」の整備を進める「障がい者入所施設
事業転換促進交付金」事業が実施された。これは、法人や市町村の負担がなく
とも交付される制度であり、予算規模は2年間で10億円とされた（中野, 2010）。
　当交付金の制度の目的として、「障がい者入所施設が、事業転換計画に基づ
き、適切な定員削減を行うとともに、入所者の地域生活移行支援や地域の受入
体制整備等を実施する場合に、事業転換を奨励する交付金を支給し、障がい者
の地域生活移行と地域の『受け皿』づくりを推進」（中野, 2010）することが規
定されている。
　制度内容は、1）入所定員の削減数に応じて一人当たりの交付単価が支給さ
れ、さらには、2）入所定員の削減率に応じて一施設当たりに加算額が支給さ
れる仕組みになっている。具体的には、1）は、定員削減数が5～9人：100

万円／一人、10〜19人：125万円／一人、20〜29人：150万円／一人、30〜39人：175万円／一人、40人以上：200万円／一人、となっている。2）は、1施設当たり定員削減率が30％以上40％未満：100万円、40％以上50％未満：150万円、50％以上60％未満：200万円、60％以上70％未満：300万円、70％以上：500万円となっている。北海道の資料によれば、交付金によって入所機能を廃止した施設は4施設（入居者180名）であり、定員削減をした施設は41施設（入居者678名）にのぼる。

　例えば、第5章で紹介したC法人は、交付金制度を利用して施設解体を実現させ、入居者70名全員をグループホームに移行させた。このとき、40名以上の入所定員を削減したため移行者一人に対して200万円が支給され、入所定員削減率が100％なので500万円が支給された。つまり、合計1億9,000万円の補助が認可されたことを意味する。当法人において施設閉鎖を進めた施設長はこの交付金がなければ、グループホームの家賃を上げることになったが、障害基礎年金1級でも生活が困難になる入居者は生活保護を受けざるを得なかったと語った。ただし自己負担の増加は、保護者が最も懸念することの1つだったため、交付金が制度化されたことは地域移行を進める上で大きな意味をもつとC法人の施設長は語った（15.3.25）。

　A法人では、学園IIの地域移行に際して、この交付金が活用された。しかし、交付金は学園Iを閉鎖した後に制度化されており、学園Iの施設解体計画の実施に際しては利用できなかった。この交付金を使用できれば、施設解体計画をより円滑に進められたと大田らは指摘していた。こうした法人や市町村の負担のない交付金制度の存在は、グループホームなどの地域基盤整備の経費負担を求められる社会福祉法人にとっては大きな意味をもっている。

3.2.　国の激変緩和措置

　次に、国による財政的支援についてみていこう。A法人は、学園Iの施設解体計画に際してグループホームや通所授産施設を整備する際に、国の「地域介護・福祉空間整備等交付金」と「障害者自立支援対策臨時特例交付金」といった補助金制度を活用している。後者の特例交付金のうち自立支援基盤整備事業によってA法人の通所授産施設が整備された。障害者自立支援対策臨時特例交

付金とは、障害者自立支援法に伴う「激変緩和措置」として設けられた制度である。これは、設備費だけではなく、サービス費の補填も含まれている。

2006年12月26日付で障害保健福祉関係主管課長会議において「障害者自立支援対策臨時特例交付金の概要」という資料が示されている。ここには、交付金の目的として、以下のように記されている。

　　「障害者自立支援法の円滑な実施を図るため、法施行に伴う激変緩和、新たな事業に直ちに移行できない事業者の経過的な支援及び新法への円滑な移行の促進に対応するため、障害者自立支援法対策臨時特例交付金を交付し、もって障害者及び障害児が自立した日常生活又は社会生活を営むことができるよう支援することを目的とする」

この交付金は当初、2008年度末までの支出を定めていたが、2008年に「平成20年度障害者自立支援対策臨時特例交付金について」が示されている。ここでは、「交付金は平成18年度に基金を造成したが、目下の厳しい経済状況や事業所の新法への移行状況が低調となっていること、また、障害者等が関わる福祉・介護分野の人材確保が困難な状況にあることを踏まえ、基金の延長及び平成20年度中に基金を積み増すことを目的として交付し、造成された基金を活用して、平成23年度末まで支出することができるものとする」とされた。

臨時特例交付金には「事業者に対する運営の安定化等を図る措置」として「事業運営安定化事業」があり、これは、「旧体系施設の経過措置が終了する平成23年度末までの移行期間を踏まえ、旧体系における事業基盤の安定を図るとともに、新体系移行後の事業運営を安定化させることにより、移行期間内の円滑な移行を推進することを目的とする」（「平成20年度障害者自立支援対策臨時特例交付金の運営について」）と定められた。具体的には、「平成18年度から平成24年4月1日の間に」「新体系移行後の報酬額が旧体系における報酬額の90％を下回る場合に、その差額について助成」するものである。この交付金による従前報酬額の9割の保障は各施設が入所廃止を決定する上で重要だった。A法人も交付金によって、施設閉鎖に伴うサービス報酬費の減収分が補われていた。

大田は、「激変緩和加算のおかげで、それほど、運営に影響なく、地域移行

が実施されたと思います」（17.11.9）と語っている。しかし、激変緩和措置が終了した2012年4月以降になると、グループホームの経営は以前よりも厳しくなり、結果的に、学園Ⅱを運営することに伴う施設入所支援サービスの報酬費からグループホーム運営事業所の費用を補填することになった。この点について、激変緩和措置が終了した後もA法人の共同生活援助運営事業所の管理者をした工藤は次のように述べた。

工藤：（筆者注：施設解体によって）収入が減って、激変緩和と言って、入所施設の収入分が減った分、国からの補助が出ていたんですね。それがちょうと切れる頃でしたから。廃止した後は人件費が膨らんでいる状態で、経営が苦しいので、入所施設で収入がある分を回して頂いて運営している状況です。75％くらいが経営的にはボーダーラインですけど、それが85％に行っていました。（15.8.15）

　入所施設を廃止し、共同生活援助事業所に移行すると、報酬が以前より低くなる状態となる。このため、激変緩和措置のような財政支援策によって減収分が補填される仕組みが短期ではなく、長期にわたることが重要であることが示されている。

4．小括

4.1．施設解体計画と町行政への働きかけ
　本章では、A法人による施設解体計画案とその実施状況を確認した上で、地域の居住支援の物理的基盤の整備のための財政的支援を得るために、職員は町行政にどのような働きかけをしたのかを明らかにした。
　A法人では、2003年に「入所者ゼロ宣言」と「無資格職員ゼロ宣言」を掲げた施設解体計画が策定された。計画の基本理念には、ノーマライゼーション、新しい自立観への転換、障害の社会モデルに通ずる考え方が掲げられ、学園Ⅰの小規模分散型のグループホームへの完全移行が計画された。計画の根底にある考え方は学園Ⅰの運営理念として確立されてきた「社会自立」とは異なる。

ただし、グループホームを中心とした移行計画という特徴が見られた。

　施設解体計画は当初、学園Ⅰは閉鎖して小規模分散型グループホームに完全移行し、学園Ⅱの閉鎖も検討されていた。しかし、計画の策定過程で、学園Ⅰの閉鎖と小規模分散型のグループホームへの移行を目指しつつも、学園Ⅱは定員削減と全室個室化を行う計画へと修正された。さらに、計画の実施過程で、一部のグループホームは大規模・集約型のグループホームが設立され、当初計画の修正を余儀なくされた。

　この背景には、町との関係が影響していた。1990年代後半の社会福祉基礎構造改革、2000年代の支援費制度や障害者自立支援法の制定によって、福祉サービスの整備における市町村の役割が相対的に大きくなった。市町村障害福祉計画を策定することが市町村に義務付けられ、福祉サービスを整備する責任を負っている。このため、どれだけのサービスをどのように整備するかについては、M町が重要な役割を果たす。このとき、法人の働きかけも重要になるが、M町が、いかなる財政事情にあるのか、どのような福祉政策の方針を有しているのか、ということが福祉サービスの整備状況に影響を与える。

　この時代の歴史的・制度的構造のもとでA法人の職員はどのような方法を駆使して町に働きかけたのかをみてきた。

　第1に、A法人はもともと、理事長、施設長、常務理事にM町の行政関係者や教育関係者が歴任している、という組織構造上の特徴があった。このため、A法人の改革派職員や施設長は、法人と町との協働関係という組織構造上の特徴を活用しながら町からの様々な支援を得るために活動してきた。A法人にとって、地域移行の受け皿となるグループホームや通所施設の整備のために、町の財政的支援は不可欠だった。この結果、施設解体計画の総費用のうち32％を町が負担し、町所有の物件が無償譲渡、あるいは、貸与されることになった。

　北海道では、町村行政によって施設経営が左右される状況が見られる。例えば、社会福祉法人・剣渕北斗会に勤めていた横井は、全国初の個室型施設を1994年に建設した。このときの経緯として、町長が公約で施設建設を掲げたため町内で施設経営の実績のある横井が施設建設を引き受けなければならなかった。さらに、横井は5年後に、この町長の対立候補を応援したが、敗北し

たために町を離れることになったという（横井, 2010）。これは町からの補助が得られず、その後の施設経営に悪影響があると判断したからだった。町の補助に依拠して施設経営を行うということは、町の政治的状況に左右されるリスクがあることがここには示されている。本章の結果も、横井のいた自治体と同様に、社会福祉法人の取り組みが行政との関係に左右される実態を示している。

　第2に、A法人は町と交渉する過程で、障害者自立支援法の旧障害程度区分の規定を根拠として提示した。これは改革派職員の間でも、区分によって施設入所が制限されるという認識があり、このことを根拠にして施設閉鎖を進めることの必要性が施設長にも伝えられたからだった。障害者自立支援法は制定された当初、施設入所支援の対象者は原則として区分4以上と定められていた。区分認定調査が実施される前のシミュレーションを通して、学園Iの入居者の多くは区分4未満であるという結果が出ていた。法的には、区分4未満でも施設入所の継続は可能だったが、障害者自立支援法の原則的考え方を活用することによって、町関係者への説得がなされた。障害者自立支援法という制度的動向を活用しながら理解や協力を得るという職務戦術は、町との関係だけではなく、親との関係でも見られた。

　A法人の施設解体計画の第2段階における、法人と町との交渉過程で、比較的規模の大きなグループホーム2棟を1箇所に集約して建設するという案が浮上し、当初計画した地域分散型の小規模グループホームへの移行という計画が修正された。このとき、改革派職員は、理事会と法人の決定に従順に応じているわけではなかった。将来的に残る入所施設である学園IIを解体するという意図が施設解体計画立案者の構想にはあった。つまり、1か所に集約化されたグループホームであれば、学園IIの重度知的障害者の地域移行が可能であるという認識があり、この背景には、重度知的障害者を対象にした小規模グループホームの場合には、現行の報酬単価では十分な人材を確保することが困難であるという財政上の問題がある。

　障害者自立支援法制定以降のグループホーム再編の過程で、重度障害者は比較的規模の大きなグループホームで生活することが制度的に規定されるようになり、こうした制度の動向が職員の取り組みに影響を与えていた。制度的制約がある中で、理事会や町の決定をいったんは引き受け、重度障害者を地域移行

276　第三部　施設閉鎖の背景と方法

させ学園Ⅱの解体を目指すという強かな意図があった。この結果、施設解体計画を実現させたが、集約化された大規模グループホームの設置を容認することになった。

　以上、A法人の職員は、社会福祉基礎構造改革期における市町村主義という動向の中で、町行政との関係において「町との協働関係の活用」や「制度的動向の活用」といった職務戦術を駆使しながら、施設閉鎖を行ったことが分かった。この結果、施設解体計画を実現させ、就労自立が困難であっても地域生活を可能にさせ、施設設立時の自立規範を変容させながらも、重度障害者の集約化・大規模化したグループホームへの移行や地域移行が困難な重度障害者のための施設の存続を容認することになった。

４.２. 自治体行政／制度的動向と組織経営

　自治体と社会福祉法人の関係が当該法人の組織経営や福祉事業にどのような影響を与えることになるのかということについての研究は十分になされていない。中野隆之（中野, 2022）は、社会福祉法人による地域福祉サービスの展開と組織内部の経営管理特性との関係について量的調査研究を行った。これは、組織内部の経営管理特性と対外的な組織活動との関係に着目した呉世雄（呉, 2013）や島崎剛（島崎, 2018）による研究枠組みに依拠して実施された。具体的には、法人が地域で積極的に取り組むべき地域事業展開や地域公益活動と、法人内部における経営管理特性などの組織上の諸特性との関係を明らかにすることによって社会福祉法人がその使命である「公益性」を踏まえた地域社会での展開活動を行うために必要な経営管理のありかたを示すことが研究目的として設定された。研究方法は、全国2,000の法人で経営管理を担う役職員に対し郵送での質問票調査が実施された（分析対象は338法人）。この結果、中野（中野, 2022）は地域福祉サービスの展開には、人材確保、計画策定段階での職員の積極的参加と共に、役職員を積極的に巻き込んだ施策が重要だと結論づけている。

　本書では、改革派職員による計画策定参加と共に、法人の役職員が積極的に関与することによって施設閉鎖の取り組みが実現されたことを述べてきた。この点は、中野の研究成果と重なる。しかし、本書では法人の役職員に自治体関係者が就任し、法人・自治体間の協働関係が形成されることによって、施設閉

鎖という事業は実現された一方、改革派職員が構想した地域福祉サービスのあり方とは異なる形で展開したことが明らかにされた。

朝日新聞（2014）の記事には、2013 年度に都府県や政令指定都市から特別養護老人ホームや保育園などを運営する社会福祉法人に少なくとも 239 人の幹部職員らが再就職していたことが記されている。自治体が社会福祉法人に補助金を出したり、福祉関連事業を委託したりすることによって、両者の関係が強くなる場合がある。この結果、どのような経営管理特性が形成され、どのような地域福祉サービスが展開されるのかということが検証されなければならない。

地方自治体行政と民間の事業所の協働関係について分析した田中謙（田中, 2021）の研究がある。これは、東京都旧保谷市ひいらぎ教室（障害児の通園事業）の創設および展開過程の特質について、保谷市の政治、政策との関係性を踏まえ、組織間連携における戦略的協働に焦点を当てて検討が行われている。この結果、1960 年代に保谷町は地域福祉政策としてひいらぎ教室を創設し、1970年代には障害乳幼児を主な対象とする専門的な支援機関として発展したことが明らかにされている。このとき、ひいらぎ教室は住民組織と市行政とが連携することで創設されており、他組織との組織間連携と共に、保谷市政の「革新市政」による政策展開の特性が影響していることが明らかにされた。一方、行政組織の政治体制や政策方針等により，特に住民組織内の当事者である障害児をもつ保護者は常に主体的協働が脅かされる可能性を有していることも明らかにされた。

自治体と法人関係の協働関係が福祉事業の展開過程にどのような影響を与えるのかということについての研究が求められる。これに加えて、本書では、障害者自立支援法や障害者総合支援法という制度的特性によって法人・自治体関係が規定されることが示されてきた。したがって、法人の経営管理特性と事業展開の関係性についての研究は、組織外部の自治体というメゾレベルの領域と共に、国の制度的動向というマクロレベルの領域との複合的関係を踏まえて分析される必要がある。地域移行や施設閉鎖という事業は、日本では社会福祉法人の職員が主導する形で実施される点に特徴がある。それゆえに、日本の脱施設化研究では、組織経営特性及び組織外部のメゾ・マクロ領域の複合的要因と、実践内容との関係を分析する研究が重要になるだろう。

第8章　本人と家族への働きかけ

　第一次福祉総合計画「入所施設解体と地域生活移行に関するビジョン─全ての知的障害者を地域で支援するために─」において、2004 〜 2013 年度までの間に学園Ⅰを閉鎖し、入居者 50 名全員をグループホームや自立生活に移行する計画が示された。また、学園Ⅱについては、入居者 20 名をグループホームに移行し、入所定員 30 名、そのうち 4 名は自活訓練棟での生活とし、完全個室化する計画が示された。

　その後、計画についての説明や、地域移行についての意向確認を含めた支援が本人になされた。家族については、1) 家族会での研修や制度変更に伴う説明会において家族全体を対象とした説明と、2) 本人の意向確認がなされた後に、担当職員から本人の家族に個別の意向確認が行われていくことになった。

　本章では、当法人の職員が学園Ⅰや学園Ⅱの本人や家族にどのような働きかけをしてきたのかをみていこう。

1．本人への働きかけ

　第 1 節では、職員による本人への働きかけについて述べる。

1.1．本人の意思の確認
　A 法人では、1993 年 10 月 1 日に学園Ⅰや学園Ⅱと同一敷地内に学園Ⅰを管理母体とした自活訓練棟が開設され、1999 年 10 月 1 日にはグループホームが初めて開設されている。当初は、自活訓練棟で生活体験をして、一般就労できればグループホームに移行するかたちで退所支援が行われた。このとき、管理母体が学園Ⅰであるため、学園Ⅰの本人のみが自活訓練棟を利用した。自活訓練棟での退所支援は、一般就労できる人が対象だった。

　こうした中で、2003 年に第一次福祉総合計画が作成され、グループホームへの移行による施設閉鎖の方針が示された。2005 年 4 月には、学園Ⅰの本人50 名を対象にした地域移行の意向確認のアンケート調査が行われている。実

施方法は、アンケートに自ら記入する方式だが、文字の読めない人は担当職員が聞き取りをした。この調査では、言語によるコミュニケーションが困難だった1名以外の49名から回答が得られた。以下は、A法人が作成した「地域生活移行アンケート調査集計結果」に依拠して調査結果を示したい。

「今の施設を退所して、地域の中で暮らしたいですか」という質問には、「退所して地域生活したい」34名（男性21名、女性13名）、「入所施設のままで良い」8名（男性4名、女性4名）、「わからない」7名（男性5名、女性2名）という回答だった。「退所して地域生活したい」という回答者34名（男性21名、女性13名）のうち、退所先の希望は、「親元」10名（男性6名、女性4名）、「自分の家・持ち家」5名（男性1名、女性4名）、「グループホーム」14名（男性10名、女性4名）、「民間のアパートや公営住宅」5名（男性4名、女性1名）となった。「親元」を回答した人の多くは、A法人のあるM町内に親のいる人だった。

「誰と地域で暮らしたいか」という質問は複数回答で、「両親や兄弟姉妹」18名（男性10名、女性8名）、「親類」4名（男性2名、女性2名）、「結婚相手」7名（男性3名、女性4名）、「障害をもった仲間」8名（男性6名、女性2名）、「一人暮らし」9名（男性8名、女性1名）、「その他」3名（男性2名、女性1名）となった。「障害をもった仲間」が8名と少数であり、本人の多くは一人で、あるいは、家族や結婚相手と生活することを希望していた。

「地域生活について、どのような方法で情報を得たいか」という質問は複数回答で、「パンフレット」13名（男性8名、女性5名）、「ビデオ」11名（男性7名、女性4名）、「グループホームで生活している人の話」12名（男性7名、女性5名）、「職員に個別的に説明してほしい」17名（男性8名、女性9名）、「グループホームで生活体験をしたい」17名（男性14名、女性3名）となり、個別の説明や、体験の機会が重要であることが示されている。

アンケートにおけるグループホーム希望者は14名だったが、A法人の施設解体計画では、グループホームが主な移行先として計画されていた。このため、本人に対して、グループホームの共同生活についてのイメージをもってもらうための支援が課題となった。

1.2. 有限の資源を活用したグループホーム生活体験の提供

　本人たちの意向を調査し施設解体計画を実施する過程で、本人が地域でのグループホーム生活をイメージできるような取り組みが行われてきた。

　まず、1994年11月20日に徳島市で行われた全日本育成会全国大会や、グループホームでの生活の様子が記録されたビデオを活用しながら、地域移行についての学習会が定期的に開催された。しかしこれについては、参加者数も少なく、本人にとってはあまり効果のあるものとはならなかったという。

　次に、本人に個別に意向を聞く中で、希望者には、Ａ法人のグループホームや自活訓練棟の見学をしたり、個人で見に行ったりする機会が与えられた。あるいは、自活訓練棟での生活体験の試みがなされた。結果的に、学園Ⅰの本人のうち６～７割が自活訓練棟で体験利用をした。自活訓練棟の活用方法の変化について、大田は次のように述べる。

大田：自活訓練棟は、グループホームでの生活を想定したものに変化してきました。その中で、就労が難しい人たち（筆者注：重度の自閉症者・統合失調症）にも自活訓練事業の利用を拡大しました。それが、良かったわけです。今まで施設でしか生活できないと思い込んでいた、職員と本人に変化がでるのです。かなりの人たちが、支援によっては、グループホームで生活できるということに気がつくわけです。環境を変えなければならないのは、私たちの方だと思うのです。個人モデルからの社会モデルへの転換期だったと思います。その経験が、多くの人たちを地域移行させることができるという自信（筆者注：職員と利用者の両方）につながります。（20.9.7）

　なお、自活訓練棟は学園Ⅰの施設解体が終了した後の2008年９月１日に、地域移行型ホームとして認可され、学園Ⅱが管理母体となった。その後、2011年には学園Ⅱの一つの居住棟として認可された。学園Ⅰが閉鎖してから自活訓練棟は、学園Ⅱの本人がグループホームに移行する前段階の体験の場と位置づけられた。同時に、学園Ⅱの本人４名分の定員が減少することによって、学園Ⅱの２人部屋の解消や支援の個別化につながり、さらには、学園Ⅱの本人も地域移行の対象であるというメッセージを職員に与えることができたという。

自活訓練棟や地域移行型ホームのような施設敷地内グループホームは、地域移行を停滞させるリスクとなることが指摘されることがある。リスクを自覚しながらも、Ａ法人で地域移行を推進する職員は、こうした制度を地域移行の手段として活用し、本人や家族の支援を行った。施設敷地内グループホームについて、大田は次のように述べた。

大田：敷地内のグループホームは私も反対です。山奥の入所施設の広大な土地にいくつものグループホームを建てるというのは、（中略）地域移行ではなく、敷地内隔離です。私が地域移行型ホームを活用したのは、施設解体が前提にあったからです。（中略）施設解体の現実は、とても厳しく、藁にもすがりたい思いになります。そうした時に、地域移行型ホームは、当時、私たちの実践を応援してくれる制度に見えました。制度は、使い方によって、変わるものだと思います。よく使う人もいれば、悪い方へ利用する人もいます。(20.9.7)

　施設敷地内グループホームに原則として反対しながらも、地域移行を推進するための手段としてこの制度が活用された。「藁にもすがりたい思い」と語るように、Ｍ町における居住支援に関わる社会資源が限られた条件下において、地域生活の体験の機会を可能な限り提供し、本人がグループホームのイメージをもてるようにするために、あらゆる資源を活用する必要があった。本人の意思が重視され、グループホームのイメージをもてるための数少ない機会の一つが、施設敷地内の自活訓練棟、あるいは、地域移行型グループホームだったということである。しかし、これらは、大田が「敷地内隔離」と表現するように、地域移行を前提としなければ、施設に本人を留める方法になりうる。
　施設敷地内グループホームの体験の機会だけではなく、本人が希望する場合は、移行先のグループホームの見学の機会が提供された。ただし、本人から要望がない場合、担当職員との関係、移行時期のタイミングによっては、機会が提供されない場合もあった。施設解体計画の第1段階において、2007年9月に学園Ⅱからグループホームのｃ寮（職員巡回型グループホーム）に移行した白石は、次のように述べた。

筆者：移行前にどんな説明を受けましたか。

白石：グループホームに行ったら施設にいるときよりも自由だよって説明を受けました。

筆者：そのときはどう思いましたか。

白石：最初はちょっと不安がありましたね。

筆者：何が不安でしたか。

白石：やっぱり人間関係とか。

筆者：出られると聞いて嬉しかったですか。

白石：嬉しかったです。

筆者：ずっと学園Ⅱにいたいとは思わなかったですか。

白石：思わなかったです。

筆者：c寮の見学は？

白石：見学していいところだと思って。

筆者：十分準備をして引っ越しできましたか。

白石：できたと思います。（15.8.13）

　白石は移行当初、グループホームの人間関係に不安を抱いていた。ただし、c寮を事前に見学して、「いいところだと」思い、グループホームのイメージをもち、準備をした中で引っ越しをしたと語った。白石が訪問したグループホームは、自ら家事を行うだけではなく、土日は簡単な調理ができる利用者のいる場所だった。このため、白石にとって、グループホームとは、ある一定の自立能力のある人が入居する場として認識されることになった。

白石：グループホームは洗濯とか、一人でやんなくちゃいけないですね。世話人さんが朝と夜の食事を作ってくれるんです。土日は、世話人さんは休みで、祝日も休みで。（中略）自分で調理することになります。（18.7.21）

　この段階でM町において設立されていたのは、職員巡回型のグループホームである。M町の社会資源が限られた条件下で、比較的自立能力の高いグループホームの見学の機会が提供された。これによって、この時期に見学をした本人は、一般就労による自立は必ずしも必要ではないが、なんらかの形の就労及び

生活面での自立能力のある人が入居する場所としてグループホームを認識することになった。自立規範の再編過程にグループホーム体験の機会が1つの要因として影響していることが示されている。

　なお、すでにグループホームに移行した本人と施設に残る本人との交流も部分的に行われていた。A法人では、施設閉鎖の第1段階において、2006年8月1日に町内に通所授産施設が開設され、2007年にはグループホームが3棟開設された。このグループホームには、一般就労ではなく福祉的就労の本人も移行した。グループホームに移行した本人は、町内に新しくできた通所授産施設に通った。週末に友人や恋人同士で会うことや、携帯メールでの会話を通して、グループホームの情報が施設入居者にも伝わった。学園Ⅰでも学園Ⅱでも携帯電話の利用が1990年代後半から始まっている。このため、地域生活の情報も、携帯電話を通して伝わる場合があった。利用者間の自然な交流やネットワークを通して、グループホームでの暮らしの情報が徐々に伝達されていった。

大田：互いの会話の中から、ホームの楽しさはみんなに伝わったと思います。地域
　　　移行に自信のない人も、「あいつがやれるなら、僕もできる」というピアカウ
　　　ンセラー的な効果も地域移行を後押ししたと思います。(20.9.4)

　ただし、本人同士の交流は、組織的取り組みとして行われたわけではなく、グループホームの暮らしをイメージできない人たちは多かった。A法人内における地域で生活する本人同士の当事者会は、施設解体計画の実施後に設立され、本人同士が相互に情報を共有する機会は限定的だった。それでも、A法人によるグループホーム体験の機会提供によって、グループホームへの移行に賛同する人はアンケート調査時より増えていった。

　最終的な学園Ⅰの本人の移行先希望と実際の移行先は、表8.1.の通りである。グループホームへの移行を希望したのは、学園Ⅰの本人50名のうち、35名（男性22名、女性13名）だった。希望したといえど、本心では家族との同居や、一人暮らしを望む本人はいた。しかし、家族の状況や自立生活の支援体制の限界ゆえに、こうした希望をあきらめ、学園Ⅱへの移行より良い、あるいは、学園Ⅰを退所したいという理由でグループホームへの移行を希望した。

本人の希望があっても、親の同意が得られないことによって、グループホームへの地域移行が実現されない人もいた。学園IIに移行することになった本人は8名（男性6名、女性2名）であり、このうち男性1名は施設生活を希望したが、残りの7名は家族の意向で学園IIに移行した。この8名に関しては、本人への地域移行のイメージづくりと家族の理解を求めるため、学園IIでの自活訓練棟での体験や家族への個別面接が繰り返し行われた。

　しかし、結果的にグループホームへの移行につながったのは8名中女性1名のみだった。この人は第4章で紹介した猪俣であり、反対する姉を大田らが説得して実現された。また、男性1名は反対した親への説得もあり、グループホームへの体験まではつながったが、学園IIの施設長の大田が2019年4月にグループホーム運営事業所に異動してから、グループホームへの移行は実現できていない。このことは、施設長の考え方や対応次第で地域移行の進捗状況が左右されることを示している。

表8.1. 学園Iの本人の地域移行先の希望と実際の移行先

希望先	性別	利用者数	実際の移行先
グループホーム	男性	22名	2名:学園II 20名:グループホーム
	女性	13名	13名:グループホーム
結婚	男性	0名	
	女性	1名	1名:結婚
自宅（家族同居）	男性	2名	2名:自宅
	女性	3名	3名:自宅
学園II	男性	1名	1名:学園II
	女性	0名	
他施設	男性	1名	1名:他施設
	女性	0名	
分からない	男性	3名	2名:学園II 1名:グループホーム
	女性	1名	1名:学園II
意思確認不明	男性	1名	1名:学園II
	女性	1名	1名:学園II
死去	男性	0名	
	女性	1名	

出典：筆者作成。

1.3. 適性に応じた移行対象者の選定

　施設から、グループホームへの移行について意思の確認が行われ、グループホームの生活体験の機会が提供されていたが、いつ、どのようなグループホームに、誰と暮らすのかということについては、職員が決めていた。

　移行対象者の選定は、課長である国橋や課長補佐の大田が生活指導員に意見を聞きながら行っている。地域移行の第1段階として、2005年に自宅に戻る人、2006年にアパートでの一人暮らしを始める人があらわれた。このときの移行者は共同生活の中でも支援の度合いが低い人が選定された。国橋と岩垣は、当時の様子を次のように述べる。

　国橋：その人たちが先に出て、その中で地域との関わりをし理解がされ、その後にスムーズにいった。出て数か月のうちに地域の人が手伝ってくれました。（15.8.14）

　岩垣：職員から見ると自信のある人を、ある程度できるという人を最初に出していたと思います。（15.8.14）

　職員にとっては、地域に移行しても「自信のある人」を選定し、地域の理解を求めるという対応がとられた。

　地域移行の第2段階として、2008年9月に旧ケアホームであるf寮（定員男性9名）とg寮（定員女性9名）が同一敷地内に開設した。このとき、第1段階に比較すると、この時期は、区分4や区分5の本人の人数が区分3以下の本人より多い点に特徴があり、職員が常にいるグループホームに移行すべきと考えられた人が移行している。

　学園Iが廃止されたのは2008年8月であり、これ以降の取り組みを地域移行の第3段階とした。この時期に、学園Iに最後まで残ったのは他者との共同生活が困難な人たちだった。障害程度区分でいえば、区分4や区分5だけではなく、区分3以下の本人もいる。例えば、iホームに移行した人について、岩垣は次のように述べる。

286　第三部　施設閉鎖の背景と方法

岩垣：ｉホームは、個性が強かった。他の人に合わない。（中略）最後は不安はありました。ある程度、能力的に高い人が残ったんで。（中略）例えば、すごく軽度の人で飲酒もされる方で、他の人たちとのトラブルは目に見えていたんですよね。能力の高い人同士ではないとうまくいかないだろうということがあった。それで残っていった。（15.8.14）

　職員から見て「能力的に高い人」であるが、共同生活や地域との関係において懸念する人たちだったということである。ただし、実際に移行すると、これら心配されていた人も、特に問題を起こすことなく生活をしていたという。
　このように、地域移行の第１段階は比較的障害が軽く地域生活が成功する可能性が高い人、第２段階は職員の支援が常時必要な比較的障害の重い人、第３段階は障害が軽度だが、地域生活が成功するかどうか予測が難しかった人となった。地域生活が成功する可能性の高い人が、優先的に地域移行する傾向がみられ、「適性に応じた移行対象者の選定」という方法が採用されている。これは、施設閉鎖と、地域移行を安定的に実現させるための職務戦術だったが、自立能力に応じた移行対象者の順位付けがなされることを意味した。

２．家族への働きかけ

　この国では、施設から地域生活に移行するかどうかの決定が、家族に委ねられるという実態がある。そして、家族は地域移行に対して不安や反対を示すことが多く、このような家族の理解と同意をどのように得られるのかということが地域移行の課題となる。第２節では、Ａ法人の職員は家族に対してどのような働きかけを行ったのかをみていこう。

２．１．家族と施設、家族同士の関係の変化
　施設解体計画が実施された時期の施設と家族の関係は、施設設立当初の頃に比較すると大きく変わっていた。施設開設当初は、法人と家族のつながりが重視されており、家族も学園祭に訪問したり、入居者や職員と共に旅行に行った

りする機会があった。旅行は、A法人では、「社会見学」と呼ばれるが、これは本人も親も参加して、日本全国各地域を旅行し、親睦を深めるための行事として行われてきた。親へのインタビューでは、沖縄や東京など様々な場所に旅行に行ったことが懐かしい思い出として語られ、現在は旅行に行くことが少なくなったことを嘆く語りが聞かれた。親の多くはM町の出身ではなく、施設には車で何時間もかけて通う人が大半だったが、私がインタビューをした親は、学園祭でのボランティア、長期休暇の際の帰省など精力的に施設に協力してきたと語った。

　施設開設から約10年が経過する頃には、親による施設への訪問回数は減っていった。1998年8月発行の学園Iの機関紙第47号には、学園Iの指導課長による「ご家庭との『きずな』づくり」というタイトルの記事が掲載された。

　　「キャンプと夏祭りのあんどん行列をも終了し夏休みを迎える準備で学園も大忙しです。学園も9年目を迎え、今年は、家庭と学園との交流を深めるよう、運動会、社会見学旅行の参加等を例年にも増してお誘い致しております。早速ながら運動会には、二十三名のご家族が参加して頂き、社会見学旅行については、現在二十名の参加が予定されております。入所者本人が休みの帰省に際し単独、引率の実施により、ご父母の学園に来年される機会が減り施設任せ状態の保護者も多くなり、行事等の機会を利用し、お子様の様子や学園の状況を知る為には今後も連絡を密にし、ご家庭とのパイプを強くしたく考えていますのでご協力をお願い致します。」（学園Iの機関紙47号、1998年8月発行）

　ここには、学園開設当初に比較すると親の訪問機会が少なくなってきており、行事を通して親による関与を増やしたいという施設側の願いが記されている。ただそれでも、学園Iの50名のうち23家族が運動会、20家族が旅行に参加している状況が示されている。

　学園Iが設立されてから、約15年が経過した頃になると、家族会に参加する親は大幅に減った。2004年10月16日に温泉地で開催された家族研修会において、「地域生活移行『スタートラインは地域から〜21世紀の知的障害者福

祉と地域生活移行』」というタイトルで、施設解体計画についての説明がなされている。これが家族に対して初めて行われた施設解体計画についての説明だった。

　しかし、研修会に参加したのは、学園Ⅰは50家族中9家族、学園Ⅱは50家族中9家族だった。約2割が参加し、約8割が不参加という状況である。2005年に障害者自立支援法が制定されると、翌年の地区別懇談会では、親の居住圏域ごとに4地区に分かれ、障害者自立支援法の説明がなされた。このとき利用契約書と重要事項説明書には保護者の署名が必要となり、ほぼ全家族が参加することになった。このため、A法人の施設解体計画の説明を受けた家族よりも、障害者自立支援法の説明を受けた家族の割合が多いということになった。

　その後も家族会は毎年開催されたが、参加者数は、近年は全体で10家族程度となった。家族会の役員を務めていた学園Ⅰの曽根英明は次のように述べた。

筆者：家族で集まることはありますか。
英明：今はないね。家族会もだんだん人数が減ってきている。
筆者：どう思いますか。
英明：寂しい。ただ今の若い人は（筆者注：施設への関与が）うすれてきているかなぁ
　　　と思うけどね。うちらは入った当初は楽しかったね。毎回旅行に行っていた
　　　から。（18.7.24）

　家族の参加割合が低いのは、もともと物理的距離がある中で、親が高齢化し、施設事業への関与が希薄化していったことが関係している。家族会には親が参加するが、兄弟姉妹が参加することはない。このため、2021年にA法人の家族会は解散することが決定した。

　家族研修会や障害者自立支援法に関わる説明会では、A法人の施設解体計画や近年の制度改正について、家族同士で話し合いをしたり、相談をしたりする機会はつくられていない。長年親しくつきあっている家族同士で話すことはあるが、家族会全体で検討したり話し合ったりすることは行われていない。「全国手をつなぐ育成会連合会」の会員になっている家族もいるが、地区の会の活動に参加する人はほとんどいなかった。育成会やA法人の家族会について学園

Ⅰの父母である英明と文美は次のように述べた。

文美：こんな小さな町に（筆者注：育成会は）できないでしょ。

筆者：いろんなところから集まるところは？

文美：あったほうがいいかもしれないけど、年齢（筆者注：が年齢）だから。もっと
　　　分かればいいけど。

筆者：育成会の大会に参加することはありましたか。

英明：僕は行ったことある。

文美：年齢的に遠くだったら行けない。

筆者：父兄会で話し合いをする機会があったほうがいいと思いましたか。

英明：総会で終わりだもんね。

筆者：親の不安が言えていないと思いますが。

文美：言えないよね。

英明：あればねちょっと違うかなぁ。

筆者：職員さんに任せっきりでしたよね。

英明：そうだね、それが事実だね。遠いからそこまで行くのが大変だから。まっ、
　　　なんとか頼みますって。(15.8.16)

　施設解体計画が出された時に、家族会で話し合いをする時間や機会があれば
良かったと語る家族が数組あった。しかし、家族会自体も定期的に集まってい
るわけではなく、計画について話し合う時間も余裕もなかった。

　こうした施設と家族との関係、及び家族同士の関係の希薄化という状況の中
で、基本的に家族は、A法人の担当職員との関係のみで地域移行に関わる相談
をし、決断をしていくことになった。不安を抱えた家族は、担当職員との個別
の関わりの中で、その不安について相談していくことになる。このため、担当
職員と家族の関係がどのように形成されているのかということが、家族の地域
移行の決断に大きな影響を与えることになった。

2.2．制度的動向の活用

　職員は施設解体計画を進めるために、家族に対して集団説明会を開催した。

290　　第三部　施設閉鎖の背景と方法

まず、2004 年 10 月 16 日の家族研修会では、大田が中心となって、施設解体計画の説明をした。この説明においては、当計画の根拠として、社会福祉法や障害者基本法の基本理念について述べられた。具体的には、措置制度から契約制度に移行したこと、施設福祉ではなく地域福祉が重視されること、本人の意向を尊重することの重要性が主張された。あるいは、ノーマライゼーション原理やＩＣＦ（国際生活機能分類）といった海外の考え方も紹介されている。具体的には、「障害者を健常者に近づけることではなく、環境をノーマルにすること」や「指導による自立ではなく、社会福祉サービス資源を活用した自立」について家族研修会で大田らが提示した資料に記されている。

　こうした新たな法制度や考え方の説明の中で、入所施設の問題点も述べられた。すなわち、「50 人での食事、日課での規制」・「4 人部屋での生活・畳二枚の生活」・「プライバシーがない・一人になれない」といった施設生活によって、本人が「情緒不安定・問題行動」・「他の利用者とのトラブル」・「無気力（パワーレスな状態）」になるという施設の構造的限界が説明された。さらに、制度的環境の変化を受けて、Ａ法人は学園Ⅰを完全に閉鎖し、学園Ⅱの入居者を減らしながら、4 ～ 5 名のグループホームを地域に分散させ、日中はＡ法人が運営する通所事業所に通勤するという施設解体計画を実施することにしたと説明された。

　このように、国内法の考え方の変化、その背景にある海外の考え方といった制度的環境が変容した状況について説明することによって、施設解体計画の正当性が主張された。具体的には、支援費制度に移行することによって地域生活が重視されたこと、契約方式に移行した中で本人の自己決定が重視されたこと、本人が地域生活への移行の意思をもっていることが伝えられている。このときの親の反応について、大田は次のように述べた。

大田：説明会の後で、急に不機嫌になり、私をずっと睨みつけていた親もいました。施設というのは、親にしてみると、自分の判断で入所させているので、施設解体は、それを否定されているように思うのでしょう。家族にしてみると、良かれと思い、最善だと思い、施設入所を決めたわけですから、その施設を根本から否定する施設解体などはありえないわけです。自分が否定されてい

るような気がするのです。(19.2.4)

　支援を受けながらの自立生活や、本人の意思や自己決定を重視するという自立の考え方は従来の自立観とは異なる。こうした説明を通して、本人の意思が重視されることになるが、かえってそのことによって、本人の意思が不明確な場合は地域移行が困難になると捉えられることとなった。新しい自立観の説明がなされる一方、依然として親は施設入所時の自立観で地域移行を捉えている。この背景には、障害者自立支援法による説明の影響があった。

　2005年の障害者自立支援法の制定に伴い、2006年に地区懇談会というかたちで、A法人から各地区にいる家族に対して制度変更の説明がなされている。このとき、当時の学園Ⅰの施設長の前場、支援課長の国橋、課長補佐の大田、生活主任の工藤が参加した。

　A法人は、障害者自立支援法を「追い風」にして地域生活への移行の取り組みについて説明することになったという。つまり、職住分離を進めること、障害程度区分によって施設入所できる人が制限されること、自己負担が増大することなどに関わる内容について説明がなされた。後述するように、施設閉鎖の説明はどのように受けたのかと尋ねると、障害者自立支援法への制度変更に言及する家族が数組あった。これは、制度変更に関わる説明が地域移行についての家族の認識に影響していることを示している。

　障害者自立支援法の説明において強調されたのは、障害程度区分と事業体系である。障害程度区分については、A法人の入所者は、事前のシミュレーションによって、障害程度区分1〜3の人たちが大半であることが明らかになった。このため、入居者の多くが、施設入所支援の対象外になるという説明がされた。当時、ある施設では、緩和措置があるのでどのような障害程度区分でも施設入所は継続できるという説明に躍起になる支援者たちもいたという。これに対して、大田は、法律を字義通りに解釈し、施設入所を継続することが区分上難しいという説明はしていた。そして、入所施設には生活できなくなるという前提で、地域移行の必要性が訴えられた。学園Ⅰの機関紙には、グループホームに行くか、自宅に戻るかの選択しかないという表現もなされている。

「期限なしに、入所施設を利用できるのは、障害程度区分4以上（重度者）以上か、五十歳以上の利用者で3以上です。（中略）重度もしくは高齢の利用者は、入所施設をこれからも利用できます。しかし、軽度の利用者は、2〜3年程度と期間が限定されます。では、軽度の利用者はどうなるのか？一つは、グループホームに移り住み、日中は、通所施設を利用し就労継続支援（雇用型・非雇用型）のサービスを利用する。2つ目は、自宅へ戻り、その地域の通所事業を利用する。北欧の施設解体やアメリカの脱施設では、この2つが主流でした。国は、平成23年までに、全国の施設入所者の7％を地域に移行させるという目標数値を示しています。」（学園Iの機関紙79号、2006年3月20日発行）

このとき親にとっては、グループホームにおいて安心した生活が送れるかどうかが問題になるため、A法人のグループホームでは、職員が巡回なども含め24時間配置されることが強調された。大田は、このときの親への説明の姿勢について次のように述べている。

大田：（筆者注：障害者）自立支援法を利用して、国の方針として、説明することにより、親の理解を得ようとしたわけです。施設派の人たちと同様に、自分に（筆者注：職員の取り組みにとっても）都合のよい制度を引き合いに出して事業を展開するのは、どの時代でもあったことです。（17.12.25）

障害者自立支援法が制定されたことによって、制度的環境の変化を根拠に説得する手法が採用された。これは親が地域移行に反対する可能性が予想されたからであり、説得力のある根拠を施設側が必要としていたことを意味する。

障害者自立支援法は、障害程度区分を導入することによって、障害の重度の人は施設に残り、障害の中軽度の人は施設を退所することを求めた。これは自立能力によって、居住の場を施設と地域生活とに分ける政策である。この結果、家族は地域移行を自立能力に依拠してで捉えることになり、自立規範に規定されることになった。

2.3. 本人の意思の伝達

職員による家族への働きかけの特徴として、本人の意思を伝達するという方法がとられている。これは、支援費制度の制定から措置制度から契約制度に移行し、本人の自己決定や意思決定が支援において重視されるようになり、本人の意思を伝達することが重視されるようになったからだ。

前述した2004年10月16日の家族研修会の際に、本人の施設での思いについてパワーポイント資料で伝えられた。この資料には、以下の本人の声が紹介されている。

「おれ…40年施設にいるけど…今も自立できない…このまま、施設で死ぬの…いやだな…」(60代の男性入所者の言葉)

「わたし‥もう…結婚もしないて、施設で終わっちゃうのかなあ…‥わたしだって家庭をもちたかったな…」(50代女性入所者の言葉)

「4人部屋じゃ…悲しい時どこで泣けばいいの?」(30代女性入所者の言葉)

「おら…施設があったから施設に入れられたんだ…施設なんてなかったら良かったのにな…」(50代男性入所者の言葉)

集団説明会のときだけではなく、学園Iの担当職員から個別の家族に意向が確認される際にも本人の意思を伝達することが重視されていた。

岩垣:3つ選択肢を提示しましたよ。お電話させてもらって。学園Iからグループホームに移るようになっていきます、と。その中で学園IIもありますし、ご自宅もあります、と。ご本人にもお話していたので、ご本人はどこどこを希望しています、と。お父さんとお母さんはどうですかね、っと。(中略)僕の方は3つの選択肢を提示して、もちろん僕の方にはグループホームに行ってもらいたいということがありますけど。(15.8.14)

阿部：施設は閉鎖になって、グループホームかもしくは学園Ⅱもありますので、M町に残るんだったらどちらかの選択になるんですけどということで。その中でも自宅に戻られる人もいました。本人が希望しているんだったらグループホームでいいという人と、悩んでいる人には学園Ⅱを見学してもらった人がいました。（16.8.5）

　岩垣と阿部は本人の希望を家族に伝えた上で、家族の意向を確認した。
　本人の意思が明確な場合には、親が不安を抱き反対しても、地域移行が実現される場合がある。例えば、学園Ⅰの本人の母・深田史子（以下、史子）と父・深田太郎（以下、太郎）は、集団説明会で施設解体計画や障害者自立支援法についての話を聞き、「自立になるんだろうか」と不安を抱いた。
　両親は、職員からグループホームへの移行について提示されており、自宅に戻ることや学園Ⅱに移行することは選択肢としては提示されていなかった。子はグループホームへの移行を明確に希望しており、そのために、グループホームへの移行の有無についてのみ尋ねられていた。そのときのやりとりの様子は以下のように述べられている。

筆者：職員にどのように尋ねられましたか。
史子：ｆ寮に、この部屋に入れますよって言われました。
筆者：それで良かったですか。
史子：良かった。（中略）○○（筆者注：自宅）の隣が他施設の園長でした。私、お金のことは分からなかったの。そしたら、自立で出た方がお金かかるんだよって、出ないほうがいいって言われたんです。でも、本人は出たくてしようがないし。出たら年金はなくなるのね。（中略）
筆者：どうして園長さんがそう言っても、お二人はそう（筆者注：グループホームへの移行を）決めたんですか。
史子：本人が（筆者注：施設から）離れたいから。だから。
太郎：自分はそうやってやりたいといっているから、汲んでやらなければ。（15.8.11）

　両親は、自宅の近くに住む他法人の施設長からグループホームへの移行は、

経済的負担が増えるので断念したほうがいいと言われた。しかし、本人が「出たくてしようがない」ということもあり、本人の希望を尊重し、グループホームへの移行を決断した。学園Ⅰの4人部屋の状況に不満をもっており、一人部屋であるグループホームの方が本人にとって望ましい生活環境であるという判断もあった。

　また、グループホームへの移行に当初反対したが、本人と共に学園Ⅱやグループホームを見学し、本人から希望を明確に聞くことで、グループホームへの移行を容認した親もいた。学園Ⅰの本人の母である衣畑千賀子（以下、千賀子）は、次のように語った。

千賀子：あのときね、学園Ⅱを見学したんですよね。（中略）本人を連れて見に行ったんですよね。そしたら本人が嫌だと言って、本人がこっち（筆者注：g寮）の方がいいというのであれば、こっちにしますって。

筆　者：そのとき、見学して、そのとき言ったんですか。

千賀子：はい、見に行ったんだけど、泣いて嫌だと言って。それでこっち（筆者注：g寮）がいいということで。

筆　者：両方とも見たんですかね？

千賀子：そうですね。

筆　者：見学は誰がされたんですか。

千賀子：お父さんと私と娘と、先生とで。（中略）本人が嫌だと言って。絶対嫌だと言うから。こっち（筆者注：g寮）にしたんです。（中略）本人が嫌であればこっちで仕方がないなぁと。しゃべれないし、何にもできないから、学園Ⅱに行ったんですけど、本人が泣いて嫌だと言うんですから、こっち（筆者注：g寮）にしました。（15.8.9）

　千賀子の場合は、グループホームへの不安があり、学園Ⅱとグループホームを娘と共に見学をしている。このとき、娘が学園Ⅱは「泣いて嫌だ」という明確な意思を表示し、グループホームの「g寮がいい」と希望を伝えている。この結果、母と父はその希望を尊重し、グループホームへの移行を容認することになった。

一方、本人の言語による意思表明が困難な場合は、家族の意向が優先される実態がある。言語による意思表明が困難だが、職員が本人の表情や行動からグループホームへの移行を希望していると判断した男性2名は、親の強い反対のため、学園Ⅱに移行した。このうちの1人を担当した岩垣は、そのときの電話のやりとりを次のように語った。

岩垣：グループホームも職員がつきますし、そんなに生活自体は変わらないと思います。
父親：生活が変わんないんだったら、施設にしてくれ。
岩垣：グループホームで生活できそうな人だと思いますが、いかがでしょうか。
父親：おまえらが勝手に決めてんじゃねーのか。おまえらが勝手に施設をやめて出すんだろう。（中略）
岩垣：またかけるので、考えておいて頂けないでしょうか。
父親：考えることもねぇ。（15.8.14）

　父親は岩垣に対して激怒し、電話を切ってしまった。結局、本人はグループホームを希望していたが、父親の強い反対によってこの本人は学園Ⅱに移行することになった。
　また、「わからない」と回答したのは4名（男性3名、女性1名）となり、このうち男性2名は親の反対、女性1名は姉の反対にあい、学園Ⅱに移行した。そして、職員にも意思確認ができなかったのは、2名（男性1名、女性1名）となった。この2名は、親の意向が優先され、学園Ⅱに移行した。「本人の自己決定を基本に置いた時、意思表示の弱い人たちについては、親に押し切られます」（20.9.4）と大田は語った。
　なお、「施設に残りたい」と回答したのは1名（男性1名）だった。この人は、学園Ⅱに移行したいという意思が強く、その決定を尊重して学園Ⅱに移行した。膀胱の調子が悪くなり、おむつの使用を始めた時期に当たり、高齢になる段階で自らのケアを考えたときに、本人は入所施設を選択したという。
　障害福祉サービスは2003年に支援費制度が施行されてから契約方式となり、本人の意思や自己決定が重視されている。本人が明確に地域移行の意思表明を

するのであれば、親が反対しても、最終手段として顧問弁護士の協力を得て地域移行を実現させることは可能だという。ところが、「グレーゾーンの人の意思を施設側が（筆者注：地域移行を希望していると）判断して実行したのちに、事故で死亡した場合、裁判になる可能性もあります。施設には、何の権限もありません」（20.9.21）と大田は語った。契約方式によって本人の意思が重視される状況では、意思確認が困難な場合に施設側が地域移行を進められず、親の意向に判断を委ねざるを得ない。

　法的問題だけではなく、地域移行を強行することによって、親が施設退所を決断することに対する懸念もあった。

大田：正義感をもって本人の自己決定だから地域移行を強行しようとした場合、親は退所手続きをとることは明確です。それによって、一生隔離収容される施設への移行がなされることを考えた場合、いったんは、引き下がり、何年もかけて親の状況を見ながら、機会を待ちます。これは、私が若い頃にずいぶんと正義感を親に振りかざして退所させられた経験によるものです。現実的に日本においては、中重度者の意思決定権は、親にあります。（20.9.22）

　本人の意思を尊重し地域移行を強行すると、親がそれに反発し、退所手続きを進めかねない。退所し地域移行を行わない施設に入所すれば、一生施設で生活することを余儀なくされる。これは、地域移行を重視する職員にとっては避けなければならない事態だった。

　本人の意思決定を支援し、権利擁護を行うための制度は、日本では現在、成年後見制度となる。後見人がおらず、明確に意思表明のできない本人は、親が代弁することになった。つまり、後見人がいない本人は契約方式が導入された当時、サービス利用の契約書に署名をするのは保護者としての親だった。契約内容や利用するサービスの変更ごとに契約は交わされるが、このたびに、親が署名した。A法人が作成した契約書及び重要事項説明書の様式をみると、本人と保護者が署名する欄が下部に設けられている。

　親が退所を決めれば、施設側は何もできなくなると職員は考えている。この事態を避けるため、親が反対した場合はいったん引き下がり、継続的な地域移

行体験などの取り組みを通して、親の説得を試みることになった。

2.4. 有限の資源を活用したグループホーム生活体験の提供

施設解体計画が発表された後、職員常駐型グループホームが設立される前に、施設解体計画の第1段階の職員巡回型グループホームを見学する機会が、学園Ⅰと学園Ⅱの親を対象に提供されている。この見学の機会を通してグループホームのイメージをもつことができた親がいる一方、参加した親からは、グループホームが自立を前提とする場であり、自らの子にとっては難しいと認識される場合があった。

この一つの理由は、見学をしたグループホームは職員が夜勤に入る職員常駐型グループホームではなかったことと関係する。通常、地域移行を開始する施設は障害の軽度の人から移行させるために、グループホームで生活する人は比較的軽度の人が中心である場合が多いからだ。このため、重度障害のある子をもつ親がグループホームを見学すると、自立度の高い人が生活する場であるというイメージが固定化される可能性がある。

学園Ⅱの両親である陽一と芳恵は、次のように語った。

筆者：グループホームを見学した時の印象はどうでしたか。

陽一：学園Ⅰの子たちがグループでやっているところを見さしてもらいましたけど、町営の住宅を改良して、ここで生活するんですよっということで。そこは夜になると、その人たちだけで誰も泊まらないと。巡回はするけれども。うちの子どもたちがそういうところに移った場合に、誰もいないところに何時間か置かれる、そういうことで地域移行するんだったら不安だなぁと。各部屋に石油ストーブもあって、うちの息子はストーブの調整もできないですしね。誰か監視してくれる人がなかったら、親としては心配だった。だから今の学園Ⅱのセントラルヒーティングだったらどんなふうになっても火事にはなりませんけど。うちの子は夜中に布団をけとばして、物がいったら、ちょっと不安だなぁと思いました。

芳恵：軽い人たちだよね。自分の息子は無理だなぁと。（16.8.6）

第8章　本人と家族への働きかけ　299

この時期にグループホームを見学した親は、夜勤が入るグループホームの存在すら知らない。このため、「重度」の人たちが入るグループホームのイメージをもてなかった。しかし、インタビューの過程で私が、現在は職員常駐型グループホームがあることや、すでに障害の重度の人も移行していることを説明すると、「そういうグループホームであれば親として問題はない。なにせ見てもらえる人がいれば、親としては安心。誰もいない時間があるということが不安なんですよね」と陽一は語った。

　施設解体計画の第2段階である職員常駐型グループホームが建設された後、移行予定の親の多くは見学をしている。このときに、親からは安心感をもったことが語られた。例えば、英明と文美は次のように語った。

文美：話だけでは分からないけど、見に行ったの。
筆者：お二人で？
英明：そうです。二人で。
筆者：そのとき新しい建物ができて、みて、どう思いましたか。
文美：一人部屋でうちの子にはあっているのかなぁって、思いますよね。友達同士で話したりしない子だから。
英明：やっぱり一人部屋が印象に残ったね。学園Iのときは四人部屋だったから、夏だったら暑くてかわいそうだなぁって。我慢しろって言ったけど、やっぱりかわいそうだったよね。
筆者：準備をして引っ越しできましたか。
文美：向こうで全部やってくれたから。
英明：ある程度準備して向こう見学行ったの。
筆者：本人も落ち着いた状況で行けましたか。
文美：そうですね。(15.8.16)

　第11章で詳述するが、英明と文美は施設解体計画についての説明を受けたときに、不安を抱えていた。しかし、グループホームの見学を通して、不安が解消されていることが示された。この場合は、両親にとっては、個室が確保されているということが最も重要だった。

地域移行に反対する家族に対しては、学園Ⅱが運営する自活訓練棟での見学や体験、グループホームの見学を通して、移行への理解を求める取り組みが繰り返し試みられた。例えば、A法人のグループホームを見学したが、学園Ⅱへの移行を選択した学園Ⅰの父母である泉大輔（以下、大輔）と文子は、次のように語った。

文子：学園Ⅱに行った方がいいと思いました。他のグループホームも見学させてもらいましたが、ちょっと無理だなぁと思いました。地元のグループホームに住んでいる人が（筆者注：自治会の）同じ班にいますが、みんな働きに行っています。一人汽車（筆者注：電車）にも乗っています。（中略）そこには泊まりに入る人もいないんです。騒いでいる子がいるのに。夜何かあったときが心配。

大輔：グループホームに行くということは考えませんでした。（中略）学園Ⅱでお世話になって日常的に見てもらった方が良いのではないか。今もその考え。通院も定期的に行かなければならない。できれば自立したかたちでやっていければいいのかなぁと思っているけれども。

筆者：グループホームに移ることについては考えられましたか。

大輔：そういうことができればいいんでしょうけど、考えられない。

文子：うちの子は程度が違いますから。

筆者：学園Ⅱではどのような支援があるから安心なのですか。

文子：友達もいますし、買い物もしていて、医療も受けられる。(15.8.9)

　この両親の息子は、言語によるコミュニケーションに制約があるため、周囲の人たちによる理解が意思確認において重要である。長年、学園Ⅰの職員たちが彼と関わる中で、グループホームへの移行を希望していると考えていた。しかしそのことを伝えても、両親は学園Ⅱへの移行を強く希望した。息子は常時通院が必要であり、グループホームでは生活できないと考えたからだった。

　両親は、A法人の職員が常駐しないグループホームを見学したことがある。また、自宅周辺に他法人が運営するグループホームがあるが、ここでは比較的軽度の障害者が生活をしており、職員も常駐していない。このため、グループ

ホームは比較的自立能力のある人がいる場所だと認識しており、息子は生活できないと考えていた。これは、グループホームの認識が両親の決定に大きな影響を与えることを意味している。

　私がインタビューをした際に同行した大田は、両親に自活訓練棟について改めて説明し、24時間職員が入ることや、大田も宿泊することを伝える場面があった。

大輔・文子：そうですか（筆者注：それなら安心できるという表情をしていた）。

大田：自活訓練棟に移ることについてはどうですか。

文子：一人で寂しくないかい。本人はどう思うか。

大輔：慣れもあるでしょうから、できるんじゃないかなぁと思うけど。(15.8.9)

　本人はどのように思うかと気にかけながらも、父親は「できるんじゃないかなぁ」と語った。両親にとって重要なのは、信頼できる職員が24時間体制で、息子を常時支援してくれるのか、ということである。グループホームがこのような支援体制を確保しているということを認識できれば、両親はグループホームへの移行に賛同するのではないか。ただし、その前に、自活訓練棟での生活体験を通して、徐々に両親に理解を求めたいと大田は語った。

　自活訓練棟での体験を通してグループホームへの移行を容認した家族もいる。姉の反対にあい、猪俣は学園IIに移行した。彼女は2015年1月にグループホームに移行したが、学園Iから学園IIに移行してから約4年が経過していた。彼女を移行したときに学園IIの施設長だった大田は、次のように述べた。

大田：私が学園IIへ異動した時に、最初に本人を地域へ移行させることを考えました。そこで、新法移行の時に、どうしても自活訓練棟を復活させて、そこで入所のまま体験をして、それを家族に見てもらって説得するという方法をとるために、自活訓練棟を入所施設の「地域移行型ホーム」として申請しました。これは、過去に、自活訓練棟や地域移行型ホームという中間施設が地域移行では効果を発揮することを理解していたからです。自活訓練棟で生活していた時に、お姉さんと私はかなり時間をかけて話し合いました。お姉さんも自

活訓練棟での生活を見て、ホッとしたと思います。(19.5.4)

　姉はグループホームへの移行に同意し、猪俣はグループホームに移行することになった。自活訓練棟は施設の敷地内のグループホームである。この結果、施設敷地内のグループホームとして存続するリスクや、ステップを経てグループホームに移行するというステップアップ方式を容認することにもなる。ただし、このようなリスクを抱えながらも、本人だけではなく、親の地域移行の理解を得る上で一定の役割を果たしていた。

２．５．生活の安定の保障
　第３章で見てきたように、親が施設入所を決めたのは、主に親亡き後の不安ゆえだった。自らがいなくなった後、本人は安定した生活を送れるか。これが家族の最大の懸念だった。このため、職員はこれまで通りの支援が保障されることを家族に伝えるように努力している。これまで通りの支援とは、同じ職員が関わること、そして、24時間の支援体制が保障されることである。例えば、工藤は、家族への対応について次のように語った。

工藤：(筆者注：学園Ⅱを) 勧めたことはなかったと思います。大丈夫ですと。職員も
　　　ちゃんと泊まっていますし、必要なら巡回もしますし、世話人は何時まで入っ
　　　ていますしって。そういう話はしていたと思いますけど、どうしても駄目だっ
　　　て、うちの子は。じゃ仕方なく、隣の施設の方に移りますかっていうことに
　　　なっていた。(筆者注：学園Ⅱに行くことを) 選択肢の中には入れていないです。
　　　どうしても理解が得られないという形で。初めから、自宅ですか、グループ
　　　ホームですか、隣の入所施設ですか、ということではない。まずは地域移行
　　　ですね。行かしてくださいという。(15.8.15)

　工藤は、グループホームへの移行を前提に家族に意向を確認しているが、このときに、グループホームでは同じ職員が関わること、そして、24時間の支援体制が保障されていることを説明している。職員が常時関わることになるので、学園Ⅰのときと支援体制は変わらないことが説明されており、家族の不安

の解消に努めている。親が不安をもつのは、子が必要な支援を受けて、生活できるかどうかということだからだった。

　そして、グループホームでの生活がうまくいかなくなったとき、施設が最終的に責任をもって本人をケアしてくれるのか。この懸念が解消されなければ、家族は地域移行に賛成することはない。したがって、地域移行をするときの前提条件として、施設が最終的に責任をとることが家族に伝えられることになる。

大田：施設解体は、施設側が全面的に責任をとるという覚悟が必要ですし、親には
　　　絶対に迷惑をかけないということが前提なのです。しかし、それは、誰も非
　　　難してはいけませんし、非難されたくないと親は思っているのです。その上
　　　で私たちは、地域生活（筆者注：自立）させたいんですと親に言えることがで
　　　きるかだと思います。(17.12.25)

　大田は、施設閉鎖の実践自体が施設入所を決断した親の決定を否定するものと捉えられかねず、親が自責感情をもたないようにすることが重要だと語った。

　法人内で最後まで責任をもって支援を行うことが保障されることによって、親の懸念や不安は減少し、地域移行に対して親は賛同するようになる。同時に、最後まで責任をとるということは、地域移行が失敗した時には、学園Ⅱが受け皿になることも意味した。

　例えば、猪俣の姉はグループホームへの移行に不安を抱いており、大田は地域で何か問題があった場合には、学園Ⅱに再び戻れることを伝えている。

大田：(筆者注：猪俣の姉に対しては)、それで、もし駄目なら、学園Ⅱの居室をあけ
　　　ておくので、いつでも戻れるようにするという条件で了解してもらいました。
　　　(19.5.4)

　学園Ⅱからグループホームに移行することに最後まで反対する家族に対しては、最終手段として学園Ⅱに戻れることを約束した上で、グループホームへの移行を容認してもらっている。このことは、施設が最後まで支援の責任を担うことを示すための一つの方法として提案されているが、最後のセーフティネッ

304　第三部　施設閉鎖の背景と方法

トとして、学園Ⅱが残ることを意味する。現行のグループホームでは、重度障害者支援においては限界があり、何かあった場合の保障として施設入所を提案せざるを得ない実情がある。

　また、本人が亡くなった後も責任をもって対応することが話されることもある。大田は、ある母への対応について次のように語った。

大田：母親も高齢で昨年、血栓が心臓に回り死にかけたということで、親亡き後のことが心配で、相談したかったということで、私と岩垣が対応しました。この9年間、過去には、毎年やっていた家族との交流会もなくなり、来るたびに新しい職員に変わり施設との間が疎遠になったということを話していました。（中略）本人が亡くなった時は、葬儀も事業所で上げ、供養についても、将来的に共同の墓を整備して、将来を通して、供養できる環境も検討していることを説明しました。私と親とは、もう30年来の付き合いなので、安心されて帰られました。（19.5.4）

　職員からは親に対して、葬儀や共同墓地の整備も検討している旨が話されている。このように、親亡き後の不安を解消するために法人が最後まで責任を担い、本人にとってのセーフティネットを保障することが地域移行に対して親の理解と協力を得るための方法として活用されていることが示されていた。

3．小括

　本章では、施設解体計画が策定された2000年代初期に、当法人の職員が本人や家族にどのような働きかけをしてきたのかを検討してきた。

3.1．本人への働きかけ
　第1に、本人への働きかけについてである。
　まず、A法人では、学園Ⅰの本人を対象にアンケートによる意向調査が行われた。この本人の意思確認という方法は、移行先や共同入居者、移行支援の方法について本人に個別の聞き取りをしながら確認された。

次に、Ａ法人の施設解体計画がグループホームへの移行を前提としているが
ゆえに、本人がグループホームの生活をイメージできるような支援が行われた。
具体的には、学習会だけではなく、自活訓練棟での生活体験の機会が活用され
た。これは、グループホーム数に制約のあるＡ法人にとって重要な機会となっ
た。ただし、自活訓練棟等の施設敷地内グループホームは、施設敷地内での生
活に本人が留まり、地域移行が停滞するリスクともなった。

　本人が希望する場合は、グループホームの見学の機会も提供された。しかし
本人の要望がない場合、担当する職員との関係、移行時期のタイミングによっ
ては、見学の機会は提供されないこともあった。見学の機会に関しては、Ｍ町
内では地域のマンション・タイプのグループホームや重度障害者対応のグルー
プホーム、あるいは、重度障害者を対象とした自立生活の形態はなく、見学は
職員巡回型グループホームに限定された。この結果、グループホームは比較的
軽度の本人が利用する場と認識される場合があり、重度障害者がグループホー
ムに移行することが困難であるということを認識させる一つの要因となった。

　なお、施設を退所した本人と施設に残る本人の交流は、組織的な取り組みとし
て行われたわけではなかった。地域生活する本人同士の当事者会も、施設解体
計画の実施後に設立され、本人同士が相互に情報を共有する機会は限定された。

　このように、「本人の意思確認」や「有限の資源を活用したグループホーム
生活体験の提供」といった職務戦術を通して本人の意思決定支援が行われ、グ
ループホームへの移行希望者が増えていった。しかし、いつ、どのようなグ
ループホームで、誰と暮らすのかということは、職員が決めた。すなわち、地
域移行の第１段階は比較的障害が軽く地域生活が成功する可能性が高い人、第
２段階は職員の支援が常時必要な比較的障害の重い人、第３段階は障害が軽度
だが、地域生活が成功するかどうか予測が難しかった人となった。地域生活が
成功する可能性の高い人が優先的に地域移行する傾向がみられ、「適性に応じ
た移行対象者の選定」という方法が採用されている。これは、地域移行を安定
的に実現させるための職務戦術だったが、結果的に、自立能力に応じて移行対
象者の順位付けがなされることを意味した。

　地域生活についてのイメージづくりや意思決定支援のあり方が限定的なもの
になっているのは、他の先行研究でも示されている。カナダのＢＣ州を対象と

したロードとハーンの研究（Lord & Hearn, 1987：168）では、1983年に施設解体宣言が行われた州立施設の閉鎖過程において、本人への移行支援プロセスとして、1）入居者地域能力プロファイル、2）入居者アセスメントプロファイル、3）本人理解のための訪問 4）ケースカンファレンス、5）全般的サービス計画、6）個別プログラム計画、があったと報告されている。ところが、実際の移行支援過程では、「圧倒的大多数の事例では、本人はいつ移行することになるのか、どこに移行することになるのかを、単に言われただけであった」（前掲書：172）という。

　スウェーデン・イギリス・ドイツと日本の移行プロセスを調査した河東田の研究（河東田, 2003）がある。この研究では、脱施設化政策が開始された当初、本人が「事前に十分な情報（例えば、移行時期、移行先、移行先の環境、共同入居者のこと、移行後の生活のイメージ、働く場や日中活動へのイメージなどがもてるようなもの）を提供され、今後の生活や人生を見通すことのできるような働きかけは当初どの国でもなされておらず」、その結果、移行に際して彼らに混乱が生じていることが報告されている（河東田, 2003：154-155）。

　私が日本の地域移行を行うコロニーで行った研究（鈴木, 2005）では、移行の有無についての希望は本人に尋ねられるようになったが、移行時期・移行場所・共同入居者・支援者・支援内容について支援を受けながら自己決定する機会は十分に提供されていないことが明らかになった。移行先としてグループホームが暗黙の前提とされており、一人暮らしや結婚という多様な居住形態への移行が選択肢として提示されていなかった。この点については、本研究でも同様な結果だった。地域の多様な居住形態について知る機会を本人に対してどのように提供していくのかということが問われる。これは、法人内の取り組みとしてではなく、国の制度として、本人の意思決定支援を支える仕組みが求められることを意味する。

　A法人によるグループホーム体験の提供によって、グループホームへの移行に賛同する人は、アンケートによる意向調査時より増えた。ただし、本人の言語による意思表明が明確な場合は、親が反対しても地域移行が実現されることがあるが、本人の意思表明が困難な場合は、地域移行に反対する親の意向が優先された。具体的には、1）職員が本人の表情や行動から意思確認ができても

本人の言語による意思表明が不明瞭な場合、2）本人が「分からない」と表明する場合、3）職員による意思確認自体が不明瞭な場合は、親が地域移行に反対することによって、学園Ⅱへの移行を余儀なくされた。

この背景には、地域移行の条件として、意思が重視されるようになった障害者福祉の動向がある。すなわち、意思の明確性が、地域移行に必要な自立能力を構成する新たな要件として浮上することになったということだ。これは、意思決定支援体制が十分に機能していない中で、本人の意思が不明瞭な場合には、親の意向が重視されるという問題をもたらす。

2003年に支援費制度が施行されてから契約制度が導入された。これは成年後見制度が十分に制度化されていない時期に相当し、契約は成年後見人がいなくとも、親が保護者として本人に代わり署名をしてきた。近年A法人では、グループホームでは、顧問弁護士と相談の上で、言語による意思表明が明確な本人は契約書に自らサインをしている。しかし、本人の言語表明が困難な場合は、学園Ⅱでもグループホームでも、保護者である親などの家族がサービス利用契約の実質的な決定者となっている。このため、家族にどのような働きかけをするのかということが職員にとって重要な課題となった。

このような日本の契約制度や成年後見制度に起因して、親が実質的な決定権を有し、地域移行に関わる判断や決定を行うことになる実態についてはこれまでの先行研究では十分に指摘されてこなかった点である。意思決定支援制度との関係で、地域移行のあり方について検討することが求められる。

3.2. 家族への働きかけ

第2に、家族への働きかけについてである。

施設解体計画が実施された時期の家族と施設の関係は、施設設立当初に比較して、高齢化に伴い希薄化していた。研修会などで家族同士が話し合う機会がもたれることもなかった。この結果、家族は職員からの説明や個々の職員との相談の過程で、地域移行に関わる判断をすることになった。このことは、職員による働きかけが家族の地域移行の判断に大きく影響することを意味する。

職員による家族への働きかけとして、まず、「制度的動向の活用」という職務戦術が採用された。家族全体を対象とした施設解体計画の説明会では、新し

い自立観の説明がなされた。これは、従来の就労自立や身体的自立ではなく、他者の支援を通して自立を捉える考え方だった。しかし、施設解体計画の説明を聞いた家族数は少なく、家族全員が障害者自立支援法の説明会には参加しているため、その影響を受けることになった。施設側も障害者自立支援法という制度的動向を活用することで、施設閉鎖の正当性を主張した。

　障害者自立支援法は、障害程度区分を導入することによって、障害の重度の人は施設に残り、障害の中軽度の人は施設を退所することを求めた。この法律は、就労自立や身体的自立といった自立能力によって、居住の場を施設と地域生活とに分けるという自立観に依拠する。この結果、家族は地域移行を自立能力に依拠するかたちで捉えることになった。

　次に、家族に対して、「本人の意思の伝達」を行うという職務戦術が行われた。学園Ⅰの担当職員は、本人のグループホームへの移行の希望が明確な場合、それを伝えて家族の意向確認をした。これは、本人の地域移行の意思の明確さが自立の構成要件となり、意思確認が不明確な場合は、家族が地域移行に反対すると本人は施設に留まることを余儀なくされることを意味した。

　さらに、本人と同様、家族にも「有限の資源を活用したグループホーム生活体験の提供」という職務戦術が採用された。その中で、施設解体計画の第1段階の時期のグループホームを見学する機会が提供される場合があったが、これらには比較的軽度の本人が移行しており、家族は、グループホームを軽度の人が利用する場と認識する状況をもたらした。本人と同様に自活訓練棟の体験の機会も提供された。例えば、本人がグループホームへの移行を希望しても、学園Ⅱへの移行を決めた家族がいたが、これらの家族には、自活訓練棟という施設敷地内グループホームが活用され、親の説得が試みられた。

　最後に、「生活の安定の保障」という職務戦術が活用された。同じ職員が関わり、24時間の支援体制を含めて、施設の時と支援が変わらないことが家族に伝えられている。家族が地域移行に不安を抱く場合は、地域生活に失敗しても最終的に学園Ⅱで受け入れることも約束される場合があった。これは家族の不安を解消することにはなるが、施設がセーフティネットの場として存続することを意味した。

　こうした親への働きかけの結果、施設は意思確認が困難で、最も自立能力の

低下した状態の人が生活する場となり、自活訓練棟や地域移行型ホームといった施設敷地内グループホームが残り、グループホームは意思確認が明瞭である一定の身辺・就労自立能力を有した人が生活する場と捉えられることになった。

これまでの地域移行プロセスにおける家族の態度に関わる研究（Booth, et al., 1989；河東田 , 2003：148；久田 , 1994：173；Stoneman & Crapps ,1990）では、移行過程において家族に情報提供もなされずに決定がなされたと報告されている。本研究では、家族に情報提供がなされ、施設に留まるか地域生活に移行するかの選択肢を提示した上で、家族が選択しているという点に、これらの先行研究との違いがみられる。

先行研究が対象とする国々はスウェーデンやイギリスだが、これらの国々では脱施設化が法制度の改正や行政主導で行われており、1970 年代や 1980 年代といった脱施設化の初期に相当する。一方、A 法人が施設閉鎖を行った時期は 2000 年代初期であり、措置制度から契約制度に移行した時期に相当する。これによって、サービス利用の際は利用者への情報提供に基づいた選択・決定の機会を提供することが法的に求められるようになった。

しかし、本人への意思決定支援制度が十分に整備されていない結果、契約者は本人ではなく、保護者である親などの家族となり、契約書には家族の署名が記されることになった。したがって、本人の意思が重視されるようになったとしても、家族への働きかけは依然として地域移行の決定に重大な影響を与えることが本研究を通して明らかになった。

このとき採用された職員による職務戦術は、「制度的動向の活用」・「本人の意思の伝達」・「有限の資源を活用したグループホーム生活体験の提供」・「生活の安定の保障」である。これらは、歴史的・制度的構造に規定されながら、施設解体計画を実現させるために編み出された方法だった。ところが、これらの職務戦術によって施設解体計画を実施しても、入所更生施設は地域生活が困難になった本人が生活し、グループホームはある一定の自立能力のある本人が生活する場として家族には捉えられ、自立規範が再編されることになった。本人への職務戦術である「本人の意思確認」・「有限の資源を活用したグループホーム生活体験の提供」・「適性に応じた移行対象者の選定」という方法も同様に、自立規範を再編させる側面が見い出された。

したがって、地域移行過程における本人や家族への支援に関わる研究では、支援方法の内容のみに焦点を当てるのではなく、それがどのような歴史的・制度的構造に規定された中で実施されているのか、この結果、どのように自立規範が構築／変容され、本人にとってのディスアビリティの生成／解消をもたらすことになるのかを解明する研究が求められると考えられた。

　本章の分析を通して、施設解体計画を実施しても入所更生施設が残り、グループホームがある一定の自立能力のある本人が生活する場として捉えられるようになった背景には、本人及び家族への働きかけにおける職務戦術も関係することが明らかになった。

第四部
地域移行と地域生活

第9章　施設と地域の生活実態

　第四部では、自立規範と相互作用過程に焦点を当てながら、地域移行と地域生活がどのように行われてきたのかを検討する。第9章では、施設とグループホームの生活実態と背景要因について、これまで行ってきた質的調査に加えて、量的調査の結果から分析したい。具体的には、A法人の施設閉鎖によって設置された地域のグループホームと、施設の生活実態を比較することを通して、どのような居住支援の仕組みが形成されているのかを検討する。

　第10章から第12章では、本人・家族・職員は地域移行や地域生活をどのように捉えているのかをみていきたい。これによって、どのような居住支援の仕組みが形成され、本人・家族・職員の自立規範がどのように構築されているのかを明らかにしよう。

1．調査概要

　第1節では、本章における分析のために行った量的調査の概要をみていこう。

1．1．調査方法
　本調査は、以下の2つの調査方法から構成される。

　まず、学園Ⅰと学園Ⅱの元利用者で現在はグループホームで生活する本人を対象にしたアンケート調査Ⅰである。2019年2月1日の調査時点で58名の本人が調査対象となったが、本人、あるいは、家族が調査に協力をしてくれた45名（元学園Ⅰの本人35名、元学園Ⅱの本人10名）のアンケート用紙が回収された（回収率77％）。このアンケート用紙は2019年3月末までの2か月間で回収した。アンケートの質問項目は、過去の施設生活と現在のグループホームでの生活について、後述する「総合的な生活の質尺度」を通して質問した。各質問項目において過去の施設生活における退所までの約1か月あるいは約1年間の状態と、現在のグループホーム生活の約1か月／約1年間の状況について尋ねた。アンケートの記入は、施設生活の時代から本人をよく知る職員が行った。

314　第四部　地域移行と地域生活

次に、現在の学園Ⅱ、職員常駐型グループホーム、職員巡回型グループホーム、一人暮らしで生活する本人を対象にしたアンケート調査Ⅱである。グループホームで生活する本人は調査Ⅰで対象となった人と同一である。2019 年 2月 1 日の調査時点で学園Ⅱ 32 名、グループホーム 58 名、一人暮らし 4 名の合計 94 名が対象となり、本人／家族が調査に協力してくれた 79 名（学園Ⅱ 26 名、職員常駐型グループホーム 14 名、職員巡回型グループホーム 35 名、一人暮らし 4 名の合計 79 名）のアンケート用紙が回収された（回収率 84%）。アンケート用紙は2019 年 3 月末までの 2 か月間で回収した。アンケートでは、「総合的な生活の質尺度」について、各居住場所における現在の生活の約 1 か月／約 1 年間の状況について尋ねた。アンケートの記入は、現在の本人をよく知る職員が行った。

　なお、これらの調査方法による量的データを補助するため、関係職員へのインタビューや施設・グループホームでの参与観察を行い、そこで得られた質的データも分析の対象とした。

1.2. 尺度

　本調査研究では、脱施設化の評価研究で使用されてきたアメリカ・ペンシルバニア州アウトカム分析研究所の「総合的な生活の質尺度」を使用したアンケート調査を行った。尺度の使用及び日本語への翻訳に関しては、当研究所の所長であるジェイムズ・コンロイの許可を得た。これは、1) 適応行動、2) 不適応行動、3) 生活の質、4) 本人主体計画、5) 社会参加、6) 自己決定、7) 社会的統合、8) 人間関係に関わる 8 領域の評価尺度によって構成される。本研究では、3)、4)、7)、8) 以外の尺度を使用して分析した。

　これらの尺度を使用したのは、脱施設化評価研究で使用されてきた複数の評価尺度を批判的に検討した上で、生活の質に関わる評価尺度を適応行動や不適応行動といった個人属性に関わる評価尺度とは独立させて作成し、その妥当性と信頼性も検証されているからである。本研究は、自立規範による影響を批判的に検証することを意図しているため、適応行動や不適応行動に関わる評価尺度は、自立規範が各居住場所においてどのように影響しているのかを明らかにするために使用した。

　適応行動尺度は、1) 動作（例「支えなしで座れる」）、2) 排せつスキル（例「ト

イレで排せつができる」）、3）着衣スキル（例「Tシャツを脱げる」）、4）食事スキ
ル（例「スプーンを使って食べられる」）、5）言語スキル（例「苗字と名前を言える」）、
6）読み書きスキル（例「鉛筆などで書ける」）、7）計算スキル（例「10から20ま
でを数えられる」）、8）自立生活スキル（例「公共交通機関を使える」）の8領域全
80項目となっている。回答は、1）「できるためには支援が全て必要である」
（1点）、2）「できるためには多くの支援が必要である」（2点）、3）「できるた
めには少しの支援が必要である」（3点）、3）「できるために支援は必要ではな
い」（4点）、の選択肢で構成される（総合得点80〜320点）。

　不適応行動尺度は、1）自傷、2）他人への攻撃、3）他人への脅し、4）物へ
の損害、5）不適切に叫ぶ、泣く、大声を上げる、6）異常な、繰り返される、
常同的な行動、7）引きこもり、8）うつの症状、9）自殺の行為、傾向、思考、
10）幻覚と妄想、11）不潔／不衛生、12）摂食障害、13）多動、あるいは、躁
状態、14）不安、あるいは、パニック状態、15）不適切な、不法な、あるいは、
危険な性行動、16）薬物乱用、17）窃盗、18）虚偽、19）放火、20）逃避、の
全20項目である。回答は、1）「一度もない」（1点）、2）「軽度」（「少し深刻で
ある」）（2点）、3）「中度」（「深刻である」）（3点）、4）「重度」（「非常に深刻であ
る」）（4点）、5）「最重度」（「極度に深刻である」）（5点）の選択肢で構成される
（総合得点20〜100点）。

　生活の質尺度は、1）健康状態、2）自らの生活を管理・選択すること、3）
家族との関係、4）友人との関係、5）外出、6）一日にしていること、7）食事、
8）幸せ、9）居心地の良さ、10）安全であること、11）職員／世話人による対
応、12）医療、13）プライバシー、14）全般的な生活の質、の全14項目から
構成される。回答は1）「とても悪い」（1点）、2）「悪い」（2点）、3）「どちら
でもない」（3点）、4）「良い」（4点）、5）「とても良い」（5点）、である（総合
得点14〜70点）。

　本人主体計画尺度は、1）ミーティングに本人が参加する、2）ミーティング
に本人の家族が参加する、3）ミーティングに本人の友人が参加する、4）計画
に本人の長期的な夢が記される、5）本人の家族・友人・地域からの支援の
ネットワークを築こうとしている、6）ミーティングでは居心地のよいリラッ
クスした環境がつくられている、7）本人やその仲間のグループ（家族や友人な

ど）が必要とするときにミーティングが開催される、8）計画のつくり方は、本人やその仲間のグループ（家族や友人など）によって自由に決められる、9）計画づくりは、創造的に対応している、10）計画づくりでは、対立や同意をしないことが認められており、それについて解決がなされる、11）計画づくりには融通性がある、12）計画づくりの際に合意しない人がでたときに、本人が最終的に決定をする、13）計画では協力関係が大切であり、ある特定の利害関係者（例えば、職員）が決めることはしない、14）計画づくりは本人の人間関係（友人・同僚など）に関わることが重視されており、それは恋愛関係も含まれる、15）施設入所支援サービス費／共同生活援助サービス費／居宅介護サービス費などの使い方についてミーティングで議論される、16）計画づくりをするグループ（本人や家族、友人）は、施設入所支援サービス費／共同生活援助サービス費／居宅介護サービス費などを完全に自分たちで管理できる、17）本人及び本人が自由に選択した仲間が計画づくりについての多くの決定権をもつ、18）計画づくりは本人主体で行われる、の全18項目である。回答は、1）「強くそうでないと思う」（1点）、2）「そうでないと思う」（2点）、3）「どちらとも言えない」（3点）、4）「そう思う」（4点）、5）「強くそう思う」（5点）、の選択肢である（総合得点18〜90点）。

　社会参加尺度は、1）親しい友人／親戚／近隣住民の訪問、2）食料品店（コンビニ、スーパーなど）、3）レストランや大衆食堂、4）礼拝／参拝／参詣（神社、寺、教会など）、5）ショッピングセンター、モールあるいは他の小売店、6）バーや居酒屋、7）銀行、8）映画館、9）公園あるいは運動場、10）劇場あるいは文化的イベント、11）郵便局、12）図書館、13）スポーツ・イベント、14）健康あるいは運動クラブ、15）公共交通機関、の全15項目について年間／月間でどのくらいの頻度で行ったか／利用したかを尋ねるものである。

　自己決定尺度は、1）食べもの（居住場所に必要な食材、朝食の献立、夕食の献立、外食する店）、2）衣類と身繕い（服の購入、平日の服装、週末の服装、入浴／シャワー回数・時間）、3）就寝と起床（平日の就寝時間、週末の就寝時間、週末の起床時間、昼寝）、4）余暇（外出場所、自由時間の活動、友人の訪問、グループ活動への参加拒否、外出時の同行者、自由時間を一緒に過ごす人）、5）サービス提供事業所と職員（支援する事業所、支援する相談支援専門員、支援する職員、職員の雇用と解雇）、

6）経済（小遣いの使い方、共益費の使い方）、7）住居（居住場所、共同入居者、住居の家具や内装）、8）仕事あるいは日中活動（仕事／活動内容、仕事／活動時間、仕事／活動場所への送迎方法）、9）その他（愛情表現、たばこ・アルコール・カフェインや成人雑誌、ペットの所有、礼拝）、の全34項目から構成される。回答は、1）「完全に、あるいは、ほぼ他人」（職員／家族）が決めている（1点）、2）「ほとんど他人」（職員／家族）が決めている（2点）、3）「本人と他人（職員／家族）」が一緒に決めている（3点）、4）「ほとんど本人」が決めている（4点）、5）「完全に、あるいは、ほぼ本人」が決めている（5点）、である（総合得点34〜170点）。なお、「総合的な生活の質尺度」の回答欄の「他人」には家族が含まれていなかったが、日本では家族の関与がしばしば本人の自己決定を制約する要因となることから「他人」に家族を含めて分析した。

2. 施設とグループホームの差異：プライバシー・外出・日課・地域との関わり

第2節では、学園Ⅰ／Ⅱからグループホームに移行した本人の過去の学園生活と現在のグループホーム生活の差異について検討する。

2.1. プライバシー

施設からグループホームに移行することによって、「何が変わりましたか」、あるいは、「グループホームでの暮らしはどうですか」と本人に尋ねると、最も多く語られたのは、個室をもてるようになったということだった。

大宮：個室だったらテレビがあって、音量も高めにできるし、学園Ⅰは音量小さくしないと、となりが寝ていたらちょっと。（大宮有紀、15.8.9）

神谷：一人でいられる時間が増えたから。あと、楽しい。（神谷茂、15.8.10）

学園Ⅰでは4人部屋、学園Ⅱでは二人部屋であり、グループホームに移行することによって、初めて本人たちは個室で生活するようになった。養護学校の寄宿舎はたいてい4人部屋であるので、入舎時から親と別れて生活してきた本

人からすれば、個室をもてるまで約20年以上の時間が経過した人もいる。個室がもてることによって、自らの時間がもてるようになったこと、自由に時間を過ごせるようになったこと、さらには、一人で泣ける場所がもてるようになったことが本人から語られた。

2.2. 外出
個室がもてるようになったことの次に多く語られたのは、外出が自由になったということである。

大宮：外出が自由になった。グループホームに入ってからね。（大宮有紀、19.7.20）

猪俣：そうだね。自由に買い物できる。学園Ⅰも自由に買い物できるけど、夜というか、食事おわっても、買い物も行けるし。（猪俣幸子、19.7.20）

桐原：やっぱり外に出ることは嬉しかったかなぁ。（桐原利佳、15.8.11）

　外出に関しては、学園Ⅰも学園Ⅱも、平日は外出できないというルールはなかったが、外出するには職員の了解をとる必要があった。「今日は作業が終わってから、○○に行きたいけれども、行ってもいいですか。食事前には帰ってきます」といった了解をとらなければならなかった。このとき、職員によっては週末に行くことを勧める人もいたという。このため、外出できるかどうかは、担当の職員次第という状況となっていた。
　一方、グループホームは、作業のある日でも「行ってきます」と言えば、いつでも出かけられる。外出が自由にできるかどうかは日課による規制の度合いだけではなく、社会資源との物理的距離も関係する。学園Ⅰや学園Ⅱから最も近いコンビニやスーパーに行くまで約1キロメートルの距離があり、徒歩では約15分程度かかる。グループホームの多くは、徒歩1分圏内にコンビニやスーパーがある。
　図9.1. は、学園Ⅰの元入居者の、学園Ⅰと現在のグループホームの社会資源の1年間の利用回数の平均値を比較したものである。これによれば、年間利用

回数が大幅に増加したのは、スーパー／コンビニの利用である。映画館、劇場、運動クラブ、ショッピングセンターは、町内にはなく、バスや電車といった公共交通機関も運行頻度が少ないといった町村部の地域特性も関係するため、利用頻度は変わらない。職員や住民は車での移動が一般的だが、グループホーム利用者で自動車免許のある人はいない。このため、町外の社会資源を利用する機会は少ない。

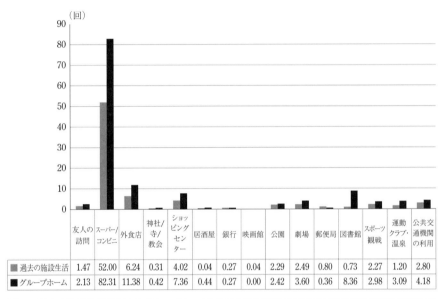

図9.1. 過去の施設生活と現在のグループホームにおける社会資源の1年間の利用回数の平均値の比較
出典：筆者作成。

2.3. 日課

個室や外出の他に、日課の面で生活が自由になったことが本人から語られた。

大宮：自分でできることが自分でできるし。学園Iでもやっていたけど、あんまりできなかった。料理ができるようになった。(19.7.20)

猪俣：料理も日曜日になると、職員と作れるし、買い物も行けるしね。(15.8.11)

320　第四部　地域移行と地域生活

図 9.2. は、学園 I の元入居者の、学園 I と現在のグループホームの生活における決定の機会について比較したものである。これによれば、グループホームでの生活において、おおむね 4 点以上で、(「ほとんど本人が決めている」「ほぼ本人が決めている」) 過去の施設生活よりも 1 点以上増加した項目は、1) 入浴シャワー時間・回数、2) 平日の就寝時間、3) 週末の就寝時間、4) 週末の起床時間である。

　生活実態を具体的にみると、消灯時間は、学園 I では 22 時だった。各部屋は 4 人部屋であり、就寝時間通りに就寝したい人がいる場合は他の人もそれに合わせなければならなかった。宿直室では 0 時過ぎまで職員と話をする利用者もいた。起床時間については、施設開設当初は 6 時半にチャイムが鳴ったが、後年に廃止となり、休日は自由になった。グループホームの場合は個室であり、就寝・起床時間の決まりは開設当初からない。ただし、夜間支援体制のある 1 カ所の女性のグループホームでは、居間にいるのは 22 時までと決まっていた。この点は特にルールがあるわけではないが、自然と 22 時になったという。例えば、「深夜や早朝に出てくる人には職員が声をかけます。人によってはリズムが狂うので。深夜 2 時に居間でテレビを見ようとするので声かけをした」(市川歩、19.7.24) と担当職員は語った。

　入浴は、学園 I も学園 II も男性は月、火、木、土、女性は月、水、金、土と決まっていたが、シャワーは毎日利用できた。安全対策のため、風呂場に鍵がかけられていたが、要望があれば鍵をあけるようにしていた。ただし、実際には利用したいと言う人は限られた。一方、グループホームは、いつでも入浴、あるいは、シャワーの利用はできることになっている。ただし、グループホームでも施設時代と同様に、入浴時間や自由時間の過ごし方が変わらない本人もいるという。グループホーム事業所の支援課長である菊池典子 (以下、菊池) は、学園 I と学園 II の勤務経験がある。彼女は、「○○ホームでは、曜日を決めて入っている人がいます。この人は、毎日入っていません。入ろうと思えば入れるのに、昔ながらの学園 II から曜日が決まっている流れが、今もとれていません。施設のときの習慣が継続しています」(19.7.19) と語った。

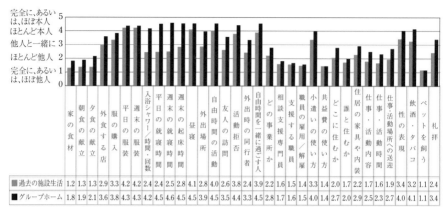

図9.2. 決定の機会の比較(過去の施設生活と現在のグループホーム)
出典：筆者作成。

2．4．地域との関わり

さらに、施設に比較すると地域の一員としての感覚をもてるようになったということが本人から語られた。具体的には、地域行事への参加のあり方に変化がみられている。毎年町内で開催される行燈行列には、以前は学園全体として参加したが、グループホームでは自治会ごとで参加することになる。この点について、大宮は次のように述べた。

大宮：今は、自治会でやっているから。そっちの方が、いいかなぁ。学園だったら、本当の障害（筆者注：がある）みたいな人たちとやって。地域だったら、一般の人たちと関わりながらやれるから。(18.7.21)

学園としての参加は「障害者」として行うことだが、グループホームでは一般の人たちと関わりながら行うことを意味すると大宮は考えている。グループホームでは、自治会関係者や地域住民と話をする機会も増えた。行燈行列の際に行う踊りの練習は、毎年2～3回、コミュニティセンターで行われる。町内には、法人職員も住むため、地域行事はこうした職員を通して、グループホーム入居者に伝わる。この他にも、町内運動会、ソフトボール大会、町内のお祭り、花植えなどの行事にもグループホーム入居者は参加することがある。

M町主催の夏祭りの行燈行列に際しては、施設時代も現在のグループホーム
でも参加していることに変わりはない。行燈の材料は主に竹と和紙、細部では
針金が使われ、製作期間は数か月かかる。各町内会や事業所単位で行燈を製作
し、夏祭り期間の夜の時間帯に、行列で練り歩く。このときに、踊りも披露し
ている。こうした行燈の製作や踊りにA法人の入居者や職員は、施設時代から
参加した。施設生活では職員と入居者が事業所単位で参加したが、グループ
ホーム入居者は自ら生活する地域の各自治会に会費を支払い自治会員となって
おり、町内会単位で参加するようになった。職員の国橋は、グループホームの
ある自治会の地域に自宅があり、こうした変化を自らの生活を通して感じてい
る。

国橋：町内会単位の方に参加するという。住んでいる町内会。その地域を主体として、
　　　地域の一員として参加するというのが今。職員も同じ地域に住んでいますので。
　　　その地域の一員として。地域挙げての行事に参加しているということですね。
　　　（15.8.12）

　入居者の生活するグループホームが、職員も生活する町内にある場合がある。
このとき同じ町内会の一員として入居者が参加するという点で、施設生活より
地域参加は密になっていると国橋は語った。
　普段の日常生活では、町内会の住民とあいさつ程度の関わりがある。学園Ⅰ
や学園Ⅱが建設されたときも、施設入居者がグループホームに移行するときも、
住民の反対運動は起きたことはない。ただし、職員によれば、表面的には受け
入れられているように見えても、偏見や差別を感じることはときにはあるとい
う。職員の阿部は、次のように述べる。

阿部：道路の渡り方が危ないとか。学園Ⅱのショートステイの人だと、学園Ⅱに言
　　　うとなんとかしてくれるのと言ってくる。心配して言ってくれるのと、（中略）
　　　誰かがみてくれるんじゃないかと期待して思われている。私の母も、私がこ
　　　ういう仕事をしているので、少し理解してくれる人かと思っているけど、でも、
　　　学園Ⅰの人、利用者さんみたいな人がコンビニの横でアイスを食べたりする

と、あれはよくないということがある。今の若い人だったら、そういう人がいても（筆者注：気にしないが）、利用者だったら、ちょっと、社会常識的なところで、少し見方があれする（筆者注：変わる）ことがある。(19.7.22)

　一般の若い人であれば、コンビニエンスストアの前でアイスを食べても、特に気に留めることはない。しかし、それがＡ法人の入居者だということが分かると、見方が変わる。
　大田も地域からの苦情に対して対応するのが、地域支援で最も大変な仕事の一つであると述べる。

大田：地域支援で一番支援員が苦労していることは、地域からの苦情に対して謝罪に回ることです。家を覗く人がいる、ふらふらしている人がいる、おかしな行動をしている人がいるなどの電話が入ります。それに対して職員が丁寧に謝罪をして回ります。ただし、これは、地域が障害者に慣れてもらうしかありません。地域支援というのは、時間がかかるものです。(19.5.11)

　過去には、あるグループホームの灯油タンクのパイプが切られ、300リットルの灯油が地面に流失し、大事故になったことがあった。近年でも、別のグループホームの灯油が抜き取られたことがあった。大田は「田舎だから地域コンフリクトがないとは言えない」と述べた。

3．施設とグループホームの共通性：組織運営と危害に関わる事柄

　第3節では、学園Ⅰ／Ⅱからグループホームに移行した本人の過去の学園生活と現在のグループホーム生活の共通性について検討する。

3．1．組織運営：食事・居住場所・共同入居者など
　図9.2.をみると、施設でもグループホームでも、2点以下、すなわち「ほとんど他人が決めている」「完全に、あるいは、ほぼ他人が決めている」となっている項目は、1）家の食材、2）朝食の献立、3）相談支援専門員、4）支援す

る職員、5）職員の雇用／解雇、6）共益費の使い方、7）誰と住むか、8）ペットを飼う、という項目である。これらの項目は、住居や組織運営に関わることであることが分かる。

食事に関しては、学園Iは献立の栄養バランスがよく、「残さずに食べる」という暗黙のルールがあった。施設内改革の過程で、昼食時にパンの種類やおかずのバイキング方式は導入されたが、食事メニューのリクエストはできなかった。一方、グループホームは普段の献立を世話人が決めている。ただし、誕生日などの特別なときや、入居者がリビングルームにいるときに何を食べたいかを尋ねて、献立を要望できる場合もある。例えば、暑いときに、「冷やしラーメン食べたいなぁ」と言えば、それを世話人が買い物リストに加えることがある。あるいは、将来一人暮らしを目指すために、週に1回世話人と一緒に自分が食べたいと思った献立を作る機会のあるグループホームがある。これらは施設とは異なる点だが、入居者の多くは献立を世話人に委ねている。

居住場所や共同入居者に関わることとしては、本人が地域のグループホームを選べる機会がもてるようになったのは、施設閉鎖後のことである。施設解体計画終了後にA法人の共同生活援助事業所の管理者に就任することになる工藤は、施設解体時の頃と実施後の変化について次のように述べる。

工藤：当時は残った人をなんとかどこでもいいから地域移行させなきゃと必死だったと思うんですよ。そこから何年か経って私が（筆者注：共同生活援助事業所の）施設長になってきて、そういう（筆者注：本人のグループホームからグループホームへの）入れ替わりを大分しています。ケアプランが義務付けられている状況ですから、アセスメントをとらせて頂いて、本人の希望する（筆者注：グループホームへと移行させました）。本人と本人の状態とを合わせて（筆者注：地域移行を考える）ということもあります。本人がこの寮の人間関係が合わないんだということを言えば、調整はします。ここ数年は、かなり入れ替えはしています。それは私が管理者（筆者注：共同生活援助事業所の管理者）になってからやらせて頂いて。当時は申し訳なかったけど、グループホームを確保するだけで精いっぱいだったんだと。それは理解して頂いた上で我慢して頂いて。今も我慢しているのであれば、いろんな人に聞いて、一人だけ行きた

第9章　施設と地域の生活実態　325

いというだけでは、誰かが動かないと行けないので、その辺を調整して。
（15.8.15）

　施設解体計画を実施した際には、グループホームの数が限定されていた。また、限られた時間内で施設閉鎖を完了させなければならない状況にあり、移行先や共同入居者は予め職員が決めた。施設解体計画が完了した2008年以降は、グループホームは職員の常駐の有無、本人が自由に使用できるキッチンの有無など異なる特徴をもつ場所が複数できており、本人がグループホームを選択できる可能性が生まれた。

　6か月ごとのサービス等利用計画のモニタリングの際に、本人の要望を尋ねることがあり、他のグループホームへの移動が実現する場合がある。本人からは人間関係の問題、職員のいないグループホームが良い、将来の自立を見据えて料理を行えるなど、様々な理由で移動の希望が出される。ただし、グループホームの数や定員が決まっており、移動先のグループホームの入居者が移動せざるを得ない。人間関係の問題に伴い移動することで生活が安定しても、新しく入居者が移動した別のグループホームで人間関係の問題が生じる。グループホーム数が限られた状況では、人間関係の問題は解消されることがない。

　例えば、白石は、学園Ⅱから移行したc寮でしばらく生活した後、共同入居者との人間関係で悩むことになった。このため、サービス等利用計画のモニタリングの際に、そのことを伝え、他のグループホームに移行が実現した。

筆者：c寮での生活はどうでしたか。

白石：最初はうまくいっていたんだけど、途中からうまくいかなくなっちゃって。

筆者：何がうまくいかなくなったのですか。

白石：人間関係。

筆者：合わない人がいたのですか。

白石：最初は気が合っていたんだけど、途中から合わなくなっちゃって。静かに落ち込んでいました。

筆者：職員に相談されましたか。

白石：モニタリングのときに職員に相談して。

筆者：その後、iホーム（筆者注：職員巡回型グループホーム）に移られていますが、
　　　自分の意志ですか。

白石：iホームが一部屋空いているから、そこに移るかっていうことで。

筆者：移る時の見学はされましたか。

白石：ちょこっと見学したりしました。

筆者：世話人さんと話をされましたか。

白石：世話人さんと話したりして。

筆者：そこで住んでいる人は？

白石：ちょこっと話したりして。（15.8.13）

　白石は、モニタリングの際に職員に相談した後、iホームで定員が空いた後に希望を聞かれ、iホームへの移行を選択していた。iホームの入居者や世話人とも事前に話をした上で、移行を決めた。iホームでは、人間関係で悩むこともなく、c寮の頃よりも快適な生活を送れるようになったと白石は語った。

　ペットの飼育については、例えば、犬や猫を飼いたいという要望が出た場合は、経済的理由や飼育責任の有無という観点から容認することは困難であるということだった。

3.2. 危害に関わる事柄：健康・金銭・安全・性

　これらの項目以外にも、グループホームでは、本人、あるいは、他者への危害に関わる可能性のある事柄については、管理的対応がなされる場合がある。

　例えば、遠出の外出である。コンビニやスーパーなどの近場の外出ではその必要がないが、町外の買い物に行く場合は、「外出届」という用紙を職員に提出することになった。この用紙には、帰宅時間や行先が記載される。そもそもこのような外出届の提出が求められるようになったのは、行政監査からだった。工藤や岩垣は、次のように述べる。

工藤：初めは家庭に近いようにするということで、いちいち届け出を出すのではなく、
　　　口頭で言うだけにしていたのですが、監査の時に言われて。行先を確認して
　　　いるのですか、と言われて。記録を見せてくださいと言われた。簡単でいい

から帰宅予定時間と行先だけでもつけておくようにと言われた。

岩垣：僕もコンビニに行くときには書かなくて、これは何なのかなぁと矛盾を感じるときがあるんですけど。行先を知られると、行きにくいですよね。(18.7.22)

　行政監査の際の監査官に指摘されて以来、外出届を書くことになった。この点については、工藤も岩垣も疑問をもつが、監査指導があった場合にはそれに対応する必要があるため、この仕組みを2022年現在も続けていた。

　間食については、グループホームでは、基本的には自由である。グループホームの各部屋に個人用の冷蔵庫をもっているので、好きなものを自由に食べられる。しかし、健康診断で糖尿病、肥満傾向などの問題が指摘された人で、自己管理すると制限なく食べてしまう人は、グループホームでも職員が管理することがある。具体的には、夜間支援体制のある女性のグループホームで、本人4名の菓子とジュースを職員室で職員が管理している。これらの本人は、平日19時半に「水分補給（ジュースあるいはお茶）」と「おやつ」、休日10時に「水分補給」、休日15時に「水分補給」と「おやつ」の呼びかけをすることを職員が決めている。「おやつ」は皿に分けた個包装を4～5つ本人に渡している。

　この台所には、日用品や果物などが入っているワゴンに鍵がつけられており、これは、ある本人がそこから物をとって食べてしまったからだという。この点について、このグループホーム入居者である猪俣は、次のように述べた。

猪俣：鍵かかっているの。日用品とか果物とか。前は鍵をしてなかったの。今じゃ鍵をしているの。もっていく人がいるから。最近鍵をかけるようになったの。そしてね。台所のワゴンに鍵つけてさ。
筆者：それは、嫌だと思う？
猪俣：それは嫌だなぁと思う。その人がね、ものをとって食べちゃったんだって。だから鍵をしていると言うんだ。(18.7.25)

　台所には、入居者用の大きな冷蔵庫があったが、これも職員のいる宿直室に移動された。食事管理の必要な本人が物をとってしまうということが理由だが、

328　第四部　地域移行と地域生活

この点も、自己管理のできる猪俣は不快だと語った。

　外出後に帰る時間は、男性のグループホームでは規則がない。しかし、職員常駐型の女性グループホームでは21時までという決まりがある。職員巡回型の女性グループホーム3か所は生活支援員が19時に巡回する。巡回以降に家に戻れるが、この場合は職員に電話連絡することになっている。このため、本人だけではなく、職員にも「巡回までにはグループホームに戻るべきだ」と考える人がいるが、「門限はないので自由だ」と考える職員もいた。したがって、グループホームに帰る時間については、個々の職員によって対応が異なる。

　異性関係については、恋愛は自由だが、グループホームで生活する異性同士は互いのグループホームの行き来ができないことになっている。このため、交際している人でもプライベートに会う場所がない。この結果、地域のトイレ、バスの停留所などで性的関わりをもつようになり、そのことで地域住民からの苦情が出る。このようなことが起こると、職員は本人に行動を注意することになるため、本人同士が恋愛関係を発展させることが難しくなる。女性グループホームの担当職員である桑原節子（以下、桑原）は、次のように述べた。

桑原：異性関係は自由ですけど、実際は寮（筆者注：グループホームのこと）では禁止
　　　ということで、縛られてしまっているのかなぁと思ってしまいます。(19.7.23)

　本人の状況を不憫に思いながら、保護者から預かっているという責任意識が伴い、管理的対応をどのように打開できるかと職員は悩んでいた。あるいは、入居者には、職員には見つからないように、不特定多数の男性と関係をもった女性入居者が過去にいた。このときには、「望ましくはない」という理由で本人に注意をしていた。この点についても、本人の自由と安全という点でどのように対応すべきかと職員は悩んでいた。

　金銭管理については、本人の預金通帳は事業所が管理する。この点は、施設もグループホームも変わらない。小遣いは、1か月一定額を職員が本人に渡しており、小遣いの範囲内で本人は自由に使える。ただし、作業服や靴、服や電気製品といった小遣いだけでは購入できないものは、「預かり金」から出金することになり、職員に相談して決める。この点も、施設とグループホームで変

わりはない。このとき、職員の考え方や価値観によって、本人の要望が実現されるかどうかが左右される。グループホームの生活支援員である桑原は、次のようなエピソードを語った。

桑原：本人が作業で必要な新しい靴を買いたいということになったときに、私は買えばいいとは思うけど、職員によっては、まだ履けるじゃないと言ってくる人がいました。本人の感覚と職員の感覚。（中略）施設時代の職員の習慣なのかなぁと思います。我慢できるよっていう。買いたいけど、それをおさえてしまう。それを買うなら、別のものを買ったらいいんじゃないと言われる。アドバイスという抑えつけ。(19.7.23)

　グループホームにはそれぞれ担当の生活支援員がいる。ただし、預かり金による購入は、グループホーム担当職員が決めるのではなく、課長レベルで決める。出金手続きができる生活支援員も予め決められており、他の生活支援員は「出金かけてもいいですか」という伺いを本人に代わって行う。このときに、職員によっては、本人の決定を制約する場合がある。

4. 自立能力に応じて生活条件が異なる居住形態

　第4節では、現在の居住形態である学園Ⅱ、職員常駐型グループホーム、職員巡回型グループホーム、一人暮らしで生活する本人の生活実態について比較していこう。
　図9.3. と図9.4. は、本人の自己決定と社会参加の機会について、尺度による総合得点の平均値を比較したものである。自己決定では、学園Ⅱ（26名）が75.96点、職員常駐型グループホーム（14名）が95.57点、職員巡回型グループホーム（35名）が107.86点、一人暮らし（4名）が143.33点だった。社会参加は、学園Ⅱ（26名）が48.92点、職員常駐型グループホーム（14名）が108.86点、職員巡回型グループホーム（35名）が134.66点、一人暮らし（4名）が381.50点だった。このことは、職員の支援が減少し、居住人数が少なく、一般に近い居住形態になるほど、自己決定の機会や、社会参加の機会が増加するこ

とを示している。

　また、図 9.5. と図 9.6. は、本人の適応行動得点と不適応行動得点の平均値を比較したものである。適応行動は、学園II（26 名）が 223.58 点、職員常駐型グループホーム（14 名）が 278.79 点、職員巡回型グループホーム（35 名）が 302.14 点、一人暮らし（4 名）が 318.00 点だった。また、不適応行動は、学園II（26 名）が 60.50 点、職員常駐型グループホーム（14 名）が 50.93 点、職員巡回型グループホーム（35 名）が 45.54 点、一人暮らし（4 名）が 40.75 点だった。このことは、職員の支援が減少し、居住人数が少なく、一般に近い居住形態になるほど、適応行動のスキルがあり、不適応行動のない人が生活していることを示している。

　さらに、表 9.1. は、各居住形態と本人の参加する日中活動をクロス集計した結果を示している。日中活動のうち、福祉的就労の 1) 多機能型就労継続支援B 型（旧学園Iの建物使用）は農産（トマト加工など）やリサイクル活動、2) 多機能型生活介護（旧学園Iの建物使用）は、冬は豆の選別、夏は花壇整備など、3) 学園IIの施設内生活介護は教材学習・刺繍・食事会などのレクリエーション活動が主に行われている。したがって、作業能力が最も求められるのが 1) で、3) は最も作業能力が求められない活動、である。居住形態別にみると、1) 学園II（26 名）の全員が施設内生活介護、2) 職員常駐型グループホーム（14 名）の 12 名（85.7%）が多機能型生活介護、3) 職員巡回型グループホーム（35 名）の 22 名（62.9%）が多機能型就労継続支援B 型、4) 一人暮らし（4 名）の 3 名（75.0%）が一般企業に就労していることが示されている。

　これらの結果は、適応行動能力が高く不適応行動が少なく就労能力の高い人ほど、職員の関与や支援が少なく一般に近い居住形態で生活し、自己決定や社会参加の機会があることを示している。これは、自立能力によって生活条件に差異がもたらされていることを意味する。

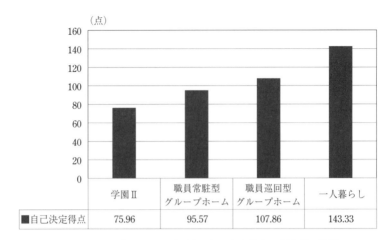

図9.3. 現在の居住形態ごとの自己決定得点の平均値の比較

出典：筆者作成。

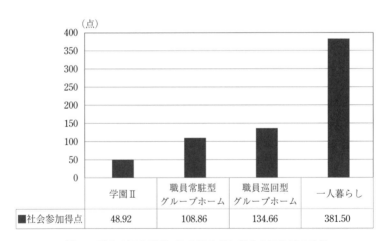

図9.4. 現在の居住形態ごとの社会参加得点の平均値の比較

出典：筆者作成。

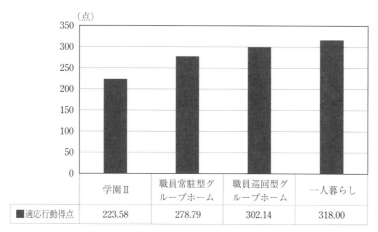

図9.5. 現在の居住形態ごとの適応行動力得点の平均値の比較

出典：筆者作成。

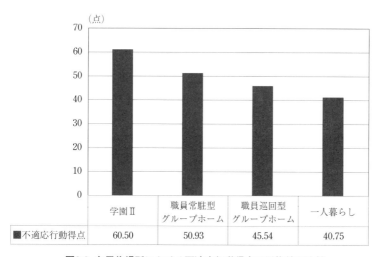

図9.6. 各居住場所における不適応行動得点の平均値の比較

出典：筆者作成。

第9章 施設と地域の生活実態

表9.1. 居住形態と日中活動の形態のクロス集計表

人 形態	一般企業	就労継続支援B型	多機能型生活介護	施設内生活介護	なし	合計
学園Ⅱ	0	0	0	26(100%)	0	26
職員常駐型 グループホーム	0	1 (7.1%)	12(85.7%)	1 (7.1%)	0	14
職員巡回型 グループホーム	2 (5.7%)	22(62.9%)	9 (25.7%)	2 (5.7%)	0	35
ひとり暮らし	3(75.0%)	0	0	0	1(25.0%)	4
						79

注：パーセンテージは、各居住形態の合計人数に対する割合。
出典：筆者作成。

5．小括

　本章では、施設と地域の生活状態と背景要因を、量的調査と質的調査の結果に依拠して比較してきた。

5．1．過去の施設生活と現在のグループホーム生活

　第1に、過去の施設生活と現在のグループホーム生活との比較である。

　過去の施設生活よりも現在のグループホーム生活において改善した領域は、日課、プライバシー、外出、食事、日常の些細な事柄についての自己決定、社会資源の利用、地域行事への参加のあり方だった。この背景には、施設に比較するとグループホームでは、個室のためプライバシーが保障され、地域に点在するため外出が容易になり、日常生活の些細な事柄について本人が決める機会が保障され、自治会の一員として地域と関われるようになったことがある。これらの点を踏まえると、施設ではなく、地域のグループホームに移行することは、本人にとって意義があったといえる。

　一方、居住場所・共同入居者・職員の雇用・食事内容・ペットの飼育といったグループホームの住居や組織運営に関わることについては、施設と同様にグループホームでも本人が決める機会が制約されている状況だった。個別支援計画への参画は、実現可能な目標については本人が決められるが、組織運営に関わることは決定権が保障されているわけではない。また、遠出の際の外出届の提出や門限、交際の制約など、安全面に関わることについては本人の自由が制

334　第四部　地域移行と地域生活

約される場合があった。

　これらの結果については先行研究と同様の結果が示されている（Emerson & Hatton, 1996；Hatton & Emerson, 1996；河野ら, 1997；河東田, 1998；Kozma, et al., 2009；Mansell & Erickson, 1996＝2000；Mansell, 2006；Walsh, et al., 2010；鈴木 , 2010）。

　地域社会との関わりも、コンビニやスーパーなどの利用はなされているが、文化施設の利用は少なく、これは社会資源が制約される町の地域特性や、車による移動が中心の移動手段の問題と関わる。地域住民との関わりも、地域行事への参加は施設単位から自治会単位へと変化し、他の自治会会員と親しくなる入居者はいるが、普段の日常生活では、偏見や差別にさらされる場面もなくなったわけではないことが分かった。

　海外の評価研究（Emerson & Hatton, 1996；Hatton, & Emerson, 1996；Kozma, et al., 2009；Mansell & Erickson, 1996＝2000；Mansell, 2006；Walsh, et al., 2010）では、入所施設に比較すると地域の居住形態は社会的ネットワークへの参加や人間関係が向上するという結果が示されているが、本研究では日常的な外出の機会は向上するが、地域社会への参加や人間関係の広がりは限定的なものであることが明らかになった。

　A法人の施設解体計画によって、施設から地域生活へと物理的統合は進んだが、実質的な意味での自己決定権や社会的・社交的統合が実現されているわけではない。グループホームでも、決定の機会が制約される背景には、いくつかの構造的要因がある。

　まず、マクロな制度レベルに関わることである。居住場所、共同入居者、職員の雇用、といったことを決める機会は、グループホーム制度では困難である。「統合的な生活の質尺度」における本人主体計画尺度にある報酬費の管理はダイレクトペイメント制度を意味するが、日本ではこれは制度化されておらず、この結果、職員の雇用や選択の機会は保障されない状況である。また、他者と共同生活する場合は、共同入居者との関係で決定機会が制約される。例えば、朝早く起床して、自分の部屋を掃除したいと考えても、寝ている人を起こすことになるので控えることになる。また外出届は、行政指導の考え方によって決定の機会が制約されることを示している。組織や地域における社会資源や支援体制が十分ではないため、結果的に、自由が制約されることもある。例えば、

第9章　施設と地域の生活実態　335

本人が結婚する場合は、ヘルパーを導入し、家事支援を利用する必要があるが、M町内のヘルパー事業所はヘルパー不足が深刻であり、支援を受けられない結果、結婚生活を断念せざるを得ない状況が生じていた。

　次に、ミクロな組織及び支援レベルに関わる事柄である。これは個々の職員の対応と職員全体の対応に分かれる。前者は、個々の職員によって制約されたり、認められたりすることがあることを意味する。例えば、居間にいる時間が遅くならないようすること、職員の巡回時までにホームに戻るようにすること、「預かり金」の使用方法などである。これについては、「決まりはない」という職員もいれば、制約をする職員もいる。これらは本人の安全・健康・経済的安定と関わり、職員の価値観によって対応が異なる領域である。一方、個々の職員ではなく、施設時代やグループホーム開設当初に決めたルールが全体に波及する場合があった。これは、職員による夜間支援体制のあるグループホームで生じていた。例えば、健康に不安のある本人への間食の時間設定、21時を門限とすることなどだった。

　さらに、本人自身の中に、施設時代の習慣から抜け出せず、施設の規範の影響を強く受けている状況があった。例えば、入浴日や休日の起床時間である。職員からは、自由にしてよいと言われても、施設時代と同様のライフスタイルを維持したいと考える人がいた。

　最後に、本人の健康・安全・権利擁護、地域住民への安全という観点から、状況によっては制約せざるを得ない場合が生じる事柄があった。例えば、携帯電話の無制限の使用、糖尿病をもつ人の栄養管理、不特定多数の男性との性的関係、足腰が不安定な人の一人外出の制限、子どもへのストーカー行為、といった事柄である。

　これまで生活の質に関わる事柄と構造的要因の関係について分析した研究が数多くなされてきた。例えば、フェルス（Felce, 1998）は、イギリスにおける本人の活動への参加や職員との相互行為を調査した研究を整理している。この結果、居住形態、居住人数、物理的環境、職員の配置だけではなく、職員の支援方法や彼らへの研修方法が重要な要因であることを明らかにした。スタンクリッフら（Stancliffe, et al., 2000a）はアメリカ・ミネソタ州で地域生活者74名に関して、居住形態や居住人数の差異だけでなく、職員の能力や態度、入居者

の経済力、サービス・プログラムなどの社会要因が自己決定の機会にどのような影響を与えるかを調査した。この結果、職員の能力や態度は決定の機会に影響を与えないが、日課や規則が厳しくなく、保護的対応がなく、個別支援がなされる居住場所では決定の機会が向上することが明らかになった。この結果から、スタンクリッフらは、職員の関わり方よりもサービス構造の改善が重要だと主張する。

　そして、本人自身が長期の施設生活を通して自由の行使を躊躇するという問題はホスピタリズムや施設病という観点から議論されてきたことである。また、本人の健康・安全・権利擁護、地域住民への安全という観点から、どのような支援をすべきなのかということについては、自己決定とパターナリズムの関係という観点から研究を行う必要があるだろう。

５.２. 現在の施設・グループホーム・一人暮らし

　第２に、現在の施設と地域の居住形態の生活状態を比較した。

　居住形態ごとに比較すると、施設、職員常駐型グループホーム、職員巡回型グループホーム、一人暮らしと移っていくほど、適応行動能力や就労能力があり不適応行動のない人が生活しており、自己決定や社会参加の機会・生活の質が向上することが示されていた。

　これは、自立能力の高い人ほど（適応行動力や就労能力が高く、不適応行動が少ない）、職員の支援が減少し、自己決定や社会参加の機会・生活の質が保障される居住形態で生活する仕組みになっていることを示している。一方、自立能力の低い人ほど（適応行動力や就労能力が低く、不適応行動のある人）、職員の支援が増加し、自己決定や社会参加の機会・生活の質が低下する居住形態で生活することになる。

　このことは、自立能力に基づく規範が施設閉鎖後も継続していることを意味している。施設からグループホームに、グループホームから一人暮らしに移行することに伴い自由度・社会参加・生活の質が改善することは、本人にとっては意義のあることではある。しかし、自立能力に応じて生活条件が改善、あるいは、悪化する状況は、家族・本人・職員の意識にどのような影響を与えることになるのかということを丁寧に分析することが求められる。

第9章　施設と地域の生活実態　337

テイラー（Taylor, 1988）は、アメリカの脱施設化を推進してきた最小制約環境原理という考え方は能力主義を前提としており、地域では能力に応じた居住形態の連続体の仕組みが作られると述べた。連続体とは、「制約（restrictiveness）の程度に応じて異なる処遇の順序付けがなされること」を意味し、「最も制約された環境は最も隔離され最も集中的サービスが提供され、最も制約のない環境は最も統合され自立していて、最小のサービスが提供される」（前掲：220）ことを意味する。テイラー（Taylor, 1988）のいう能力主義に基づく「住み分け」は脱施設化後も再編されており、脱施設化研究において必要なのは、各行為者がどのような経験をし、なぜ、このような「住み分け」が解消されないのかを明らかにする研究である。

　施設閉鎖の実践によって、序列化された居住支援の仕組みが形成される過程で、自立規範がどのように構築されているのかを次章以降でみていこう。

第10章　本人にとっての地域移行と地域生活

　本章では、本人が地域移行や地域生活をどのように捉えているのかをみていきたい。具体的には、1）施設を退所し地域生活に移行すること、2）地域の各居住形態において生活することをどのように捉え、どのように他者と相互作用しているのかをみていこう。

1．自立規範の変容

　第1節では、施設入所当初の自立規範による影響が変化していく過程をみていく。

1．1．職員による働きかけの重視
　A法人においてグループホームが開設された1990年代は、企業への実習によって最終的に一般就労を実現させること、身辺ケアの面で自立していること、他者と良好な人間関係を築くことが、グループホームに移行するための条件だった。このような意味での自立能力に制約のある人は原則として、地域生活への移行対象者から除外され、施設生活を通してこれら自立能力を達成することが目指されていた。

　第4章で引用したように、大宮は退所できたのは、「がんばったから出られた」と考えており、「がんばる」とは「嫌なことを我慢」することだと語った。そして、自立とは「一人で生活をする」ことであり、仕事をもてなければ施設退所ができないものと捉えられていた。

　2002年に岩垣（当時は生活指導員）、阿部（当時は生活主任）、2003年に大田（当時は課長補佐）、工藤（当時は生活指導員）が学園Ⅱから学園Ⅰに異動になると、施設における職員の社会自立の捉え方に変化が見られるようになった。学園Ⅰの施設内改革の取り組みがなされるようになり、2003年12月には施設解体計画が策定された。この計画では、学園Ⅰの入居者は全員、自立能力に関わらず地域で生活することが明記された。福祉的就労で、身辺自立の面でも他者の支

援がある一定程度必要な人であっても、グループホームで生活する支援体制を整備することが目指された。

　大宮は、改革派職員が異動する前は女性担当職員が厳しかったと語った。例えば、「みんな集めて、買い物の希望をとって、何買うのかを聞いていた」(19.7.20) と語り、自由に買い物ができなかったという。デイルームでは、テレビから〇〇センチメートル離れるように、テレビからの位置に印がつけられ、「そこから出ては駄目だ」と言われた。阿部が、2002 年に学園Ⅰの生活主任に就任し、前任者が学園Ⅱに異動になると、これまで許可されなかったことができるようになった。例えば、宿直室が自由に使えるようになり、コンロを使って料理ができるようになり、携帯電話を使用できるようになったと大宮はいう。

　グループホームに移行できたのはなぜなのかと尋ねると、大宮は次のように語った。

大宮：いずれは出れるよって、大田さんに言われたから。本当に出してくれるんだべなぁと思って、でも、本当に出してくれたんだよね。それでも、前の寮（筆者注：学園Ⅰの女子寮）から温泉（筆者注：職場）に通いながら、学園Ⅰ（筆者注：通所授産施設）にも通ったから、それが良かったかなぁと思う。

筆者：いずれは出られるって、どうしたら出られると思っていましたか。

大宮：でも、職員が私の行動を見ていたから。だから、出られたんじゃないかなぁ。

筆者：どういう行動すれば、出られる？

大宮：あんまり、人のことをくっついたりしない。

筆者：それはどういうことですか。

大宮：あらさがしをしない。それは、今でも続いているんですけど。

筆者：それはどういうことですか。

大宮：人のことを言っていたら（中略）言わないようにしようかなぁと思った。

筆者：言ったらどうなっていたと思いますか。

大宮：出られなかった。一生出られなかったかなぁ、でも大田さんがいずれは出られると言っていたから。(18.7.21)

　この大宮の語りの内容は、複雑である。まず、グループホームへの移行が実

340　第四部　地域移行と地域生活

現できた理由として、大宮は「職員が私の行動を見ていたから」と語った。施設という場において、大宮が施設退所できるかどうかを判断するのは施設職員である。このため、職員の評価を気にかけながら生活してきたことが語られている。大宮は、施設を退所するためには、他者の「あらさがしをしない」で、良好な人間関係を築くこと、仕事に就くこと、一人で生活し自立することが必要になると職員に言われてきた。

　一方、「いずれは出れるよって、大田さんに言われたから。本当に出してくれるんだべなぁと思って、でも、本当に出してくれたんだよね」とも語る。これは、職員による評価によって移行ができたということではなく、大田らの働きかけによって、施設退所が可能になり、グループホームに移行できるようになったという認識である。

　大宮は、大田との関係について次のように語った。

大宮：今でも、信頼。（中略）
筆者：大田さんがいれば、出られると思っていた？
大宮：うん。
筆者：大田さんが来る前には出られなかったということですか。
大宮：うん。無理だろうと思っていた。で、無理だった。大田さんのときには出られた。（19.7.20）

　大宮は大田のことを信頼していると語り、彼の働きかけがあったために、グループホームへの移行が実現できたと考えていた。大宮は、施設内で「嫌なことを我慢」し、がんばったから出られたとも語った。ここには、自らの努力がなければ、退所できなかったという認識があると同時に、信頼できる職員の働きかけがなければ、退所はできなかったとも考えていることが示されている。2019年4月より大田は、地域の共同生活援助事業所の管理者に異動になった。このことについて、本人たちは期待しているところがあり、大宮は、大田であれば、一人暮らしを実現させてくれるのではないかと語った。

大宮：今でも出してくれるよって、言ってくれる。いつでも。（19.7.20）

彼女は、大田の働きかけによって、学園Iから出ることができたように、グループホームからも出ることができるのではないかと語った。

大宮と同様、学園Iの女子棟で生活してきた猪俣も、学園IIから職員が異動したことによって、施設生活に変化が生まれたと語った。以前の学園Iでは、一部の職員によって管理された生活に苦労してきた。例えば、生活面での話し合いが行われ、「たばこを吸ったら、子どもができたら、悪いとか。妊娠したら、たばことか、お酒を飲んだらいけないよ」（19.7.20）といった話がなされたという。この後、学園IIから大田らが学園Iに異動になると生活状況に変化が生まれたと語った。

猪俣：大田さんが来てから、自分でお金をもつようになって、自分で小遣いをもっ
　　　てやるようになったんです。

筆者：途中で阿部さんとか、大田さんが来てから変わりましたか。

猪俣：変わりました。大田さんが来てから変わりました。

筆者：どういうふうに？

猪俣：自由というかね。

筆者：何がですか。

猪俣：大田さんが来てから、鍵がなくなった。

筆者：鍵？

猪俣：前はね、宿直室とかね、そういうところがね、鍵があったんですね。それが
　　　みんな鍵がなくなったんです。途中から、鍵がなくなった。大田さんがなく
　　　したんですよね。みんななくしちゃったんですよ。みんな利用者を、素通し
　　　になっちゃった。

筆者：それで良かったですか。

猪俣：はい。宿直室も。だから、私たちも宿直室で、ラーメン食べたり、そば食べ
　　　たり、ガスも使えるから。ラーメン作ったり、冷やしラーメン作ったり。

筆者：職員室も自由？

猪俣：そうそうそうそう。冷蔵庫も自由だし。ちゃんと大きい冷蔵庫。利用者もちゃ
　　　んと使えるようになったし。あと、なんかあったかなぁー、たくさんあるん

だけどなー。大田さんが来てから、本当に自由になったよねー。（中略）

筆者：とにかく大田さんたちが来て、大分変わったってことね？

猪俣：変わった。いい方に変わった。すごく変わったと思う。利用者も元気になっ
たし、のびのびになったし。（19.7.20）

　学園Ⅰでは、職員室の鍵がなくなり自由に出入りし、職員と話せるように
なったことが最も印象に残ったと語る。宿直室で夜食を作って食べたとも語っ
た。猪俣は職員と同じように居室を使い、職員とコミュニケーションをとれる
ことを重視する。このため、大田らの行った施設内改革に共感し、「利用者も
元気になったし、のびのびになった」と語った。

　この後、地域移行には姉が反対したが、大田らの説得でグループホームに移
行することができたと猪俣は述べた。

猪俣：大田さんが応援してくれたからね。大田さんがね、力を出してくれたから、
ここまでなってくれたの。大田さんが、姉を応援してくれたからね。ここま
でなってくれたのね。私がグループホームに行くって言ったら喧嘩しちゃっ
たの。（中略）

筆者：結局、グループホームに行けたのは、大田さんのおかげ？

猪俣：大田さんが説得してくれたから。

筆者：なんでお姉さんは反対を？

猪俣：分かんない。でも、お金もかかるし。（19.7.20）

　彼女は、大田の働きかけによって、学園Ⅰから出ることができたように、グ
ループホームからも出られるのではないかと語った。猪俣は一人暮らしへの希
望をあきらめておらず、姉が反対しているが、移行した時と同様に大田が説得
をしてくれるのではないかと語った。

猪俣：姉に一人暮らし言っても駄目だろうなと思うけど。姉は許してくれない。だ
から、私言ったんだ、大田さんに。（中略）姉は許してくれないだろうね、恐
らくね。いや、分かんないけど、大田さんがね、でも、大田さんが、後3年

第10章　本人にとっての地域移行と地域生活　343

で辞めちゃうから、大田さんが後 10 年も、後 10 年もいてくれれば助かるけどさ、後 3 年しかいないんだ。(18.7.25)

　学園Ⅱで生活していた白石は、施設生活を開始した当初は、退所するには一般就労をしていることが必要だと考えていた。入所期間は長く、グループホームが整備されれば、長い期間施設で生活することもなかったと語った。彼に施設を退所するには何が必要だったのかと尋ねると、施設入所時とグループホームへの移行時の違いについて次のように述べている。

白石：(筆者注：入所当初は) やっぱり、生活の部分で洗濯とか、掃除とか、自分の身の回りのことができていたら、施設を出て、グループホームに入れると考えていました。(中略)

筆者：学園Ⅱにいたときから、洗濯とか掃除とかは自分でやっていたんじゃないですか。

白石：洗濯とか掃除とかは自分でやっていました。

筆者：そしたら、どうしてグループホームに行けなかったんですか。

白石：まだグループホームができていなかったから。それで行けなかったですね。町内で実習に行っている利用者は、先にグループホームに入って、グループホームで生活しているという感じですね。(中略)

筆者：グループホームに行ける人は就労している人が行くという感じだった？

白石：そうですね。実習している人が入るような感じでしたね。

筆者：そうすると、実習に行って、就職できないと入れない？

白石：就職できないと入れないという感じでしたね。(中略)

筆者：白石さんが、グループホームに行ったときには就職していましたか。

白石：グループホームに行ったときにはどこにも就職していないですね。リサイクルセンター (筆者注：福祉的就労) で働いたりとか、していましたね。

筆者：じゃ、そのときのグループホームというのは就職していなくても入れた？

白石：就職できなくても入れたという感じになりますよね。

筆者：でも自分のことは自分でやらないと駄目ですか。

白石：自分のことは自分でやれないと、入れないという感じになりますね。

筆者：そのときは、グループホームをつくろうという話をされていたんですか。

白石：そのときは、生活の職員がみんな、利用者の声を聴いて、グループホームに入りたいということで、町に頼んで、グループホームを作ってもらって、それも夢がかなって、グループホームに入れたという感じですね。(19.7.20)

　白石のこの語りには、学園Ⅱに入所した当初と、彼がグループホームに移行した当時の施設退所の条件が変更されたことが示されている。また、職員が利用者の声を聴いて、町に働きかけをして、グループホームが整備されたと白石は述べている。すなわち、福祉的就労を行うことや自らの身辺ケアを行うといった本人自身の努力が求められているものの、こうした自助努力だけではなく、職員や町行政といった周囲の働きかけによって、施設退所が実現されたという認識がもたれている。ここには、施設退所やグループホームに移行する際に求められてきた自立の考え方が変容していることが示されている。

　しかし、「自分のことは自分でやれないと、入れないという感じになります」とも白石は述べた。グループホームに移行するためには、福祉的就労でも可能であるが、身辺ケアに関しては自立することが求められていたと認識していた。

1.2. 再入所リスク軽減の認識

　学園Ⅰ／Ⅱを退所し、地域のグループホームに移行した人で、施設に戻りたいと考えた人は、私がインタビューをした人には誰もいなかった。職員にこのような希望を言ったことのある本人がいたかどうかを尋ねても、一人もいないということだった。

　A法人では、学園Ⅰの入所機能を完全に廃止することが意図的に行われた。2022年現在の学園Ⅰは、A法人の就労継続支援B型事業所として建物が使用されるが、かつての居住空間の痕跡が残らないように改革派職員によって様々な工夫がなされた。例えば、複数の部屋の壁を壊して作業空間や会議室を創設したり、部屋の入口部分にあった名札プレートを取り除いたりするなどの配慮がなされた。

　本人からは、職員のこうした取り組みを支持する語りが聞かれた。大宮は、次のように語った。

筆者：学園Ⅰに部屋がないんですけど、どう思いますか。

大宮：ない方がいいと思う。

筆者：どうしてない方がいいと思いますか。

大宮：また、部屋を作ったら、逆戻りしたくないし、私は。

筆者：部屋があると戻されるかもしれないと思いますか。

大宮：うん。

筆者：部屋がなくなって良かったと思いますか。

大宮：うん。(15.8.9)

　あるいは、白石は次のように語った。

筆者：いつか施設に戻されるという不安はありますか。

白石：そういう不安はあんましないんだけど、ほんの少しだけありますね。

筆者：それはどうして？

白石：生活がきちっとなっていないときに戻される可能性が高いかなぁ。今通所施
　　　設になっているから戻すところもないし。

筆者：戻すところがないから戻れないけど、それで良かったと思いますか。

白石：良かったと思います。(15.8.13)

　白石は、施設に戻されるという不安がないわけではないと語った。ただし、
戻る施設がないことで、「戻すところもないし」と語り、実際に戻される可能
性はないのではないかと考えていた。

　第3章で紹介した神谷裕子の息子である茂は、次のように語った。

筆者：学園Ⅰの部屋もないし、働く場所になっているんですが、それはどう思いま
　　　すか。

神谷：すっごくいいと思う。

筆者：部屋を残すということもできたんですけど、残さないほうが良かった？

神谷：残さない方がぜんぜん。（中略）残しておくと、また施設に入れられるでしょ。

筆者：もうないから戻されないと思いますか。

神谷：うん。

筆者：安心しますか。

神谷：安心する。（15.8.10）

　これらの本人は、地域生活で問題が起きても、学園Ⅰに戻されることはないという安心感を語った。施設があれば、再入所するリスクがあるが、このリスクが職員の働きかけによって軽減されていると本人には認識されていた。

２．序列化された居住支援の仕組み

　A法人による施設閉鎖の実践によって、施設・職員常駐型グループホーム・職員巡回型グループホーム・自立生活に移行するにつれて、自立能力と自由度が段階的に高くなるものとして本人によって認識されていた。これは、ゴッフマンによる『アサイラム』の理論的視座によれば、自立能力が向上するにつれて自由という「特権」を享受できるが、自立能力が低下すれば自由の剥奪という「罰」を引き受けることを意味する。以下では、このような意味での無力化・特権体系がどのように再編されているのかをみていこう。

２．１．地域移行者と施設生活者
　A法人による施設閉鎖の実践では、本人が決められるのは、グループホーム／学園Ⅱへの移行の希望に限定されており、いつ、どのグループホームに、誰と移行するのかということは、学園Ⅰの課長である国橋や課長補佐である大田が担当職員と相談しながら決めた。施設解体計画の第１段階では支援の度合いが低い人、第２段階では健康及び行動面で職員の支援が必要な人、第３段階では他者との共同生活が困難な人たちが選定されていた（第８章）。

　学園Ⅰが廃止され、全員が地域に移行できるようになっても、誰が最初に移行するのかという移行対象者の順位付けの問題は残る。大宮は、次のように語った。

大宮：それが（筆者注：自分より先にグループホームに行く人がいることが）分かんない
　　　よね。なんで、私が先でないのかなぁと思った。（筆者注：最初にどういう人が
　　　出ていくのかが）分かんない。（15.8.9）

　大宮は、退所できたこと自体に喜びを感じていた。しかし、彼女にとっては、
地域のグループホームに誰が先に行けるのかということが大きな問題だった。
このため、なぜ自分が先に移行できなかったのかと疑問を抱いたと語った。
　学園Ⅱに残る人々がいるということは、本人の考え方に影響している。本人
全員から、学園Ⅱの必要性が語られた。

大宮：学園Ⅱからグループホームに行っている人もいるから。それもいいんでない
　　　かなぁと私は思ったんだけど。（中略）（筆者注：障害の重い人はグループホーム
　　　への移行は）無理っぽい。（中略）自分でできないから。洗濯とか、お風呂とか。
　　　グループホームに入ったら、その子たちの面倒、職員が大変かな。（15.8.9）

　大宮は、グループホームは洗濯や入浴が自らできる人が生活する場所であり、
学園Ⅱに残る人はこれらのことを自ら行えないので、移行は無理だと考える。
このため、学園Ⅱに残る人たちと自分とでは異なると認識していた。
　白石も、学園Ⅱの療育班にいる重度知的障害者はグループホームには行けな
いと語った。

白石：（筆者注：グループホームに行けないのは）仕方がないと思います。一人でやる
　　　にしても療育班だと難しいと思います。グループホームは洗濯とか、一人で
　　　やんなくちゃいけないですね。世話人さんが朝と夜の食事を作ってくれるん
　　　ですが、土日は世話人さんが休みで、祝日も休みで。自分でできる人は可能
　　　だけど、療育班となると難しいかと思います。洗濯と掃除と、料理を作った
　　　りとか、そういうのは自分でやんないといけないし。療育班の人たちは難し
　　　いと思います。（18.7.21）

　白石が移行したグループホームは、休日や祝日は自ら食事作りや弁当を購入

するなどの自立が求められる場所だった。グループホームは食事作りも含めてある程度の自立が求められる場所とイメージしており、学園Ⅱの本人はこれらの自立能力に制約があるためグループホームへの移行が難しいと考えていた。白石は学園Ⅱで多くの重度知的障害者との関わりがあるが、「障害の重い人など言葉がしゃべられない人たちもいるためには入所施設を残したほうが無難かと思う」(15.8.13) とも語った。

猪俣は学園Ⅰから学園Ⅱに移行して暮らしていたことがあるが、学園Ⅱの本人のグループホームでの生活可能性について次のように述べた。

猪俣：行けないんじゃない。ちょっと、我慢することを我慢できないんじゃない。いやー、どうだろう。喧嘩になるんじゃないかな。私さえ暴言はいているのに、今喧嘩しているのだって。だって、おさまっているというか。私も我慢しているところは我慢して。(18.7.25)

猪俣は、学園Ⅱの本人がグループホームでの生活が難しい理由として、人間関係の形成において問題が生じる可能性のあることを指摘していた。他の本人からも、自らのグループホームでの生活経験に依拠して、「歩けない人」「洗濯や掃除ができない人」「買い物やお金のチェックができない人」はグループホームの生活は難しいという意見が出された。

このように、地域移行の捉え方としては、自立能力に関わりなく職員や周囲の働きかけが重要になるという認識をもちつつも、依然としてある一定の自立能力が地域移行の条件となるとも捉えていることを、これら本人の語りは示している。本人たちがこのような認識をもった背景には、学園Ⅱという施設が残されていることと共に、グループホームでは身辺ケアを自ら行える人が生活しているということも関係する。自立能力に応じて施設で生活する人がいる一方、グループホームで生活する人がおり、これらの人々の相互作用過程を通して、重度障害者は地域移行が難しい存在であるという認識が形成されていた。

2.2. 職員常駐型グループホームと職員巡回型グループホーム
職員常駐型グループホームと職員巡回型グループホームは、後者が自立度の

高い人が生活し、自由度も高い場所として本人には捉えられている。猪俣は、2008年9月に学園Ⅱに移行した後、2015年1月に職員常駐型グループホームのg寮に移行した。彼女は、現在のホームについて次のように語った。

猪俣：グループホームじゃないと思うよ。だって介助が多いんだもん。介助が多すぎる。私あそこ介助が多いから、介助のいるところかなぁと思う。だって、介助が多すぎるから、グループホームなのか。私、課長に言ったことがあるんだ。グループホームなのに、なんでこんなに介助が多いのって。そしたらね、今の時代はね、ここはね、グループホームであっても介助の時代なんだよって、言うんだよね。今、私は不満というか。(19.7.20)

　彼女のいるグループホームには、車いすを利用し、生活支援員以外にも外部からヘルパーを入れて、生活している入居者がいる。高齢化に伴い、支援の必要な人も多くなっており、猪俣は「介護ばっかり多いからさ」と語った。猪俣は、介護の必要な人がいる場所は学園Ⅱと認識しているからだ。
　一方、彼女は小遣いも自ら管理し、外出や買い物など多くのことを自ら行うことができ、職員からも自分のことは自分で行うように言われていると語った。

猪俣：私は、自分で自分のことは自分でやりなさいと言われているんだ。猪俣さん、職員に手伝ってもらわないで、自分でやりなさいと言われているんだ。(18.7.25)

　グループホームは身辺ケアについては自ら行う場所であると認識している。このように猪俣にとって、学園Ⅱと職員常駐型グループホームとでは、自立度において異なる場所であると捉えられているということである。
　猪俣は、学園Ⅰに入所するまでは、一人で暮らしたことがある。このため、職員巡回型グループホームへの移行について考えたこともあった。私がインタビューをした2018年の2月に、この希望を伝えた際、姉から強く反対されたという。彼女がこの希望をもった理由については、「それはね、自分でね、ものしずかなところに入りたい」、あるいは、「何でもやってみたい」(18.7.25)と思ったからだった。しかし彼女は、職員巡回型は、夜間に一人で対応する力な

ど、職員常駐型より高い自立能力が求められる場とも捉えていた。このため、現在の自らの状況では難しいと考えており、その希望をあきらめることになった。

　大宮は、学園Ⅰを退所後、職員常駐型グループホームのg寮でしばらく過ごした後、職員巡回型グループホームのd寮に移行することを職員に告げられた。このときのことを彼女は、次のように語った。

大宮：何人かが引っ越しするよって言われて、いきなり私の名前がでて。

筆者：そのときどう思いましたか。

大宮：9人から減るの、ちょっと不安だったんだけど。私が出ていいんだろうかと。

筆者：その不安は言いましたか。

大宮：いや。最初は言わなかったんだけど、その、最後になる1か月前か。9月に入る前に、g寮（筆者注：以前の職員常駐型グループホーム）で何人かの送別会を開いてくれて、そこで発表が、何人かの名前がでて、えー私と思って。その後に3人の名前も挙げられて。私、最初でいいのって？

筆者：そのときに初めて聞いた？

大宮：職員が部屋に来て、いきなりだけどって、ごめんね、って言われたから。引っ越しするのーって言ったから。で、慌てて、引っ越しの準備。

筆者：それは前もって伝えてほしかった？

大宮：うん。伝えてほしかった。

筆者：できれば、g寮に残りたかった？

大宮：残りたかった。荷物いっぱいあるから。

筆者：g寮の方が置けるの？

大宮：はい。今のところはそんな置けません。

筆者：どうして今のグループホームに引っ越しをするのかを職員さんに言われましたか。

大宮：いや、自立に向けての訓練だと思ってと言われたんだよね。

筆者：今のグループホームは自立をするところ？

大宮：うん。そうみたい。でもg寮にいたときには自炊もしていたんですよ。でも今の寮でも自炊でなくって、当番で世話人さんと料理を作っています。

筆者：その方がいい？

大宮：うん。私はいいかなぁと。

筆者：今ふりかえって、以前のグループホームと今のグループホームはどっちがいい？

大宮：前のグループホームかなぁ。

筆者：その理由は？

大宮：町に近いし。スーパーに近いし。セブンイレブンあるし。今の寮でもセイコーマートが近いからいいけど。今の寮では、歩いてれば大丈夫だよって世話人さんが言うけど。こんなに遠いのって。(15.8.9)

　大宮が生活する職員巡回型グループホームは、時には世話人と一緒に料理を行える。大宮は、「自分でもこれを作りたいといえば、作ることがある。うちの寮は、一人で自立できるように、料理は味付けまで一人でやるようにしようねっていうことにしている」(18.7.21) と語り、献立は本人が決める機会がある。職員が常駐しないため自由にできることも多いと大宮は語った。法人内では、彼女のいるグループホームは一人暮らしのための体験をする場と位置づけられており、自由が比較的保障される。

　しかし、この移行について彼女に尋ねると、以前の職員常駐型グループホームの方が良かったと語った。理由として、スーパーやコンビニに徒歩で通えること、荷物を置くことのできる広い居室であること、などが指摘された。現在のグループホームの居住者は4名であり、以前のグループホームの居住者は9名だったが、人数の多さは彼女にとって問題ではないようだった。

2.3. 一人暮らし

　私が聞き取りをした人の中で、白石は唯一グループホームと一人暮らしの双方を経験した人だった。彼は現在、アパートで一人暮らしをする。

白石：グループホームから出れば、本当の自立ですね。そして、自分で好きなことをして暮らしていってという感じですね。(18.7.21)

一人暮らしは「本当の自立」と考えており、「好きなことをして暮らす」ことができると考えるが、グループホームはそうではない場所だという。白石はグループホームで暮らしてきたが、人間関係のトラブルに苦労し、掃除などの家事の役割分担をすることに負担を感じてきた。一人暮らしでは、他人に気を使うことなく、自らのペースで家事をすればよいので「一人暮らしは楽ですね」と繰り返し語った。一人暮らしをするためには、グループホームでの生活以上の自立能力が求められると白石は考える。

白石：（筆者注：一人で暮らすためには）お金も必要だし、あとは、行事に参加したりとか。一人暮らしすると回覧がまわってくるんですよ。洗濯とか掃除とか、料理とか弁当を買ったりとか。そういうのができないと一人暮らしは難しいと思います。（18.7.21）

　白石はアパートに引っ越しをした当初、カーテン・レールが壊れていることに気づいた。彼は職員に相談することなく、自ら工具を使って修理した。一人暮らしの場合は、一般就労することや家事ができることなど、生活の様々な面で自立することが条件であると考えていたからだ。地域との関わりの面でも自立することが求められると白石は語った。グループホームでは、職員から地域行事の情報が伝わり参加の希望の有無について尋ねられるが、一人で暮らす場合は、回覧板がまわってきてそこで地域行事の情報を知り、参加するかどうかを自ら判断することになるからだった。

白石：一人暮らしの場合には違ってきますね。回覧がまわってきて、行燈行列の知らせのプリントとか入っていて、それで参加する人もいれば、参加しない人もでてきますね。（中略）クリーンアップ大作戦。グループホームのときには参加することはなかったですね。一人で暮らしていると、回覧がきて、いろいろなことが分かって参加しますね。（18.7.21）

　地域住民で清掃活動を行うクリーンアップ大作戦という行事があり、白石はグループホームでは行事の情報が分からないため参加したことがなかったと

語った。グループホームと一人暮らしは、地域情報へのアクセスの仕方に違いが生じている。白石は、一人暮らしについて、「完全に自由。夜遅くても、連絡しなくていい。巡回にも来ない。たまに用事があれば職員は来るくらい」と語った。一人暮らしになると自らが望む暮らしができるが、グループホームではそうではない側面があると白石は考える。

猪俣は、一人で暮らしたいと考えたこともある。しかし、自立とは一人で暮らすことであり、そのためには、「何でも気づいて、気づかなきゃできないじゃない。気づかないのに、自立なんてできない」と語った。猪俣はかつてのように一人で暮らしたいという希望があるが自信がないのだという（18.7.25）。

猪俣：本当は私ね、一人暮らしをしたいんだけども、でも、料理はしたいんだけど、栄養が偏っちゃうから。本当は一人暮らしをしたいんだけど、夜はおっかないし、料理をつくりたいんだけど、偏っちゃうから。困っちゃうんだ。（18.7.25）

料理をしたいが栄養が偏ることを恐れ、夜のセキュリティに不安を感じると彼女は語る。一人暮らしをしたいが、そのためには何らかの支援を必要としていることが示されている。

また、猪俣は一人暮らしを希望しても、姉から反対されると考えていた。

猪俣：一人で暮らすって言ったら、姉は絶対に反対すると思うよ。何を言い出すんだって。また怒られるんだ。怖い。何言っているのよ。一人暮らしって分かっているの？　料理もできるのか。一人でやっていけるのか（筆者注：と言われると思う）。くどくのが大変だ。（18.7.25）

地域で生活しても、施設退所の時と同様、家族の意向が本人の移行先の決定に大きな影響を及ぼすことがこの語りには示されている。同時に、家族がたとえ反対したとしても強い意思をもつことが自立生活の条件であると、本人には理解されていることを意味する。

354　第四部　地域移行と地域生活

3．生活戦術

　本人は、現行の居住支援の仕組みにおいて、生活の質の最適化を図るために
グループホームのルールに抵抗したり、職員との相互作用を通して生活環境の
改善を図ったり、各居住場所の規範に従順に従ったりしていた。まさに本人が
これらの生活戦術を実践することを通して、自立能力に応じて生活の質が左右
される自立規範が構築されることになった。これらの生活戦術について、社会
学者アーヴィング・ゴッフマンの「第二次的調整」の観点から記述する。

3．1．妥協の限界線

　まず、各居住形態に課せられた様々なルールに抵抗する場合がある。これは、
ゴッフマンのいう「意識的に職員との協力を拒絶する『妥協の限界線』」
（Goffman, 1961＝1984：200-201）に相当する。

　グループホームでの暮らしには様々な面で自由にならないことが多く、一人
暮らしが最も自由な暮らしであると考えられている。自由度の高い場所で生活
するためには、グループホームに課せられた自立能力を維持／向上させること
が重要になる。大宮は 2015 年に新たに引っ越してきた本人との関係に苦労を
していた。グループホームの生活について話をすると、この人間関係の問題を
繰り返し語った。

大宮：なんというんだろう。うちらが言うと、ふくれたり、むすっとなったり。
筆者：住む人は職員が決めるんですかね？
大宮：うん。利用者から決めたいんですけど、無理。（中略）なんとなくしゃべれな
　　　い。しゃべっても暗いし。
筆者：我慢している？
大宮：我慢している。買い物でストレスを発散している。（中略）本当に嫌だ。話は
　　　しない。なんか言ったら、悪いし。
筆者：それが 3 年も続くのは嫌ですね。
大宮：嫌だ。会わないようにしても、会うんだなぁ。ご飯のときとかね。会いたく
　　　ない。（18.7.21）

大宮はこのグループホームを出て、他の場所に行きたいと語った。一つの選択肢は一人暮らしをするということである。しかし、一人で暮らすことは女性職員からの許可が得られないのだという。大宮は、グループホームに移行してから、男性との恋愛関係で、職員から注意をされることがたびたびあった。職員は、大宮が複数の男性と恋愛関係をもつことを懸念していた。女性グループホームの生活支援員である桑原は、次のように語った。

桑原：何年前も前に、男性寮に、いりびたっていたことがあったみたいで。そういうところが良くないことだということは本人に話しています。町の人からもお話があって。そういうときには、本人に注意します。やっぱり、寮で会えないと、外で会うしかなくて、それで露骨に。トイレとか。バスの待合所とか。あまりにも、常識からはずれた場合には、お話しします。
筆者：本人にとっては、つきあっているけど、出会える場所がない？
桑原：そうですね。つきあっているけども、寮では職員の目がありますし。なかなか本人にはかわいそうだなぁと思っていますけど。（中略）異性関係は自由という感じですけど、実際は寮では禁止ということで、縛られてしまっているのかなぁと思ってしまいます。
筆者：一人暮らしだとそれが心配ですか。
桑原：それは関係していますね。
筆者：一人暮らしができない理由はそれですか。
桑原：そうですね。（中略）女性ということになると難しい。自分で、自己責任じゃないですけど、自己管理が難しいのかなぁと。自分で判断できるというのが。保護者の意向があったりとか。（19.7.23）

　大宮の一人暮らしが認められない背景には、性に対する職員側の懸念がある。同時に、「女性ということになると難しい」と語るように、とりわけ女性は性の管理という面で難しいと考えていることが示されている。A法人の施設退所者で一人暮らしをしているのは、男性のみである。女性で一人暮らしをしている人がいないということは、ジェンダーの規範によって対応に差異が生まれて

356　第四部　地域移行と地域生活

いることが示唆されている。

大宮は、グループホームでは好意をもった男性と会えないため、男性のいるグループホームに行ったり、公園のトイレで会ったりしたこともあった。これも、グループホームの規範では認められないことである。そのため、このような行為が発覚するたびに職員から注意を受けた。これは、本人が制約された生活の中で自由を獲得しようとする生活戦術である。しかし、性の自己管理を求める職員にとっては懸念をさらに深めることになり、大宮への信頼が失われることになる。さらに、「保護者の意向」と語られているように、親の意向を懸念しながら、性を管理することに重点が置かれていることが示されている。

3.2. 状況からの引き籠り

次に、本人の中には、生活場面から撤退することによって、生活の質の最適化を目指す人たちもいる。これは、ゴッフマンのいう「周囲の出来事に関与することを避け自らの世界に閉じこもる「状況からの引き籠り」」(Goffman, 1961＝1984：200-201) に相当する。

例えば、三浦は私が2018年にインタビューをした時点で、入居者6名の職員巡回型グループホームのiホームで暮らしていた。三浦はM高等養護学校を卒業後、M町を離れ、A市で13年間一般就労の仕事をしてきた。その後、人間関係のトラブルがあり、A法人の運営する学園Ⅱに2000年代中頃に数年間、入所していた。彼は、学園Ⅱ、そして、自活訓練棟で生活してから、2009年に職員巡回型グループホームのiホームに移行している。

三浦は、生活支援員が夜の時間に巡回し、自らの部屋をノックすることに不快感をもっていた。このため、当時、グループホームのサービス管理責任者をしていた岩垣と交渉し、部屋をノックしないことを個別支援計画に記載してもらうことにした。岩垣は三浦のプライバシーや自由を尊重するために、巡回の際には彼の安全確認をしないようにしていた。

私は2015年8月に、三浦が代表を務めていた本人の会の会合に参加したことがあった。当会は、学園Ⅰの施設閉鎖後にA法人内に設立された組織である。この日は、同年8月に予定されていたシンポジウムに、地域で生活する元施設入居者が当事者の思いを語ることが計画されており、その打ち合わせであった。

このとき、本人の会の支援者をしている岩垣も参加していた。

　話し合いが始まる前に三浦は不快な表情を浮かべていた。岩垣が彼に声をかけると、三浦は「なぜ昨日電話連絡したのか」と厳しい表情で岩垣に問い詰めた。これに対して岩垣は、夜の巡回の際に偶然、他の利用者から三浦がある入居者のところに行ったことを聞き、心配して電話連絡をしたと説明した。なぜなら、この入居者は金銭トラブルが絶えず、三浦が何らかのトラブルに巻き込まれることを心配したからだった。

　この後、三浦は二度と電話をしないようにと岩垣に強く主張した。このため、岩垣はそのように対応すると約束していた。第12章で見るように、岩垣は個別支援計画において、巡回の際に三浦のプライバシーを尊重するために部屋のドアをノックしないことを明記している。これは、三浦との相談の上で決めたことだった。三浦は、職員との交渉を通して、現在の生活環境を改善しようとする試みを行っていた。

　三浦は、夜遅くにパチンコ屋などに行くことがある。パチンコ屋は22時45分が閉店のためそこまで「粘って」、23時頃に帰るという。このホームでは、20時半に職員が巡回する。このため、職員の巡回に備えて、三浦は様々な工夫をこらしていた。一つは、自分の部屋の窓をあけておくということである。外出した際に、玄関の鍵をもっているため、玄関から入ることもあるが、職員がいる場合に備えて、窓から自らの部屋に入れるようにしていた。

筆者：23時に帰って、で、巡回の職員さんが来てて、怒られたりしないですか。

三浦：いや、会わないように、そのために窓、あけて。

筆者：ああ。じゃあ、いるような、ふうにするってこと？

三浦：はい、そうなんです。

筆者：じゃあ、職員さんは分かってないで、いると思ってんだ。

三浦：ウフフフ。

筆者：でも、それ、分かっちゃうんじゃない、だって三浦さんいる？　って聞いたら分かっちゃうんじゃない？

三浦：うん、いや、いても、必ず、鍵、かけて……。

筆者：ああ、部屋を鍵、かけてるんだ？

三浦：ええ。音、立てないようにボリューム上げて、あとヘッドホンして。(18.7.21)

　グループホームにいるときに職員が巡回に来ても、部屋は鍵を閉め、物音を立てないようにしている。これは、自らがいないと見せかけ、「居留守」を使っていることを意味する。職員と会うことを避けるために、自らの部屋に閉じこもることで対応をしている。
　三浦は、職員がパチンコ屋に巡回に来ることも知っている。このため、巡回時間になれば、パチンコ屋でも自らがいないように振る舞っていた。

三浦：来るって思ったら、時間、見て、もうそろそろパチンコ来るなと思ったら、トイレで隠れて、いなくなったらまた出てきて、またやるんです。フフ。
筆者：じゃあパチンコ屋に来ることもあるんだ？
三浦：そうなんです。
筆者：あの、隠れてるんだ？
三浦：ハハ。
筆者：へへ。ふーん。そろそろ来るなと思って？
三浦：ええ。
筆者：それ、毎日？
三浦：毎日、来ますね。(18.7.21)

　このように、三浦は職員との接触を避けるために、自らの存在を隠し、自由な時間を確保しようとしていることが示されている。
　三浦は、職員との関係だけではなく、グループホームに同居する本人との関係を避けるために、自らの部屋にこもることがある。彼は学園Ⅱに入所する前は、一人暮らしをしており、自炊をしていた。料理が彼の楽しみの一つであり、世話人が料理をしない土日は自ら料理をすることがある。私とのインタビューの際は、カレーを作るときには2種類のルーを使うこと、肉はワインにつけて焼くこと、コメは酒を入れると甘くなることを嬉しそうな表情で語ってくれた。

三浦：料理が好きなんですよね、自分。

第10章　本人にとっての地域移行と地域生活　359

筆者：あ、そうなんだ？

三浦：だから砥石100円ショップで買って、自分で、切れなくなったら自分で包丁、研いで。

筆者：フフフ。すごすぎる。

三浦：へへへへ。だから魚、買って、前までは自分で魚、丸ごと買って……。さばいてやって。だから頭、投げない（筆者注：捨てない）でだしとるように。（中略）

筆者：ああ。それは自分用に全部、作るってこと？

三浦：あ、はい。

筆者：フフフフフフフ。周りの人はびっくりするんじゃないですか。

三浦：中に入れさせないです。

筆者：ああ、閉めちゃうんだ？

三浦：ええ。（中略）

筆者：ふーん。本格的ですね。なるほどね。じゃあ、本当はそうやって自由にやりたいってことですね？

三浦：はい。(18.7.21)

　グループホームの台所の扉を閉め、他の入居者が入れないようにして料理をすることがある。彼は、カレーを作って皆に食べさせることもあるが、こうして一人の時間を楽しむこともしている。三浦は、入居者と距離をとりながら、一人で暮らしていたときと同じような時間を確保しようと努力していた。

3.3. 植民地化

　さらに、居住形態において活用できるあらゆる資源を活用することによって、可能な限り住み心地の良い環境にする対応がみられた。これは、ゴッフマンのいう「施設で入手できるものから最大限の満足を得ることで安定した生活を確立しようとする『植民地化』」(Goffman, 1961=1984：200-201) に相当する。

　猪俣は、職員常駐型グループホームに様々な不安をもちつつも、居住して良かったと語った。その理由として、8名の利用者がいることで寂しさを感じないこと、さらには、気の合った世話人や職員と関われることに言及した。

猪俣：やっぱり寂しいかなって。4人（筆者注：入居者が4人だと）寂しいかな。今
　　　の8人の方がにぎやかでいいかなって。そして、今の厨房の、世話人さんも
　　　すごくいい人なんだ。すごく明るくてね。悪いことは悪い、いいことはいい。
　　　怒ってくれる、叱ってくれる。そういう世話人さんも好き。
筆者：ふうん。
猪俣：だから、その世話人さんからも離れたくないし。そして、あのー、今のg寮
　　　（筆者注：職員常駐型グループホーム）はね、本当いい、住みよいところでね、
　　　本当ね、悪口言う人も一人もいないしね、いいところだし、雰囲気もいいしね。
　　　本当に住みよいところだ。（中略）。もう明るくてね、本当ね、なんちゅうの、
　　　今までね、私がね、生きててね、本当、大げさに言えばね、生きてて一番い
　　　いところだった。(18.7.25)

　生活支援員の職員とも「話はしているけど、もっと話したいんだ」と語り、
この職員とも離れたくないという。猪俣は、共同生活援助事業所の支援課長で
ある菊池のことを気にいっており、菊池と話せるように様々な努力をしていた。
　例えば、宿直する際には、夜遅くまで話をするようにしていると語った。

猪俣：やっぱり泊まりは、菊池さんは、g寮（筆者注：職員常駐型グループホーム）だ
　　　から。朝、起きたときもいるし、夜、遅くもいるし、困ったときに話も聞い
　　　てくれるし。(2019.7.20)

　このグループホームは、居間にいるのは22時までと決まっているが、猪俣
は菊池が宿直をするときには、この時間を過ぎても話をすることがある。
　また、職員同士での会話に介入したり、ノートに書いたりしてコミュニケー
ションをとろうとしている。

猪俣：課長でしょ。だから課長も忙しかったらなかなかね、いや、話すことは話すよ。
　　　それで書いてんだ、ノートに。菊池さんに書いてんの。忙しいときとかね、
　　　そのときに忙しいから。

筆者：書いてるんだ。

猪俣：書いてるの。菊池さんに。忙しかったら、これ、こういうことだよ、菊池さん、こうだよ、こうだよって書いて。暇、暇じゃなくて、ちょっと見てほしいんだって言って。（18.7.25）

　猪俣は職員や世話人と関係を形成すること自体に生活の喜びを感じており、このような関係形成を通して、グループホームの居心地の良さを感じている。

　彼女にとってのもう一つの楽しみは、料理である。一人で暮らしていた時には料理を自分で行ってきた。グループホームでは2か月に1回ではあるが、職員と料理ができることを楽しみにしている。

猪俣：私は頭で決めるんだ。私は本とか見ないで。

筆者：ああ、本とか見ないでね。

猪俣：自分で、ほら、旅館で勤めたことあるし、ホテルで勤めたことあるから、それが頭に残ってるから。

筆者：すごいですね、うん。

猪俣：それは頭に、季節に向けて頭に考えて、今年はこの季節だから何何。

筆者：ああ、すごい。

猪俣：今日はカレーもんとか、スパゲティとか、カレーライスとか。なんか、いろんな作るんだ。（中略）職員と、2人ずつ作るの。

筆者：2人でね。大変じゃないですか。

猪俣：楽しみなんです。（中略）

筆者：じゃ、本当は、もっとやりたいなって感じ？

猪俣：もっと、もっとやりたいぐらいだね。本当ね。（19.7.20）

　現在のグループホームでは料理は、日曜日に職員と一緒に作るが、入居者が順番で作るため、2か月に1回の頻度で料理をしている。彼女が料理当番の時は、本を見ずにこれまで作ったことのあるものを作る。旅館やホテルに勤めたことがある猪俣は、「頭に残っているから」「季節に向けて頭に考えて」作るのだという。猪俣は自分一人でもっと料理をしたいと考えていた。彼女は「しな

いと、刻むのも、こう、コツというかね、包丁の使い方も慣れないと、なんというの、慣れないと、へんになっちゃう」とも語った。

　このため、猪俣は自らの当番ではない日においても、世話人の手伝いをしながら、料理の手伝いをしようとすることがある。

猪俣：世話人さんが好きだからね、一緒に手伝ってあげたいんだけど、世話人さん、いいって言うんだ。ボウル拭いてやったりね、なんかやってあげたいんだけどね、いいから、いいからって。へへへへ。（19.7.20）

　彼女のいるグループホームは外出後に帰る時間が21時と決まっている。このことについて、猪俣は不満を感じていた。ただし、「彼氏」を作ることで、23時までにすることを職員と交渉している。職員が21時とするのは、女性ということで心配しているからであり、男性が一緒にいるのであれば職員の不安感が軽減されるからだという。

猪俣：危ないって言うんでね、でもね、23時だったら危ないってね、女の子だからね。21時だって言うんだよね。でも、それはね、彼氏ができたら、ハハハハ、彼氏ができたら23時までだよとは言ってんだけど、いや、彼氏はできてないけどね、もしくは、できたら23時頃までだよって。
筆者：彼氏ができたら23時でOK？
猪俣：ハハハハ。（中略）
筆者：あのー、え、23時にしてほしいっていうのは、なんか理由あるんですか。
猪俣：いや、理由ないけど、なんかさ、○○（筆者注：隣の市）まで行ったりとかさ。ほら、喫茶店とか行ったりとかね。あと、ボウリングするとかね。カラオケ行ったりとかね。あと、喫茶店、行ったりとか、何だかんだってね。ラーメン食べに行ったりね、したら、なんか感覚でね。
筆者：うんうんうんうん、なるほどね。
猪俣：そして、お話ししたりとかしたら、時間食ってね。そしたら、やっぱり21時じゃ。早すぎるかなと思ってさ。ほいで遅くなったらね、連絡すればいいでしょ。

第10章　本人にとっての地域移行と地域生活　363

筆者：まあ、そうだね。

猪俣：電話、あたし電話、もってないからさ、彼氏に電話してもらってさ、ちょっ
　　　と遅くなるからってね。(19.7.20)

　猪俣は携帯電話を所有しておらず、遅くなったときに、職員に連絡をする手
段がない。「彼氏」がいることによって電話をしてもらうことも可能になる。
男性がいることで安心するというジェンダー規範を活用することによって、門
限時間を遅らせる対応を職員と交渉しているということである。

３．４．転向

　このように本人たちは「妥協の限界線」「状況からの引き籠り」「植民地化」
によって、制約された条件下において最大限の自由を確保しようとしていた。
しかし、現在の生活よりも自由な生活に上昇するために、あるいは、現在の生
活よりも自由度の低い生活に下降しないために、自立規範に即して行動しよう
としていた。これは、ゴッフマンのいう「職員の見解を受け入れ非の打ちどこ
ろのない被収容者役割を遂行しようとする『転向』」(Goffman, 1961=1984：65)
である。

　例えば、大宮は、近年では異性関係に伴うトラブルは少なくなったという。
職員の巡回の時間帯には、大宮は、グループホームにいるように努力をしてい
た。それでも巡回の時間帯に間に合わないことがあり、そのことを残念そうに
大宮は語った。

大宮：私も一回あったんだよね。この間。ちょっと遅いんじゃないって（筆者注：職
　　　員に言われた）。夜 10 時前だったかなぁ。（中略）巡回の職員が来る前に、帰れ
　　　れば良かったんだけど、なんか友達と盛り上がって、あれ時間迫っている
　　　よーって、（中略）この間は門の前に車があったからアウトだった。(15.8.9)

　大宮がグループホームでの規範に即して、規則正しい生活を送ろうと努力す
るのは、一人暮らしをしたいという思いがあるからだった。

大宮：本当は（筆者注：一人で生活）したいんだけど、まだまだって言われているから職員に。まだ無理じゃないかいと言われている。でも、一人で生活したい。（中略）（筆者注：一人で暮らせるように）がんばってみようかなぁ。(18.7.21)

　大宮にとって、グループホームではなく一人暮らしすることが自立だと捉えており、この自立によって自由になれると考える。ただし、健康管理や料理のスキルを向上させ、「健全な」異性関係をもてるようにしなければ一人暮らしへの移行は難しいと考えていた。
　一人暮らしをする白石は、アパートで自立生活を始めた当初、自由な生活を享受するため、スーパーやコンビニでの弁当を食べて過ごしていた。料理をすることで健康な生活を維持することがアパートでの一人暮らしでは求められているが、それとは異なるあり方で生活してきた。この結果、健康診断で血糖値の高さを指摘された。

白石：健康診断ひっかかって、血圧は毎日測っていますね。医者に言われたので。血圧測定表に朝と夜の値を書く。一人暮らしの場合には、スーパーやコンビニで弁当を食べているので、それでバランスが崩れたと思いますね。(18.7.21)

　この結果、スーパーやコンビニの弁当をやめて、現在の一人暮らしを維持するために健康管理に気をつけ、可能な限り自ら料理をするようになったと白石は語った。

白石：（筆者注：年をとっても）一人で暮らしたいですね。自分で何でもできるうちに何でもやっていこうという感じですね。体力とかがあれば、一人で暮らせるかなぁと思いますね。(18.7.21)

　白石はアパートでの自立生活に移行した当初、健康診断で高血圧と診断され、この点について職員にも指摘されたため、食事には気をつけていた。以前は、弁当を購入することが多かったが、現在は、冷凍食品などを使って料理を自ら行うようにしているという。こうした試みは、彼が一人暮らしを継続するため

の生活戦術の一つである。白石が「自分で何でもできるうちに何でもやっていこう」と考えるのは、一人暮らしを継続するためであった。

　猪俣は職員と交渉しながら、自らの居住環境を住みやすいものにしようと努力している。ただし、猪俣は身体面で衰えれば現在のグループホームに居続けることが難しいと考えていた。このため、可能な限り歩いて過ごすように努力をしていた。

猪俣：私は身体が動けなくなったら、（中略）（筆者注：学園Ⅱへの入所を）考えますね。（中略）今は歩くのがやっとで、グループホームから学園Ⅱまで歩いているんですけど、怖くて、怖くて、このままじゃどうなるのかと思って。支援員に言っているんだけど、今のグループホームにいたいから、歩いて、怖いけど、往復歩いて、がんばらなきゃって。（15.8.11）

　猪俣は、介護が必要になった場合は学園Ⅱに入所する必要性を感じている。施設解体計画で残ることになった学園Ⅱは、地域生活する本人には、介護が必要な障害の重い人が入所する施設だという認識がある。このため、介護が必要になった場合は学園Ⅱに入所することになるという懸念が生じ、現在の身辺自立能力を維持するように努力することになる。猪俣は、現在のグループホームで継続して生活したいと考え、健康や運動に気をつけていた。これは、入居者にとっての生活戦術の一つである。

　三浦は自由の制約されたグループホーム生活から脱却するため一人暮らしを目指し、一般就労するために努力をしていた。しかし、結果的には、一人暮らしを実現させることができず、彼はグループホームを無断で出ることになる。これは、三浦が行った最大限の抵抗であるが、結果的には、A法人を去ることになった。この点については、第12章でみていこう。

4．小括

　本章では、本人が地域移行や地域生活をどのように捉えてきたのかをみてき

た。

４．１．自立規範の変容

　第1に、施設解体計画を通して、本人の施設退所に関わる自立に対する考え方に変化が見られた。施設入所当初は、就労や身辺ケアのための能力を向上させ、自らのみで生きる力を習得することで施設退所が目指された。地域で生活しても、自立能力という点で問題が生じれば、施設に戻る可能性があった。施設閉鎖によって、施設退所には、職員の働きかけや社会資源の状況が重要になると認識するようになっていた。また、学園Ⅰの居住環境が解消されることで、再入所リスクが解消されたと認識するようになった。

　先行研究（河野ら, 1997；河東田, 1998；森地・村岡, 2009；森地, 2011；鈴木, 2008；角田・池田, 2002）では、施設生活に比較して地域生活での成果、例えば、生活の質や自己決定の機会という側面自体に焦点が当てられてきたが、こうした成果がどのようにして達成されたと本人に認識されているかということについては、分析されていない。地域での自由や地域への所属が、自らの能力によって享受できるものだと考えるのか、それとも、その能力に関わりなく社会の責任によって享受できると考えるのか、という違いは、本人の生活や行動の仕方に影響を与えることになる。後者の認識は、たとえ何らかのトラブルが生じても地域で生活をし続けられるという権利意識を本人にもたらすことが可能になる。本章の結果からは、地域生活は社会的責任で達成されるべき権利の一つとして認識されている側面が示されていた。

　ただし、本人にとっては、社会的責任だけではなく、自らの努力の成果として施設退所が捉えられている側面も見られた。このことが転じて、自立能力が低下すれば地域生活が危うくなるという認識をもつことになる。このとき、本人が地域移行を自らの努力の成果と捉えていることの意味は軽視すべきではない。彼らにとって、長期にわたる施設の様々な行動規範を忠実に守り、努力してきたということの意味は大きい。脱施設化政策について検討する際は、このような本人の施設生活に対する認識を理解することが重要である。

　なお現在、私は学園Ⅰが就労継続支援B型事業所として活用されていることについて本人に尋ねている。このとき、施設は必要ではなかったと考える人も、

施設は必要だと考えている人も、施設の建物を解体するのではなく、再利用されるべきだという意見が示された点で共通する。特に就労の場として活用することに肯定的意見が多く出された。本人には、施設の建物自体を解体したいという施設に対する強い抵抗や嫌悪の感情はみられない。時には「感謝」の言葉が語られる。強い否定感情があれば、施設の建物自体に行くことも、見ることに対しても生理的に受け入れられないだろう。

諸外国の脱施設化の過程で、本人から施設の建物自体を解体する必要性が主張されてきたことを示す報告書（Fedcuk, 2012）があるが、A法人の本人からはここまでの抵抗感や嫌悪感は示されていない。施設は本人にとって、自らが自立するために努力した場であり、仲間や気のあった職員と若い頃に共に過ごした場である。自ら努力し、人々と過ごした経験自体を否定されたくはないという思いがあるのだろう。いずれにしても、施設に対する否定的感情をもちながら、強い否定ではなく、人によっては肯定的態度が示され、建物を有効に活用することが求められること自体に、日本の施設で生活してきた人々の反応の特徴が示されている。

脱施設化は、これを推進する運動団体によって施設生活を全面的に否定する考え方として主張されることがあるが、これは本人の思いの一つの側面を表現しているに過ぎない。一方、施設解体を否定し、施設を肯定する人々は、施設生活は本人にとって意義のあることを強調しがちである。しかしこれもまた、本人の思いの一つの側面を表現しているに過ぎない。本人の思いは、このいずれかの両極の中間で、複雑に多様に存在しており、決して画一的ではない。脱施設化について私たちが語るときには、施設生活を経験してきた本人の施設に対する多様で複雑な感情を受け止め、考慮に入れていかなければならない。

4.2. 自立規範の再編

第2に、地域生活を拠点にして、自立能力によって序列化された居住支援の仕組みが作られることによって、施設と地域生活を包摂しながら、自立能力に応じて居住形態を捉える認識が本人の中には形成されていた。

まず、本人は地域移行の順位は自立能力に応じて決められていると捉えており、残る施設における重度者と差異化する状況が見られた。ここには、地域生

活への移行や施設に留まることについては自立能力に依拠して捉えられる側面が示されていた。

　次に、グループホームは、職員常駐型と職員巡回型の2つの形態に分かれていた。前者は介護や夜間の見守りが必要な比較的自立度の低い人が、後者はこうした支援の必要ではない比較的自立度が高い人が生活する。後者の方は職員が常駐しないことで外出や日々の生活面で自由度が高いと本人は認識していた。さらに、グループホームよりも自立能力が求められる一人暮らし／結婚生活は、最も自由度の高い居住場所と認識されていた。すなわち、地域では、自立度の高い居住形態になるにつれて、職員の関与は減少し、本人が自由に生活する度合いが高まると捉えられることになった。そして、学園Ⅱは介護が必要になった場合に、入所する可能性がある場所として認識されていた。

　このように、学園Ⅱが残され、地域において自立能力に応じて自由度の異なる居住形態の仕組みが現れる中で、本人は自らの自由を確保するために、各居住形態に課せられたルールを破り、行動することもあった。これは、ゴッフマンのいう「妥協の限界線」である。例えば、大宮は職員には見つからないように秘密裏に、男性グループホームや公共施設で交際相手と会うことを繰り返したが、これは物理的に出会う場が制約される中で行った試みだった。大宮が一人暮らしをすることに対して女性職員が懸念をするのは、性の管理という面で問題があると考えているからだった。ここには、自立能力に関わる規範だけではなく、ジェンダー規範が関係する。本書では、自立規範に焦点を当てて分析をしているが、今後はジェンダー規範について研究することが重要である。

　また、職員や入居者と関わる場面から撤退し、自らの生活領域に引き籠ることによって、自らの生活の自由を確保しようとする人もいた。そして、それぞれの居住形態において利用できる資源を最大限活用することで、生活の安定を確保しようとする試みもなされていた。これらは、それぞれ「状況からの引き籠り」や「植民地化」を意味する。

　ルールに従わない行動をとることによって、職員によって不信感がもたれ、結果的に、グループホームから自立生活への移行が困難になる事態がもたらされていた。そこで、現在の居住形態から自由度の低い居住形態に移行しないように、あるいは、現在よりも自由度の高い居住形態に移行するために、本人は

自立能力を維持・改善する努力をしていた。これは、ゴッフマンのいう「転向」を意味する。例えば、大宮は一人暮らしに移行するために門限を忠実に守り帰宅していることを語った。あるいは、白石は一人暮らしを継続するために健康や食事に配慮していることを語った。

このように、秘密裏に行う方法や職員との関係を通して規範を破る試みも、規範に従う試みも、ゴッフマンの述べる「第二次的調整」（Goffman, 1961=1984：59-68）に相当し、本人が自由を確保するための生活戦術である。地域生活でも、法人が求める入居者像に合わせて行動することが求められており、本人はこうした行動規範から距離をとりながらも、それに従うことによって、生活の質の最適化を図ろうとした。しかし、本人が職員との相互作用過程において、「第二次的調整」を駆使し自由を確保しようとする試みは、自立規範が構築されることをもたらし、この規範によって本人の認識や行動が規定されることになった。

海外では、自己決定や社会参加などの生活の質が適応行動指標と相関関係があることを示す評価研究（Baker, 2007；Felce et, al. 2000）がなされてきたが、こうした結果を示すだけでは適応行動能力が向上しなければ生活の質が保障されないと捉えられかねない。一方、適応行動指標と独立したかたちで評価する研究（河野ら, 1997；河東田, 1998；森地・村岡, 2009；森地, 2011；鈴木, 2008；角田・池田, 2002）では、自立規範が本人の生活をどのように規定しているのかということは明らかにされない。

自立度の高い居住場所であれば自由度が高い、自立度の低い居住場所であれば自由度が低いという居住支援体制がつくられることで、本人は自由度の高い居住場所にステップアップするために、あるいは、自由度の低い居住場所にステップダウンしないために、自立能力の維持・改善に努めることになる。これは、ゴッフマンが『アサイラム』で描いた「無力化・特権体系」にほかならない。なぜなら、自由度の高い居住場所に上昇することが特権となり、自由度の低い居住場所に下降することが罰となるからである。施設閉鎖の実践によって、施設の「無力化・特権体系」が地域を包摂するように再編されたと考えることができる。私（鈴木 2020）はコロニーによる地域移行の実践を通して、施設の「無力化・特権体系」が地域生活においても再編される状況を明らかにしたが、

370　第四部　地域移行と地域生活

施設閉鎖の実践によっても同様の現象が生じることが明らかになった。

　テイラー（Taylor, 1988）は、アメリカの脱施設化を推進してきた最小制約環境原理は能力主義を前提としており、地域では能力に応じた居住形態の連続体の仕組みが作られると述べた。テイラー（Taylor, 1988）のいう能力主義に基づく「住み分け」は、マクロレベルの国の法制度の影響だけではなく、ミクロレベルの本人と職員との相互作用過程を通しても形成されることが本研究では示されていた。

　したがって、脱施設化の評価研究では、適応行動指標を分析の対象外とするのではなく、適応行動指標の影響を受けずに生活の質や自己決定の機会を享受できているのかどうか、あるいは、適応行動指標が本人の生活をどのように規定しているのかということを分析する社会モデルの視点が求められる。このとき、どのような福祉機関や制度・政策を通して自立規範が変容し、あるいは、再編されていくのかということを分析することが重要である。

第10章　本人にとっての地域移行と地域生活　371

第11章　家族にとっての地域移行と地域生活

　私がインタビューした学園Ⅰ／Ⅱの親の多くは、幼少期、あるいは、学齢期に障害児施設や養護学校併設の寄宿舎で子を生活させてきた。親たちはこの頃から、自立のための教育や訓練を一般社会とは異なる特別な場所で行うという経験をすることになった。学園Ⅰ／Ⅱに子を入所させると、将来的に退所することを考えた親も、一生涯そこで生活することを考えた親も、施設生活を通して、他者の助けを借りずに自らの力で生きられるようにすべきであるという自立規範の影響を受けながら考え、行動することになった。自立能力、とりわけ就労自立が実現されなければ、子は一生涯施設で生活するものと親の多くは考えていた。

　このような中でＡ法人の施設解体計画が実施され、学園Ⅰ／Ⅱの本人がグループホームに移行した。地域移行が行われる中で、子の自立のために療育／養育の責任が親にあるという自立規範／家族規範が、どのように親の考え方や行動を規定してきたのか。本章では、閉鎖した学園Ⅰの本人の親、学園Ⅱに残った本人の親が、地域移行や地域生活をどのように捉えてきたのかを検討したい。

1．施設解体計画の説明

　第1節では、家族会での研修会や説明会を通して、学園Ⅰと学園Ⅱの親が施設から地域生活への移行の説明内容をどのように捉えたのかを見ていこう。

1．1．自立の困難性／家庭復帰への不安／親への批判

　2004年10月16日に学園Ⅰ／Ⅱの家族を対象として行われた家族研修会で、施設解体計画が説明された。このとき、多くの家族から戸惑いと不安の声が上がった。翌年は、地区別懇談会で職員から障害者自立支援法についての説明を受けることになった。

　施設閉鎖の説明をどのように受けたのかと尋ねると、障害者自立支援法への

制度変更に言及する家族は多かった。インタビューをした15組の親（学園Iの親10組、学園IIの親5組）全員が、障害者自立支援法に言及しなかったとしても、この法律が前提とする自立の考え方に依拠して、A法人の施設閉鎖の実践を解釈していた。

　これらの親のうち、2004年の家族研修会に参加したのはごく一部であるが、全員が障害者自立支援法の説明は受けた。障害者自立支援法の説明会でサービス利用に伴う契約書に親が署名することが求められたからだった。この結果、障害者自立支援法の制度変更に関わる説明が、家族の認識に影響したのではないかと考えられる。障害者自立支援法に対する家族会会長の見解が学園Iの機関紙に以下のように記されている。

　　「軽度障害者とはいえ自宅で支援出来るのであれば、すでにしている事である。親が子を施設に依頼するのも我が子の行く末案じてであると思います。また、施設側も依頼された者を出来る限り社会性のある人格に近づけるよう努力していると思います。
　　それを利用者は施設から追い出し、施設の経営破綻をあおる様な、そして利用者とその家族が長期に渡り万が一の出来事にと積み上げて来た預貯金までも利用者の対象となるのである。」（学園Iの機関紙82号、2006年10月20日発行）

　障害者自立支援法によって、軽度障害者の施設入所が困難になること、退所後は自宅に戻る可能性があること、施設が経営的に破綻すること、利用者負担があることへの強い懸念が表明されている。私がインタビューした親からも、こうした懸念を当初抱いたと語られた。2003年以降契約方式に移行しても、本人の意思が不明瞭な場合、あるいは、意思が明瞭でも、家族の同意が求められる現実がある。このため、A法人は、障害者自立支援法という法的根拠をもとに説得したが、これがかえって、家族の不安や懸念をもたらす側面があった。

　学園I／IIの双方の家族は、施設解体計画における施設からグループホームへの移行を、生活・就労面で可能な限り自ら行えるようになるという意味での自立を目的としたものと認識した。この結果、親は子の自立困難性に伴う不安

や自宅復帰への懸念を抱えた。

　まず、地域移行を障害者自立支援法に言及しながら解釈をする親の語りである。地域移行した学園Ⅰの子の親は、次のように語った。

英明：自立支援法になって、仕事をやるということで、少しでも自立できるように
　　　しようとできる範囲で。最初は農家の仕事を、豆、割りばし。（中略）
文美：不安もあるしどうなるかなぁと思いました。変わったことについていけない
　　　でしょ、本人は。だから不安ですよね。親としても。（中略）何をするにして
　　　も動作が遅いというか。（筆者注：自立については）難しいね。（中略）
英明：受け入れるところなかったら、少しの間自宅で生活するということもあった
　　　なぁ。（曽根英明・文美、15.8.16）

太郎：国の制度が変わって、今までの生活様式が変わるということで。グループホー
　　　ムができて（筆者注：と聞きました）。（中略）
史子：自立は、そういう制度になるということで、これから自立って言ったって、
　　　自立になるんだろうかと思いました。（中略）自立という言葉で学園の方から
　　　言われて仕事もしなきゃならなと、本人も思ってがんばっていますけどね。
　　　（深田太郎・史子、15.8.11）

　一方、学園Ⅱに残った子の親は次のように語った。

筆　者：施設を解体する話はどこで聞きましたか。
恵美子：書類から分かった。こういうことになるのでと。国の情報が入っていた。
筆　者：自立支援法ですか。
恵美子：そうです。個別に先生方も説明してくれて、解体する前もかなり説明して
　　　　くれましたね。私たちの分かる言葉に変えて文書を作成してくれたんです
　　　　よ。分かりやすく。
筆　者：親の会の総会で話されたのですか。
恵美子：私はあんまり行っていないんですよ。施設で（筆者注：自立支援法の）説明
　　　　会があるときには行きました。別の部屋で教えてくれて。私の場合には定

期的に行っているので、その日に先生が合わせてくれて。

筆　者：そのときにどういう説明を受けましたか。

恵美子：うちの娘の程度によって、自立支援法ができたことによって、もしかした
　　　　ら施設に残れないかもしれないという話が先でした。

筆　者：それを聞いたときにどう思いましたか。

恵美子：どうしようって思いました。ただ先生方が、娘がいられるようにがんばっ
　　　　てみますって言ってくれました。

筆　者：もしかしたら自分の家に戻るという不安は？

恵美子：そこまでいかないうちに、何回か先生とお話をして、私の場合にはどうな
　　　　るって聞いて教えてもらって。国からどうやって言ってきてるのーとか。
　　　　途中からは、大丈夫だと思うからという話をもらいました。（飯倉恵美子、
　　　　16.8.7）

博史：家族会の総会が年に1回ありますから。あそこの理事長のあいさつの中で福
　　　祉の情勢についての話もありました。施設長も話しますんで。その話の中で、
　　　法律はこういうことに変わりそうという。学園Ⅰの人は出ていかなければな
　　　らないと。

筆者：それを聞いたときはどう思いましたか。（中略）

博史：自立できる人はそういう方向にいったらいいよねーって。本当にばらつきが
　　　あるんで。グループホームに行った人でもちょっと支援をすればいい人と、
　　　本当に支援が必要な人がいるんだよね。いますもんね、同じひとくくりの中
　　　でね。作業している人の中にもね。うちはそこまで本当にいっていないから。
　　　あんたは自立できる人だよって言われたらどんなことになるんだろうって。
　　　本当に施設を全部なくすつもりなんだろうかって思いましたね。全部（筆者
　　　注：全員）家に帰れと。というのを思いましたよ。今後の国の方針は地域でみ
　　　んなで生活するのが、これが是だと。だから地域へ帰れと。それは無理な子
　　　もいるぞと。地域に帰って誰と遊ぶのって。ああいう施設で隔離しているみ
　　　たいなね。悪なんだという発想なのか。国には金がないよっと。自己責任で
　　　やってくれって、将来行く（筆者注：と言われる）のかなぁ、という危惧はあ
　　　りました。区分の低い人はグループホームにもっていって。次の段階で徐々

に施設は解体していくよって。（高田博史・明恵、16.8.6）

　いずれの親も、障害者自立支援法による制度変更に伴ってグループホームに移行することになると認識していた。博史が語る「年に1回の総会」は、2004年の家族会でA法人の施設解体計画が説明されたときを意味する。しかし、法律が変わる話は障害者自立支援法を指しており、この説明は家族会の総会とは異なる懇談会で行われた。施設解体計画は、障害者自立支援法の説明の時期とずれているが、この法律との関連で理解されている。いずれの親も自立を「仕事ができること」や「自分たちでできることをすること」などと理解した上で、移行は自立のために行われると認識していた。

　親は「自立になるんだろうか」「動作が遅い」「無理な子もいる」と子の自立困難性に不安があると語った。博史は「本当に施設を全部なくすつもりなんだろうか」「全部家に帰れ」と声高に語り、子が自宅に戻る不安を強調し、「施設で隔離しているみたいね。悪なんだ」と語気を強めながら述べた。親たちにとって施設解体は施設入所を否定するメッセージと捉えられており、施設入所させたことを責められているという感情をもったと考えられる。

　次に、障害者自立支援法には言及しなかった親の語りである。地域移行した学園Iの子の親は次のように語った。

裕子：グループホームに入ってもね、自立という関係ですよね。自立っていってもなかなかできませんよね。親としたら分かるから。これからどういうことになるのかなぁって。自立はできないと思いますし、自分の子を見て。親がいなくなったらどうしようねっていうことは今でも言っています。（15.8.12）

岳志：今度は何人かのグループで一軒家を借りて、部屋を一人ずつの部屋にして、4人か5人か入るようにそうするからっていうことは先生から聞かされましたよ。

筆者：それはどう思いましたか。

岳志：少しでも大人になるんだったらいいなぁと思って、僕らは喜んだんですけどね。（中略）家にいたら親がしてやらないといけないことだからね、本人がね、そ

ういうことを一つでもやれるようになればなぁと思って。(中略)

筆者：自宅に戻るかもしれないと思いましたか。

里子：あったよね。

岳志：それは考えたよね。いつまでもいれるのかと不安でしたね。それをはっきり
　　　と先生に聞いておけばよかったんだけどね。あそこも先生がだいぶ変わった
　　　からね。(大宮岳志・里子、15.8.16)

　一方、学園Ⅱに残った本人の親は、次のように語った。

陽一：家族会での説明がありました。地域移行、グループホームにして、学園Ⅰか
　　　らグループホームに行って、通所に通って作業をするようになると聞きました。

筆者：そのときにどう思いましたか。

陽一：自分の子どもがそういうことをされてもできるのかなぁという不安がありま
　　　したね。学園Ⅰの人たちは指示がなくてもできる人たちだったから。グルー
　　　プホームで5人とか6人で集団生活をするのはいいけれども、それがだんだ
　　　ん進んでいって、うちらの子どもたちも地域移行するんだったら、そういう
　　　ことができるのかなぁと思い、不安に思っていました。(三島陽一、16.8.6)

　学園Ⅰ／Ⅱいずれの親も、障害者自立支援法には言及せず、施設からグルー
プホームへの移行をA法人独自の取り組みとして語った。ただし、これらの親
はグループホームへの移行を「自立」「大人になる」こと、「一つでもやれるよ
うになる」こと、「通所に通って作業をするようになる」と理解し、「親がいな
くなったらどうしよう」と親亡き後の心配をし、自宅に戻ることになるのか、
子の自立が可能か、と不安を感じたと語った。これらの親は懇談会において障
害者自立支援法の話を聞いている。このため、2004年の総会のときに聞いた
話と、その後の障害者自立支援法のときの話が合わさり、自立の意味を解釈し
ている可能性がある。総会の際A法人からは、ノーマライゼーションや「新し
い自立」という観点から地域移行について説明されたが、親は自立を従来型の
経済的・身体的自立と解釈しながらA法人の施設閉鎖の実践を理解していた。

　例えば、大宮夫妻は「自宅に戻るかもしれない」と不安を感じたことを語っ

た。娘の有紀は一般就労を目指した職場実習に取り組んだ経験がある。このとき一般就労すれば自宅に戻ることになると考えたと彼らは語った。夫の岳志は「家にいたら親がしてやらないといけない」と語る。施設入所前に自立訓練の役割を果たしたのは親であり、この言葉では家族規範や自立規範が想起されている。施設退所は、自立規範による訓練／保護の主たる責任が再び家族に移行することとして親に理解されており、両親は自宅復帰への懸念を抱えていた。

1．2．無関係な問題としての理解

学園Ⅱの親は自立困難性や自宅復帰への不安をもちながら、移行や自立は自らの子とは無関係な問題と理解する側面があった。学園Ⅱの親は、学園Ⅰが閉鎖したことを後日知ったが、施設閉鎖は学園Ⅱと無関係だと考え、説明がなくとも気にかけない親もいた。

施設解体計画に対して不安を述べた博史は、次のように語った。

博史：私どもの子どもたちとは一線あるからね。細かい説明は僕らにしなくていいと思った。対象者の子どもや家族には、細かく丁寧にやっていると思いますよ。ただ僕らには直接（筆者注：関係ないから）ね。そこに入るとか対象ではないから。だから大まかな説明しかしなくていいと思ったのか。現実的に話をしなくても支障がないですけどね。

筆者：出れる人と自分の息子さんとが何が違うと思いますか。

博史：やはり意思疎通。自分の思っていることを相手に伝えることとか。

筆者：それができないとグループホームに行くことは難しいと思いますか。

博史：難しいと思いますよ。（中略）自分だけのこだわりの中にいると一緒に生活なんかできませんよね。グループですから。(16.8.6)

博史は、学園Ⅰに比較すると、学園Ⅱの親への説明は「大まかな説明」と捉えている。それでも、「現実的に話をしなくても支障がないです」とあっさりと答えた。それは、施設解体計画は、自らの子とは関わりがないと捉えているからだった。地域生活に移行する本人と息子の違いは、「意思疎通。自分の思っていることを相手に伝えること」だと博史は語った。それができなければ、

グループホームへの移行は「難しい」と考え「自分だけのこだわりの中にいると一緒に生活なんかできません」と語った。本人の意思の強さが、自立のための構成要件として親に捉えられていることが示されている。

学園Ⅱの父母である佐々本友哉と良枝は、次のように語った。

良枝：うちは出られないから、関係ないと思って。そういうところにね。学園Ⅱから出られないと思っているから。（中略）そういうところ（筆者注：グループホーム）に入ったら自分で何でもしなきゃならないですよね。やっぱりしっかりした人が多いので。グループホームに入れる子は。息子はそれに絶対についていけないというか。

筆者：しっかりしている人ってどういう人ですか。

良枝：自分で何でもする。

友哉：あーしろ、こーしろと、指示をされるのが嫌だから。マイペースだからね。食事にしても、何にしても。（16.8.7）

佐々本夫妻は「うちには関係ない」ことと受け止める。移行者は「しっかりした人が多く」、息子は「マイペース」であるため「絶対についていけない」と考えていた。

1.3. 施設側の決定への受動的態度：信頼と遠慮

学園Ⅰ／Ⅱの親は不安をもっても、施設の決定に委ねるという受動的態度が見られた。この背景には、制度的動向を変えることはできないというあきらめの感情を抱いていることや、話し合う機会自体が欠如していることもあったが、それ以上に職員に対する信頼と遠慮という態度があるからだった。

千賀子：うちに連れて帰るわけにもいかないから。A法人に任せたんだから。親からこうしてください、あーしてくださいとはなかった。（学園Ⅰ／衣畑千賀子、15.8.9）

裕子：仕方がないわねー。親がみていたらいいけど、でも親はいずれいなくなるか

ら。やっぱりお世話にならないとならないしなぁって思って。（学園Ⅰ／神谷裕子、15.8.12）

岳志：預かってもらえるだけでも幸せだなぁって思っているからね。そんなに要望なんてないです。（学園Ⅰ／大宮岳志、15.8.16）

英明：（筆者注：移行の説明を聞いた際に）やれることがあったら出ていきますよーって（筆者注：言いました）。手伝ってあげるかなぁと思って。（中略）今までお世話になっているから、何かの面で恩返ししたいなぁ（筆者注：という気持ちが）とありました。（学園Ⅰ／曽根英明、15.8.16）

郁江：（筆者注：家に戻ってくる）という不安はありました。だけど、そうなったら、明日からどうなるんだろうという不安、それが大きかったですね。（筆者注：養護学校に）いたころの友人と将来どうなるんだろうねっ、ということは話しました。親があーでもない、こーでもないと言える立場でもないし。結局、親は信用して預けるしかないんだよね、という話にはなるんですよね。その当時もなりました。（中略）もし私たちが出ていって話をしていても、子どもにかえってくるんじゃないかという心配もあったんですよ。それならある程度信用して我慢するしかないと。（学園Ⅱ／戸崎郁江、16.8.7）

　地域生活への移行が始まると、職員は予め特定のグループホームへの移行候補者を決めて本人の意思を確認した後、それを親に伝えて意向を確認する。移行対象者とならなくても、施設解体計画の説明は行われており、いずれの施設の親にもグループホームの見学の機会が提供された。それでも、親は施設解体計画に様々な不安を抱えた。しかし、不安を抱えながら、両施設の多くの親には施設側が決めたことに任せるという受動的態度が見られた。
　岳志は「預かってもらえるだけでも幸せだなぁって思っているからね。そんなに要望なんてないです」と語ったが、「家にいたら親がしてやらないといけないことだからね」と語った。千賀子も「うちに連れて帰るわけにもいかないから。A法人に任せたんだから。親からこうしてください、あーしてください

380　第四部　地域移行と地域生活

とはなかった」と語った。

　裕子も「親がみていたらいいけど。でも親はいずれいなくなるから。やっぱりお世話にならないとならない」と語った。彼女は、「本当は親が面倒をみなければならないのをみてもらっているので、言える立場にはないね。（中略）息子の短気が治ったのは職員のおかげです。信頼しています」（18.7.23）と語った。英明は「恩返し」と思った理由について、「自分の息子がそこにいって、先生方が大変な目にあっていると思うから。親が見なければならないという感覚はあるよね。何かのために恩返しすれば、みてくれるかなぁと。昔世話になっているから、手伝いに行ってやるかーと思って行ったことがあったね」（18.7.24）と語った。

　学園Ⅱの戸崎郁江（以下、郁江）も「親が言える立場でもない」とし、何か言った場合は「子どもにかえってくる」ことを恐れた。郁江は学園Ⅱの職員の多くを信頼するが、「これが指導員かという人もいましたけど、今はいなくなった」と語り、不適切な対応をする職員について言及し、意見を言えば「子どもにかえってくる」ことを懸念したことを語った。施設入所を「子を人質にとられている」と語る親がいる。

　いずれの施設の親も家庭内での療育／養育が困難になり、施設入所という苦渋の選択をした。上記の語りは、親が家庭内で自立のために療育／養育すべきであるという自立規範／家族規範が、施設入所後も引き続き親の施設側への態度や考え方を規定し続け、療育／養育責任を委ねている職員への信頼と遠慮という態度をもたらすことを示している。

2．自立規範の変容

　地域移行した本人の親は、地域生活する本人の生活の様子を見ることを通して、当初抱いていた地域生活の捉え方に変化が見られている。第2節では、自立規範が変容している側面に焦点を当てて、地域生活の捉え方をみていきたい。

2．1．生活の質の向上の重視
　本人の生活を見ることを通して、学園Ⅰの親は施設と比較してグループホー

ムの生活環境の改善や本人の様子の変化に満足していた。まず、すべての親から個室になったことに伴う安心感が語られた。英明と文美は次のように語った。

英明：やっぱり一人部屋が印象に残ったね。学園Ⅰは4人部屋だったから、夏だったら暑くてかわいそうだなぁって。「我慢しろ」って言ったけど。（中略）

文美：うちの子、一人部屋の方が好きなんです。（中略）食事で集まっても、すぐに部屋に戻って、音楽を聴いたり、そういうのが大好きですよね。（15.8.16）

　その他の親からも同様の意見が出された。

千賀子：初めて一人部屋になるんだけど、（筆者注：実家に）帰ってくると本人はえらい生き生きしていて、すごくね、自分が満足しているような顔をしているから、これは4人部屋で共同生活より自分一人の方が良かったのかなぁと私はそう思っている。（15.8.9）

太郎：小さい部屋に4人いておかしくなって、グループホームにきて自分の部屋があったからひと安心したんです。一人になるのが本人も嬉しいだろうなぁって。（15.8.11）。

良美：すごく明るくなりました。自分の部屋をもつことが良いのかもしれない。（亀山良美、15.8.12）

筆者：生活を見て、学園Ⅰのときと比べてここ（筆者注：グループホーム）はどうでしたか。

大橋：それはこっち（筆者注：グループホーム）さ。一人部屋だし。ぜんぜんあれだ、向こうよりは。ものなくなったりはしない。（大橋和人、15.8.13）

　個室が望ましい理由として、本人の表情が良くなったこと、本人が自分のペースで自由に過ごせること、他人と関わる必要がなくなること、所有物がなくならないことが指摘された。地域移行した本人のすべての親から、施設での

４人部屋との対比で語られた。英明と文美は息子の就労能力に疑問をもち移行前に不安を抱えたが、グループホームでは個室で自由が確保されるという点で安心した。英明と文美にとって、施設入所の際に懸念されたのが４人部屋だった。学園Ⅰの時は帰省して施設に戻るときに躊躇することがたびたびあったが、現在のグループホームでは帰省しても喜んで戻る姿を見ることを通して両親は安心した。

　個室になったこと以外も、少人数で、自由で、地域と関わりのある生活として親には捉えられている。英明は、学園Ⅰが個室であっても地域のグループホームの暮らしの方が本人にとって良いと語った。

筆者：もし学園Ⅰが個室だったらどうですか。
英明：やっぱりグループホームのほうが。あんまり人数が多くても、30人、40人いても。
筆者：30人と、9人とでは違う？
英明：今のグループホームの方がいいね。密接に話ができやすい感じがするね。
　　　（15.8.16）

　英明は少人数の暮らしになったことによって、本人同士や本人と職員との間で「密接に話ができやすい感じ」になったと語った。養護学校の寄宿舎や学園Ⅰに戻っていたときと比較しても表情が良くなっているという。
　グループホームが少人数で家庭的な雰囲気がある点は、裕子も語った。

裕子：なんかいいですよ。兄弟みたいなぁ感じで。なんかみんな兄弟みたいな、感じで。施設はやっぱりそういう感じじゃなかったんだよね。（中略）あと、みんな名前を呼び合って。雰囲気がすごくいい。（18.7.23）

　裕子の息子のいる職員巡回型グループホームは、居住者が６名である。少人数の暮らしの中で、本人同士が「兄弟みたい」と語られており、家庭に限りなく近い雰囲気で生活が営まれていることが示唆されている。一方、施設では、このような雰囲気がなかったとも言う。

また、親子の関係にも変化が見られている。裕子の自宅はM町内にあり、A法人のグループホームとも近距離にあるため、毎週のように息子を訪ねている。

裕子：もう毎週行って、この間も連れて帰ってきたから。休みつづいたら、うちに
　　　連れてきて、食べさせたり。やっぱり、親が生きているときしか、できない
　　　から。それはもう、親の責任だから。なるべくうちに連れてきます。
筆者：学園Ⅰにいたときよりも行きますか。
裕子：はい、行きやすいし。うちに連れて帰ってこれるから。あっちにいたら、そ
　　　んなに連れて帰ってこれないから。自由じゃなかったから。（18.7.23）

　裕子は、毎週土曜日に息子を自宅に連れて帰ってきて、買い物をしたり、家族と時間を過ごしたりした後に、グループホームにその日のうちに戻るようにしている。連休などの休日に宿泊もする。親の家に子を連れていくことは、学園Ⅰより自由になった。幼少期から離れて暮らした親子にとって、親子で過ごす時間はとても大切なものである。地域との関係も施設とは異なると裕子は語った。

裕子：知っている人が通ると、みんな声をかけているんだわ。そこらへんの近所の
　　　奥さんやら。息子も結構知っているから。息子からもしゃべったらあっちも
　　　しゃべってくれたり。いってらっしゃいとか。それがやっぱりいいんじゃない。
　　　他の子にもしゃべっているみたいよ。すごくいいことですよね。（中略）行燈
　　　もやっていますね。町内会に入ってね。前に、学園Ⅰは学園Ⅰでやっていた
　　　んだけど。今は町内会と一緒にやっているから、それが楽しみみたいですよね。
　　　（18.7.23）

　学園Ⅰは町の中心から約1キロ以内に位置するため、設立当初から本人は休日に買い物をしたり、住民も学園Ⅰで製作した物を購入しに来たりするなど、地域交流が行われてきた。しかし、グループホームでは、それだけではなく、町内会に参加することによって、住民と交流する機会は施設時代より増えた。

2.2. 自立能力にかかわらず地域生活を希望すること

　このような生活の質や本人の表情が変わることを通して、親は子が高齢になってもグループホームでの生活を継続できることを望むようになった。私がインタビューをした学園Ｉの親10組のうち、子がグループホーム生活に移行した親は9組だが、8組は子が高齢になってもグループホーム生活を継続することを望んでいた。英明と文美は、次のように語る。

筆者：年を重ねていって、そこ（筆者注：グループホーム）で生活してもらいたいですか。
英明：やっぱりグループホームの方だね。
文美：やっぱり今のところでしょう。
筆者：親亡き後に安心できるのは、グループホームと入所施設とどちらですか。
英明：やっぱり今の方が安心です。やっぱり広いところで、一人部屋だし、6人（筆者注：現在の居住者は9人）体制で、ご飯も食べさせてくれるから。現状がいいと思うね。
筆者：地域にあるということの不安はありますか。
英明：ないね。なごりおしいとも思わないね。(15.8.16)

　グループホームは個室であり、施設より少人数であり、本人は「喜んで」生活しているがゆえに、グループホーム生活を継続してもらいたいと両親は考える。当初は地域移行を自立の一環と認識していたが、グループホームでの生活では、必ずしも「自立」しているわけではなく、それでも、そこでの生活を継続してもらいたいと英明は語った。

英明：なんというかね。自立では……（沈黙）。自立していないなぁ。結局あそこに入っている人たちにお世話になるんだよなぁ。
筆者：お世話になるというのは、自立じゃない？
英明：まっ、まだだよね。（筆者注：学園Ｉにいた頃と）同じかなぁ。一人部屋で、いいなぁ一人部屋でと。でも自立とは関係……（考え込んでしばらく沈黙）。

筆者：息子さんは、これからもずっとグループホームで生活できると思いますか。

英明：あるとは思うけどね。

筆者：ずっと、グループホームで生活してもらいたいと思っている？

英明：思っている。(18.7.24)

　自立とは何かと英明に尋ねると、掃除や洗濯など身辺面で自立できることだと語った。その上で、息子はこのような意味で自立しているわけではなく、学園Ⅰの頃と「同じ」だと改めて気づき、グループホームでの地域生活は「自立とは関係」ないと語ろうとした。すなわち、個室など本人にとっての生活の質が保障される場としてグループホームを肯定し、「自立とは関係」なくともそこでの生活を継続してもらいたいという思いを英明は語ろうとしている。ここには、自立能力とは関わりなく、本人の望ましい生活を保障してもらいたいという親の願いが込められている。

　グループホームでの生活を希望するのは、施設での暮らしに対する否定感情があるからだった。英明は学園Ⅰの建物自体を解体してよいと語った後で次のように述べた。

筆者：学園Ⅰの建物を壊したほうがいいということですか。愛着はありますか。

英明：全くないです。

筆者：なぜ愛着はないのですか。

英明：ない。そんなにあってもなくてもあれでもない（筆者注：特に問題ない）よね。息子も苦労したから。ない方がいいなぁ。(15.8.16)

　息子が4人部屋で苦労した生活が英明にとっては辛い経験として認識されており、このような「苦労」をかけた学園Ⅰは「ない方がいい」と考えていた。

　裕子は、2015年に私がインタビューをしたときに、子の自立困難ゆえに施設入所を肯定していた。彼女は次のように語っていた。

裕子：自立っていってもなかなかできませんよね。親にしたら分かるから。これからどういうことになるのかなぁって。自立はできないと思いますし。（中略）

私は前のほう（筆者注：グループホームよりも入所施設）が良かった。もし置い
　　ていくんなら。（中略）自立できる子はいいですよね。できない子はどこも行
　　き場所がないですよね。親が亡くなったら。やっぱり（筆者注：施設が）あっ
　　た方がいい。(15.8.12)

　裕子は学園Ⅰを残すべきだったと語った。彼女にとって、グループホームは
自立をする場と認識されており、自立能力に不安がある息子がグループホーム
で生活することに疑問を感じていた。このため、親亡き後に安心できる場はグ
ループホームよりも施設だと語った。施設入所の経緯でも見てきたように、裕
子にとって信頼のできる職員がいるかどうかが最も重要な関心事項であった。
現在のグループホームでは、職員が十分に関わることができていないのではな
いかと考えており、それゆえに施設生活を肯定していた。
　しかし、2018年に私が彼女にインタビューをしたときは、考え方が変わっ
ていた。裕子は高齢になってもグループホームで生活できることを希望してい
たのである。

筆者：グループホームは年をとっても、ずっといれるという感覚がありますか。
裕子：今も年をとった人も入っているからね。60とか70とかね。いれるんだよね。
筆者：息子さんも、70になってもいられると？
裕子：もし（筆者注：ずっといるのであれば、職員には）、短気を起こさないで、見て
　　　もらえたらと思います。(18.7.23)

　裕子が恐れるのは、息子が他人にけがをさせることである。近年は、グルー
プホームで息子と良い関わりをした世話人が辞め、別の世話人が来るように
なったが、この人も息子に良い関わりをしてくれると裕子は嬉しそうに語った。
彼女にとって良い関わりをする支援員がいるかが最大の関心事で、現在は息子
にとって必要な支援が提供されていると感じ、安心感をもっている。息子がグ
ループホーム生活に慣れ、満足していると感じている。地域との関わりもあり、
グループホームで生活してもらいたいと語るようになった。
　太郎と史子も、高齢になって自立能力が低下しても、グループホームでの生

活を継続してもらいたいと考えるようになった。

史子：それ（筆者注：親亡き後）が一番心配です。
筆者：入所が安心ですか。
史子：どうだろうね。やっぱしグループホームのほうが安心。のびていけるかな。
　　　のびていってくれたらいいけど。
筆者：どっちのほうが安心？
史子：これから20年経ったらどうでしょう。こうやって一人でやっていけるかなぁ
　　　と思うんですけどね。
筆者：そのとき学園Ⅱの方が安心？
史子：……（考え込んで沈黙）。
筆者：親の思いとしてはグループホームでやってほしい？
史子：ここまでのばしてくれたから、それも（筆者注：戻すのも）かわいそうだと思
　　　うしね。どうなるのか。
筆者：できればグループホームで年を重ねていってもらいたいと思いますか。
史子：そうですね。
筆者：集団生活しているところではなく。
史子：なくね、できれば本人が（筆者注：いるグループホームで年を重ねてもらいたい）。
筆者：中には学園Ⅱで生活したいという人もいますけど、お二人は違いますか。
史子：違う。この子も楽しみに。だからがんばろうと。
太郎：やっぱりこういう感じでやってもらえればと。（15.8.11）

　史子は「こうやって一人でやっていけるかなぁと思う」と語り、自立能力が
低下した未来について語っている。このとき、施設の方が安心できるかどうか
と私が尋ねると、沈黙した上で、グループホームでの地域生活を継続してもら
いたいと史子は語った。その理由として、「ここまでのばしてくれたから、そ
れも（筆者注：戻すのも）かわいそうだと思うしね」と語った。この「のびる」
という言葉の意味は、単に本人が自らのことができるようになるというだけで
はなく、本人が生き生きとし、のびのびと生活していることをも意味する。
　太郎と史子は、施設生活に対する否定感情がグループホーム生活を継続して

もらいたいという思いの根底にある。娘は、中学のときに裕子の息子と同様、M町から北に約150キロメートル離れているZ市にあるZ養護学校の寄宿舎生活を送った。このときから20歳まで、娘は嘔吐と下痢を繰り返してきた。「最初のときは大変でした。自律神経（筆者注：自律神経失調症）が始まりまして、学園Ⅰに来た時にも起きていた。20歳まで」（15.8.11）と語り、親から離れることに伴って症状が出たのではないかと語った。娘の症状は学園Ⅰに入ってからおさまったが、4人部屋や集団生活に対して「辛そう」にしていたと語った。

史子：4人部屋で、布団敷いて、布団の分が自分のスペースで。部屋が狭くて。本人も一人になりたいとか。そこで一時おかしくなったんだ。（中略）部屋の人間関係ですね、それで仕事も手につかなくなるくらい、辛そうにしていました。（15.8.11）

　集団生活に苦労した娘がグループホームで個室になり、生き生きと生活する様子を観察する中で、現在の生活が継続してほしいと太郎と史子は考えるようになった。学園Ⅰが廃止されても、特に不安を感じることはないと彼らは語った。
　施設解体までは地域生活の条件として、ある一定の自立能力が求められると考えていたため、地域移行の説明を聞いた際はいずれの親も否定的感情を抱いた。しかし、地域での本人の生活を観察することを通して、たとえ高齢化に伴い自立能力が低下しても、グループホームという形態ではあるが、地域生活を継続すべきこととして捉えるようになった。ここには、施設入所当初に抱いていた自立能力という地域生活の条件が、親の認識においては緩和されたかたちで捉えられていることが示されている。

3．序列化された居住支援の仕組み

　地域移行した本人の親の考え方や行動を規定する自立規範が変容した側面がある一方、自立能力を基準にして居住の場を捉える考え方は、施設や地域を包摂するかたちで再編されている。第3節では、地域移行の実践を通して、施設

や地域の居住形態を親がどのように捉えているのかをみていこう。

3.1. グループホーム

　すべての親にとって、グループホームはある程度の生活・就労面での自立を前提とする場と認識されていた。これは調査対象となった学園Ⅰと学園Ⅱの親の語りに共通する点だった。地域移行した本人の親は、施設よりグループホームの方が、本人が自立できる場として、本人に期待することが語られた。

斉子：自分のことは自分で、共同生活するようになっても、自分のことは自分できちんとやるということをきちっと教えてくれましたから。うちにいても、小さい時から、几帳面だったから、自分の食べたものは自分で洗う、洗濯もする、掃除機もする。（学園Ⅰ／木下斉子、15.8.8）

裕子：自分のことは自分でするようになったし、結構だらしなかったから片付けるために来たんだけど、それが自分でするようになったの。お掃除もするようになったし。言われなくても。そういうのがよくなったみたい。こっちにくるとお掃除を任されるでしょ。お風呂掃除なんかも任されるでしょ。（学園Ⅰ／神谷裕子、15.8.12）

岳志：グループホームの方が本人のためになるんじゃないかと思いますけどね。学園Ⅰのままの状態だったら本人のためにはならないじゃないかと思います。自分でも少しでも食べものでも作ったりするような。そのために、僕はそっちの方がいいと思いますね。仮に妹に、誰に世話になるにしても、やっぱり自分ができれば、迷惑をかけないで済むんじゃないかと思います。（学園Ⅰ／大宮岳志、15.8.16）。

　グループホームは「自分の食べたものを洗う」、「洗濯や掃除をする」、「食べるものを作る場」と捉えられている。自分のことを自分でするようになったことについて親は安心し、他者に「迷惑をかけないで済む」と考える親もいた。
　一方、グループホームでは、本人の自立が重視されることによって、職員の

関与が少なくなったことに対する不安や不満が語られた。

裕子：相談してくれる人がいないって。（中略）孤立というの。（筆者注：施設では）お食事をするにもみんなでお話ししていたけど、今はね、ぜんぜん別々。園生だけで、職員は食べたらぱっと、いなくなるというか。（学園Ⅰ／神谷裕子、15.8.12）

和人：ここ（筆者注：グループホーム）っったら先生一人だけだけれども、ほとんどみることないんだわ。全部自立しているから。うちの子は自分のことはできるけど、いろいろ注意してほしいけど、そういうのはないもん。（中略）一時ね、向こう（筆者注：施設）が先生つきっきりだから、利用者10人に職員2人とか3人いて、かえってそっちの方がいいかなぁって思って。（学園Ⅰ／大橋和人、15.8.13）

　裕子は、グループホームでは職員が入居者の話を聞く機会が少なくなり、施設の方が相談にのってくれる人はいたと認識しており、この点では施設の方が安心だと語った。また、和人は、職員は「ほとんどみることない」「ほったらかし」とも語っており、グループホームは職員の関与が相対的に少なくなる場と理解している。施設は職員の関与が相対的に多くなる場と理解しており、子には施設が良いと考えたことを話した。
　学園Ⅰ／Ⅱのいずれの親も、施設とグループホームを同質の場所と捉える語りもあった。

和人：むこう（筆者注：施設）とこっち（筆者注：グループホーム）は、まかないで食事をして向こう（筆者注：元施設の敷地内の生活介護）に行って、行き来の問題。個室だから良かった。そんなもんかなぁ。（筆者注：学園Ⅰがなくなることについては）別にどうってことないけど、園のあれ（筆者注：事情）かなぁって思って。深くは考えなかった。だから自立をしてだんだんそういうふう（筆者注：グループホームで生活するように）になっていくのかぁって思って。反対とかはしない。（学園Ⅰ／大橋和人、15.8.13）

第11章　家族にとっての地域移行と地域生活　391

大橋和人は、グループホームへの移行は自立の一環としてなされていると認識していたが、グループホームは居住場所が物理的に移行したに過ぎないと考えていた。

　施設と同様の問題構造を、グループホームも有していることを指摘する人もいた。

博史：グループホームに普通に暮らして、次にステージに行けるという人がでてくれば、それはそれでいいのかなぁって。そこに行けないのであれば、そのステージに閉じ込めていいのかなぁと思います。地域に行くとしても、色の見えないエリアってあるんだと思うんですよ。そこに（筆者注：行けないのであればグループホームに）閉じ込めていいんだろうかぁって思います。ただグループホームっていう色のついたエリア。一つの村で閉じ込めちゃったら。それはそれで違う差別があるんだろうなぁって。（学園Ⅱ／高田博史、16.8.6）

　入所施設もグループホームも「色のついたエリア」として差別されると、グループホームへの移行の正当性が見出させないことが語られている。

3.2. 一人暮らし

　いずれの親も子の自立度については限界があると認識しており、「一人暮らし」など現在のグループホームよりも自立が求められる場への移行は困難だと語った。例えば、裕子は次のように語った。

筆者：一人で暮らすことのイメージとはどんな感じですか。

裕子：うーん。無理です。させたいけど、無理。お金の面においても、やっぱりわからなかったりするから。やっていけないんだもん。ぜんぜん、だめだめ。

筆者：全く考えたことはない？

裕子：考えたことはないです。迷惑をかけるから。

筆者：自立ってどんなイメージですか。

裕子：やっぱり自分で何でもできて。それは無理です。やっぱりお世話にならなかっ

たら。

筆者：一人で暮らすことは自立というイメージですか。

裕子：そうですよね。

筆者：グループホームって自立した生活ですか。

裕子：うーん、でもやっぱり面倒をみてもらっているからね。自立じゃないんじゃ
　　　ない。ほとんど面倒をみてもらっているもんね。息子の場合は。お世話になっ
　　　ているもん。こっちの手がきかないから、洗ってくれたりね。(18.7.23)

　一人暮らしは、自立した場であり、グループホームはそうではない。そのた
め、息子は自立できないために一人暮らしは「無理」だと考えていた。しかし、
施設退所をしてグループホームで生活することは、自立していなくても可能だ
と考えるようになった。その後、グループホームからの退所は自立ができない
ため困難だと考えるようになり、一人暮らしへの移行はできないと考えている。
自立規範がグループホームを拠点にして再編され、施設時代とは異なるかたち
で親の考え方や行動を規定している。

3.3. 施設

　学園Ⅰの本人がグループホームに移行し、学園Ⅱの本人が施設に残ることに
よって、両者の差異がこれまで以上に認識されている側面がみられた。

　学園Ⅰの親からは、学園Ⅱの本人がグループホームに移行することの難しさ
が語られた。

裕子：重い子も結構いるから、そういう子は来れないだろうしね。(中略) お話でき
　　　ない子もいるだろうしさ、車いすの子もいるし。やっぱり難しいだろうね。
　　　(18.7.23)

英明：(筆者注：グループホームでの生活は) 身辺 (筆者注：自立) が当然できなかった
　　　ら、難しい。(筆者注：学園Ⅱにいる) 一から十までの (筆者注：支援が必要な)
　　　人はグループホームは無理だわ。学園Ⅱはあった方がいいわ。なかったら。
　　　程度によるわね。重い人が行ったら先生方も大変だ。(18.7.24)

これらの親は、自らの子が洗濯や掃除ができるようになったと語り、グループホームは、身辺自立がある程度求められる場と捉えていた。その上で、コミュニケーションや身辺自立が難しい学園Ⅱの本人がグループホームに移行するのは難しいと語った。このように、グループホームはある程度の自立を求められる場と認識されるようになり、こうした場に移行できた自らの子と、移行できなかった学園Ⅱの本人の差異を認識するようになっている。施設入所の頃も、学園Ⅰと学園Ⅱという形態で自立能力によって居住の場が分離されたが、地域移行では、施設敷地内と、地域内の居住の場という形でより明確に居住場所を分けて捉える考え方が形成される。地域移行によってかえって自立能力によって居住の場を明確に分けて捉える考え方が形成され、自立規範が親の考え方を規定することになった。

　一方、学園Ⅱの親は、グループホームは比較的自立度の高い人が生活する場だというイメージをもち、自らの子は移行できる人とは異なるという認識をもつようになった。佐々木夫妻は、グループホームの見学を通して、息子と地域移行者との違いを認識した。

良枝：グループホームというのは自分のペースでできなくなるイメージ。

筆者：学園Ⅱは大丈夫なんですか。

良枝：やらしてくれるんですよね。マイペースだから。グループホームはやらしてくれないというイメージ。グループホームに入ったら、仕事とかに行くんですよね。そういうのは絶対に無理なので。

筆者：仕事ってどういうことですか。

良枝：クリーニングとか。缶の回収とか。そういうのに行くんですよね。

筆者：グループホームに行ったら、仕事をしなきゃいけないというイメージですか。

良枝：そうです。グループホームはそこに入ったら、自分のことは自分でして、仕事に出かけて、という感じ。

友哉：町営住宅を改修したグループホームをみんなで見に行った。学園Ⅰのほうから程度の良い子がそこに住まいを移して通うような、そうなりますって、見に行ったことがある。

筆者：どう思いましたか。

友哉：いいなぁと思ったけど、息子には難しいと思った。

筆者：何が難しいと思いましたか。

良枝：規律正しいというか。自分のことは全部。

友哉：意思疎通ができないし。

良枝：私たちの頭の中で、しっかりした人が入るところと思っているから。人と関われるんだったら入れるけど、うちの息子は。(16.8.7)

　この両親は、グループホームは「自分のペースでできなくなる」場所だが、学園Ⅱはマイペースで「やらしてくれる」と考えていた。グループホームは「仕事に行く」「規律正しい」「自分のことは自分でする」「意思疎通ができる」ことを前提とする場所だと認識していた。グループホームに移行できる人と息子との能力の違いを再認識するようになっている。

　恵美子は、グループホームに移行した本人の様子について、「時々、その子たちとも会いますが、すごく明るくなったなぁと思います。娘の面倒をみてくれた人たちが明るくなった。しゃべれない人がしゃべられるようになった」と語り、グループホーム生活の意義を語った。しかし、グループホームを、「自分でできるとか。自分の部屋で自由にできることとか。お買い物に行ったりとか」(16.8.7) が可能な人が生活する場であると認識しており、このような自立能力のある本人と娘は異なると語った。

恵美子：(筆者注：娘は) 自由に食べて、飲んで、どんどん我慢できないようになる。それと、人に合わせられない。持続性がなくて、学園でも運動や布団敷きもやっているけど、他の人と一緒になったときに、グループホームに出るということは、ある程度、一人ひとり一個人ですよね。そうするとその人たちのわずらわしさの対象となったり。その人たちというのはちょっとした軽作業に出たり、しますよね。娘は、なぜそういうのができないのっていうのが (筆者注：気持ちが) 入ってくる。先生方や親がいないところでの、生活ができないと思う。(16.8.7)

恵美子は、娘の課題として、自制できないこと、協調できないこと、身辺自立ができないことなどを挙げた。グループホームでの生活を見ることによって、グループホームに移行した本人と娘との違いを認識している。

4．施設の捉え方

　第4節では、序列化された居住支援の仕組みにおいて、子が地域移行した親と施設に残った親は、施設をどのように捉えているのかをみていこう。

4.1. 地域移行した本人の親：将来の予測不可能性ゆえの施設の肯定

　子が地域移行した学園Ⅰの親の多くは、グループホーム生活を継続することを希望する。しかし、これらの親は子が高齢になり、介護が必要になった場合は、グループホームでの生活が継続できるかどうかと不安を感じていた。子の将来について確認できた学園Ⅰの8組の親のうち7組が自立困難ゆえの将来の不安を語った。グループホームは、ある一定の自立能力が求められる場と認識されるため、将来における子の自立困難に伴う予測不可能性について親は不安感を抱いていた。この結果、学園Ⅱや他施設に入所することになっても、仕方がないこととして容認することが語られた。

英明：先生方も、やっぱり、介護してくれているから。それはこっちの方がふさわしいと言ったら、学園Ⅱに入れるしかないよね。親がなんと言っても、どうしようもないよね。（15.8.16）

史子：（筆者注：現在は）不安ではないです。これがだんだん年がいってくるとどうなるか。年をとっていくので、（筆者注：学園Ⅱは）残してもらっていた方がいいかなぁと思います。

太郎：それも国の方針でどう変わるか分からないけどね。自立、自立っていったって、団体生活から切り離されているのと同じで、その後はどういうふうになるか。（15.8.11）

396　第四部　地域移行と地域生活

千賀子：私がいなくなったら娘はどうなるのかなぁと思いますけど。（中略）年を
とったら仕事もできないし、どっかの特別養護老人ホームだとかさ、そう
いうホームに（筆者注：移ることを）望まれるのかなぁと思うけど。今は元
気に働いているからどうにかしているけど、寝たきりとかになったらグルー
プホームでは面倒みられないから、施設にでも入れてということを言われ
る可能性があるのかなぁと思う。(15.8.9)

岳志：（筆者注：学園Ⅱは）あった方がいいと思いますね。なんかあったときに仕事が
なんかうまくなくなって、仕事場がなくなったりしたら困るなぁと思って。
（中略）（筆者注：入所施設に）戻れるようになればいいと思っていますけどね。
今の時点では。子どもがおもしろくて、大変だろうとは思うけど仕事に行っ
ているからな。(15.8.16)

　いずれの親も現在のグループホームの生活に安心感を抱いており、可能な限
り施設ではなくグループホームの生活を望んでいる。しかし、「だんだん年が
いってくるとどうなるか」、「年をとったら仕事もできない」、「仕事場がなく
なったりしたら」と語り、高齢に伴い子の自立度が低下し、自らできることが
少なくなる状況を懸念する。また、「その後はどういうふうになるか」、「私が
いなくなったら娘はどうなるのか」とも語っており、将来の予測不可能性に不
安を抱いていた。この結果、学園Ⅱ等への施設入所の可能性を容認しており、
学園Ⅱが閉鎖されずに、存続していることを支持していた。
　裕子も、学園Ⅱの存続については肯定的だった。

裕子：息子も歩けなくなったらね、学園Ⅱだねーって、前に私言っていたんだよね。
「お母さん、それまで考えなくていいよ」って、（筆者注：職員が）言ってくれ
たから、最後は学園Ⅱだよねって。足もだんだん、まがってきているから。
だんだん歩けなくなる。（筆者注：職員から）言われているから、「歩けなく
なるよ」って。（中略）
筆者：本当はそうなっても、グループホームで生活してもらいという思いがありま
すか。

裕子：ありますね。できればね。でも車いすになったら、指導員が大変だから。

筆者：でも全国にはあるんですよ。

裕子：あーそうですか。

筆者：今後は、ここのグループホームもそうなっていくと思いますよ。

裕子：あーそうですか。（18.7.23）

　車いすが必要になった場合はグループホームでの生活を継続できるかどうかを裕子は懸念している。彼女は、学園Ⅱでは車いすを利用する人が数名生活するため、車いす利用者は、学園Ⅱで生活すると考えている。しかし、全国には車いす利用者がグループホームで生活していることを私が説明をすると、裕子は興味深そうにその話を聞き、そのようなグループホームができるのであれば、息子に生活してもらいたいとも語った。

４．２．学園Ⅱの親：施設生活の安心感と正当化

　私がインタビューをした学園Ⅱの５組のすべての親から、現在の施設生活への不満はないと語られた。高田夫妻はグループホームでは居住人数が少なくなり、自由に過ごせる時間が増えることを知っている。しかし、施設職員の対応や環境に満足しており、なぜグループホームに移行しなければならないのかが分からないのだと語った。

明恵：施設にいても不満はないので、だから出てグループホームに入ってほしいと
　　　いうことでもないんですよ。何か不満があって、自由にさせてやりたいと思
　　　うんだったらそっちに行かせてやりたいと思うんでしょうけど。職員も悪い
　　　わけじゃないし。（16.8.6）

　また、建物も地域の中にあるので、隔離という印象はないという。

明恵：学園Ⅱは比較的町の中にあるような気がしていますけどね。

博史：あそこは住宅街の、ちょっとはずれの方になるけれども、山間とか、隔離さ
　　　れているという空間ではないですよね。町のはずれだけども、だいたい同じ

エリア。見えるところにあるので。

明恵：それで感じは良かったですよね。(16.8.6)

　入所施設でもグループホームでも変わらない点が指摘されている。たとえば、行動障害をもつ本人を子にもつ親は、地域では他人を傷つけ、何か起きたときに親が責任を負うという意識がある。これは、施設生活でも絶えず気にかけていることでもある。博史は息子が他の本人の爪をはがしたことがあり、「次やったら出ていってと言われるんじゃないかと思った」と語った。明恵も「やっぱり人を傷つけるんじゃないかということが常にあった」と語った。地域の人に迷惑をかけたくないという意識が他者とのトラブルに悩み続けた親に強くある。

　このため、グループホームでは、職員数が少ないことや職員とは異なる世話人が関わることへの不安が根強くある。職員が充実しても、地域住民に物理的に近いグループホームでは不安が相対的に増大することになるのだという。

博史：そういう子をもった以上は、誰かを傷つけたくないということが根底にあるだけでね、なんとかその中で楽しく過ごせるのは何なんだろうと思うだけで。そっちのほうが強いよね。人に迷惑をかけちゃうぞと、ほうっといたら。(中略)

筆者：学園Ⅱの方がそういう不安感はない？

博史：ない。だからそれは、嫌だけども、管理してもらっている。そういうことが起きないために、そうしてもらっている。理想的なことを言ったら、嫌だけれども。現実は。自由に好きなところに行ってこいということになったら、何をするか分からない。

筆者：何か起こったときに責められる。

博史：親はどうした。施設はどうしたってなります。(16.8.6)

　博史は、入所施設は差別的であるということを認識しながらも、それでも他者を傷つけないためにも管理構造はやむを得ないことだと語った。何か問題が起きたときには、親や施設が責任をとることになりかねないと述べる。

第11章　家族にとっての地域移行と地域生活　399

恵美子も娘が職員や他の入居者に危害を加えるのではないかと心配していた。

恵美子：自分の欲求をすべて満たしてほしい。それで夜は寝ない。今は自分の部屋
　　　　から出ていくんですよね。一人でいたくない。暗いのが嫌だ。長いすで寝
　　　　ていることもある。今はそれが悪いことではないと。人に悪さをしないの
　　　　であれば、それでいいと。置いてくれるようになったんです。それで寝て
　　　　いるのであれば安心です。一番の心配は他人に危害をかけることなんです。
　　　　（16.8.8）

　恵美子は、施設であれば、グループホームに比較すると職員や他の入居者に
危害を加える心配は少ないと考えていた。

5．小括

　本章では、A法人の親が地域移行と地域生活をどのように捉えてきたのかを
みてきた。

5.1．地域移行の説明の捉え方
　第1に、家族全体を対象にした説明会においては、支援費制度や障害者自立
支援法といった制度的環境の変化の説明がなされてきた。本人への意思決定支
援制度が不十分な中で、実質的に契約主体となっている家族の同意を得るため
に、制度的環境の動向を説明するという方法が採用された。集団説明会を通し
て、学園Ⅰと学園Ⅱの親は、グループホームへの移行は生活・就労面での自立
を意味するものと認識するようになり、ここには障害者自立支援法に関わる施
設側の説明も影響していた。

　この結果、親は子の自立困難性に伴う不安感あるいは自宅復帰への懸念を抱
え、さらには、地域移行が施設入所を決めた親への非難と捉えられる場合も
あった。一方、学園Ⅱの親には、自立能力に限界のある重度障害者にとって施
設閉鎖を無関係な問題と捉える人たちがいた。親は、不安をもっても、職員へ
の信頼や遠慮ゆえに施設側の決定に委ねるという受動的態度が見られた。親が

このような態度を示すのは、親が自立規範に基づく訓練／保護による養育責任があるという家族規範が影響していると考えられた。

本研究では、家族が集団説明会や個別相談による職員からの説明を受けても不安感を抱え、それでも施設側の決定に受動的に従うことが示された。このとき、職員への信頼や遠慮ゆえに従うのは、家族規範によって、生活・就労面の自立のために取り組むのは本来、家族の責任であるという意識があるからだと考えられた。この点で、家族社会学における研究（麦倉, 2004；中根, 2006；土屋, 2002；要田, 1999）において指摘されてきた家族規範は施設入所後も解消されることはなく、家族の施設側への態度を規定し続けることになると考えられる。施設退所という事態によって、自立規範の主たる責任が家族に再度移行し不安感が生じるが、親は職員への信頼と遠慮という形で対処していると考えられた。

制度の動向による説明は説得力を有するが、親には不安を与えることになった。法制度の内容が分かりづらく、そのことが不安をもたらす場合があった。また、障害者自立支援法の自立観は就労自立を前提にしており、本人の自立能力に限界があると考える親は、不安を抱えた。親は親しい関係のある親同士の交流に留まり、家族会全体で組織的なかたちで、A法人の計画や制度改正について話し合いをしたり、相談をしたりする機会はつくられていなかった。地域の親の会の活動に参加する家族も少ない。この結果、地域移行に伴う様々な不安は、A法人の担当職員との個別的関係で相談することとなり、担当職員と家族との間にどのような関係が形成されるのかということが、家族の決断に影響を与えることになった。

5.2. 自立規範の変容

第2に、学園Iからグループホームに移行した本人の親の考え方や行動を規定する自立規範が変容している側面について検討した。

まず、移行後のグループホームについては、移行した入居者の親にとっては、生活の質が向上した場所と捉えられていた。とりわけ、施設時代の4人部屋から個室になったことへの印象が強くあり、個室によってプライバシーが保障されるという観点からグループホームの意義が語られた。

第11章　家族にとっての地域移行と地域生活　401

なお、施設が個室だった場合に親がどのような反応を示したのであろうか。現在、個室化された施設が各地に作られるようになった。個室化は、入居者のプライバシーや生活の質を保障する上で重要だが、親には地域生活との差異が不明確になることが想起される。この点については、1993 年に北海道の剣淵で、日本で最初の全室個室の 12 〜 13 人のユニット単位の寮構成である入所施設を設立した横井は、開設当初職員に対して「この施設は個室ということで 10 年はもつ。しかし、10 年後は、50 人単位の入所施設ということで必ず古くなる」（横井, 2013）と述べた。横井が予言した通り、このような全室個室型の施設は、日本全国で数多く設立され、「古く」なった。個室化が進む施設は、グループホーム化が進んでいるといえる。親にとって施設と地域生活の重要な差異は個室かどうかということだったが、施設もグループホームも個室化するなかで、居室の差異が不明瞭になり、グループホームがどのように捉えられていくのかということは今後の研究の課題である。

　次に、自立能力に関わらず地域生活を希望することが語られた。グループホームは、個室になった以外に、少人数で、自由で、地域と関わりのある生活の場として親には捉えられていた。その上で、多くの親は子が高齢になってからグループホーム生活を継続することを望んでいた。ここには、自立能力に制約があっても、地域生活を望む親の思いが示されていた。

　A 法人の地域移行の説明を聞いたときに、親はグループホームへの移行を自立の一環と捉えた。この結果、自立困難性に伴う不安や自宅復帰への懸念を抱えたが、グループホームの生活が始まると、必要な支援を受けながら地域で生活することがグループホームの生活だと理解するようになった。多くの親はグループホームでの生活を自立した生活とは捉えていない。それでも、その生活を肯定し、将来もこの生活が継続することを希望している。ある一定の自立能力がなければ地域生活ができないと考えていた頃の親の認識枠組みとは異なる。ここには、自立能力という地域生活条件を相対化して認識されていることが示されている。

　先行研究（Larson & Lakin, 1991；Mansell & Erickson, 1996；鈴木, 2006；鈴木, 2010）では、家族が入居者の地域生活を見学することを通して、地域生活への移行の取り組みに肯定的態度をもつようになることが報告されてきた。例えば、

ラーソンら（Larson & Lakin, 1991）はその理由として、本人の心理的状況や社会的スキルの改善、住居の生活環境やサービスの改善、支援者と本人の関係性の改善を指摘する。ただし、自立能力との関係で地域生活をどのように捉えているのかということについては先行研究では明らかにされてこなかった。本研究では、自立能力とは関わりなく地域生活を重視する親の意向が示されており、これは自立規範を相対化するための方法を考える上で重要である。

5.3. 自立規範の再編
　第3に、地域移行を通して、自立規範が再編される側面について検討した。
　まず、地域移行した本人の親は、グループホームを生活・就労面でのある程度の自立を前提とする場と認識していた。一方、学園Ⅱの親には、移行できる人は自立能力があり、自らの子は自立能力がないため移行できないという能力差の認識をもった人がいた。
　また、地域移行した子の親も学園Ⅱに子が残った親も、グループホームを施設と変わらない場所と捉える人がいた。これは、グループホームがある一定の場所に集中的に立地することによって、施設と同様に、地域の中では特異な場所と捉えられるからだった。このような捉え方をする親は、グループホーム生活への意義が見出せずにいた。グループホームの規模や立地条件だけではなく、生活の内容自体にも大きな変化がないことについて指摘する親もいた。地域移行した親からは「個室になっただけ」と語られた。学園Ⅱのある親からは学園Ⅱと同様に、「グループホームっていう色のついたエリア。一つの村で閉じ込めちゃったら。それはそれで違う差別がある」と捉えられ、「色」がなくなることが地域で生活をすることだがそれは「難しい」と語られた。
　これは、グループホームが個室を有するかどうかという観点だけではなく、他の生活の質の側面からも捉えられていることを意味する。グループホームの生活は、本人の一部から不満が出されており、職員も本人と関わる中で、グループホームの限界に気づき、居住支援のあり方を模索する人がいた。グループホームに問題意識をもつ親、本人、職員が意見交換し、グループホームに代替する居住支援のあり方について検討することが求められる。
　さらに、施設と地域を包摂しながら序列化された居住支援の仕組みが形成さ

れる中で、いずれの親からも学園Ⅱという施設が存続することに肯定的な意見が出された。移行した本人の親からは、自立困難になる将来の予測不可能性に伴う不安ゆえに施設入所を容認する意見が見出された。一方、学園Ⅱに残った本人の親からは、施設生活の不満がなく、他者に危害を加える可能性があるため施設入所を肯定する意見が出された。

　以上、学齢期から施設生活を通して生成された自立規範は、施設閉鎖によって、グループホームという場や地域移行後に残された施設という場で相対化されながらも再編され、親の考え方や行動を規定していったと考えられる。学齢期の分離教育は、施設入所・施設生活という形で一般の人たちとの分離した生活につながり、施設での能力差による住み分けという経験を通して自立規範が親の考え方を規定してきた。施設閉鎖によって、健常者と同様の自立能力がなくとも、施設とは異なる生活の質が保障されることを経験したが、グループホームは自立がある程度要求される場とも捉えられるようになり、施設はその自立が実現できない場合の保護の場として再編されることになった。施設が残り、一人暮らしへの移行が困難なグループホームを前提とすることによって、自立規範は変容しながらも再編され、親の態度や行動を規定することになった。

　上述した先行研究（Larson & Lakin, 1991；Mansell & Ericson, 1996；鈴木, 2006；2010）では、家族が地域生活への移行の取り組みに肯定的態度をもつようになる理由として、本人の心理的状況や社会的スキルの改善、住居の生活環境やサービスの改善、支援者と本人の関係性の改善を指摘することが指摘されてきた。このうち社会的スキルの改善は自立能力に関わる側面である。本研究の結果でも、家族が地域移行に肯定的態度をもっても自立能力の観点から地域生活を捉えていることが明らかになった。さらに、本研究は先行研究とは異なり、高齢化や障害の重度化で自立度が低下する将来に対して、予測不可能性ゆえに家族が不安を抱く状況が見出された。このことは、グループホーム入所によって自立規範が解消されるわけではないことを示している。中根（2006）は予測可能性が低下すると、家族は親亡き後の生活について模索を始め、施設入所を検討する状況を指摘したが、本研究では、グループホームでは自立規範との関係で将来の予測不可能性が再び生じ、施設入所が容認・肯定されていく状況が示された。

これらの研究成果は、グループホームという場を拠点にして自立規範が再編されることを示している。自立規範に依拠してグループホームが捉えられ、家族の関与を通すことによって本人の施設入所の可能性が持続することになった。

第12章　職員にとっての地域移行と地域生活

　本章では、自立規範に着目しながら、職員が地域移行や、地域生活をどのように捉えてきたのかをみていこう。学園Ⅰでかつて勤務し地域の居住支援を担当することになった職員（以下、地域支援の職員）だけではなく、学園Ⅱで勤務することになった職員（以下、施設支援の職員）の経験から検討したい。

1．自立規範の変容

　第1に、本人の施設から地域のグループホームへの移行を通して、地域支援の職員は自立に対する捉え方が変容している側面が見られた。

1．1．施設の構造的限界の再認識
　2004年10月1日時点で、学園Ⅰでは男性30名、女性20名が生活していた。A法人の施設解体計画によって、入居者数は段階的に縮小した。2005年から2007年にかけての第1段階の地域移行によって、学園Ⅰの入居者は男性26名、女性12名となった。これによって、学園Ⅰの各居室には空きが生まれ、本人の生活にゆとりが見られるようになった。第1段階の地域移行まで学園Ⅰで勤務した岩垣は、男子棟について次のように述べた。

岩垣：やっぱり部屋が少なくなっていくので、生活リズムがばらばらになっていくのが分かりましたね。遅く寝る人が出てきたり、音楽を遅くまで聴いているとか、やりたいことができるようになった。
筆者：本人はなんと言っていましたか。
岩垣：広くていいということと、○○さんいなかったら遅くまで起きれるわーとか。二人になると調整しやすくなると思うんです、起きている時間とか。（15.8.14）

　この語りには、居住人数の減少によって、生活リズムが本人に合わせたものとなる様子が示されている。施設縮小に伴う経験は、これまでの施設生活が他

の入居者との関わりの中でいかに自由が制約されてきたのかということについて、職員に再認識させる契機となった。

　女子棟も同様の変化が見られた。2008年9月に第2段階の地域移行が完了するまで学園Ⅰの女子棟の生活指導員をしていた菊池は次のように述べた。

菊池：部屋が広くなったという声を聞いていましたね。布団1枚しか置くスペースしかなかったので。
筆者：最後は一人部屋になりましたか。
菊池：はい、好きなことをやっていましたね。(19.7.19)

　4人部屋の居室が3人、あるいは、2人部屋、そして最終的には1人部屋になり、本人の生活リズムが変わった様子が語られている。
　第2段階の地域移行が終了した2008年9月時点で、残った男性9名のいる学園Ⅰは北海道の特例によって、学園ホームという名称のグループホームとなった。このとき、生活支援員が1名配置されており、夜勤業務はグループホーム事業所の管理者であった大田やサービス管理責任者であった工藤などが担った。2009年の第3段階の地域移行によって、最終的には4名が学園ホームに残った。これらの本人がそれぞれのグループホームに移行するまで彼らに関わった大田は最後の施設での暮らしを次のように語った。

大田：最後の日に、私が夜勤を行いました。夕食は、ジンギスカンを4名の人たちと食べ、「今まで入所施設に閉じ込めてきたことをお詫びします」と4名に謝りました。翌日、解体した施設を夜に見に来ました。灯りの消えた入所施設は、暗く静まりかえっていました。そして、星空がいつもより、きれいだったことを覚えています。(15.3.31)

　学園Ⅰの施設解体の最後の局面では、50名定員として開設された学園Ⅰの建物を本人4名が使用した。入所施設での暮らしでは、食事のメニューは決まっている。しかし、学園ホームというグループホームとなり、少人数となった生活では、食事のメニューも自由に決められるようになった。最後に本人と

過ごした夜はジンギスカン鍋を皆で囲んだ。このとき、大田は4名に施設生活を継続させてきたことを謝罪した。職員による指導・管理体制が未だに強く残る時代に施設職員として長年勤務し、そして、施設の生活環境で暮らす本人と直接関わってきた職員としての責任意識が彼の中にはあった。

　地域のグループホームで勤務経験を経た職員は、地域での支援を通して、施設の有する構造的限界を再認識しており、学園Ⅱの解体の必要性を考えるようになった人もいた。例えば、工藤は学園Ⅰの入所機能が廃止された後、グループホームの管理者として勤務した。大田が施設解体計画を立案した時点で学園Ⅱの解体も視野に入れたが、この点について工藤は「そこまで私は大胆には考えられなかったですね」と述べた。しかし、グループホームでの勤務経験を通して、考え方が変わったことを次のように語った。

工藤：24時間きちっとした見守りが必要な人は施設とは言わないですけども、そのような環境の中で支援をしてあげられる人には必要かなぁと思いますけど。ただ、今の施設みたいに、どこの市町村にもあるような施設はいらないと思いますよね。
筆者：現在の学園Ⅱはどうですか？（中略）
工藤：規模は小さい方がいいですね。というのは私がグループホームにいて、9人のグループホームから4人のグループホームに移った時に、落ち着くんですよね。分析すると、やはり騒がしくて、落ち着かなかったんだというような。話も聞いていますし。重度の子は連鎖反応とかありますし。(15.8.15)

　少人数のグループホームに移行し、本人は落ち着いたと工藤は語った。施設は「騒がしくて、落ち着かなかった」、重度障害者はパニックを起こすと連鎖反応を起こし問題が拡大する状況があったと再認識した。学園Ⅱに関しては、「規模は小さい方がいい」と語り、少人数のグループホームに移行すべきだと考えるようになった。少人数のグループホームでの本人の様子を見ることで、施設の集団処遇に疑問をもったと語った。

　阿部は、2011年に学園Ⅱの女子棟の生活支援員に配属された後、施設長となった大田から女子棟の利用者9名をグループホームに完全移行させるという

提案を受けた。しかし、阿部は当初、この提案に消極的だった。彼女は、学園
Ⅰのグループホームへの移行支援の際に、精神状態が不安定だった猪俣幸子に
学園Ⅱへの移行を勧めたことがあった。この背景には、現在のグループホーム
では、多くの支援が求められる本人の受け入れは困難であるという考えがあっ
たからである。2016 年に彼女にインタビューをした際、「地域での生活がグ
ループホームになるのか、どういう形がいいのか、利用者でも能力的なばらつ
きがあるので、はっきりとは言えない」と語っていた。

　ところが、阿部は、近年になり施設解体の必要性を以前より実感するように
なったと、2019 年 7 月にインタビューをした際に語った。

阿部：最近思うのは、入所施設って、そこで生活が完結する、建物なので、そこの
　　　中の、例えば今年だと、大田施設長から別の施設長に替わったんですけど、
　　　そうすると、組織としての管理体制が変わりますよね。（中略）大田さんは利
　　　用者主体で考えていく方。だけども、（筆者注：今の施設長は）考え方が違う。
　　　私たちの支援の方向性が、利用者主体が強いか、全体のバランスで行くのか
　　　というときに、そのバランスが変わってくる。それが利用者に生活には良く
　　　も悪くも影響がすごくある。（19.7.22）

　大田が 2019 年 4 月から学園Ⅱの施設長から共同生活援助事業所の管理者に
異動になり、学園Ⅱに新たな施設長が配属された。このときから、利用者主体
の支援が後退し始めた。大田は学園Ⅱの定員数を 30 名にするため努力をして
きたが、大田が異動になってから、再び定員 40 名にするという案が施設経営
の観点から議論されるようになった。施設長の方針が変わることによって、職
場の支援の方向性が変わるのだという。

　A 法人の共同生活援助事業所の生活支援員を 1 年半経験した阿部は、共同生
活援助事業所に比較すると、施設は同一の建物にあるということで、男性と女
性への支援方針が限りなく同一になる傾向があるという。例えば、男子棟と女
子棟を含めた施設内で、「この人が毎日、外出しているんだったら、そのため
に、他の人も外出できない人もいるんだったら、そこ（筆者注：その外出してい
ない人）に合わせようかみたいな空気感がある」と語る。一つの勤務シフトは

職員3名が入ることになるが、阿部が「受容」を大事にしたいと思っても、「きっちりやる」職員と組むと、その人の方法に傾くことがあるという。

　阿部は、職場と生活を切り離すために、女子棟がグループホームに移行すべきだと語った。

阿部：学園Ⅱはまだ、分からないけれども、ただ、学園Ⅰで職住分離ができたときには、本当に変わったと思うので。会話の内容が増える。施設にいると、職員の話か、家族の話か、食事の話か、作業の話かになってしまうけど、地域に行くと、今日はこの人に会ったなど。やっぱり1日仕事をしていても、学園Ⅱの女子棟で1日で過ごすというのは、空気感が重く感じます。(19.7.22)

　学園Ⅰを解体した当時を阿部は懐かしく思い、学園Ⅱの利用者にとっても地域生活に移行する必要があるという思いをもつようになっていた。

1.2. 本人の潜在的可能性の発見

　地域支援の職員が施設の構造的限界を再認識するようになったのは、本人の様々な潜在的可能性を発見したこととも関係する。

　本人がグループホームに移行した当初、改革派職員も、地域支援の経験がないため、とりわけ外出面で大きな不安をもっていた。岩垣は次のように述べる。

岩垣：利用者も経験していませんでしたし、どんなことになるんだろうと。職員は全部のホームについていませんし。結果的に、飲みに行ってつけで飲んだり、それでも問題はありませんでした。利用者も経験して、お金がかかるので、行かなくなったりとか。いなくなって、帰ってこないという人もいませんでしたし。夜は何回か回っていたこともありました。おっかなくて。施設って結局、大人数で見れていたじゃないですか。それが見れなくなってしまって。責任、というのがあったので、自分のときに何かあったらどうしようと思っていました。(19.7.21)

　本人は職員の想像以上に、地域での生活に慣れていった。施設を閉鎖した直

後は、グループホームに移行した本人が民家を覗いたり、「ストーカー」のように他人についていったりしたことで、地域住民から苦情があった。しかし、しばらくすると、こうした行為は当初より減少した。施設での集団処遇による管理から地域での個人の自由な生活への変化は、責任という観点から職員を不安にさせたが、当初想定した以上の問題は起こらなかった。こうして、本人だけではなく、職員も徐々に地域生活に慣れていったのである。

　学園Ⅰの生活に比較すると本人の表情や行動に変化がみられた。

岩垣：引きこもって仕事に出ない方が、自分で歩いて通うようになりましたし。(中略) 自分の部屋のことを話すようになってきました。○○買ったわ、○○貼ったわとか。(中略)(注：その引きこもっていた) その方が今でもそうですけど、自分で電話をかけるようになりましたし、どうなっているのとか。今まではなかったことです。僕もよく分からないんですよね。自分の空間ができたということなのか、自分の時間ができたということなのか、ということですかね。昔は3人とか4人部屋だったので、うずくまっていました。(15.8.14)

　施設では引きこもって仕事に行かなかった人が、自分の部屋のことを話すようになり、自ら電話をかけるようになり、仕事にも歩いて通うようになった。これは施設生活では見られなかった本人の姿である。なぜ本人が変わったのかということについて、岩垣は「僕もよく分からない」と語った。しかし、人としての潜在的可能性を知ることになり、それゆえに地域生活の意義を岩垣は改めて認識した。

　阿部は、2008年9月に第2段階の地域移行が完了してから、1年半、共同生活援助事業所の生活支援員を行った。彼女は、地域生活に移行した本人の変化に感銘を受けたことを次のように述べる。

阿部：今まで作業を休んで出なかったような人たちもちゃんと通っていくし、グループホームが点在することで、いろいろと話題が増えて。施設の中にいると、どうしてもマンネリの話題で、また同じ話をしてということになるけど。いろいろな話で話が広がって、みんな生き生きとしていたので、良かったと思

います。例えば、食事にしても、今日はあそこのホームでは何を食べるんだってという、そういう話題を日中通ってきているときにしていたりとか。昔では考えられないくらい、自転車の台数が増えています。昔は自転車を乗る人がごく一部だったんですけど。やっぱり必要だからどんどん乗る人も増えている。そういうのをみると環境も変わると、生活や能力も変わってくるという。(16.8.5)

　阿部が驚いたのは、本人の会話の話題が増えたことだった。自転車の利用台数が増えたことにも感銘を受けている。学園Iは町の中心部まで距離があったが、グループホームに移行して町中に入ることで、自転車数が増えた。施設時代より外出の機会や行動範囲が広がったので環境が変わると、「生活や能力」が変わり、本人の表情は生き生きとするようになった。

1.3. 自立能力の相対化

　施設設立時においては、就労自立や身辺自立ができなければ、地域移行はできないと職員たちは考えていた。しかし、施設解体計画を実現させることによって、就労自立や身辺自立に一定の制約があっても、施設を退所し、グループホームでの生活が可能であることを知ることになった。この結果、職員は従来の自立に対する考え方も変わったことを語っていた。
　例えば、岩垣は次のように語った。

岩垣：当初は働いて自分で稼いで、自分で生活して、というイメージでしたけど。今はそんなことを言ったら誰も自立できなくなってしまうので。自分で選べると言ったら、またそれも限られた人になってしまうんですけど。支援があってその人らしく生活できれば、それで自立になる。社会の人はそうは見てくれませんけども。(19.7.21)

　自ら稼いで、自ら生活するという経済的・身体的自立でもなく、自ら選べるという精神的自立でもない、「支援があってその人らしく生活する」ことが「自立になる」と考えられるようになったと岩垣は語っている。しかし、自分

自身の自立に対する見方が変化しても、「社会の人はそうはみてくれませんけど」とも最後に語った。自立規範を相対化させる認識と、その規範に従属せざるを得ないという認識の中で、岩垣は悩み、模索しながら本人支援を行っていた。

阿部は2011年4月に学園Ⅱに異動したが、彼女に自立とはどのような意味なのかを尋ねると次のように答えた。

阿部：自分を律するという自立のイメージ。自分で何でもできるようになったりすることではなくって、自分の意思を大切にしてもらうところの自立。だけど、学園Ⅱの方では難しいところがあって。どうしても、職員が律してしまう、先まわりして決めてしまうところがある。ただ、自分で決めるにしては、世界が狭すぎるから。(19.7.22)

阿部は、「自分で何でもできるようになったりすること」ではなく、「自分を律する」こと、あるいは「自分の意思」を自立とイメージする。ただし、自ら律することの意味は、その人の「世界を広げる」ことと考える。「世界を広げる」ことがなければ、学園Ⅱの重度障害者は自ら決められず、職員が律することになり、他者に管理されることになる。施設では世界を広げられないため、地域生活へと環境自体を変えることが重要だと阿部は考える。

２．序列化された居住支援の仕組み

施設から地域生活への移行によって、職員は本人の潜在的可能性を発見し、施設の構造的限界を再認識するようになり、施設時代の自立の捉え方からの変化が見られた。しかし、施設と地域を包括するかたちで序列化された居住支援の仕組みが形成されることを通して、自立能力に応じて、施設や各類型のグループホームを位置づけ、本人の状態を捉えるようになった。以下では、各居住形態を職員がどのように捉えているのかをみていこう。

2.1. グループホームの類型化

施設閉鎖後のＡ法人の居住支援の仕組みでは、最重度の本人のいる学園Ⅱ、職員常駐型グループホーム、職員巡回型グループホームになるにつれて自立能力の高い人が住むようになり、公営住宅での一人暮らし・結婚生活は就労自立を実現した人が生活している。地域では、サービス等利用計画のモニタリングの際に本人の希望によって居住場所を移動する場合があるが、職員が本人の状態を考慮して移動が決められる場合がある。グループホームの選択肢が少なく、人員配置に制約がある中で、可能な限り多くの本人が地域で生活するために、こうした仕組みが作られていた。

菊池は、女性を対象とするグループホームの支援課長として、本人の居住場所を決める権限のある立場にある。彼女は、自立能力に応じて本人に居住場所を移動させた経験があることを次のように語った。

菊池：桐原利佳さんは、認知症の疑いがあるので、ｅ寮（筆者注：職員巡回型グループホーム）からｇ寮（筆者注：職員常駐型グループホーム）に移動してもらいました。大宮有紀さんたちは、自立していたので、職員がいなくても大丈夫ということで。女子職員で話し合ってｄ寮（筆者注：職員巡回型グループホーム）のメンバーを決めました。職員が支援をしないといけない人が職員常駐型グループホームで、（筆者注：職員）巡回型グループホームは自立、大丈夫そうかなぁという人がいる。（19.7.19）

職員常駐型グループホームは、職員の支援が常時必要な場所であり、職員巡回型グループホームは将来の自立に向けて生活し、職員の関与が少ない場所と位置づけられている。

男性対象のグループホームも同様である。当時、共同生活援助事業の管理者をしていた工藤は次のように述べる。

工藤：例えば、難しい例があって、巡回型のホームで高齢になってきて、足腰が弱くなってしまって、寮で夜中トイレ行って、ふらついてけがをしてしまうという人がいたので、その方については状況を説明して、こちらの方である程

度自分の方でできる人には協力を求めたということがあります。それについても、出た方もそれは納得して、出てもらっています。今その人はf寮（筆者注：職員常駐型グループホーム）に。その前はiホーム（筆者注：職員巡回型グループホーム）です。怪我をしたんでどうしても。そのへんは家族を含めて連絡して了解を頂いています。(15.8.15)

　男性対象のグループホームに関しても、自立能力が低下し、職員の見守りが必要な本人は職員常駐型グループホームに移動してもらう一方、「ある程度自分の方でできる人」は職員常駐型から職員巡回型グループホームに移動してもらっている。
　男性グループホームの生活支援員をしていた岩垣は、地域のグループホームにおいて自立能力によって住み分けられる状態について次のように語った。

岩垣：最初は、いろいろな利用者がいて意識をしなかったんですけど、この人は軽度で、この人は重度なんだという環境に置かれると、そのように意識するようになってくる。(18.7.22)

　岩垣が学園Ⅱに勤務した当初は、障害の軽度の人も重度の人も混在し生活していた。地域移行が開始されると、比較的障害の軽度の人はグループホームに移行し、移行者の中で障害の重度の人は職員常駐型グループホームに、軽度の人は職員巡回型グループホームに分かれて生活するようになっていった。自立能力別に居住形態が分かれていくことによって、本人を障害程度や自立能力で捉える認識になると岩垣は語っている。
　このように、地域においても自立能力別の序列化された居住支援の仕組みが作られることによって、本人の自立能力と居住形態とを関連させて捉えるようになることが示されている。これは、地域移行した本人が施設に残る本人にもつ認識や、子が地域移行した親と施設に残る親の認識にも見出されていた。

2.2. 施設
　学園Ⅱの職員からは、学園Ⅰが閉鎖したことについて、否定的意見も肯定的

意見も出された。例えば、学園Ⅰに設立当初から2002年まで勤務し、2002年から2009年まで学園Ⅱに勤務した中谷は、施設解体計画には一貫して反対していた。彼は、学園Ⅰの施設閉鎖が完了した当初、グループホームに移行した人がストーカー行為などをしたため、当時学園Ⅱに勤務していた中谷に苦情があったと語った。ただし、その後は、グループホームに移行した本人も地域生活に慣れ、当初のような問題はなくなったという。それについては、「学習をしたんだと思います」と中谷は語る。それでも、学園Ⅱの本人については、「最重度」の障害があり、学園Ⅰの本人のように地域生活に慣れることは困難だと考えている。

中谷：学園Ⅱの利用者は最重度で、他の地域の人に迷惑をかける人がいるので、後は、周りの人が受け入れてくれるのかという部分はあるんです。(19.7.19)

　地域移行によって、本人と地域との関わりについて考えるようになったが、学園Ⅱの本人と地域移行可能な人との差異を明確に認識している。
　1998年に学園Ⅰに勤務し、2001年に学園Ⅱに異動になり、インタビューをした2015年時点で学園Ⅱの生活指導員をしていた清野優衣（以下、清野）は、学園Ⅰの閉鎖には肯定的だった。ただし、学園Ⅱとの対比で考えられていた。学園Ⅰの施設解体計画を初めて聞いた時に、以下のような印象をもったという。

清野：学園Ⅱは二人部屋で、施設は新しいし、利用者さんも学園Ⅰに比べると若いけど、学園Ⅰの利用者さんは入ってから年数も長いし、居住環境も4人部屋だし、やっぱし、中軽度の人で、施設を出たいという意思表示も分かりやすいし、そういう中で、学園Ⅰはなくなっていくんだなぁという印象ですね。(15.8.14)

　清野は学園Ⅰと学園Ⅱを対比させながら、施設解体計画について受け止めていた。学園Ⅰは4人部屋の施設で長期間生活してきた人がグループホームに移行すること、そして、このような人たちは意思表示が明確だということである。一方、学園Ⅱは比較的新しく設立された施設で、2人部屋でユニットケアの形

態で支援が提供される環境であり、本人は意思表示が困難な重度障害者であるという認識である。清野は、学園Ⅰは閉鎖する必然性があるが、学園Ⅱは、グループホームへの移行は難しいと考えている。当時の学園Ⅱの施設長もこの計画について職員と十分な話し合いをしているわけではなかった。この結果、施設解体計画は、学園Ⅱのこととは直接関係のない問題と受け止められていた。

　学園Ⅰの本人がグループホームに移り、日中活動においては、学園Ⅰのあった建物を改装した就労継続支援Ｂ型事業所に通所するという生活が始まると、これらの本人と学園Ⅱの本人との差異をさらに認識することになったと清野は語った。

清野：学園Ⅱの利用者さんの活動とは違ったりして、支援者側もそうだし、そういう部分での、差別じゃないけど、そういう部分があるかもしれない。学園Ⅱの利用者は午前中散歩するんですけど、学園Ⅰの人たちはトマト加工で働いていて、学園Ⅱの利用者さんが歩いていたら、うちらは忙しいんだから、みたいなぁ。(15.8.14)

　ここでは、日中活動を含めたライフスタイルの違いを通して、地域と学園Ⅱの利用者の違いを認識させられている状況が語られている。この点については、清野は「差別」のような感覚と表現していた。施設解体計画による地域移行によって、自立能力に応じた利用者の差異を一層鮮明に認識するようになったことが示唆されている。

3．生活の質の最適化を図るための支援

　職員は、序列化された居住支援の仕組みにおいて、制約された条件の中でも本人の生活の質を可能な限り向上させるための支援を行う。第３節では、こうした支援を「生活の質の最適化を図るための支援」と表現し、こうした支援ゆえに、かえって自立規範が構築され、序列化された居住支援の仕組みが維持される状況をみていきたい。

３．１．生活環境の改善

第１に、各居住形態における生活環境の改善のための実践をみていこう。

３．１．１．職員巡回型グループホーム

岩垣は、グループホームでの本人とのその後の関わりをする中で、徐々に考え方が変わったと語った。

岩垣：中度の人でもトラブルがあるんですね。それは、他の人の生活音に対して。足音ですとか、戸を閉める音、ドアをあける音。なので、他人の音ってすごく気になるんだなぁと。おそらく８割の人がみんなそう思っている。例えば、誰が出ていると、部屋から出てこなかったりとか。言葉では言わないですけど、中にはそういう行動があったりしますし。人がいると出てこないで、部屋の中に戻ってしまったりと。

筆者：それを解決するためのグループホームとはどんなイメージですか。

岩垣：グループホームではなくて、本当に一人で住むか、家族と住むしかないのかなぁと。二人とか、三人とかでも、他人との暮らしには変わりはないのかなぁと。僕だんだん発想が変わってきて、少なければ少ないほうがいいというのは分かりますけど。(19.7.21)

岩垣は、自立能力に応じた居住支援の仕組みは本人のニーズを反映していないため、能力に関わりなく本人が住む場所や住む人を選べる仕組みが必要なのではないかと考えている。これは、彼にとって、グループホームのあり方を問い直すある出来事が起こったからだった。第10章で紹介した三浦が外出したまま戻らず、行方が分からなくなったのである。彼のいたグループホームは、主に食事作りのために世話人が勤務しており、生活支援員は朝と夜の時間帯に巡回することになっている。以前から三浦は巡回の際に生活支援員が部屋をノックすることに不快感を示しており、岩垣との交渉を通して個別支援計画でも、彼のプライバシーを尊重するためノックしないことを記載させていた。このため、岩垣が巡回する際は、三浦の部屋をノックすることはなかった。これは、岩垣が可能な限り生活の質を最適化させるために行った支援だった。

2018年11月22日も、普段のように、部屋をノックしなかった。翌日は休

日であり、三浦は休日町外に出かけることが多いので、翌朝の巡回の際も「出かけているんだろうなぁ」と岩垣は思った。しかし、この日の午前中に三浦の叔父から岩垣に電話連絡があり、Ｍ町から約150キロメートル離れたＡ市に三浦がいることが分かった。岩垣は「あれ、なんでＡ市にいるんだろう」と思い、詳細を聞くと、三浦はＡ市のネットカフェに前日から泊まっており、翌日の支払いができず、Ａ市内にいる叔父に連絡をしたのだという。つまり、岩垣が巡回した時には、すでに、三浦はグループホームにはいなかったわけである。

　ところが、叔父がネットカフェに支払いに行くと、三浦は忽然と姿を消した。すぐに岩垣は三浦に電話したが、つながらない。このため、警察に捜査願を出すことになり、法人を監督する北海道の行政当局に事故報告した。北海道の「社会福祉施設等における事故等発生時の報告事務取扱要領」には、1）入所者等の死亡事故、2）役・職員の不法行為（預かり金着服・横領等）、3）入所者等に対する虐待（不適切な処遇（疑）を含む）、4）入所者等の不法行為、5）入所者等の失踪・行方不明（捜索願を出したもの）、6）火災（消防機関に出動を要請したもの）、（中略）7）その他の事項で、テレビ・新聞等で報道された事案（報道される可能性のある事案を含む）は「重大事故」に相当し、7日以内に行政当局に報告しなければならない。今回の行方不明は「重大事故」に相当するため、7日以内に行政当局に報告したわけである。なお、1）入所者等の骨折、打撲、裂傷等で、医療機関への入院・通院を要したもの、2）入所者等の誤飲、誤食、誤嚥及び誤薬、3）無断外出（見つかった場合）、4）その他報告が必要と認められるもの（交通事故等）は、30日以内に報告することになっている。

　2週間後、法人事業所で、岩垣やグループホーム事業所の管理者であった工藤と当事業所の次長、監査担当者の大田らが、行政当局の担当者から事故報告に基づいて事情聴取を受けた。このときの担当者と岩垣のやりとりは下記の通りである。

担当者：利用者の夜間の安否確認をするのは、事業所の責任ではないですか。全部
　　　　の部屋を確認しないんですか。
岩　垣：私は拒否する方の部屋は覗きません。用事があるとき以外は行きません。
担当者：利用者さんに、調子が悪いとか、何かあったときに発見が遅れますよね。

岩　垣：その通りです。本人には部屋に来てほしくないと、私は意向を聞いていま
　　　　した。で、過去にもそういうことがあったので、サービス計画に入れて、
　　　　同意を求めましたが、本人は拒否しましたと。なので、私は見ませんでした。
　　　　（19.7.21）

　その後、岩垣は「では、私はどうしたらいいんですか」と逆に尋ね返したが、
担当者は答えられなかったという。このため、岩垣は「私は困って。もちろん、
責任は感じるものは感じるんですけど。なんで、僕らに責任が発生してしまう
んだろうと。これは何だろうなぁ」と思ったということだった。
　今後の対応方法については、法人内でも考え方が二分した。入居者にセン
サーをつけて、どこにいるのかを確認できるようにしたらいいと言う人もいた。
次長からは、「これからは確認しなきゃ駄目ではないか」と言われたが、岩垣
は「僕は自分だったら嫌なんです。自分の行動を他人に把握されるというの
が」と反論した。このため、岩垣は入居者が拒否する場合には、夜の見回り時
に部屋を確認することはしていない。
　行方不明になってから1か月後、三浦の所在がつかめた。彼は友人宅にいる
ことが分かったのである。すぐに岩垣らは、三浦に会いに行き、これからのこ
とについて話し合いをした。岩垣らは三浦に他のグループホームを提案したが、
三浦からは、「もう施設は使いたくないんだ」と言われたという。この結果、
彼はA法人のグループホームを退所し、彼の滞在先であるZ市の相談支援事業
所の支援を受けることになった。三浦にとって、グループホームを退所するこ
とは、彼の生活の質を最適化させるためにとった生活戦術であったが、この結
果、三浦はA法人を離れることになった。岩垣は次のように語る。

岩垣：施設ってグループホームのことを言っているのか、そうなんだぁと。グルー
　　　　プホームでも利用者からみたら施設なんだなぁと。三浦さんの答えは、そこ
　　　　だったんだなぁと。管理されているのは嫌だったんだと。安否確認だろうが、
　　　　なんだろうが。グループホームって言わなかったんです。僕、施設をもう使
　　　　いたくないんだと。（19.7.21）

岩垣は、三浦がグループホームを「施設」と表現したことに衝撃を受けた。岩垣の中では、施設とグループホームには違いがあり、グループホームをより望ましい居住支援のかたちと捉える考え方があったからだった。岩垣は、A法人の相談支援事業所の相談支援員として在宅で一人暮らしをする利用者の支援をしており、とりわけこうした居住支援のあり方とグループホームとの大きな違いを認識するようになっていた。

岩垣：グループホームでは、薬一つ、落ちていた場合、それは事故報告なんです。
　　　いつのときの薬で、誰の薬なのかと。いつの事故なんだと。次のときには、
　　　飲むまで確認しますと書くのが事故報告なんです。ですが、糖尿の方を在宅
　　　で支援しているんですが、その人の家には、薬がぽろぽろと落ちているんです。
　　　なので、これかと思って。インシュリンを打っている方なんですけど、事故
　　　報告にはならない。（中略）これが「管理」と言われるところなんだなぁと。
　　　だけど、私たちが会議をして、結論としては、この人が多少健康を崩しても、
　　　命の危険がなければ、いいんじゃないかと。(19.7.21)

　三浦の失踪事件によって、岩垣はグループホームと一人暮らしとの違いに改めて気づくことになった。私が2018年7月に岩垣にインタビューをした際に、三浦の一人暮らしをしたいという要望を実現させられないかどうかと話をしたことがある。M町で一人暮らしをするためには、毎月12〜13万円必要となり、三浦の障害基礎年金1級の6万6,000円を考えると、就労収入が6万円必要となる。しかし、三浦は職場の人間関係を形成することが難しく、仕事に集中できなくなることがあり、継続的に月6万円の収入を維持することは大きなハードルとなっていた。このため、就労収入がなくなった場合は、生活保護に依拠しながら、一人暮らしをすることができるのではないかと私は岩垣に提案した。

岩垣：生活保護があるから、就労自立する必要はないんじゃないかと言えない自分
　　　がある。何を見ているんだと言う社会のつくりがある。僕らも「支援者がつ
　　　いていて、何なんだ」と言われることに囚われている。社会通念というか、
　　　社会の目というのが、僕らを邪魔する。なんで生活保護で生活させるんだと

言われる。職員からも言われたことがありますし。でも本人の希望が明確なので、ジレンマを感じています。(18.7.22)

　経済的自立に関わりなく、生活保護を利用して生活すること。このことを許容しない社会通念に囚われてしまう。とりわけ、三浦は就労自立の可能性がある軽度の知的障害者である。このため、法人内の職員も行政も就労自立を期待する。岩垣は、自らの支援の方法に矛盾を感じると、以前から私に繰り返し語っていた。三浦の失踪事件やその後の彼の発言を受けて、さらに岩垣の心は揺れている。就労自立の可能性があってもそこに囚われずに、生活保護による一人暮らしを検討する必要があると岩垣は改めて感じるようになった。
　しかし、三浦が一人暮らしを実現しても、責任の問題は残る。三浦が使用していたグループホームのベッド下には吸い殻がたまった灰皿があり、部屋でたばこを吸っていたことが後日分かった。岩垣は次のように語った。

岩垣：もし3日前に死んでいたということになったときに、見方が変わるよねっていう側面もでてきました。それもどうしようということになりますね。そのときに、命と本人の尊厳とをどうするのかということで。(19.7.21)

　自由であることと、それに伴う責任。社会一般の人は基本的には、自らの決定に対する責任を自ら引き受けながら生活する。しかし、知的障害があり、判断能力に限界がある場合、どこまで周囲の人が支援すべきなのか。何か問題が発生した際に、責任は誰が引き受けるのか。知的障害ゆえにその責任を担う機会すら十分に与えられず、一方、何かあったときには事業所が責任を負わされる状況が社会にはある。こうした責任のあり方が残る限り、本人の自由は十分に保障されない。大田は、次のように語った。

大田：私の個人的な意見というか感覚なのですが、サービスを利用されている知的障害者というのは、管理されている状態にあると考えられます。自己決定や意思決定は言われますが、自己責任を問われることはないと思います。事故などの責任は、本人にあるのではなく、我々事業者の側にあるのです。(19.5.12)

責任の所在が事業所に集中する中で、一人暮らしを積極的に進めることができず、職員巡回型グループホームの中で可能な限り生活の質の最適化を図る支援が現在でも行われている。しかし、当事者である三浦にとっては、グループホームは「施設」そのものであり、結局この「施設」から逃れるために事業所を退所するという選択をすることになった。

3.1.2. 職員常駐型グループホーム

　私は重度障害者にとっての、グループホームに代わる新たな地域生活の選択肢として重度訪問介護の利用が重要だと考えてきた。なぜなら、重度訪問介護を活用することによって、他者との共同生活が困難なためグループホームに移行できない重度知的障害者の地域生活が可能になるからだった。自立能力によって序列化された居住支援の仕組みでは、一人で生活することは最も支援が必要のない自立度の高い人が生活することを意味する。重度訪問介護の活用は、最も支援が必要な重度障害者が24時間の支援を受けて一人で生活するという点で、自立能力によって序列化された居住支援の仕組みを相対化しうる。

　A法人が主催した講演会や職員対象研修会の場などで、私は一部の職員や家族とは、重度訪問介護を活用した自立生活の可能性についてたびたび議論をしてきた。例えば、2018年7月30日に行った学園Ⅰと学園Ⅱの合同研修会では、「知的障害者の地域移行における重度訪問介護について」というテーマで私が講演し、参加者とこのサービスを実現する可能性について議論をした。参加した職員からは、重度訪問介護を活用することについては、介助者不足や自治体負担の問題など否定的意見が出される一方、サービス内容についてはおおむね肯定的意見が聞かれた。職員研修会が終了した後の懇親会の席でも、個々の職員が「退職したら重度訪問介護の介助者になるのも悪くないなぁ」と和やかに話していた。こうした取り組みを通して、職員は、グループホームに代わる選択肢として、重度訪問介護の可能性を徐々に検討するようになっていた。

大田：この方法は、入所施設の入口をふさぐことが可能になり、年間の入所者数を
　　　もっと減らすことができると思います。私たちは、グループホームを過信し
　　　ていたのかもしれません。結局、ミニ施設へ移行したことを率直に認め、第

３の選択としての重度訪問介護、そしてパーソナルアシスタンスに向かって
いく必要があると思います。(18.8.2)

　学園Ⅱで重度知的障害者に日常的に関わり、彼らがグループホームに移行す
ることの難しさを感じていた、阿部も次のように語った。

阿部：学園Ⅱには、女子だったら９人、利用者だったら32人いるけど、全体でとい
　　　うことだったらイメージがつかないけど、少人数だったら、イメージができ
　　　る感じがしています。体制が整うなら、やりたい人がいるんだろうと思う。
　　　（中略）基本的に一人で暮らして、誰かとつながるということができれば、い
　　　いことで、生活自体、集団であるという必要はないと思う。(19.7.22)

　研修会が終了した後、学園Ⅱの利用者である戸崎淳介（以下、戸崎）の重度
訪問介護の利用の可能性について、大田と私は検討することになった。戸崎は
学園Ⅱに長年入所してきた人だが、帰省の際に実家から学園Ⅱに戻ることを拒
否し続けていた。両親は高齢であり、この人と３人で生活していた。私も、母
の郁江にインタビューをするため自宅を訪問したことがある。戸崎は障害支援
区分５で、行動障害があり、集団生活が難しいためグループホームへの移行が
できない状況だった。この人が両親と自宅で生活しながら重度訪問介護を利用
し、将来的に自立生活するという構想を、大田と私は考えていた。両親は高齢
であるため、このまま自宅で生活して両親に何かあった場合、戸崎が施設や病
院に入所／入院することになるのは、容易に想像できることだった。
　この構想を実現させるために私は、M町から約100キロメートル離れている
が、最も近隣にある自立生活センターとA法人が協働することを大田に提案し
た。なぜなら、自立生活センターのある市と戸崎の実家のある市は10キロ
メートル程度の距離に位置していたからであり、介助者を派遣してもらえる可
能性があったからである。また、自立生活センターはこれまで重度障害者の自
立生活のために重度訪問介護を使用しており、近年になって、知的障害領域の
自立生活の可能性について検討するようになったからである。これまでの障害
者福祉では歴史的に、自立生活センターが施設解体を、施設運営法人が施設維

持を主張し、両者は対立関係にあった。しかし、私は日本の脱施設化を推進していくことが求められる社会的動向において、施設と自立生活センターが連帯することが重要だと考え、A法人の大田や岩垣らに繰り返し説明をしてきた。

　大田と私は、上記の研修会の翌日、自立生活センターを訪問し、A法人と当センターの協働の可能性について話し合いをした。その後、大田が中心となり、上記利用者の実家のある圏域の相談支援事業者に協力を求めて、関係者を集めた支援会議を開催した。ところが、支援会議では、重度訪問介護は居宅介護や行動援護のサービス利用を経て、長時間になった場合に利用が想定されていた。単価の低い重度訪問介護よりも、単価の高い居宅介護や行動援護を利用することが事業所の運営面からも妥当であるということだった。重度知的障害者が長時間の重度訪問介護を利用するということが選択肢として考えられない状況だった。それは、この圏域には重度知的障害者が重度訪問介護を活用した事例はなく、ベテランの相談支援専門員でも想像のできないサービス形態であった。結果的に、2018年10月に戸崎は学園Ⅱを退所し、在宅生活になり、家族の支援を受けながら、居宅介護や入所施設のショートステイを利用していくことになった。

　それから1年後の2019年夏、再び、私は大田や岩垣らと戸崎の重度訪問介護利用の可能性について探ることになった。これを実現するためには、当制度について理解し、重度知的障害者の支援経験のある相談支援事業者や重度訪問介護事業所の存在が不可欠となる。近年になって、重度訪問介護事業を全国に展開する株式会社の事業所が、戸崎の実家の圏域に進出していた。そこで、以前からこの事業所と交流があった私が仲介しながら、大田や岩垣とこの事業所関係者とで、今後の重度訪問介護の可能性について検討すべく、2019年7月25日に会議を開催した。この会議では、将来的に戸崎が重度訪問介護を利用しながら自立生活をしていくためのモデル事業を行うことを互いに確認した。しかし、このときに検討した支援構想は結果的に実現できなかった。この背景には、重度訪問介護を担う介助者を十分に確保することができないという地域の実情があった。

　こうした中で、重度の障害を有していても地域生活を可能にするために、A法人で何ができるのかと考えた場合、職員常駐型グループホームにおいてバリ

アフリー環境を整備し、車いすを利用しても生活が可能な重度・高齢化対応の
グループホームをつくることに焦点があてられるようになった。私が2018年
7月23日に裕子に自宅でインタビューをした後、当時学園Ⅱの施設長だった
大田と裕子は次のような会話をしていた。

裕子：息子も歩けなくなってきたから、学園Ⅱでお世話になるんだって話していた
　　　んです。
大田：うち（筆者注：学園Ⅱ）も障害が結構重いんで、で、高齢にもなってきている
　　　ので、そういう人たちが生涯暮らせるようなグループホーム。バリアフリーで、
　　　特養にあるような、車いすのまま入れるようなお風呂。あーいうのを設置し
　　　たようなものが、地域でできないかって言って。そういうのを考えていますね。
　　　だから、施設に戻るっていうことは、私は考えていないんで。地域の中であ
　　　くまでも暮らせるような、少人数で。今、9人とかのところもあるので、多い
　　　んですよね。それを4〜5人くらいにして、コンパクトにして。(18.7.23)

　高齢化・重度化しても、施設に戻らなくてもよい仕組みを地域につくること。
これが、大田がこの時点においてA法人内で実現可能な方法として考える計画
だった。2019年4月にグループホーム運営事業所の管理者に異動すると、大
田はこの計画を進めるべく他の職員と協議を重ねてきた。実際、女性の職員常
駐型グループホームであるg寮には2018年から車いすを利用する本人が生活
を始めていた。これまで結婚生活をしていたこの女性は要介護状態となり、こ
のホームに移行することになった。彼女は夫と町内で中古住宅を購入して生活
したが、難病にかかり、足の骨折が何度かあり、入院による筋力低下のため車
いす生活となった。学園Ⅰの施設閉鎖が行われた当初、学園Ⅱは介護の必要な
人も含めて重度障害者が生活する場であり、職員常駐型グループホームでは、
要介護の人が生活する場とは想定されていなかった。しかし、要介護の人がこ
のグループホームに入居すると、職員常駐型グループホームは要介護の場合で
も入居できる場と認識されるようになった。
　介護の必要な人は当法人では学園Ⅱで生活する傾向があり、学園Ⅱでの勤務
経験がある菊池も、重度障害者は施設で生活する必要があると考えていた。し

かし、グループホーム事業所の支援課長をする菊池は、グループホームで支援をしていく中で自立に対する考え方が変わったと語った。

菊池：ある程度、自分で何でもできるという理解だったんですが。でも、自分でできなくても。今は、できている方には、なるべく自分でして頂きたいので、できるように声かけをしたいけど、関わっている中で、利用者からは職員にやってほしいのよという、そういうことがあるので。できないときには、手助けをしたいという気持ちはもっているんですけど。（中略）g寮（筆者注：職員常駐型グループホーム）で利用者が変わる中で、あの人は手がかかるのに、地域に出る人じゃないでしょ、と言う利用者さんがいるので。でも、そうじゃないでしょ、みたいなぁ。(19.7.19)

　グループホームで生活する本人の中には、第10章で紹介した猪俣のように、学園Ⅱは介護の必要な人が生活する場所と認識する人がいる。このため、本人から介護の必要な人は「地域に出る人じゃないでしょ」と言われることがあるともいう。それに対して、「できないときには、手助けをしたいという気持ち」をもち、グループホームでの生活を継続してもらいたいと菊池は考えている。
　このように、要介護状態になってもグループホーム生活が継続できるような仕組みを作るための努力が重ねられてきた。これによって、学園Ⅱに戻ることなく、地域生活を継続することが可能になる。しかし、高齢化・重度化に対応したグループホームを作ることは、1か所に集約された比較的規模の大きなグループホームが継続することを意味する。定員縮小が検討されても、重度訪問介護による自立生活に比較した場合、グループホームでは生活の自由は制限される。この点は大田も理解するが、現状では職員常駐型グループホームにおいてバリアフリー整備などの生活環境の改善を通して、本人の生活の質を最適化せざるを得ないと考えていた。

3.1.3. 施設
　学園Ⅱに残った本人に対して、施設支援をする職員たちは、可能な限り生活の質を最適化するための支援を模索していた。地域移行の取り組みを通して、施設職員としての支援のあり方を再認識するようになったと清野は語った。

清野：地域移行という出来事があったけど、下の方に進んだまま、ずっと、上がっ
　　　てはこないという人がいる。たぶん、支援者の意識としても、そこまでの意
　　　識がない。ケアプランをつくったとしても、個別支援計画を一人ひとりにた
　　　てますけど、自立というよりは、目先の安定した生活。(15.8.14)

　学園Ⅱの本人の中にもグループホームに移行する人々がでてくることによっ
て、学園Ⅱにおいて「下の方に進んだまま、ずっと、上がってはこないという
人」の存在が明瞭になり、その人々の「目先の安定した生活」を守ることに支
援が焦点化されていく。地域での「自立」を目指すということよりも、入浴や
食事など日々の生活に必要な介護を行い、安定した生活を目指すことが重視さ
れることになった。

清野：特別な環境で、特別な行動を、症状のある利用者さんがいて、それに対して、
　　　24 時間の切れ目ない目があって、ある程度、理解もして、それが支援者の本
　　　位になるので、そこが危ないんですけど、なんかそういう役割を果たしてい
　　　るという、役割の意識はあると思いますね。やっぱり、地域とか、町で会っ
　　　た人が、学園Ⅱの利用者さんの理解しがたい行動とか、言動とか、あるとき
　　　があるんですけど、急に小学生に大声で話しかけたりとか。でも、学園Ⅰの
　　　職員だったら分からなくても、学園Ⅱの職員は、どうしてこういう行動にな
　　　るのかが分かるし、何がしたいからこういうことをしているというか。理解
　　　しにくい部分も、一緒に過ごしていく中で支援できるというのが、強みがあ
　　　るかもしれないです。(15.8.14)

　特別な環境での、特別な行動や症状のある本人に対して、24 時間の切れ目
のない支援を行うことが、施設の役割として再認識されている状況が語られて
いる。これは、支援者本位になる危険性がありながらも、そのような役割を果
たしているという認識が生まれるのだという。学園Ⅰに比較して障害の重い本
人を日常的に支援している学園Ⅱの職員にとっては、自分たちだからこそ重度
障害者の本人たちのことを理解できるという感覚もある。

こうした中で、学園Ⅱの生活環境を改善することに重点が当てられることになる。学園Ⅱの女子棟で9名の本人に支援をしてきた阿部が、9名定員の職員常駐型グループホーム・g寮への移行に疑問をもったのは、学園Ⅱでは本人9名を2つのユニットに分けて対応できるからだった。サービス報酬費の制約ゆえに、十分な支援を提供できないグループホームよりも、集団処遇的対応であっても、職員の関与を増やせる学園Ⅱが肯定されたのである。

筆者：以前、学園Ⅱにいた方がいいと思ったのはなぜですか。

阿部：建物の環境なんかを考えた時に、変わらない。g寮に行くという構想であれば、それよりも、女子棟でみれば、学園Ⅱの方が構造的に使いやすい。

筆者：どういう部分で？

阿部：洗濯場が離れている。学園Ⅱの4寮と5寮は構造的には離れている。5寮は本人4人、4寮は本人5人。4人と5人という生活人数が、g寮は9人になるので、問題行動が出る。人間関係の複雑さが出てしまう。新しい建物を建てて、今のようなスタイル（筆者注：4人と5人）で地域に行けるんだったらいいと思うんだけど。(19.7.22)

　学園Ⅱでは、女子棟の入居者は4寮に5名、5寮に4名というかたちで分かれており、各寮にデイルームがあり、食事は寮ごとに行われている。5寮には6部屋、4寮には短期入所のための部屋も含めて6部屋あり、12部屋を使用できる。女子棟の入居者9名は、個室を使用しており、洗濯場も離れているので、比較的静かな生活環境を保持できる。

　一方、A法人の重度障害者用の職員常駐型グループホームは、入居者が9名いるので、行動障害や人間関係上の問題が学園Ⅱよりも生じやすくなるのではないかと阿部は考えていた。このため、地域のグループホームに移行することによる意義が見出せなかった。結果的に、重度障害者には学園Ⅱの生活環境の方が安心できると考えるようになったわけである。

　地域生活をする人を含めて本人が高齢化・重度化する状況に対応するための、施設環境の改善が必要であることも語られた。重度障害者には施設の方が良いと思うかどうかを尋ねると、清野は30秒間悩んだ後で次のように答えた。

清野：そこが大事なとこかと思いますけど。（筆者注：学園Ⅰと同じように出ていかなければならないとは）考えていないと思いますね。重度高齢化ということが言われて、重たい利用者さんが入ってこられたり、今まで地域で過ごしていた人が年を重ねられて、身体機能が、下がっていったりとかの部分で。手すりをつけたり、入浴を丁寧にしたりとか。そういう部分の意識はあると思いますけど。それか、ここの施設でも十分にがんばったけれども、支援ができなくなって、退所とかあるかもしれませんけど。(15.8.14)

　学園Ⅱの本人が高齢化・身体機能が低下し、さらには、グループホームで生活している人も身体機能が低下し学園Ⅱに再入所する例が出始めてきた近年では、重度高齢化に対応した施設の意義が一層認識されるようになっている。障害者自立支援法の新法移行に伴って、バリアフリー環境が整備される中で、重度高齢化対応の施設として学園Ⅱの生活環境が意識されるようになった。

清野：施設の中の環境を整備して、自立支援法に移行した時に、全部改装して、フローリングにしたり、エアコンをつけたり、居住環境としては、利用者としても支援者としても、過ごしやすい環境になっているんですけど、逆行しているといえば、逆行している。やっぱり面倒を行って、満足しているという段階ですね。(15.8.14)

　施設内には、手すりがつけられたり、フローリングが改装されたりするなど、以前より居住環境が改善された。入居者の状態や施設環境によっても、学園Ⅱの存在意義を職員は一層実感するようになった。入居者としても支援者としても過ごしやすい環境になることによって、本人への「面倒を行って、満足している」という心理状態になるという。
　現在は個室化することによって施設内の生活環境を改善し、重度の本人のための施設とすることも検討されている。前述したように、中谷は職員の配置人数や地域との関係性ゆえに学園Ⅱは「絶対に必要」だと考えており、個室化について次のように述べる。

中谷：個室化を図るべきだと思います。女子全員を出せばできますが、出せない女子もいるので。女子全員を出して、男子を埋めて 30 人にし、部屋を増設できればいいと思う。やっぱり重度の子なので、落ち着かないので、一人部屋だと落ち着いてくるんです。学園Ⅱのつくりは寮になっているので、職員が配置できるので。(19.7.19)

　中谷も阿部と同様に、学園Ⅱの建物が寮のようなかたちだからこそユニットケアが行えると考えている。それを全室個室にすることによって、行動障害のある本人が精神的に落ち着き、施設も効果的に運営できるのではないかと語った。

3.2. 序列性の活用による自立への動機づけ

　本人の地域生活を継続させ、可能な限り生活の質を最適化させるために、序列化された居住支援の仕組みが活用されることがある。自立能力に応じて序列化された構造は、障害福祉領域の現場では、ステップアップ方式と呼ばれることがあるが、自立能力に応じた段階を上がることによって自由度の向上を目指す一方、段階が下がり自由度が低下することを防止するために自立能力の維持・向上を目指すことが求められることになる。

3.2.1. ステップアップ

　女性グループホーム担当の生活支援員である桑原は、大宮が職員常駐型グループホームから職員巡回型グループホームに移行した理由について次のように語った。

桑原：そのときは、ステップアップではないですけども、本人も望んで、職員がいない寮に行ってみたいという話があったので。g 寮（筆者注：職員常駐型グループホーム）でも、自立をするということで、土日に一人で献立をつくるということもしました。自分でご飯を炊いて。そういうのも含めて、どんどんできればいいということで、d 寮（筆者注：職員巡回型グループホーム）に移っていった。(19.7.19)

桑原は、「ステップアップ」という用語に言及しながら、大宮が職員常駐型グループホームにいるときから料理の機会を提供し、「どんどんできればいいということで」、職員巡回型グループホームへの移動を職員会議で決めたことを語った。

　大宮はグループホームよりも一人暮らしを望むが、一人暮らしの条件について、桑原は次のように語った。

桑原：それは（筆者注：一人暮らしの条件は）、安定していること。異性関係、健康管
　　　理という面で踏み出していないことだと思います。（中略）食事の面で食材を
　　　（筆者注：支援者が）届けてくれて、料理ができると思うので、サービスがあれ
　　　ば可能かと思う。金銭関係とか、健康とか。そういうことを言ったら際限も
　　　なく出てきてしまいますが。(19.7.19)

　桑原は職員巡回型グループホームを自立のためのステップと捉えるが、一人暮らしのためには異性関係の問題がないことが条件と指摘する。しかし、異性関係となると性教育を含めて十分な対応をしているわけではないという事業所の問題についても認識している。それでも、本人の異性関係を理由として一人暮らしが容認されない状態になっていると語った。

3.2.2. ステップダウン

　序列化された居住支援の仕組みには、段階が下がる側面もある。ステップダウンの可能性があることは、地域生活する本人への支援のあり方に影響を与える場合がある。

　前述した職員常駐型グループホームのg寮で暮らすようになった車いす利用者が、2021年3月に再度トイレで転倒して骨折で入院した。この後、1か月間の入院で立つこともできなくなった。2021年時点で、M町にある社会福祉協議会のヘルパーを週2回（1回1時間入浴介助）と訪問看護を週1回、さらに退院後はM町病院のリハビリを毎日30分程度利用していた。

　こうした状況に対して、転倒時に介助していた職員が「もう看ることができない、どこかの施設に入所させてもらわないと、責任がもてない」と、管理者

である大田に訴えた。この職員によれば、採用時にグループホームでは介護業務はないという条件だったということで訴えがなされたという。他施設で介護職員として勤務してきた大田の妻が急遽、2021年4月からパートとして採用され、この女性利用者の専属介護員として勤務することになった。グループホームの女性職員の意見は、グループホームで看取りたいと考える職員と他の施設に入所させたいと考える職員とに分かれており、大田は女性職員の介護技術の向上を待ち、本人のリハビリによる機能回復を期待しながら入所施設の状況を調べることになった。

大田：この利用者を他の施設に移してほしいという女性職員の要望で、私もいろいろと入所施設を探しましたが、知的障害者施設は、全く受け入れ拒否で何の役にも立ちません。要するに支援はできるが介護はできないという施設が大半で知的障害者施設では介護はできないということを今回認識しました。（21.4.18）

　しかし、本来は、グループホームでの介護支援体制が必要だという。

大田：グループホームの職員が今後、こうした介護を必要とする利用者の介護ができる職員体制を築くことが大切です。また、入浴とトイレの介護がしやすいグループホームが必要です。機械浴の設備も今後必要になります。特に生活介護事業所は、これから高齢者のデイサービス的な機能をもつ必要があります。高齢化に対応する設備整備の補助金が必要です。（21.4.18）

　2021年3月下旬、女性利用者は身体障害者の障害者支援施設を見学することが決まった。この点については、大田は次のように語った。

大田：私は、この女性を他の施設に入所させたいとは思っていません。また、4月27日に施設見学に本人にも同行してもらう予定ですが、本人が入所を希望するとは思えません。また、病院でリハビリ入院が可能なところのワーカーとも相談しており、長期入院によるリハビリができるか調整中です。現場は、

退所させたい勢力とこのままグループホームで生活してほしいという勢力に分かれています。（中略）すぐに退所させたい人たちの意識が変わるとは思えませんが、入所先を探しながら、本人のリハビリによる筋力の回復に期待しています。夫婦で都市部の重訪事業所で支援をしてくれるところを探すという方法もあると考えていますが、現在、（筆者注：コロナウィルス蔓延のため）往来はできない状態です。しかし、まずは、女子職員の意識改革が必要だと思います。

施設見学の目的は、もちろん入所のためなのですが、私は本人がこんなところには行きたくないと本気で思ってくれればリハビリに対する姿勢も変わると期待しています。（21.4.22）

大田の思いは複雑である。女性利用者に最低でもグループホームで生活し続けてほしいという思いをもつ。さらには、重度訪問介護事業所による自立生活の可能性を探っているが、2021年4月はコロナ禍のため交通機関による移動は困難だった。グループホームでは、介護負担のため施設入所を希望する職員とグループホームに留まることを主張する職員とで見解が分かれていた。大田は、女性職員が介護の重要性を認識し、介護技術の向上によって、女性への対応が可能になるのではないかと考えている。ただし腰痛で苦しむ女性職員の意向にも配慮せざるを得ない。このため、女性利用者が病院に入院し、リハビリによって機能回復訓練に励み、自立能力を向上させることに期待せざるを得ない状況に置かれている。彼女が、施設を見学することで、施設に戻りたくないという強い意思をもち、地域生活を継続するという意思をもてるようになるのではないかと大田は考えていた。

序列化された居住支援の仕組みにおいて、施設という場が地域で生活する本人にとっても自由度が最も低く、決して戻りたくない場所と捉えられており、このような場所に戻らないためにも、本人は自立生活能力の維持に駆り立てられる側面がある。A法人で学園Iが閉鎖された後も、施設という存在が、地域で生活する本人にとっても地域で働く職員にとっても自立能力の維持・向上を促す場として機能し、活用される実情がある。

2021年3月下旬、この女性利用者は女性グループホームの支援課長の菊池

と、生活支援員である大田の妻とで施設見学をした。その後、施設側は受け入れが可能ということだったが、菊池が本人に尋ねると、本人に入所する気持ちはなく、施設入所の断りの電話を入れた。その日の夜に大田が本人と面接した。本人は入所を希望しない理由として、4人部屋であること、洗濯なども職員が行うため自分でできることまで奪われてしまうことなどを述べた。

しかし、グループホームでは、介護に不安のある女性職員の中には長期で休む人も出ており、代替えの職員に負担がかかり、さらに菊池は入所させないのであれば、他の女性職員も全員辞めると言われていた。このため、本人も1週間程度のショートステイであればよいということで、施設にはショートステイの依頼をした。M町の隣の市にある病院でリハビリを行うことも計画した。リハビリに集中し、ショートステイも利用しながら、現在のグループホームでの生活を継続することが計画されたのである。

女性利用者には、彼女が暮らすグループホームの隣のグループホームで生活する夫と生活したいという思いが強くある。このため、夫とA市などの都市部でマンションを借り、重度訪問介護を利用して2人で暮らすことを支援目標に設定した。このような目標を設定することによって、「少しリハビリにもやる気が出てきたよう」(21.5.7) だと大田は語った。可能な限り本人の希望を実現させるために支援体制を整備するだけではなく、リハビリによって自立能力を維持・向上させるための努力を本人に期待をせざるを得ない状況が現在の居住支援の仕組みにはある。大田はこの女性利用者への思いを次のように述べた。

大田：私の立場としては、利用者と職員の狭間で、難しい調整を迫られますが、利用者の側に立つことだけはやめない覚悟です。本人と結婚した当時の話などをして、夫妻とは30年の付き合いですから、この法人にとって、大切な利用者です。(21.5.7)

こうして、大田は北海道における都市部の重度訪問介護事業所の支援を受けながら、女性利用者の夫と共に自立生活する可能性も探ることになった。私も調査の過程で関係を作ってきた都市部の重度訪問介護事業所に現状を説明し、知的障害のある夫婦がM町から移住して、自立生活を送るためにはどの相談支

援事業所や重度訪問介護事業所につなぐのが現実的かを探っていた。しかし、この2人を支援することが可能な事業所につなぐことができず、グループホームでの生活を継続するための取り組みが2022年現在もなされていた。

3.3. 施設活用によるグループホーム経営の安定化

　支援という観点だけではなく、現行の報酬体系では、グループホームの事業運営が困難であるため、他事業による経営的基盤が必要となることも指摘された。このとき、施設でのサービス報酬費を活用することによって、グループホーム経営の安定化が図られていた。

　この点については、2019年3月までグループホームの運営管理を担っていた管理者の工藤は、次のように述べた。

工藤：全体で赤字がでなければOKだ。私もグループホーム事業所と多機能事業
　　　所の管理者の両方をやっていますし。(15.8.15)

　A法人における2017年度（2017年4月1日〜2018年3月31日）の社会福祉事業区分・事業活動内訳表（2019年3月検索時点）によれば、勘定科目が「本部」「多機能事業」「支援施設」「共同住居」「特養」「相談支援」と記載されている。このうち「支援施設」の経常増減差額は3,056万4,812円となっている。これがいわゆる「内部留保」と呼ばれる黒字額に相当する。これ以外には、「相談支援」が69万9,162円の黒字となっている。

　一方、グループホームを意味する「共同住居」は341万3,980円の赤字となっている。特別養護老人ホームは1,056万1,815円の赤字、就労継続支援B型と生活介護によって構成される「多機能事業」は844万8,112円の赤字である。これらの赤字額は、「支援施設」の約3,000万の黒字額によって、補填していることを意味する。すなわち、入所施設が他事業を経営的に支えている構造になっているということである。

　会計区分における「支援施設」とは、障害者支援施設と生活介護によって構成されており、後者の生活介護は障害者支援施設の入居者が利用する。このため、経常増減差額3,056万4,812円とは、施設入所支援だけではなく、生活介

436　第四部　地域移行と地域生活

護のサービス報酬費が含まれる。両者の基本報酬の比率は1対2であるため、施設入所支援が約1,000万円、生活介護が約2,000万円の黒字額であることを意味する。障害者自立支援法が施行された時、各施設は、入所と介護を1対2で按分していたが、現在は按分しなくてもよいということになった。2022年調査時の会計は、「施設入所支援」という拠点区分が使用される。会計区分では両者が一体のものと算定されるので、見た目上も支援施設の黒字額と示されることになる。こうした会計区分の表記によっても障害者支援施設の経営的優位性が示されることになる。

　グループホーム運営の補填される対象は人件費だけではない。障害者総合支援法において、サービス報酬費は個別給付であり、サービスを利用する個々人のサービスに対する費用として定められている。しかし、報酬費が法人の事業会計に組みこまれるとこれは事業運営全体の収入となり、ここから必要な人件費だけではなく、事務経費や設備費に使用される。例えば、グループホームのスプリンクラーの設置、屋根の修繕、建物の増築や改築といった費用に充てられることになる。グループホームという物理的基盤を支えるために、個々の本人に割り当てられた報酬費が活用される。法人は、将来的な設備投資のために、報酬費を内部留保せざるを得ない状況に置かれており、そのために、効率的に収入が得られる入所施設が必要であるという認識に至るのである。

　入所施設はグループホームのように定員の上限が定められているわけではないので、入所者数を増やせば収入を増大させることが可能である。また、入所施設が効率的に収入を得られる背景には、障害者自立支援法制定以降に導入された「日割り制」という算定方法が関係している。日割りというのは、利用者日数ごとにサービス報酬費が算定される仕組みのことである。このとき、生活介護事業所で課題になるのが通所者のサービス報酬である。

　例えば、ノロウィルスで施設が閉鎖されても、施設内で生活介護を実施しているため施設入居者の日中時間帯は生活介護として成立する。一方、施設外の通所者は生活介護事業所に通えなくなる。通所者が多いほど、休むことに伴い減収になるというリスクが発生する。学園IIからグループホームに移行した後、通所しなかった場合は、生活介護のサービス報酬費を失うことを意味する。このことが、障害者支援施設で施設入所支援と生活介護を一体的に行うことを誘

導することになるのである。

このようなサービス報酬費の額・対象・算定方法ゆえに、グループホーム運営の安定化という観点から、入所施設を維持する必要性を認識する人もいた。

4．小括

本章では、職員が地域移行や地域生活をどのように捉えてきたのかをみてきた。

4．1．自立規範の変容と再編

第1に、地域支援の職員たちは、施設解体計画による地域移行を通して、施設生活から解放され、生き生きとした本人の姿や潜在的可能性を感受したことによって、地域生活の意義について認識するようになった。同時に、入所施設の構造的限界について再発見するようになり、学園Ⅱの解体の必要性について考えるようになった職員もいた。このとき、他者の支援を受けながら地域で生活することと自立を捉えており、入所施設の頃の自立の捉え方とは異なる側面が現れていた。

第2に、地域生活を拠点にして、自立能力によって序列化された居住支援の仕組みが作られることによって、施設と地域生活を包摂しながら、自立能力に応じて居住形態を捉える認識が職員の中に形成されていた。地域支援の職員は自立能力に応じてグループホームの居住形態を捉えるようになり、施設支援の職員は居住支援形態の違いを通して、地域移行可能な人と重度障害者との差異を明確に認識するようになった。ここには、序列化された居住支援の形態が形成されることを通して、自立規範が再編されていく状況が示されている。

こうした中で、本人の生活の質の最適化を図るために、地域支援の職員は職員巡回型グループホームや職員常駐型グループホームでの生活環境の改善、施設支援の職員はユニットケア化・重度対応化・個室化による施設内環境の改善を図っていた。また、地域支援の職員は、序列性の活用による自立への動機づけ、施設活用によるグループホーム経営の安定化といった方法を実践していた。これらは職員が本人の生活の質の最適化を図るための職務戦術であるが、この

結果、職員と周囲の人々との相互作用過程を通して、施設と地域を包摂した序列化された居住支援の仕組みが維持され、自立規範は再編されることになった。

4.2. 先行研究との比較

脱施設化に関わる職員を対象にした研究では、ＡＤＬやＩＡＤＬといった適応行動を向上させ、不適応行動を軽減させる方法が地域支援をする職員の援助者としての専門性を示すものとして評価されてきた（Emerson & McGill, 1989；Emerson & Hatton, 2005；Felce, 2002；Jones, et al., 1996；Mansell, 2006；Walsh, et al., 2010）。さらには、個人の行動変容を促す専門性が実証的に証明されることが費用対効果の観点からも重視されてきた（Mansell, 2006；Schalock, 1995）。施設における治療教育学の専門性が障害学の権利アプローチや費用対効果を重視する社会的動向と調和するように研究の視点が設定されていた。

本章で明らかにした職員の考え方や態度からは、本人の自立能力が向上したということで地域移行や地域生活を肯定しているわけではないことが示された。施設生活では表れなかった、本人の生き生きとした姿や潜在的可能性を発見することを通して地域生活を肯定している。これは施設生活を通して長期にわたって本人に関わり、施設生活の現状について様々な思いをもってきた職員だからこそ、感受できる本人の変化だったと考えられる。

地域生活を支援する過程で職員は、グループホームにおいて本人の生活が自由にならないことに疑問を抱いたり、重度訪問介護といったかたちで最重度の知的障害者であっても自立生活できる可能性について検討したりしていた。あるいは、重度訪問介護の実現が困難な中で、障害が重度化しても地域生活が可能になるように、高齢化・重度化に対応した小規模グループホームについて検討されていた。職員による地域移行や地域生活の経験には、自立能力に応じて居住支援のあり方を捉えていく側面だけではなく、自立能力に関わりなく本人の地域での望ましい生活を探求していく側面がある。

自立能力を向上させていく支援を専門性として評価するこれまでの脱施設化評価研究の視点では、本人のニーズに向き合いながら葛藤する職員の認識や実践の動態的過程を軽視することになる。したがって、本人の自立能力の向上という考え方や方法とは独立した形で、本人の望ましい生活がどのように保障さ

れているかということを捉えていく職員の認識のありように着目しなければならない。これは、自立能力に関わりなく本人が地域生活する権利を承認する視点であり、このような視点がどのようにして形成されるのかということを分析することが職員を対象にした脱施設化研究において求められる。

　ここには、ゴッフマンの『アサイラム』における研究成果とは異なる本人と職員の相互作用の実情も示されている。すなわち、ゴッフマンの『アサイラム』では、被収容者と職員の「役割分離」（Goffman, 1961=1984：99）の境界線が破られ、「役割解除」（前掲書：100）が生じる事例が紹介されていた。しかし、この種の「危険」が生じた際に職員はその場から退去してしまう状況が描かれていた。ここには、職員が「役割分離」の関係性を再構築し、施設の秩序が維持される状況が示されていた。本研究では、地域支援の職員たちは、施設の構造的限界を感受し、他者の支援を受けながらの自立保障を重視するようになっていた。この結果、彼らは学園Ⅱの閉鎖と共に、就労自立や身辺自立に制約のある本人の自立生活のための支援のあり方を模索していた。これは、施設内秩序を変更するための実践であり、それを維持する儀礼とは異なる役割解除の関係性が示されていた。

　ところが、本人の生活の質に配慮しながら自立規範を変容させようとしながらも、限られた制度的条件下において本人の生活の質の最適化を図る実践を行使することによって、自立規範が再編されていく側面も明らかになった。ここには、『アサイラム』における役割分離の関係性が地域の居住形態を包摂するかたちで再構築されていく状況が示されている。

　このように、施設閉鎖の実践によって、本人と職員による役割分離と役割解除の相互作用過程は、制度的構造に規定されながら施設と地域の居住形態を包摂するかたちで動態的に展開することが明らかになった。脱施設化における本人と職員の相互作用過程を分析する研究においては、施設と地域の居住形態における相互作用過程と歴史的・制度的構造との関連を踏まえて分析する視点が求められる。

終　章　研究の意義と示唆

　本書の研究の問いは、障害者自立支援法制定期の歴史的・制度的構造におい
て、社会福祉法人によっていかなる施設閉鎖の実践が行われ、この結果、施設
設立時の自立規範はどのように変容し、再編されてきたのかということである。
　この問いを解明するために、自立規範と相互作用過程に焦点を当てながら、
1) 1980 〜 2020 年代の入所施設とグループホームの制度規定の根底にある知
的障害者観／処遇観がどのように構築されてきたのか、2) 1980 〜 1990 年代
における施設入所や施設生活がどのように行われてきたのか、3) 2000 年代に
なぜ、どのように施設閉鎖が行われたのか、4) 2000 年代の施設閉鎖の実践に
よって、地域移行や地域生活がどのように行われてきたのか、ということを分
析した。研究方法は、2000 年代に入所施設の閉鎖をしたA法人を対象にして、
エスノグラフィによる調査を行った。
　終章では、本研究の成果を整理し先行研究と比較し研究の意義を述べた上で、
本研究から示唆される日本の脱施設化政策・実践の課題と展望を述べたい。

1．本研究の意義：先行研究との比較

1．1．先行研究の批判的検討
　序章で述べたように、脱施設化政策の評価に関わる研究が各国で行われてき
た。本人を対象にした研究は、1980 年代には研究の焦点が自己決定や社会参加、
主観的満足感といった生活の質へと移行したが、一貫して適応行動指標は重視
されており、2000 年代以降の研究は適応行動指標とは独立して自己決定や社
会参加、主観的満足感に焦点を当てられた。しかし、いずれの研究も自立規範
と生活の質との関係に焦点が当てられてこなかった。
　家族を対象にした研究は、本人の能力や家族への影響、施設／地域福祉サー
ビスの質・量という機能的側面の観点から家族の認識を分析する特徴があった。
家族が脱施設化を肯定する背景を測る指標の一つとして使用される本人の社会
的スキルの改善は、本人の自立能力に焦点を当てる視点である。家族に関わる

終　章　研究の意義と示唆　441

研究も、家族の判断や行動を規定する自立規範の分析は十分になされてこなかった。

　職員を対象にした研究では、施設から地域生活への移行後に本人が新たなスキルを習得し自立することのできない理由として、職員の態度や関わり方に問題があるとされ、個人の行動変容を促す専門性に焦点が当てられるようになった。さらに、この専門性は費用対効果の観点から実証的指標として重視されることになった。一方、職員が自立規範をどのように捉え、本人とどのような関係を形成したのかという観点からの研究はなされてこなかった。

　このような研究の視点では、自立規範を通して本人にどのような不利益が生じるのかということが不明確になる。自立スキルが向上しなければ、あるいは、自立能力が低下すれば、施設収容も肯定されかねない。これは従来の治療教育学の有する能力主義志向を継承しており、本人と援助者との権力関係、社会制度や物資的条件の不平等性といった構造的問題が看過されかねず、ディスアビリティが本人のインペアメントの問題と捉えられかねない。

　これらの研究が見落としてきた自立規範について問題意識をもっていたのが、アメリカで長年脱施設化研究を行ってきたテイラー（Taylor, 1988）だった。彼は、アメリカの脱施設化を推進してきた最小制約環境原理という考え方は能力主義的な考え方を前提としており、地域では能力に応じた居住形態の連続体の仕組みが作られると主張した。

　連続体とは、「制約（restrictiveness）の程度に応じて異なる処遇の順序付けがなされること」を意味し、「最も制約された環境は最も隔離され最も集中的サービスが提供され、最も制約のない環境は最も統合され自立していて、最小のサービスが提供される」ことを意味した（前掲書：220）。本人は個人の自立能力に応じて連続体のどこかに位置づけられ、スキルを伸ばせばより制約の少ない処遇環境に移行することになる（前掲書：220）。

　ところが、テイラー（前掲書）の研究は、このような連続体がどのように構築され、マクロ領域の制度的動向とミクロ領域の相互作用過程がどのように関係しているのかということは明らかにされてこなかった。また、彼の捉え方では、自立規範が自立能力に応じた居住形態の連続体に静態的に埋め込まれていることを前提としている。この結果、知的障害者を含む行為者は規範に枠づけ

られる受動的存在として捉えられかねず、規範による秩序の変容可能性や行為者の生の固有性が軽視されかねないという限界があった。

施設における規範による相互作用秩序の形成に焦点を当てた重要な研究は、社会学者ゴッフマンの『アサイラム』（Goffman, 1961=1984）だった。この研究では、全制的施設の無力化・特権体系に対して被収容者が「第二次的調整」を駆使することによって、施設の無力化・特権体系の相互作用秩序が維持されていく状況が描かれていた。「第二次的調整」とは、「施設が個人に対して自明としている役割や自己から彼が距離を置く際に用いる様々な手立て」であり、施設の規範的役割から距離が置かれることを意味する。ただしまさに、このような実践を通して、秩序が維持される状況が『アサイラム』では描かれていた。

ところが、『アサイラム』では秩序の変容可能性が見落とされており、本人と職員間の関係性が「役割分離」を前提としていることに限界があった。そこで、本研究では、自立規範に依拠する相互作用秩序の変容と再編の過程に焦点を当てて分析を行った。

1.2. 居住支援政策における知的障害者観／処遇観

第1章と第2章において、1980～2020年代の入所施設とグループホームの制度の規定と動向を分析することを通して、各年代の居住支援政策に埋め込まれた知的障害者観／処遇観を明らかにしてきた。この結果、各年代の居住支援政策において、身辺ケア能力、一般就労や福祉的就労の稼働能力といった自立能力の程度に応じて知的障害者を段階的に、社会一般に限りなく近い居住の場に分類収容するという知的障害者観／処遇観があり、これは国全体の社会保障政策の動向とも関連しながら変容し再編されていることが分かった。

国全体の社会保障政策は、80年代の日本型福祉社会、90年代の社会福祉基礎構造改革、2000年代の持続可能性、2010年代以降の地域共生社会という目標のもとに、社会保障関連経費を抑制しながら効率的な経済システムや財政の健全化を実現させるための政策として展開してきた。とりわけ1990年代以降は、施設福祉と地域福祉の連続性、契約、民間事業所の参入や競争、在宅福祉の重視、市町村主義という方向性のもとに居住支援政策が位置づけられ、施設やグループホームのあり方が規定されることになった。

第1に、居住の場と対象者については、1980 ～ 1990 年代において、1960 年代以降の自立能力に応じてコロニー／重度棟、入所更生、入所授産という施設内で分類収容する体系から、身辺ケア能力や福祉的就労の稼働能力に制約のある重度障害者のみを施設収容されるべき存在と捉える体系に変容し始めた。統計データからも、施設内居住者の重度化の傾向が 1980 年代以降に表れていた。一方、グループホームは身辺自立や福祉的就労以上の稼働能力といった自立能力のある障害者の居住の場と捉えられ、この時期の地域移行は、これら自立能力のある障害者を対象とする制度として展開した。

2000 ～ 2020 年代になると、自立能力を基準にした分類収容の体系が施設からグループホームに移行した。施設は重度障害者に限定し、グループホームはサテライト型・外部サービス利用型・介護サービス包括型・日中サービス支援型というかたちで、自立能力に応じて序列化し分類収容する居住支援体制に再編された。統計データからも、障害者自立支援法制定以降に障害者支援施設の入居者の障害支援区分が重度化し、グループホームは障害支援区分ごとに再編されていることが示されていた。

第2に、居住環境や地域社会との関係については、1980 ～ 1990 年代において、施設では重度化と並行して、職員配置基準の改善・定員規模の縮小・個室化や小規模化・生活の質への配慮といった施設環境の改善、地域社会へのオープン化や専門的機能の提供が目指されるようになった。一方、グループホームは施設とは異なる居住環境と捉えられ、物理的にも施設とは異なる地域生活の場と位置づけられていた。

2000 ～ 2020 年代になると、90 年代にあった施設とグループホームの境界は不明瞭となり、施設と地域の相互の連続性が強化された。施設の個室化や小規模化、生活の質の配慮によるグループホーム化と、グループホームの大規模化・集約化・施設環境化による施設化が進められ、いずれも地域生活支援拠点としての役割が期待されることになった。

こうして 2000 年代以降の居住支援体制は、グループホームを包摂することによって施設と地域の連続性を強化しながら、自立能力に応じて社会一般と同等の生活条件を付与する自立規範に依拠して知的障害者を捉え、彼／彼女らを各居住の場へと分類収容する体系へと再編されることになった。テイラー

（Taylor,1988）の研究と同様に、日本の居住支援政策においても、施設と地域の居住形態の連続体において自立規範が埋め込まれており、行為者の考え方や行動を方向付けるものとして機能していることが明らかになった。

1.3. 施設入所・施設閉鎖・地域移行／地域生活

制度の運用場面に関与する行為者である本人、家族、職員は、居住支援政策における自立規範の影響を受けながらも、この規範のみで考え方や行動が枠づけられているわけではなかった。本書を通して、各行為者はゴッフマンの描くように規範や構造に規定されるだけではなく、それに働きかけ変容させていく存在でもあることが明らかになった。

1.3.1. 施設入所

第1に、施設入所の過程から分析した。

第3章と第4章の分析結果に依拠すると、まず、1）個々の職員／専門機関同士のインフォーマル／フォーマルなネットワーク、2）一般社会から分離された寄宿舎や施設生活への適応を通して、自立規範が親の判断や決定のあり方を規定している側面が見られた。本人は、施設入所前に普通学校からの分離の経験をしており、こうした経験が施設入所につながるものと捉える人もいた。本人にとっては、施設入所は周囲の専門家だけではなく、親との間にもある非対称の関係性を通して決められたものと捉えられていた。

次に、親は地理的環境、施設内環境、職員の質といった観点から施設入所を決定していた。本人は、地域生活を送る上で施設入所が必要なものだったと認識している人を含めて、施設入所に際して自立規範を内面化しているわけではないことが示された。ここには、家族や本人も自立規範によってのみ考え方や行動が枠づけられているわけではなく、規範的役割から距離が置かれている側面がみられた。

ただし、施設生活を通して自立規範に規定される側面もみられた。親は、障害程度別の各施設・寮の処遇の違いを通して、自立能力を基準にして子の居住形態を捉えていた。本人は早期の施設退所や地元に戻る手段として自立規範に即して行動し、自立能力に依拠して自己や他者を差別化していた。こうして、親も本人も、その時代の周囲の人々との相互作用過程の中で、自立規範を参照

終　章　研究の意義と示唆　445

し考え行動する側面と、この規範には枠づけられない側面とが、行為遂行的に現れていた。しかし、まさにそれゆえに、施設の自立規範は維持されていた。

　ここには、ゴッフマンの『アサイラム』で描かれた「無力化・特権体系」（Goffman, 1961=1984）が維持される状況が示されていた。すなわち、施設では「無力化の過程」による生活困難が生じるが、本人は「第二次的調整」という生活戦術を駆使し、期待された役割から距離をとりながら生活してきた。しかし、施設退所が「特権」となり、施設に留まることが「罰」となる「特権体系」が形成されており、この結果、本人は施設退所という特権を獲得するために自立規範に従い、行動することになる。まさに、施設の無力化・特権体系を通して、自立規範は維持されていた。

　これまでの脱施設化研究では、自立規範の構築過程を施設入所以前の経験から分析することが十分に行われてはこなかった。施設入所以前と施設入所後の自立規範の構築過程を一体的に分析することは、脱施設化研究が取り組むべき重要な課題である。

1.3.2. 施設閉鎖

　第2に、職員による施設閉鎖の実践から検討した。第5章で述べたように、職員が施設閉鎖を行った背景には、2000年代の契約制度や区分制度といった制度的動向の変化だけではなく、本人との相互作用過程による職員の援助観の変化が関係していた。すなわち、1) 重度障害者との相互作用過程を通して当事者の生活世界を重視するようになり、2) 同じ生活者としての観点から不平等性の視点をもつようになったという援助観の変化が見られた。ここには、ゴッフマン施設論では見出せない、本人と職員の「役割解除」の関係性ゆえに施設設立当初の自立規範を変容させる側面が示されていた。

　ゴッフマンのアサイラムは、被収容者と職員の「役割分離」（前掲書：99）の関係性が前提にあった。一時的に被収容者と職員の境界線が破られ、「役割解除」（前掲書：100）が生じる事例が紹介されているが、これは施設の秩序を維持するための「儀礼」と捉えられていた。あるいは、境界線を越えた関係を形成する状況にも言及するが、この種の「危険」が生じた際に職員はその場から退去してしまう状況が描かれていた。ここには、職員が「役割分離」の関係性を再構築し、施設の秩序が維持される状況が示されている。

一方、本書の事例では、同じ生活者として本人の生活環境における不平等性への感覚ゆえに、職員によって施設閉鎖が行われている。これは、施設の秩序を変更するための実践であり、ここには、施設内秩序を維持する儀礼とは異なる役割解除の関係性が示されていた。施設における相互作用過程を分析する際には、「役割分離」と「役割解除」の動態的過程を分析することが重要であることが本研究を通して明らかになった。

　ところが、施設閉鎖の実践による行為者間の相互作用過程を通して、施設設立時の自立規範は再編されることが明らかになった。第6章・第7章・第8章の分析を通して、職員は、1）組織は「改革派グループの形成」や「権限のある施設長との連携」を通して施設閉鎖計画の策定を可能にし、2）町行政から「町との協働関係の活用」や「制度的動向の活用」を通して地域における居住支援の物理的基盤整備のための財政的支援を得て、3）本人には「意思の確認」や「有限の資源を活用したグループホーム生活体験の提供」、「適性に応じた移行対象者の選定」というかたちで支援を行い、4）家族には「制度的動向の活用」、「本人の意思の伝達」、「有限の資源を活用したグループホーム体験の提供」や「生活の安定の保障」といったかたちで地域移行の理解を求めた。

　これらの方法はＡ法人の置かれた歴史的・制度的構造の中で施設閉鎖を実現させるために職員が採用した職務戦術だった。この結果、旧入所授産施設の閉鎖を実現させ、就労自立能力に関わりなく、本人の移行の意思が明確で、ある一定の身辺自立能力があれば、グループホームに移行することが可能になった。ところが、残る旧入所更生施設は移行への意思が不明確で、身辺自立能力に制約のある重度障害者が生活する場と捉えられた。一方、グループホームはある一定の自立能力が求められる場と捉えられ、集約化された大規模グループホームが設置されることになり、施設設立時の自立規範は再編されることになった。

　これまでの脱施設化研究では、職員による施設閉鎖の実践の内容が明らかにされることはなかった。日本では、施設職員が主導するかたちで地域移行の実践が行われる点に特徴がある。したがって、彼らがその時代の歴史的・制度的構造に規定されながら、どのような実践を行い、この結果、どのような状態をもたらすことになるのかということを分析する研究は重要である。職員による実践内容は、地域移行や地域生活における自立規範の構築過程に影響を与えて

おり、脱施設化研究の重要な課題であるといえる。

1.3.3. 地域移行や地域生活

第3に、地域移行や地域生活の捉え方から検討した。第9章では、施設と地域の生活実態を量的研究の成果を含めて分析した。この結果、施設・職員常駐型グループホーム・職員巡回型グループホーム・自立生活に移行するにつれて、自立能力と自由度が段階的に高くなり、施設と地域の居住形態を包摂した序列化された居住支援の仕組みが形成されていたことを明らかにした。

第10章から第12章では、本人・家族・職員の地域移行や地域生活の捉え方を検討した。この結果、地域移行した本人と家族、地域移行支援をした職員は、他者の支援を受けながら地域生活することを重視するようになったことが示された。すなわち、本人は、施設退所には職員の働きかけや社会資源が重要になると認識し、施設に再入所するリスクは解消されたと理解するようになった。移行した入居者の親にとっては、グループホームは生活の質が向上した場と捉えられており、その上で、自立能力に制約があっても地域生活を望む思いも示されていた。職員は、本人の潜在的可能性を感受し施設の構造的限界を再認識するようになり、自立能力を相対化する自立観をもつようになっていた。ここには、施設閉鎖の実践の結果、施設設立当初の自立規範が変容する側面が示されている。

ところが、本人・家族・職員は、施設・地域の各類型のグループホーム・自立生活を自立能力に応じて自由度の異なる場と捉え、本人の生活の質を最適化させるために行動することによって、あらたに自立規範が再編されていくことが明らかになった。すなわち、1) 本人はゴッフマンの『アサイラム』（Goffman, 1961＝1980）における「妥協の限界線」「状況からの引き籠り」「植民地化」「転向」といった生活戦術を行使し、2) 地域移行した本人の家族は「将来の予測不可能性」、施設に残った本人の家族は「施設生活の安心感と正当化」ゆえに施設を肯定し、3) 地域支援の職員は「グループホームの生活環境の改善」「序列性の活用による自立への動機づけ」「施設活用によるグループホーム経営の安定化」、施設支援の職員は「施設内環境の改善」といった職務戦術を行使することによって、本人の生活の質の最適化を目指した。

こうした行為者の実践によって、本人・家族・職員の態度や行為を規定する

自立規範は再編されることになり、施設設立時の自立能力に応じて序列化された居住支援の仕組みが施設と地域を包摂するかたちで形成されていることが明らかになった。

このように、テイラー（Taylor,1989）の指摘した、自立能力に依拠する連続体においては、歴史的・制度的構造に規定されながら行為者の相互作用過程を通して自立規範の変容や再編が動態的に展開し、本人の社会的不利益が解消されたり、生成されたりすることが明らかになった。ゴッフマンが『アサイラム』で示した「無力化・特権体系」も、行為者の相互作用過程を通して、施設設立時の規範を変容させながら、地域を包摂して再編されることが明らかになった。ここでは、ゴッフマンが描くことはなかった相互作用秩序の変容可能性と再編過程が示されていた。

地域移行や地域生活の取り組みにおけるミクロな相互作用過程には、マクロな位相における組織や制度的動向、組織外部のネットワークといった社会的文脈が関係する。同時に、ミクロとマクロの位相が関連しながら自立規範の相互作用秩序が生成し変容しており、こうした動態的過程を捉えることが脱施設化研究には求められることが明らかになった。

2．脱施設化政策・実践への示唆

以下では、自立規範の相互作用秩序が生成され、変容する動態的過程を明らかにすることを通して示唆される、日本の脱施設化政策・実践の課題と展望を論じたい。

2．1．脱施設化政策の目標と基盤整備

第1に、脱施設化政策の目標値設定や基盤整備について、国の責任が不明確であり、地方自治体の判断や決定に委ねられている点に課題がある。本書では、自治体に責任を課すことによって、法人による脱施設化の実践が様々な形で制約される状況を見てきた。このため、財政的基盤を含めて脱施設化計画の策定と実施を国の責任とすることが重要である。

第7章で述べたように、A法人による施設解体計画は当初、学園Iは閉鎖し

て小規模分散型グループホームに完全移行し、学園Ⅱの解体も検討されていた。しかし、計画の策定過程で、学園Ⅰの閉鎖と小規模分散型のグループホームへの移行を目指しつつも、学園Ⅱは定員削減と全室個室化を行う計画へと修正された。さらに、計画の実施過程で、大規模グループホームが一箇所に集約して設立され、当初計画の修正を余儀なくされた。

　これには、町行政との協働関係を通して地域移行を行う職員による職務戦術が関係していた。1990年代後半の社会福祉基礎構造改革、2000年代の支援費制度や障害者自立支援法の制定によって、福祉サービスの整備における市町村の役割が相対的に大きくなった。障害者総合支援法の第2条には市町村の責任として、以下のように定められている。

　　「障害者が自ら選択した場所に居住し、又は障害者若しくは障害児（以下「障害者等」という。）が自立した日常生活又は社会生活を営むことができるよう、当該市町村の区域における障害者等の生活の実態を把握した上で、公共職業安定所、障害者職業センター（中略）、教育機関その他の関係機関との緊密な連携を図りつつ、必要な自立支援給付及び地域生活支援事業を総合的かつ計画的に行うこと」

　市町村障害福祉計画を策定することが市町村に義務付けられ、市町村が福祉サービスを整備し、提供する責任を負う。このため、どれだけのサービスをどのように整備するかについては、M町が重要な役割を果たすことになった。A法人は設立過程で、M町役場の関係者が関与しており、理事長、施設長、常務理事にM町の行政関係者や教育関係者が多く就任しているという組織構造上の特徴もあった。こうした歴史的・地域的な事情が影響して、A法人は、M町との協働関係を形成することを通して施設閉鎖を実現させたが、まさに施設閉鎖の実施方法がこの関係に左右された。M町が、いかなる財政事情にあるのか、どのような福祉政策の方針を有しているのか、どのような人材が関与しているのかという自治体行政の事情がA法人の実践に多大な影響を与えることになった。北海道では他の地域でも、町村によって施設運営が左右される状況が見られる。

表終.1. 国の障害福祉計画における地域移行者数と施設入所削減数の目標値の推移

	2006〜2017年度	2018〜2020年度	2021〜2023年度	2024〜2026年度
地域移行者数	年間3%	年間2.25%	年間1.5%	年間 1.5%
施設入所者削減数	年間1%	年間 0.5%	年間0.4%	年間1.25%

出典：厚生労働省・社会保障審議会障害者部会（2016）「障害福祉計画及び障害児福祉計画に係る成果目標及び活動指標について」（第82回 資料）及び厚生労働省・社会保障審議会障害者部会（2019）「障害福祉計画及び障害児福祉計画に係る成果目標及び活動指標について」（第96回、R1.11.25、資料1-2）厚生労働省・社会保障審議会障害者部会（2023b）「障害福祉計画及び障害児福祉計画に係る成果目標及び活動指標について」（第134回、R5.1.23、資料1-2）のデータに依拠して筆者作成。

　したがって、自治体との政治的関係に左右されずに脱施設化を行うためには、国が責任をもって自治体によるサービス基盤整備を支える仕組みが求められる。障害者自立支援法の制定に伴って、都道府県障害福祉計画の基本指針として、国によって初めて地域移行者数や施設入所者数削減の目標値が設定された。表終.1.のように、第1〜2期（2006〜2011年度）、第3期（2012〜2014年度）、第4期（2015〜2017年度）は、年間3％水準の地域移行者数、年間1％水準の施設入所者削減数が目標値に掲げられた。ところが、第5期（2018〜2020年度）及び第6期（2021〜2023年度）では、これらの数値目標が下方修正されることになった。国連の障害者権利委員会による障害者権利条約の日本への1回目の総括所見を受け国は現在、社会保障審議会障害者部会で第7期（2024〜2026年度）の施設入所者削減数を年間1.25％水準で提案しているが、地域移行者数は年間1.5％水準のままであり、抜本的に計画は見直されていない。

　福祉先進国に比較すると、日本では数値目標の低さという課題に加えて、国の数値目標はあくまでも指針として示されており、自治体行政の中には、国の示した数値目標すら設定せずに障害福祉計画を策定しているところもある。この計画の実施状況に応じて、国は次期計画の指針を設定しており、さらに数値目標が下方修正されていくという悪循環に陥っているのが実態である。障害者権利条約に即した戦略的な脱施設化計画の策定は不可欠である。障害者権利条約の第19条一般的意見第5号によれば、国の責任として、「特定の期限を設定し、十分な予算を確保した脱施設化のための明確且つ目的をもった戦略を採用し、障害者のあらゆる種類の孤立、隔離あるいは施設化の形態を解消しなければならない」（筆者訳）と規定されている（Committee on the Rights of Persons with Disabilities, 2017）。

まず、施設閉鎖期限を含めた施設入所者削減数と自立生活移行者数の設定が必要だ。障害者権利条約では在宅福祉サービスの活用による自立生活の形態が重視されている。この時、現状に合わせるのではなく、明確な脱施設化方針の下に施設閉鎖を目標に据えた数値目標を打ち出していかなければならない。障害者総合支援法に規定される居宅介護や重度訪問介護などの在宅福祉サービスの活用を推進するための、目標値の設定が重要である。移行者が家族との生活を希望するのであれば、その選択も尊重されるべきである。第4章で述べたように、学齢期から家族のもとを離れ寄宿舎生活や施設生活を送り、学園Ⅰ／Ⅱに入所してきた本人からは、地元や実家に戻ることの重要性が語られていた。このため、移行先として家族同居も可能となるような社会資源の整備のための目標値を検討する必要がある。

　次に、新規入所者の停止である。現在、グループホームなどの地域生活の展開過程で、入所施設ではなく、グループホームを希望する親は増えている。重要なことは、必要な支援が受けられるような支援体制づくりである。在宅の家族を支援するレスパイトのサービスを含め抜本的に改革し、家族支援の取り組みが強化されなければならない。

　さらに、地域での自立生活への移行に伴う財源の確保である。移行の受け皿としてのグループホームの建築費用や自立生活のために必要な改築費用等は国の補助金によって保障されるべきである。現行の日本の制度では、国による補助金制度は存在してはいるが、補助金を受けられても地方自治体や民間法人の自己負担分がある。都道府県や市町村自治体の補助金の場合は、地方自治体の財政事情や当該法人との政治的関係に応じて補助金の認可が左右されかねない。都道府県や地方自治体の公的補助金を受けられないことも多く、民間法人がサービス費用の一部を将来的なハード面の費用のために内部留保せざるを得ず、そのために施設入所支援サービスの報酬費が活用されるという実態がある。これが施設を存続させる一つの要因となっている。

　第7章で述べたように、A法人は、学園Ⅰの施設閉鎖に際してグループホームや通所授産施設を整備する際に、国の「地域介護・福祉空間整備等交付金」と「障害者自立支援対策臨時特例交付金」といった補助金制度を活用していた。後者の特例交付金のうち自立支援基盤整備事業によってA法人の通所授産施設

が整備された。障害者自立支援対策臨時特例交付金には「事業者に対する運営の安定化等を図る措置」として「事業運営安定化事業」があり、具体的には「平成18年度から平成24年4月1日の間に」「新体系移行後の報酬額が旧体系における報酬額の90％を下回る場合に、その差額について助成」するものだった。A法人もこの交付金によって、施設閉鎖に伴うサービス報酬費の減収分が補われていた。

　また、移行期間中の施設生活を維持するための費用も国によって補助されなければならない。新規入所者の受け入れを停止することによって段階的に入所定員が削減されることになるが、現行法制度の最低入所定員30名を下回っても、将来的に施設閉鎖を計画する施設については施設運営が可能となるような予算措置は不可欠である。施設閉鎖計画のために入所定員を削減した施設に対しては加算が措置される仕組みを構築する必要がある。

　本研究において、学園Ⅰの施設入所支援サービスが廃止されたのは2008年8月である。このとき学園Ⅰには9名が残っていたが、北海道の特例でグループホームの認定を受け「学園ホーム」となった。この特例は、将来的に完全に地域生活への移行が可能な場合において、一時的に入所施設をグループホームとして取り扱えることを規定している。このような規定を通して、地域移行のための基盤整備を行うことが可能になった。国の制度においても、このような措置を講じることが必要となるであろう。

　地方自治体が地域の事情に即して、サービス基盤整備の計画を策定し、実行することは重要である。ただし、このために国が責任をもって財政的・制度的基盤を整備してこそ、地方自治体がその責任を効果的に果たすことができる。

2.2. グループホーム制度

第2に、グループホーム制度に関わる課題である。

　現行の日本の障害者総合支援法に依拠するグループホーム制度では、グループホームのサービス報酬費が低く設定されており、重度障害者の小規模分散型のグループホームをつくることができず、重度障害者に職員が関与する状態を相対的に増やすためには大規模グループホームを集約化させてつくらざるを得ない仕組みになっている。あるいは、巡回型グループホームの形態を作りなが

ら、職員を1か所のグループホームに集中的に配置させざるを得ない。さらに、グループホームの運営基盤を安定させるためには、生活介護と入所施設のサービスを組み合わせた状態を維持せざるを得ない。

一般社団法人日本グループホーム学会（2018）の「全国グループホーム実態調査」によれば、グループホーム運営事業所のうち、2018年時点で収支が赤字32.1％、均衡28.2％、黒字25.0％となっている（無回答を除く2,183事業所のデータ）。赤字経営の場合は、グループホームの運営を安定化させるために、法人の繰り越し金などから補填することになる。

以下は、学園Ⅱを閉鎖し、仮にグループホームへの移行を行うのであれば、サービス報酬費はどの程度必要になるのかということについて試算したシミュレーションの結果である。

2019年3月時点の学園Ⅱの入居者数は、男子棟が23名、女子棟が9名で合計32名だった。職員数は、管理者1名（男性）、サービス管理責任者1名（女性）、男子棟の職員10名、女子棟の職員8名、栄養士1名の合計21名である。これらの職員は施設の夜間支援だけではなく、日中の生活介護の業務を兼務していた。食事の厨房職員6名は、外部業者に委託しているが、これはサービス報酬費ではなく利用者の自己負担額によって賄われていた。

2019年3月のある1週間の勤務ローテーションは、表終.2.の通りである。有給休暇は年間20日間であるため、職員一人当たりの週労働時間は約38時間となる。勤務ローテーションに即して、1日の時間帯ごとに、入居者に何名の職員が関わるのかを示したのが、表終.3.である。これによれば、生活介護が終了する15時から就寝21時の時間帯は、男性入居者23名を男性職員2名（「A日」「A遅」という勤務形態の他の男性職員2名は夕方まで一人の入居者の入浴介助などに対応）、女性入居者9名を女性職員2名が対応する。そして、就寝から起床までの夜間は、男性入居者23名を男性職員1名、女性入居者9名を女性職員1名が対応する。起床7時から生活介護開始10時までの時間は、男性棟は男性職員2名、女性棟は女性職員2名が対応する（「A日」の他の男性職員1名は利用者1名に対応）。

表終.2. 学園Ⅱの男性棟と女性棟の勤務ローテーション

								男性棟
	月	火	水	木	金	土	日	週の労働時間
職員①	遅	休	日	日宿	明	休	休	32時間
職員②	日	休	日	A日	日宿	明	休	40時間
職員③	A遅	遅	休	早	日	日宿	明	47時間
職員④	早	A遅	遅	休	日	A日	日宿	47時間
職員⑤	休	A日	A遅	遅	休	休	早	31時間
職員⑥	休	日	A日	A遅	遅	休	休	31時間
職員⑦	明	休	早	日	遅	遅	休	39時間
職員⑧	日宿	明	休	休	A日	A遅	遅	39時間
職員⑨	A日	日宿	明	休	早	早	A日	48時間
職員⑩	日	早	日宿	明	休	休	A遅	39時間
								39.3時間（平均）

								女性棟
	月	火	水	木	金	土	日	週の労働時間
職員①	日	早	日	日	日	休	日宿	40時間
職員②	遅	休	日	日宿	明	休	休	32時間
職員③	早	日宿	明	休	休	早	遅	32時間
職員④	日宿	明	休	日	早	遅	休	40時間
職員⑤	休	日	早	遅	遅	休	休	32時間
職員⑥	日	遅	遅	休	日	日宿	明	48時間
職員⑦	休	日	日宿	明	休	日	早	40時間
職員⑧	明	休	日	早	日宿	明	休	40時間
								38時間（平均）

日宿　8：30～翌9：15（日は8：30～17：30）
早勤　6：30～15：15
遅勤　13：00～21：15
A日　7：30～16：15・男性職員のみ
A遅　10：45～17：30・男性職員のみ
出典：筆者作成。

表終.3. 学園Ⅱの時間帯ごとの勤務状況

	7:00～10:00(起床～出勤)			10:00～15:00(日中活動)				15:00～21:00(活動終了～就寝)				21:00～7:00(就寝～起床)
男性利用者23名	日宿1名	早勤1名	A日1名	日宿1名	早勤1名	遅勤1名	A日	A遅	日宿1名	遅勤1名	A日1名	A遅1名	日宿1名
女性利用者9名	日宿1名	早勤1名		日宿1名	早勤1名	遅勤1名			日宿1名	遅勤1名			日宿1名

日宿　8：30～翌9：15(日は8：30～17：30)
早勤　6：30～15：15
遅勤　13：00～21：15
A日　7：30～16：15・男性職員のみ
A遅　10：45～17：30・男性職員のみ
出典：筆者作成。

表終.4. 4〜5名のグループホームに移行した場合に想定される勤務ローテーション

	月	火	水	木	金	土	日	週の労働時間
職員①	夜勤	明	休	休	早	夜勤	明	38時間
職員②	遅	夜勤	明	遅	休	休	夜勤	46時間
職員③	休	遅	夜勤	明	休	日	遅	39時間
職員④	早	休	早	夜勤	明	休	日	39時間
職員⑤	明	早	休	早	夜勤	明	休	31時間
								38.6時間（週平均）

日　8：30〜17：30
早勤　6：30〜15：15
遅勤　13：00〜21：15
夜勤　17：00〜翌9：00

出典：筆者作成。

　A法人の大田豊彦の助言を得て、学園Ⅱにおける利用者に関わる職員の比率を可能な限り維持しながら、グループホームに移行する場合、どの程度のサービス報酬費が必要になるのかについて検討した。1）4〜5名のグループホーム、2）9名のグループホームのそれぞれに移行する場合に分けた上で、グループホーム全体に必要なスタッフ数を算出し人件費を求めた上で、求められるグループホーム運営費の総額を算出した。なお、国税庁による「平成29年分民間給与実態統計調査結果」によれば、1年を通じて勤務した給与所得者の年間平均給与（給料・手当及び賞与の合計額をいい、給与所得控除前の収入金額）は432万円である。この給与額に即してスタッフの人件費を算出した。

　定員4名のグループホームは、生活支援員の1日労働時間を施設職員のそれと同一と考えると、勤務ローテーションが可能なのは生活支援員が5名の場合となった。大田の提案した勤務ローテーションは、表終.4.である。学園Ⅱの男性入居者23名が、5名のグループホーム3棟（計15名）、4名のグループホーム2棟（計8名）、女性入居者9名が5名のグループホーム1棟（計5名）、4名のグループホーム1棟（計4名）で、合計7棟のグループホームとなる。したがって、35名（7棟×5名）の生活支援員が必要となる。入居者と世話人の4対1の常勤換算基準から考えると、世話人は8名必要になる。これらの職員に管理者兼サービス管理責任者1名を加えると、合計で44名のスタッフが必要となる。

　これに前述した国税庁の給与所得者の年間平均給与額432万円で計算すると、

スタッフ44名に必要な人件費は、約1億9,000万円となる。学園Ⅱの人件費率は60%であるため、運営費全体で3億1,680万円となる。学園Ⅱの利用者は32名なので、入居者一人当たり約990万円のサービス報酬費が必要となる。この場合、1日当たり約2万7,100円（2,710単位）となる。平成30年度報酬算定構造では、生活介護の障害支援区分6は基本報酬1,144単位であるため、一人当たりのグループホームのサービス報酬費は約1,566単位が必要となる。平成30年度報酬算定構造では、障害支援区分6で基本報酬661単位であり、夜間支援体制加算Ⅰの269単位（5名の利用者対象）を加算すると930単位、障害支援区分5は基本報酬547単位と夜間支援体制加算Ⅰの269単位で816単位である。これは、基本報酬と加算をあわせても、4～5名のグループホームでは障害支援区分6は636単位、障害支援区分5は750単位不足することを意味する。

　一方、学園Ⅱの入居者27名が9名のグループホームに移行する場合（残りの5名は小規模グループホームに移行したと想定）を考えると、4～5名の勤務ローテーションと同様の生活支援員数で考えると、男性9名のグループホーム2棟で10名、女性9名グループホーム1棟で5名の合計15名の生活支援員、世話人は利用者27名に対して世話人が7名必要になる。管理者兼サービス管理責任者1名を加えると、合計で23名のスタッフが必要となることが分かる（4対1の常勤換算基準）。これに前述した年間平均給与額432万円で計算すると、スタッフ23名に必要な人件費は9,936万円となり、人件費率60%で計算すると運営費全体で1億6,560万円となる。利用者27名で計算すると、利用者一人当たり年間約613万円のサービス報酬費が必要となる。これは、1日当たり約1万6,800円（1,680単位）となる。生活介護の障害支援区分6の基本報酬1,144単位を除すると、一人当たりのグループホームのサービス報酬費は約536単位が必要となる。平成30年度報酬算定構造では、10名のグループホームは大規模減算（8名以上の場合）を考慮に入れても、障害支援区分6は776単位（基本報酬627単位＋夜間支援体制加算Ⅰの149単位）、障害支援区分5は668単位（基本報酬519単位＋夜間支援体制加算Ⅰの149単位）となり、現行の制度内で対応可能になる。

　このように、学園Ⅱを閉鎖した場合には、小規模分散型グループホームへの

移行は困難であるが、9名の大規模グループホームへの移行の場合には現行の
サービス報酬費で対応することが可能である。ただし、定員規模の大きなグ
ループホームは、学園Ⅱのユニットケアと比較して、居住者間のトラブルが発
生することが予想され、それに伴い生活支援員数がさらに必要になりかねない。
現行のグループホームの報酬構造では、常時支援が必要な重度障害者への支援
は困難である。このため学園Ⅱでは本人の高齢化に伴いバリアフリー環境が整
備され、個室化についても検討がなされている。入所施設の存在意義が確認さ
れ、自立能力によって序列化された居住支援の仕組みが作られる背景にある主
要な要因の一つには、報酬構造の問題があることに留意しなければならない。

　自立能力に関わりなく、障害者基本法第3条にいう「どこで誰と生活するか
についての選択の機会」を実質的に保障するには、いくつかの方法がある。こ
れまでの脱施設化の取り組みでは、移行の受け皿としてグループホームが重視
されてきた。グループホームを一つの受け皿として活用するのであれば、地域
分散型小規模グループホームや、自立生活や結婚生活も可能なマンション・タ
イプ型グループホームといった本人のニーズに即したグループホームでの居住
支援のあり方を考えることが必要である。

　また、日本では報酬単価に住居の建設・改築費用が含まれており、施設整備
費国庫補助が認可されないことが多い中で、A法人はグループホーム経営の補
填や建設・改築費用などのため、施設入所支援サービス費が不可欠と考えてき
た。住宅環境のための整備費用は、サービス費とは別に国が補助をする仕組み
を創設しなければならないと私は考えている。マンション型グループホームの
生活を促進させるための家賃補助政策を実施することも一つの方法である。自
立生活は現行の家賃補助制度だけでは経済的に困難であるため、本人は一般就
労するように追い立てられかねないからである。

　グループホームにおいて障害者権利条約に定められている自立生活を保障す
るように、サービス基盤整備のあり方を抜本的に改革しなければならない。

2.3. 居宅介護サービス制度：重度訪問介護

第3に、重度訪問介護を含む居宅介護サービス制度に関わる課題である。
福祉先進国では、ノーマライゼーションに代わってインクルージョンという

考え方が登場し、グループホームに代替される地域の居住形態の取り組みがなされてきた。2022年9月に国連の障害者権利委員会によって発表された脱施設化ガイドラインでは、グループホームは施設と位置づけられており、将来的に自立生活の形態に転換することが要請されている（鈴木, 2024）。自立生活の形態には、パーソナライゼーション、ダイレクトペイメントやパーソナルアシスタンスと呼ばれる新たなサービス形態が含まれており、居住者の市民権を保障していく実践である。

　日本では、パーソナルアシスタンスに限りなく類似する制度が重度訪問介護である。したがって、重度訪問介護による自立生活の可能性について検討していくことが重要である。海外の研究では、最重度知的障害者は行動障害があるためにグループホームのような共同生活に適応することができなかったが、パーソナルアシスタンスによって地域生活への移行が可能になり、最終的に施設を閉鎖する上で重要な役割を果たすことが報告されている（Windsor-Essex Brokerage for Personal Supports, 2012）。

　しかし、日本の障害者総合支援法では、重度訪問介護の報酬単価が低く設定されているため、担い手の確保が極めて困難な状況が生じている。とりわけ、入所施設が立地する町村部では、重度訪問介護事業所数が都市部に比較して極めて少ない状況にある。

　M町において、障害者に居宅介護サービスを提供している事業所は、M町社会福祉協議会（以下、M町社協）のみである。私は、2019年7月19日にM町社協の居宅介護サービス事業所の担当者にインタビューをした。M町社協は居宅介護事業所（障害者総合支援法）と訪問介護事業所（介護保険）を運営する。ここはM町の委託事業としてヘルパー事業を行ってきており、2003年の支援費制度によって居宅介護、障害者総合支援法が施行されてから重度訪問介護及び行動援護の指定をとってきた。しかし、重度訪問介護と行動援護は指定を受けた当初から利用者がいない状況であり、2019年7月現在のM町の居宅介護事業所の利用者は、3名のみだった。具体的には、1）知的・身体障害のある人（区分5）、2）知的障害者（区分3）、3）精神障害者（区分2）である。

　1）の区分5の人が法人Aの職員常駐型グループホーム・g寮の利用者である。この本人の対応については、第12章で述べた。週2回、1日1〜2時間、身

体介護を利用しており、身体介護の支給決定時間は 15 時間（1 か月）である。この人は骨折をしてヘルパーを入れることになったが、要介護状態が 2022 年現在も継続する。利用者に対して、M 町社協は正規職員 3 名（社協のヘルパー事業所に所属）が対応し、高齢者の介助も担う。この他、非常勤 2 名のヘルパーと合わせては 5 名おり全員女性で、これまでも男性ヘルパーは一人もいない。

　なお、2）の知的障害者（区分 3）は週 2 回の家事援助と、3）の精神障害者（区分 2）は週 1 回、家事援助を利用する。高齢者の訪問介護の利用者は 30 名であり、最も重い人で要介護 3、最大で 1 日 1 時間半を週 2 回（月 15 時間）利用する。

　ハローワークで常時、ヘルパー募集を出すが、応募者がほとんどいないという。また、介護報酬だけでは運営できず、町からの補助金で運営しており、居宅サービス事業全体予算の 3 割は町の補助金によって賄われている。近隣地域では、グループホームでも人手不足で定員削減される状況という。M 町社協の居宅介護サービス事業の担当者は、「ヘルパーの提供量が多ければ、地域移行できるのにってということは思いますよね」と語った。また、重度訪問介護が知的障害者でも利用できるようになったことについては、「行動援護の資格をもっているのは正規職員 3 名の人。それで対応するしかないと思いますけど、専門性は分かりません。M 町にとっては、ぜんぜん未知ですよね」と語った。

　報酬単価の低さ、人手不足、支援方法の課題が、ヘルパーを活用した自立生活支援の取り組みが困難になっている背景にある。

　国保連データによれば、重度訪問介護利用者数は、2008 年は 7,170 名であり、毎年、数百名単位で上昇を続けており、2023 年は 1 万 2,943 名となっている（表終 .5.）。岡部耕典（岡部, 2017a：274）のデータによれば、知的障害者の利用者数は 2014 ～ 2016 年にかけて毎年、300 ～ 400 名で微増している程度であることが分かる。「社会福祉施設等調査」によれば、2014 年の重度訪問介護利用者総数 14,152 名のうち、政令市（6,278 名）と中核市（1,772 名）は合わせて 8,050 名であり全体の 57%、2017 年は利用者総数 17,214 名のうち政令市（8,115 名）と中核市（2,542 名）は合わせて 1 万 657 名で全体の 62% を占める。それ以外の区市、町、村では、2014 年は全体の 43%、2017 年は全体の 38% である（表終 .6.）。重度訪問介護事業所数も、2017 年のデータをみると、政令指定都市

（2,277 事業所）と中核市（939 事業所）を合わせて 55.8％であり、区・市・町村は 2,549 事業所で 44.2％である（表終 .7.）。区・市・町村より都市部が、利用者数や事業所数が多いことが示されている。

表終.5. 重度訪問介護の利用状況

年	重度訪問介護利用者数（人）
2008	7,170
2009	7,306
2010	8,090
2011	8,632
2012	9,132
2013	9,606
2014	9,955
2015	10,181
2016	10,511
2017	10,884
2018	11,216
2019	11,546
2020	11,509
2021	11,897
2022	12,252
2023	12,943

出典：国保連データより（各年次の 10月のデータより）。なお、このデータは、自立生活だけではなく、家族同居での利用も含まれている。

表終.6. 地域別の重度訪問介護利用者数の年次推移

年＼人	政令指定都市	中核市	それ以外（区・市・町村）	合計
2014	6,278 (44%)	1,772 (13%)	6,102 (43%)	14,152
2015	7,300 (46%)	2,258 (14%)	6,295 (40%)	15,853
2016	10,031 (52%)	2,548 (13%)	6,582 (34%)	19,161
2017	8,115 (47%)	2,542 (15%)	6,557 (38%)	17,214
2018				22,403
2019				23,780
2020				23,263
2021				23,123
2022				22,936

出典：厚生労働省「社会福祉施設等調査」のデータより分析。"重度訪問介護事業所の利用実人員・訪問回数、都道府県－指定都市－中核市別"（閲覧表のうち詳細票）。政令指定都市・中核市のデータについては、2018年以降は公表されていない。なお「それ以外」には東京23区の数値が含まれるため、「市と村」の割合はこの数値より減ることが推測される。パーセンテージは各年次の重度訪問介護利用者合計数に対する割合。

表終.7. 地域別の重度訪問介護事業所数の年次推移

年 ＼ 事業所	政令指定都市	中核市	それ以外(区・市・町村)	合計
2012	1,699(37.1%)	630(13.7%)	2,254(49.2%)	4,583
2013	1,853(37.6%)	687(13.9%)	2,389(48.5%)	4,929
2014	1,917(37.8%)	713(14.0%)	2,447(48.2%)	5,077
2015	2,095(39.2%)	818(15.3%)	2,438(45.6%)	5,351
2016	2,207(38.9%)	904(15.9%)	2,560(45.1%)	5,671
2017	2,277(39.5%)	939(16.3%)	2,549(44.2%)	5,765
2018				7,454
2019				7,530
2020				7,412
2021				7,382
2022				7,182

出典:厚生労働省「社会福祉施設等調査」のデータより分析。"居宅介護・重度訪問介護・同行援護・行動援護・居宅訪問型児童発達支援・保育所等訪問支援事業所数, 国－都道府県、訪問回数階級別"(各年度の9月中に利用者がいた事業所数)。なお「それ以外」には東京23区の数値が含まれるため、「市と村」の割合はこの数値より減ることが推測される。パーセンテージは各年次の重度訪問介護事業所合計数に対する割合。

　一方、「社会福祉施設等調査」(「社会福祉施設等の定員数, 都道府県—指定都市—市区町村、施設の種類・経営主体の公営—私営別」)のデータを分析すると、2019年10月時点では、障害者支援施設の定員数は、市が最も多く55.1%(7万6,012名)であり、次に町村で18.7%(2万5,820名)、続いて中核市15.0%(2万634名)、指定都市10.2%(1万4,062名)、東京23区1.1%(1,467名)であり、市と町村を合わせて73.8%である。入所施設の多くが立地する市部や町村部では、重度訪問介護事業所の割合が少なく、重度訪問介護サービスを利用できない状況となっている。報酬単価を上げることは、とりわけ市部や町村部での重度訪問介護の事業所数や人手不足の問題を解決するための一つの重要な方法である。

　私は、2018年7月30日に学園Ⅰ／Ⅱの合同研修会において、「知的障害者の地域移行における重度訪問介護について」というテーマで講演し、参加者とこのサービスを実現させる可能性について議論した。このとき参加していた障害のある子どもと在宅生活をする親2名にインタビューを行った。いずれもM町に在住し、本人を入所させることなく、在宅で本人と同居してきた親である。

このうち、山本光子（以下、光子）の語りをみていこう。光子の息子は27歳であり、重度の知的障害がある。A法人の家族会の会長を光子が務めていた。光子は仲間と共に、小・中学校に対し特殊学級の設置の要望を行い実現させた。高校はM町の特別支援学校に通学させ、卒業後は、2003年に町長公宅を利用してM町で共同作業所を設立し、息子を通所させた。2008年に共同作業所はA法人の就労継続支援B型事業所に統合された。

　光子は60代前半で、M町出身である。息子は、両親と同居しながら、A法人の就労継続支援B型事業所に通う。光子は最近、体調不良になることがあり、息子を誰がどのように看るのかということを真剣に考えるようになった。このため、学園Ⅱの短期入所を利用した。親の思いとしては、2日あるいは3日の入所予定を考えたが、本人は1日が限界であり、その後も、本人は「行きません」と拒絶するようになった。光子は学園Ⅱで1997年に1年間非常勤で勤務したことがあり、息子が学園Ⅱで生活することは想像できないのだという。

　グループホームについて尋ねると、自閉傾向があり、他人との共同生活が苦手な息子にとっては、学園Ⅱより大変な思いをすると語った。

光子：駄目なんです。うちの子は。（中略）全部あけちゃうし。テレビあったら消すし。というのがぜんぜん、おさまんないんですよね。(19.7.18)

　私が宿泊したA法人の旧自活訓練棟は4人が居住できる建物であり、地域の民家と変わらない作りである。インタビューをするときは、この棟で行ったが、光子は棟の部屋の扉や戸棚を指しながら、他人の扉や戸棚をあけてしまったりするので、4人では決して暮らせないと語った。

　A法人の運営するグループホームには、屋根に「○○寮」という名称のついた看板が掲げられている。これはもともと、グループホームを建設する際に、地域住民からの要望に応じて設置された。私は大田ら改革派職員と話し合いをする際に、こうした看板は特別な場所として住民に認識される可能性があるという問題を指摘してきた。これら職員も違和感をもっていたが、グループホームはM町との共同プロジェクトで建てられており、管理者や理事でもない職員は意思決定に参加できなかった。光子は、在宅生活とは異なるグループホーム

の建物の特徴や生活面の不自由さに違和感をもっている。

光子：別に施設にいても、ここにいても、ただちっちゃくなっただけで、どこが違うのかなぁって、ずっと、私、疑問に思っていて。（中略）うちに門限というのがあるかもしれないけど、そんなんじゃなく、本当に自分の家なんだから、なんかもっと自由にできないんですか。(19.7.18)

　光子の自宅の近所には、学園Ⅰを退所し、現在は一人で生活する女性利用者がいる。その妹は、職員常駐型のグループホームのg寮に暮らす。このグループホームは、門限が決められている。この妹から話を聞かされ、「別に施設にいても、ここにいても、ただちっちゃくなっただけで、どこが違うのかなぁって、ずっと、私、疑問に思っていて」と光子は語った。光子にとってグループホームは、女性でも自由に一人で暮らすイメージがあった。この女性利用者は軽度知的障害者であり、一般就労の経験もあるため、自立能力は他の本人に比較すると高い。

　光子は息子が重度知的障害を有しているが、この一人暮らしをする利用者の生活と重ねて、居住のあり方を考えている。学園Ⅰ及び学園Ⅱの親の多くが他の軽度の障害の人との能力差を意識し、グループホームや一人暮らしの生活の困難性を指摘していたのとは対照的だった。光子は、地域生活とは、能力差に関わりなく、一人暮らしという社会一般の人たちと平等の生活条件が可能になることとイメージしている。

　光子は、重度訪問介護による自立生活という選択肢が息子にとって最もふさわしい居住形態ではないかと考え、次のように私に提案をした。

光子：家にいてほしいんですよ。今のうちが、一番安定している。私たちも親だから年取っていて、いなくなっていくじゃないですか、どんどん。そこに、家に入ってほしいというか。ヘルパーさんが、はいってほしい。（筆者注：ヘルパー制度）あるんですけど、時間じゃないですか。1時間とか2時間とか。そういうのだったら駄目だけど。おっしゃっていることをうちでやってほしい。(19.7.18)

自宅を息子だけが使用して、重度訪問介護のヘルパーが家事や介助などの24時間のケアに入るかたちを光子は理想と考えている。ここには、可能な限り、現在の在宅生活に限りなく近い居住形態を考えていることが示されている。

　光子が望むのは、行動障害の重い人でも、一人で生活できる居住支援の仕組みである。これは、A法人の居住支援体制では未だ実現されていない選択肢である。それは、一人暮らしは、経済的にも身体的にも自立することがグループホーム以上に求められる場所であることを意味するが、光子の息子は日常生活の面でも様々な支援が必要な重度知的障害者であるため実現できていない。しかし、光子には、こうした自立規範とは異なる自立観がある。

光子：できないところはやってもらって。今。結構、会話っていうか、その、関わり。
　　　自分の中でも決めちゃっているというか。いい人しか選んでいないというか。
　　　自分を否定しない人がいい人なんですよ。（中略）自分がいろいろ言われることは嫌なことだから、自分の思う世界で、パソコンして、自分の世界の中に入って。（19.7.18）

　光子は、「できないところはやってもらって」生活するのが自立だと考えている。その上で、「自分の思う世界で、パソコンして、自分の世界の中に入って」暮らすことをイメージしている。一人で暮らすことについては、本人にとっては「楽」であり、「いろいろ言われることは嫌な」彼にとっては、最も望ましい形態と考えられている。

　そして、支援をする人も選ぶ必要があると光子は考えている。「いい人しか選んでいないというか。自分を否定しない人がいい人なんですよ」と彼女は語る。彼を否定する人に対しては、心を閉ざしてしまい関係を作ることができないため、息子の振る舞いや行動を「否定しない」人が支援者として関わる必要があると考えている。

　まさに光子の考える支援こそ重度訪問介護によるサービスに他ならない。このサービスを町村部でも実現させるための政策が実施されなければならない。

終　章　研究の意義と示唆　465

2.4．意思決定支援

第4に、本人の意思を法的に支援する仕組みに課題があるということである。

本書では、地域移行の際に親が実質的に意思決定者となり、本人の意思が不明確な場合には、親によって居住場所が決定される状況をみてきた。親は養育や施設入所の過程で、自立規範の影響を強く受けており、これらの親の支援と共に、本人の意思決定を誰がどのように支えるのかということが、脱施設化政策において極めて重要になる。長期間施設生活を継続してきた人は、施設に代替する地域の選択肢について想像することが困難だからである。

2003年に支援費制度が施行され契約制度が導入されたが、親が保護者として本人に代わり契約をしてきた法人は多い。政府は契約することが困難な場合には、成年後見制度で対応するという方針を打ち出していたが、実際は利用されることが少なかった。そもそも成年後見制度自体に様々な課題があることが指摘されてきた。

日本の成年後見制度は、「精神上の障害により事理を弁識する能力を欠く常況にある者」（民法第7条）は成年後見人、「精神上の障害により事理を弁識する能力が著しく不十分である者」（民法第11条）は保佐人、「精神上の障害により事理を弁識する能力が不十分である者」（民法第15条）は補助人の対象とされている。「事理弁識能力」は医師の医学的所見によって判断されている点に特徴がある。また、保佐人は一定の範囲で取消権と同意権が、後見人には代理権と取消権が付与されており、本人が行った選択や決定が取り消されたり、本人の意向に関わりなく代行決定されたりすることが容認されている。このため日本の成年後見制度の基本的枠組みは、障害者権利条約第12条を反映したものになっていないことは多くの論者によって指摘されてきた。当制度は医学モデルに依拠し取消権や代理権が制度化されている点で、障害者権利条約第12条の方向性と矛盾している。この点は2022年9月の日本への総括所見においても指摘された事項である。

私は成年後見制度を抜本的に改革し、意思決定支援法という新たな法制度の制定が必要であると考える。こうした意思決定支援者だけではなく、施設から地域の自立生活に移行を支援するという局面においては、本人による移行のための計画策定や行政との支給決定の交渉を担う人の存在が重要になる。これは、

可能な限り、施設運営法人とは独立した地域支援事業所が主要な役割を担うべきだと私は考える。

　現行の障害者総合支援法では、計画策定や地域移行の支援を行うサービスである計画相談支援や一般相談支援は自治体の事業であり、民間事業所に委託された形で運営されている。これは、民間でありながら、行政の意向を反映せざるを得ない状況をもたらし、当事者のアドボカシーという観点から考えると限界がある。相談支援の仕組みではなく、本人によるセルフプランの策定を前提としたかたちで、その計画策定や行政との交渉を担う支援者の存在が必要である。近年、厚生労働省の社会保障審議会障害者部会では、地域移行コーディネーターといった役割について議論されているが、相談支援の仕組みとは独立したかたちの役割が検討されなければならない。

　このように、成年後見人ではない意思決定支援者と、計画策定やアドボカシーを行うコーディネーターが、施設から地域の自立生活移行の支援の中核的な役割を担うことが重要だ。意思決定支援の方法としては、施設入居者には、地域生活の体験の機会を当事者の意向やペースに即して提供することが求められる。国連の「脱施設化ガイドライン」では、「締約国は、すべての人がその意思および嗜好に応じた個別計画を有することを確保しなければならない」（筆者訳）と記され、本人主体の地域生活への移行に関わる個別計画を策定することが重要である。施設入居者の希望を聞き取り、グループホームだけではなく、自立生活を体験する機会も提供しなければならない。

　例えば、重度訪問介護やガイドヘルパーなどの居宅介護サービスを施設入居者も利用できるようにすること、入所中も一人暮らしなどの自立生活形態で生活体験できること、体験期間中の住居の家賃補助といった自立生活移行を前提とした制度を構築する必要がある。こうした自立生活の体験の機会の提供を通して、意思決定支援を行うことが求められる。

　ただし、本人の退所意思を確認するということは、施設生活の継続を希望する入居者には施設内環境の改善が求められることを意味する。そのため、施設閉鎖と施設内環境の改善を同時に行う政策が求められる。

終　章　研究の意義と示唆　467

2.5. ネットワーク

最後に、本人・家族・職員を取り巻くネットワークに関わる課題である。

まず、本人について本研究では、施設から地域生活に移行する際に、本人が希望する場合は、グループホームの見学の機会が提供された。ただし、施設閉鎖時において、A法人の運営するグループホームには、職員常駐型グループホームやマンション・タイプのグループホームがなく、地域生活の経験の機会は限定的なものに留まった。さらに、施設を退所した本人と施設に残る本人の交流は、組織的取り組みとして行われたわけではなかった。

地域で生活する本人同士の当事者会は、大田豊彦の提案によって岩垣清が中心となり学園Iが閉鎖した2008年に設立されている。当会には、本書で紹介した大宮有紀、白石勇樹、猪俣幸子、三浦太一らが参加していた。私がインタビューを開始した2015年の時点では、三浦が当会の会長をしていた。当会は他法人のマンション・タイプ型のグループホームを見学したり、A法人の学園祭を計画・準備したりしていた。他法人の先進的なグループホームを見学することを通して、大宮はグループホームという制度を活用した一人暮らしの形態があることに感銘を受けていた。周辺地域において新しい居住支援形態の選択肢が現れ、こうした場所を見学することを通して、地域の居住支援の選択肢について本人が想像し、考える機会を提供することは重要である。

A法人のある圏域の知的障害者福祉協会にある支援研究委員会に本人の会があり、会長に三浦が就任した。この委員会の活動を通して、当会は当初は活発に活動をしていたが、他法人の本人とのつながりをもてず数年で停滞した。大田が2019年4月に共同生活援助事業所の管理者に異動になると、地域で生活する本人の会が新たに設立された。大田は、全道のピープルファーストなどの本人との交流へと展開させたいと考えていた。

施設からの地域移行時だけではなく、地域に移行してからも、居住支援のあり方について本人同士で考え、意見を表明する機会を提供することが重要だ。この点については、本人や法人間のネットワークのあり方を含めて、本人への意思決定支援の仕組みをどのように作るべきなのかということが問われている。

次に、地域移行支援において家族への支援は極めて重要である。日本では、家族は子を施設に入所させた後も、帰省や行事の際に子に関わることがある。

ただし、施設入所という決断をするまでに支援が得られず孤立し、とりわけ母がすべての責任を背負って疲弊して、子の入所時に自信喪失や罪悪感、深い悲しみといった感情を抱えることがある。入所後に子と関われても、施設に子を預けて「お世話になっている」という感覚があり、施設に対して自らの思いを自由に述べられないことが多い。親の複雑な感情を理解することが重要である。

　親への情報提供は施設側から一方的になされる傾向があり、十分に時間をかけた形で個別且つ集合的な形で行われるべきである。さらに、施設職員以外の第三者機関が、親への情報提供を含む移行支援を行うことが求められる。日本には全国手をつなぐ育成会連合会という知的障害児者の親の会があるが、地域支部における親の加入率は低く、地域移行について相談できるのは施設の家族会のみという親が多い。地域相談支援給付の報酬単価を上げるなど、地域移行の取り組みの影響を受ける家族を心理的にサポートし、彼らに必要な情報や体験の機会を実質的に提供できる社会的仕組みを創ることが重要である。

　このときの家族支援の前提として、グループホームを地域移行支援の主要な受け皿としてきた政策を抜本的に見直し、重度訪問介護や居宅介護などを活用した一人暮らしや友人との暮らしといった自立生活支援を取り入れた脱施設化政策に転換させることが重要である。障害者権利条約、ノーマライゼーションやインクルージョンという理念の意義、すなわち、なぜ地域生活が重要なのか、障害者権利条約第19条における地域での自立生活とはどのような生活を意味するのか、地域生活においてどのような点に配慮されるべきなのかという事柄についても、親が理解できるような取り組みが求められる。

　私は2013年4月から2019年3月まで沖縄県の国立大学法人琉球大学に赴任していた頃、沖縄県自立生活センター・イルカによるインクルーシブ教育・インクルーシブ社会に関わる勉強会に参加していた。このとき、知的障害者の親の会の関係者だけでなく、一般の親も参加していた。障害当事者が知的障害児者の親の抱える様々な思いを理解し、親も障害当事者の様々な実践について理解する場となっており、双方が交流する意義について実感していた。インクルージョンについて互いに学び合う場を各地で創出することが求められる。

　さらに、職員が、実践を行う際に準拠する援助観をどのように獲得しているのかを考えてみよう。彼らの援助観は、A法人に就職するまでにどのような職

場で働いてきたのか、どのような人々と出会ってきたのか、A法人に就職した後にどのような人々から援助のあり方を学び、そして法人外の様々な研修などの機会を通してどのような考え方に触れたのか、ということによってかたちづくられる。例えば、大田は北海道の太陽の園や札幌育成園での勤務経験がA法人に勤務する際の重要な参照軸となっていた。その後、河東田博の施設解体に関わる講演、1993年に北海道の剣淵で全室個室の施設を設立した横井寿之との出会いなども大田の援助観の形成に大きな影響を与えた。福祉の現場経験のなかった岩垣や工藤は、大田らから支援のあり方について学んだ。

　障害当事者運動や自立生活運動といった当事者の人々との活動との接点は近年までもたれていなかった。また、入所施設を経営することなく、地域で小規模型のグループホームを展開する事業所との接点も極めて少ない状況だった。日本では、施設で働く者と地域で働く者、健常者が主導する活動と障害当事者が主導する活動、という形で両者は接点をもたず分断された中で、それぞれの場で活動を展開されてきた。施設派と地域派、施設派の中でも地域移行推進派と施設維持派、という具合に、分断が細分化されている。

　こうした中で改革派職員も、ある一定の制約の中に置かれ、自らの援助観を構築してきた。彼らが蓄積してきた援助観をもとに、施設職員としての業務に従事する。外部からの十分な支援がない中、重度障害者との関わりの中で受容の考え方をもつようになり、本人の劣悪な生活環境に対峙する際には、自らが生活者として普通に暮らす文化の観点から施設の構造的限界への問題意識をもつようになった。これらは、自立規範を相対化させる可能性があり、施設閉鎖を実現させるに至った重要な洞察力だった。しかし、施設解体計画自体はグループホームを主要な受け皿として構想しており、自立生活は選択肢として含まれていなかった。障害者総合支援法の制定に伴って設立された重度訪問介護の制度の活用可能性は、十分に認識されている状況ではなかった。

　現場の経験だけではなく、現場の外に広がる様々な実践や考え方の可能性に触れる機会が制約されているとき、職員の援助観は限定的なものになる。法人の枠組みを超えた連携を検討するのであれば、施設派と地域派、あるいは、グループホーム派と重度訪問介護派と別れるのではなく、これらを横断するかたちでのネットワークを作ることが重要である。こうしたネットワークを通して、

職員が新たな援助観をもち、居住支援の多様な方法について理解する機会を提供することが求められる。

　私は2022年4月より東大阪市の自立支援協議会の地域生活移行プロジェクトの座長として、都道府県立の入所施設に入居する強度行動障害のある重度知的障害者の重度訪問介護を活用した自立生活移行支援を行ってきた。このプロジェクトでは、東大阪市の行政機関や事業所が集まり、自立生活移行支援に関わる様々なアイデアを共有しながら進めてきた。このとき、私が着目したのは、この市で活動する障害当事者団体である自立生活センターがプロジェクトに参加していた点である。知的障害者を支援してきた健常者が運営する事業所に、当事者団体が自立生活運動を通して蓄積してきた考え方や方法を伝えていくことは極めて重要である。当事者主導性の思想が知的障害福祉領域に伝わり共有され、新たな脱施設化の実践が各地で展開するように私にできることを行っていきたい。

おわりに

　本書は、2015年〜2022年にかけて、北海道M町で知的障害者の施設閉鎖を行ったA法人において、参与観察や資料収集、職員・親・知的障害者本人（以下、本人）・行政関係者・地域関係者へのインタビュー、本人対象のアンケート調査を行い、分析した記録である。施設職員が主導するかたち施設閉鎖という実践が行われる事例は極めて少ない。障害者自立支援法の制定による障害者福祉の新たな動向と、改革派職員による本人との関わりが施設閉鎖という実践を可能にしていた。

　本研究を開始できたのは、冒頭でも紹介した大田豊彦の存在があったからである。大田は、私のフィールドワークに際して、法人内での調整、調査対象者の選定や協力依頼を丁寧に行ってくれた。とりわけ、家族とのインタビューに際して、大田は私を車で家族の在住する家まで案内してくれた。M町のA法人に子を預けている親の多くはM町に在住していない。このため、片道3〜4時間かけて、インタビュー先に通う場合もあった。この長い距離にも関わらず、大田は親切にも私を送ってくれた。このような協力がなければ、家族へのインタビューは実現できなかった。車内では、A法人の取り組みについて話を聞くだけではなく、障害者福祉に関わる様々なテーマについて議論をすることができた。大田の献身的且つ親切な対応に心より感謝申し上げたい。

　本研究は調査研究のため、旅費を賄う上で公的な助成金による補助は、研究の遂行に不可欠だった。本研究は、2013〜2017年度科学研究費助成事業若手研究B「知的障害者入所施設の閉鎖プロセスと地域生活支援システムの日加比較研究」による助成事業により実施した研究成果でもあった。また、出版に当たって2024年度同志社大学研究成果刊行助成の補助を受けた。

　本書の序章、第5章、第8章、第11章の一部の内容は、以下の学会誌で発表した。

　「知的障害者の脱施設化／地域移行政策の成果に関わる評価研究〜海外と日本の論文を比較して」『社会福祉学』、査読有、53（4）、137-149、2013

「知的障害者の脱施設化／ポスト脱施設化評価研究についての批判的検討—生活の質・専門性・費用対効果—」『障害学研究』、査読有、11、40-61、2016

「知的障害者入所施設職員はなぜ施設解体を実施したのか？ —社会福祉法人Aにおける質的調査に依拠して—」『社会福祉学』、査読有、59（4）、16-29、2019

「知的障害者家族は施設解体をどのように捉えたのか？—社会福祉法人Aにおける質的調査に依拠して」『社会福祉学』、査読有、60（1)、33-46、2019

フィールドワーク調査の間、インタビューや見学を快く引き受けてくださり、多くの貴重なお話をしてくださった本人、職員、家族、行政関係者、自治会関係者、民間事業者の皆様には改めて感謝を申し上げたい。調査対象者の方々のご協力がなければ、本書を完成することができなかった。また、現代書館様にはページ数の多い大著であるにもかかわらず、元の原稿の通りの内容で出版することにご尽力頂いた。編集者の唐仁原志保様には、本書の文章表現を含めて丁寧に見て頂き、読者にとって可能な限り分かりやすい書籍になるように貴重なご助言をいただいた。心より感謝申し上げたい。

本書で記したように、学園Ⅰの解体を可能にしたのは、学園Ⅱの重度知的障害のある本人との関わりによって、大田を含む改革派職員たちの援助観が変革されたからだった。この意味で、学園Ⅱの本人は、改革派職員にとって「先生」とも言える存在だった。大田は、学園Ⅱを解体したかったと何度か語った。施設を退所し、地域で生活することが必要だったのは、まさに施設解体の原動力となった学園Ⅱの本人である。しかし、学園Ⅱを解体しようとする試みは実現されることはなく、施設解体計画は終結することになった。そして、学園Ⅰの解体後の地域生活も自立規範が再編されており、本人が他の人と平等な生活を送る権利が十分に保障されているわけではなかった。それゆえに、この権利を実現させようとする試みは現在でも続く。本書のブックカバーにある学園Ⅱとそこから地域へと続く道のイラスト、そして、タイトルの文字には、このような試みの特徴が見事に表現されている。本書の意図を的確に理解し、独創的方法で装丁をしてくださった矢萩多聞さんに、心より感謝申し上げたい。

日本が2013年に批准した障害者権利条約の第19条には知的障害者の脱施設

化計画の策定の必要性が明記されており、2022 年 8 月には障害者権利委員会による日本の初回審査が行われ、同年 9 月に総括所見を通して脱施設化政策を進めることが勧告された。日本が条約批准国として国際的な責務を果たし、知的障害者の脱施設化政策を有効に進めるためには、学術的研究に依拠するエビデンスが早急に求められている。本書の研究は、脱施設化の実践を先駆的に実施してきた法人を対象としており、当法人を対象とした研究成果は、今後の脱施設化政策を進める上での有益な考え方や方法論を提供できるだろう。

　また、日本及び海外の脱施設化政策を対象にした評価研究は、量的研究が中心であり、本書が対象とした社会の規範や構造、相互作用過程に焦点を当てた研究は皆無に等しい。こうした中で、地域生活においても自立能力を基準にした居住形態が形成されたり、本人の生活が管理されたりする事態は十分に解決されておらず、新規施設の開設や再入所化も各地で起こっており、国連の障害者権利委員会は各国に対して警告を発している。まさにこのような事態が生じる現在だからこそ、本書の研究は学術的研究のみならず、政策・実践上において意義があると考える。

　国連の初回審査で示された内容は、現在の日本の障害者福祉の現状から考えるとあまりにも理想的だという意見は未だに根強い。しかし、脱施設化先進国と言われている北米や北欧でも、国連で示された内容を完全に実現しているわけではなく、その実現のために模索を続けている。脱施設化というのは不断の実践に他ならず、理想ゆえに実現できないと判断した時点でこの実践は終了してしまう。脱施設化の実践をどのように行うべきなのか。本書の研究成果が少しでも考えるヒントを提供することができれば幸いである。

2025 年 1 月

鈴木　良

注

1　国民健康保険団体連合会（国保連）データについては、厚生労働省がweb上で公開している「障害福祉サービス等の利用状況について」／障害福祉サービス、障害児給付費等の利用状況について」のデータを参照。以下の国連データも同様。

2　キムらの研究では、25研究が縦断的調査、12研究が横断的調査、5研究が両調査法を採用する。適応行動は1）全般的適応行動、2）学習スキル、3）地域生活スキル、4）言語／コミュニケーションスキル、5）動作／身体的スキル、6）余暇活動スキル、7）セルフケア／家事スキル、8）社会的スキル、9）職業的スキルの9領域である。すなわち、適応行動とは、日常生活を行う上での身体的ケアや社会活動などを遂行するための様々な能力を意味する。一方、不適応行動は1）全般的行動、2）頻度、3）深刻度、4）対外的行動、5）対自的行動、6）反社会的行動の6領域である。すなわち、不適応行動は、自傷や他傷行為、多動といった社会的に問題となる行動について測定する指標を意味する。

　この結果、適応行動は統計的有意な変化があった21研究のうち19研究で、入所施設から地域の居住形態への移行に伴い向上することが示された。この結果によって脱施設化政策に意義があると主張されている。ただし、長期的観点から検証した場合は、地域移行後10年以上経過しても適応行動が向上し続けるという研究結果がある一方、地域生活に移行してから一定の期間が経過すると適応行動は向上しなくなるという研究も紹介されている。

　一方、不適応行動については1980年代と1990年代の研究では異なる結果が示されている。1980年代では2研究が有意に改善し、2研究が有意に悪化することが示された。1990年代以降では、3研究が有意に改善し、9研究が有意な変化が見られないことが示された。脱施設化政策を批判する議論では、地域居住サービスにおいて不適応行動が悪化することが主張される。こうした中で、1990年代の研究が不適応行動に変化のないことを示す調査結果からは、1）脱施設化政策が肯定されるものとして解釈される、あるいは、2）少なくとも入所施設サービスが地域居住サービスよりも望ましいとは言えなくなる、とキムらは結論付けている。

3　例えばエマーソンとハットンの研究は、1980年から1994年までに出版された、病院からの退院に伴う生活の質や適応行動・不適応行動の変化に関する71研究を分析している。これらの研究のうち、病院からホステル／ユニットへの移住を扱った20研究、病院からケア付き住居への移住を扱った34研究、ホステル／ユニットからケア付き住居への移住を扱った9研究が詳細に分析されている。この結果、病院からホステル／ユニットへの移住、病院からケア付き住居への移住、ホステル／ユニットからケア付き住居への移住に伴い、入居者の1）日常的事柄への参加程度（余暇活動、

セルフケア、家事、職員や他の入居者との交流）、2）職員の関与程度、3）社会参加
（銀行、お店、映画館の利用など）、4）適応行動については多くの研究が向上すること
を明らかにしている。

　ただし、病院からホステル／ユニットへの移行については、日常的事柄への参加程
度及び社会参加においては悪化を示す研究もあることが紹介されている。不適応行動
に関して、施設的ではない住居に移住した場合には、1）職員への聞き取りから分析
した14研究のうち2研究が改善、3研究は悪化、9研究は変化がなく、2）参与観察
法を採用した11研究のうち7研究は改善、4研究は変化がないことを明らかにした。

4　オーストラリアでは、ヤングら（Young, et al.,1998）が、1980年から1996年まで
　に出版された、入所施設から地域の住居への移住に関する13研究を分析した。その
　結果、1）適応行動は7研究が改善、1研究が悪化、1研究が変化なし、2）不適応行
　動は改善を示す研究はなく、1研究が悪化、2研究が変化なし、3）地域社会の受け入
　れ状況、健康及び死亡率はいずれの研究も変化なし、4）社会参加、職員との関わり、
　家族・友人との関係、居住者や家族の満足感はいずれの研究も改善のみを示している
　ことが明らかになった。

5　コズマら（Kozma, et, al.）の研究は、1997年から2007年に発表された英語圏と
　それ以外の論文についてのレビューを包括的に行っている。この研究では、脱施設化
　の評価研究を対象としている学会誌を中心に論文検索を行っている。

　この結果、英語圏の国々の59研究、英語圏以外のオランダ、フィンランド、台湾、
ノルウェーの9研究が選定されている。このうち、1）66研究が量的調査法、2研
究が質的調査法を採用し、2）27研究が横断調査、23研究が縦断調査、18研究が
両方を組み合わせている。対象者は42研究が100名以上、11研究が50名以下で
ある。評価指標は、1）社会参加、2）社会的ネットワークと友人関係、3）家族関係、
4）自己決定と選択、5）生活の質、6）適応行動、7）本人と家族の見解と満足感が
採用されており、29研究が一つの領域以上の研究を行っていた。

　この結果、第1に、小規模居住形態が大規模且つ大集団の居住形態よりも選択の機
会、社会的ネットワークや友人、公共施設へのアクセス、コミュニティ生活への参加、
新しいスキルの習得及び維持、生活への満足感において肯定的結果をもたらすことが
示されている。第2に、適応行動スキルや能力のある本人において肯定的結果がみら
れる一方、行動障害のように支援ニーズが高い本人にとっては地域では否定的結果が
もたらされかねないと述べられている。これは、脱施設化政策を支持する合意形成を
危うくしかねず、単に特定の居住サービスに移行すること以上のサービス内容が求め
られるとコズマらは述べる。具体的には、支援者の質、本人のニーズに対応した組織
構造が問われることが指摘されている。第3に、不適応行動は地域居住生活とは関連
がなく、地域居住サービス提供者は行動障害のある人々に十分に対応できる体制にな
いため向精神薬が過剰に使用されることもあり、死亡率の減少は地域居住サービスと
は関連がないことも述べられている。

6　河東田の研究（河東田, 1998）は、環境的側面である居住状況・仕事・経済・余暇活動・対人関係・政策立案への参加・将来への希望において、入所施設よりも親と同居、親と同居よりもグループホーム（以下、GH）、GH よりも自立生活（以下、IL）と移行するにつれて有意に向上することが述べられている。次に、内的側面の自己実現・自由／自己決定・自信／自己受容・安心感・社会的関係において、入所施設よりも親と同居、親と同居よりも GH、GH よりも IL と移行するにつれて向上することが指摘されている。

7　森地（2011）の研究は、入所施設から GH やケアホームへの移行後 1 年の生活において、移行者の経済、住まい、しごと、日中の過ごし方、人間関係、趣味に関する問題で改善が見られることが示されている。島田ら（2002a）の研究では、中高齢知的障害者は、GH が余暇活動及び心理面、外部援助の導入で配慮がなされる一方、入所施設に比較すると物理的環境や入浴・洗濯介助など日常生活場面の配慮で不十分なところがあることが示されている。さらに南條・仲野（2005）の研究は、生活の質全体と、生活満足度／社会参加・活動／自立・自由度において GH 居住者が入所施設や在宅より向上すると述べている。

　　これらの研究のうち森地及び島田らの研究は本人の状況について職員が回答している一方、南條・仲野、河野らや河東田らの研究は本人が回答しているが、いずれも客観的な生活の質の指標に基づき評価している点で共通している。

8　渡辺（2000）の研究では、1) GH が通勤寮よりも個室割合が多く、2) 職員や世話人が勝手に部屋に入る割合が、通勤寮、GH、IL の順に多く、3) 自らの部屋に鍵をかけられる割合は IL が通勤寮や GH より多く、4) 給料・貯金額について知らない人の割合は通勤寮や GH が IL より多く、5) 決まりのある割合は通勤寮が GH より多く、6) 食事の好みを言える割合は GH が通勤寮より多く、7) 居住場所を自分で決定した割合は IL が通勤寮や GH より多いことが明らかにされている。

　　鈴木（2005）の研究では、地域移行後の自己決定の促進要因として 1) 支援者による選択・決定、自立の機会の提供、2) プライバシーの保障や地域資源へのアクセス可能性の増大、3) 集団処遇的構造の改善や管理的構造の改善を、自己決定の制限要因として、1) 支援者による選択・決定、自立の機会の制限、2) プライバシーやバリアフリーの欠如、経済的余裕の欠如、3) 本人・親族間及び支援者・親族間の不一致、4) 保護主義的・集団処遇的・管理的構造、5) 人的・物的な社会支援体制の不備や地域社会の偏見が指摘されている。

9　鈴木（2010）の研究では、適応行動や不適応行動、自己決定能力といった個人属性について統制し、生活環境要因が自己決定の機会にどの程度関係するのかが分析されている。この結果、最も決定の機会が制約されるのは入所施設と自立訓練ホームであり、通勤寮、GH、IL・結婚生活に移行するにつれてその機会が増加することが分かった。自立訓練ホームは地域の GH に移行する前の自立訓練の場であり、GH に比較すると自由が制約される。また、献立、金銭、仕事、健康、性、居住形態・共同入

居者に関しては、居住形態ごとに決定の機会に差異はなく、自ら決定する割合も低いことが分かった。さらに居住人数が1～2名の場合は他の居住形態よりも決定の機会があり、6～7名の居住形態、11～30名の居住形態という順で決定の機会が保障されることが分かった。さらにこの研究では、自立度の高い住居に「ステップアップ」することで自由度が上昇する、逆に自立度の低い住居に「ステップダウン」することで自由度が下降するというシステムが作り出されることで、本人は現在の居住場所での様々なルールや職員の管理に従うことになるので、その管理構造自体が問われなければならないと述べられている。

10　角田・池田の研究（2002）では、入所施設、GH、家族と同居の生活への満足度について比較を行っている。この研究の結果、地域満足度、レクリエーション満足度、仕事満足度から構成される生活満足度はGHが最も高く、次に家族との同居、最後に入所施設となることを明らかにしている。この背景には、GHにおける自己決定機会の多さ、自由度の高さが関係していると述べられている。また南條・仲野（2005）の研究では、GH居住者は、入所施設、GH、在宅に比較して、1）日常生活の楽しみや娯楽、2）健康、3）住環境、4）家族についての満足感が最も高いことを明らかにした。さらに、森地・村岡（2009）の研究は、地域群では施設群よりも「住んでいる地域がよい」「前に住んでいたところには戻りたくない」「部屋は1人で住みたい」「一人で暮らしたい」という傾向が強いことを明らかにしている。

11　知的障害者への自立の規範の問題は青木（2011）に詳しい。青木は、在宅からの自立や就労自立という観点から自立の規範について論じている。本書では、入所施設を拠点にして生成される自立をめぐる規範に焦点を当てている点に特徴がある。

12　私はゴッフマンの施設論を援用し、コロニーによる地域移行の取り組みを分析してきた（鈴木, 2010）。本研究はこのときの分析視点を採用しながら、自立規範に焦点を当てた点に特徴がある。

13　女性ホームレスを対象に研究した丸山も、バトラーのエイジェンシー概念に依拠して、女性ホームレスを次のように捉えている。

「ジェンダーを、性別カテゴリーが用いられる場面ごとに、そこで展開される言説の実践としてとらえ、相互行為のなかで性別カテゴリーがどのように持ち出され利用されているのかを見ていくことになる。そして女性ホームレスを、性別カテゴリーを用いながら持ち出される『女らしさ』などの規範と交渉していく、エイジェンシーとして考察する。そうすることで、女性ホームレスたちが、女性であることを利用したり、『女らしさ』を再定義していく、その実践の過程そのものに照準化する。」（丸山2021：21）

本書でも、このような研究の視点に依拠して、各行為者による規範や秩序との交渉の実践過程に照準を当てている。

14　1979年7月に、国は「精神薄弱者福祉ホーム」を設置している。「精神薄弱者福祉ホーム設置運営要綱」には、「就労している精神薄弱であって、家庭環境、住宅事情

等の理由により、現に住居を求めているものに独立した生活を営むために利用させ、就労に必要な日常生活の安定を確保し、もってその社会参加の助長を図ることを目的とする」と記され、地域生活援助の方策を打ち出しながらも、就労している人を対象者としている。

15　障害者支援施設の対象は、1）生活介護を受けている者であって障害支援区分が区分4（50歳以上の者にあっては区分3）以上である者、2）自立訓練、就労移行支援又は就労継続支援B型の利用者のうち、入所させながら訓練等を実施することが必要かつ効果的であると認められる者又は通所によって訓練を受けることが困難な者、3）特定旧法指定施設に入所していた者であって継続して入所している者又は、地域における障害福祉サービスの提供体制の状況その他やむを得ない事情により通所によって介護等を受けることが困難な者のうち、1）又は2）に該当しない者若しくは就労継続支援A型を利用する者、4）平成24年4月の改正児童福祉法の施行の際に障害児施設（指定医療機関を含む）に入所していた者であって継続して入所している者、とされている（厚生労働省ホームページ）。

16　軽度障害者のGHから自立生活への移行を推進させる動きは、2021年3月にPwCコンサルティング『令和2年度障害者総合福祉推進事業 障害者支援のあり方に関する調査研究—グループホーム、地域生活支援の在り方—事業報告書』で提示された。この中で「グループホームは対象者の具体的要件が定められておらずアパートでの一人暮らしに近いグループホームもある。グループホームの利用を希望しない者や支援の必要性が乏しい者の継続的な利用につながらないよう、グループホームの対象者を明確化する必要がある」とした上で、「検討の方向性」として、「グループホームについて、本人が希望する地域生活に向けて支援することを制度の目的とした類型を創設することが考えられる。具体的には、一定期間後に本人が希望する住まいに移行できるよう支援することを目的とした（仮称）自立生活移行支援型グループホームの制度化について検討することが考えられる」といった提案がなされた。

　この後、厚生労働省・社会保障審議会障害者部会の第113回（2021年6月28日）で上記報告書の結果も踏まえてこの問題についての議論が開始され、第121回（2021年11月5日）資料2『障害者の居住支援について（共同生活援助について）』の中で「障害者本人が希望する地域生活の実現を推進する観点から、グループホームにおいて、一定期間の中で本人が希望する一人暮らし等の地域生活に向けた支援を行うことを目的とする新たなグループホームのサービス類型の創設を検討してはどうか」という提案がなされた。

　国の動きに対しては、東大阪市の社会福祉法人・創思苑に所属するピープルファーストのメンバーと支援者が中心となり、「グループホームの再編に反対する緊急行動ネットワーク事務局」を立ち上げ、『グループホーム再編問題』として抗議活動を各地で展開させてきた。

17　「平成30年度報酬改定により、共生型障害福祉サービスが創設され、また、全国的

に高齢者、障がい者、児童等を包括的に支援する施設の設置が増加していることから、改めて別紙のとおり取扱方針を定め、平成31年4月1日から適用することとしましたので通知します」とある。その上で、「入所施設や病院の敷地内での共同生活住居の設置を原則として認めないこととする。ただし、次の要件をすべて満たす場合は例外的に認めることとする。(1) 敷地外と同様と認められる立地であること（土地の所有関係により一律に判断しないこと）①入所施設・病院と外部とを区分する堀、柵等の外側に共同生活住居を設置する。②共同生活住居の門（入口）が、入所施設・病院と共用となっていない。③共同生活住居から公道へ直接出ることができる。④共同生活住居が隣接住民の住宅と同様の位置関係で建っている。⑤かつて入所施設・病院の関係者が住んでいた建物ではない。(2) 管理・運営上、独立していること ①利用申込みに係る調整、職員に対する技術指導等が別に行われている。②職員の勤務体制、勤務内容等が別に管理されている。③苦情処理や損害賠償等に際して、別に対応できる体制にある。④事業の目的や運営方針、営業日や営業時間、利用料等を定める運営規程が別に定められ ている。⑤人事・給与・福利厚生等の勤務条件等による職員管理が別に行われるとともに、会計が別に管理されている」と記されている。

　　また、日中活動についても、「日中活動サービス事業所と同一建物内での共同生活住居の設置を原則として認めないこととする。ただし、次の要件をすべて満たす場合は例外的に認めることとする。①既存の建物を活用する。②地域（通所可能な範囲）に他の日中活動サービス事業所がなく、同一建物以外のサービス提供体制が取れない。③当該日中活動サービス事業所に、同一建物内の共同生活住居の利用者全員が通うものではない。④周辺の在宅障がい者が当該日中活動サービス事業所に通い、同一建物内の共同生活住居の利用者との交流が図られる。なお、地域共生社会の実現に向けた取組の推進のため、高齢者、障がい者、児童等を支援するそれぞれの事業所が共同して行う、障がい者と高齢者、児童、地域住民等との交流の機会が確保される事業計画であると認められる場合は、2の①から④までの規定に関わらず、日中活動サービス事業所と同一建物内での共同生活住居の設置を認めることとする」と規定されている。

18　TEACCH プログラムとは、1960年代からアメリカ・ノースカロライナ州において発展した自閉症の人たちのための支援方法のこと。ただし、当施設ではこの方法を過剰に適用することはなく、利用者の状況に応じて臨機応変に使用している。

19　横井は自らのブログの中で、次のように述べている。

　　「平成5年に、私は旭川から50キロほど北の人口5千人ほどの町剣淵（けんぶち）町という町で、日本で最初の50人全室個室の施設を設立した。寮舎の生活単位を12人から13人の家庭的なユニットにした。個室とユニットケアという考え方が老人ホームで提唱されるずっと以前のことである。この施設の建設費は作業棟1億、本体施設5億で約6億を要した。国費が2億4千万、剣淵町の債務負担が3億6千万であった。当時一般会計46億ほどの小さな町が、3億6千万円も負担するということも異例の事であったかも知れない。開設した平成5年には全国からの視察者が1700

人に及んだ。知的障がい者施設で全室個室の施設と言うことがマスコミ等でも取り上げられ、反響を呼んだからである。

　しかし私はこの時、入所施設を作ろうなどとは全く思ってもいなかった。『もう入所施設はいらない』と公言してきたからである。その時、私は当時最も私の取り組みに理解のあった役場の福祉課長と、町の中にグループホームを5棟ほど建設し、20人規模の就労の場となる通所施設を作ろうと計画していた。通所施設では地元の農業者のトマトジュースなど農産物加工を仕事にしようとしていた。地域の農業者と一緒に町おこしにも取り組んでいて、『剣淵絵本の里作り』や無農薬農業を私たちが提唱して、『剣淵生命を育てる大地の会』を作り、無農薬農産物を1億円売るほどに発展させたりもした。そうした実績を通所施設の仕事にするという計画であった。町の中に、障がい者の町営住宅を建設し、そこから、通所施設に働きに行く、その計画は画期的でわくわくするものであった。真剣に取り組んでいた時、町長選挙があった。対立候補者が出たためか、現職の町長は期間中突然、『新たな50人の入所施設を作る』ということを言い出した。それは私も、福祉課長も全く知らないことであった。選挙が終わって、入所施設を建設に取り組むという町長の意向に私は絶対入所施設はやらないと頑張ったが、福祉課長の『町長が公約した以上、やらざるを得ない、我慢して受けてくれ』といわれて、私も諦めて条件を出した。それは全室個室の施設にすること、無農薬農業者の農産物を加工する施設を併設することをあげた。紆余曲折があったが、結果的にそれは受け入れられたが、町長はよほど面白くなかったらしく、開所式の挨拶で『私ははっきり言って、障がい者に個室とは贅沢だと思っている』と言った。

　平成5年全室個室の北の杜舎が開所した日の打ち合わせで、『北の杜舎は全室個室という点では入所施設としては新しく、まだ役割があるかも知れない。しかし、10年先には入所という点で時代遅れとなるかもしれない。その時、この施設の入居者をどのように地域居住させて、入所施設としての役割を終えるか、10年先を考えて実践しよう』と挨拶した。そして5年後、『個室は贅沢だ』と言った町長が8期の再選を果たした。対立候補を応援した私は当然のことながら、この町を出なければならなくなる」(横井, 2010)

引用・参考文献

A

青木千帆子（2011）「自立とは規範なのか──知的障害者の経験する地域生活」『障害学研究』7, pp.301-325.

天田城介（2007）『〈老い衰えゆくこと〉の社会学』多賀出版。

安積純子・岡原正幸・尾中文哉・立岩真也（2012）『生の技法──家と施設を出て暮らす障害者の社会学　第 3 版』生活書院。

朝日新聞（2014）「社福法人に天下り 239 人」2014 年 9 月 15 日朝刊。

東俊裕監修、DPI 日本会議編（2007）『障害者の権利条約でこう変わる Q & A』解放出版社。

B

Barker, P.A.（2007）"Individual and Service Factors Affecting Deinstitutionalization and Community Use of People with Intellectual Disabilities", Journal of Applied Research in Intellectual Disabilities, 20（2）, pp.105-109.

Biestek, F.P.（1957）*The Casework Relationship,* Loyola Press.（= 2006, 尾崎新・福田俊子・原田和幸訳『ケースワークの原則──援助関係を形成する技法　新訳改訂版』誠信書房 .）

Booth, T., Booth, W. and Simons, K.（1989）"Clients and partners: The role of families in relocating people from mental handicap hospitals and hostels", British journal of mental subnormality, 35（68）, pp.40-49.

Butler, J.（1990）*Gender Trouble: Feminism and the Subversion of Identity,* Routledge, Chapman & Hall, Inc.（=1999, 竹村和子訳『ジェンダー・トラブル──フェミニズムとアイデンティティの攪乱』青土社 .）

Butler, J.（1997）*Excitable Speech: A Politics of the Performative,* Routledge, Inc.（ = 2004, 竹村和子訳『触発する言葉──言語・権力・行為体』岩波書店 .）

C

Certeau, M.（1980=1987）*Art de Faire,* Union Générale d'Editions, Paris.（ = 1987, 山田登世子訳『日常的実践のポイエティーク』国文社 .）

Chappell, A.L.（1992）"Towards a Sociological Critique of the Normalization Principle",

Disability, Handicap and Society, 7（1）, pp.35-51.

Committee on the Rights of Persons with Disabilities（2017）"General comment on article 19: Living independently and being included in the community".

Conroy, J.W., Crowley, R. and Rankin, R.（2014）"Self-Determination, Self-Direction, Individual Budgeting: How Do We Know This Works?".

Conroy, J.W.（2017）"Personal Life Quality Protocol- Short, Reliable Outcome Measurement Tools for Quality Tracking in Developmental Disabilities Systems", Personal Life Quality Protocol.

D

独立行政法人国立重度知的障害者総合施設のぞみの園（2014）『国立のぞみの園10周年記念紀要』。

E

江原由美子（1988）『フェミニズムと権力作用』勁草書房。

Emerson, E.B.（1985）"Evaluating the impact of deinstitutionalization on the lives of mentally retarded people", American Journal of Mental Deficiency, 90（3）, pp.277-288.

Emerson, E. and McGill, P.（1989）"normalization and Applied Behaviour Analysis: Values and Technology in Services for People with Learning Difficulties", Behavioural Psychotherapy, 17（2）, pp.101-117.

Emerson, E. and Hatton, C.（1996）"Deinstitutionalization in the UK and Ireland: Outcomes for service users", Journal of Intellectual and Developmental Disabilities, 21, pp.17-37.

Emerson, E. and Hatton, C.（2005）"Deinstitutionalization", Learning Disability Review, 10（1）, pp.36-40.

European Network on Independent Living（2020）"Emergency Deinstitutionalisation: A joint call to act now!"（https://enil.eu/news/emergency-deinstitutionalisation-a-joint-call-to-act-now/, 2021.10.7 検索時点）

Evans, G. Beyer, S. and Todd, S.（1988）"Looking forward not looking back: the evaluation of community living", Disability, Handicap & Society, 3（3）, pp.239-252.

F

Fedcuk, M.（2012）"It's About Time: The Significance of the Centre Block Demolition for

Former Residents of the Woodlands Institution", University of British Columbia.

Felce, D.（1998）"The determinants of staff and resident activity in residential services for people with severe intellectual disability: Moving beyond size, building design, location and number of staff", Journal of Intellectual and Developmental Disability, 23 （2）, pp.103-119.

Felce,D., Beecham,J., Hallam,A. and Lowe, K.（2000）"Exploring the relationship between costs and quality of services for adults with severe intellectual disabilities and the most severe challenging behaviours in Wales: A multivariate regression analysis", Journal of Intellectual & Developmental Disability, 25（4）, pp.307-326.

Felce, D.（2002）"Active Support for Adults with Severe or Profound Intellectual Disability-Impact on Quality of Life"（＝中園康夫監訳「重度・最重度の知的障害者に対する Active Support──QOL への影響」『発達障害研究』24（2）, pp.149-164.）

Ferrara, D.M.（1979）"Attitudes of parents of mentally retarded children toward normalization activities, American Journal of Mental Deficiency", 84（2）, pp.145-151.

Foucault, M.（1975）*Surveiller et Punir; Naissance de la Prison.*, Éditions Gallimard（＝1977, 田村俶訳『監獄の誕生──監視と処罰』新潮社。）

Foucault, M.（1976）*Historire de la Sexualité. Vol.1 : La Volontéde Savor*, Éditions Gallimard（＝1986, 渡辺守章『性の歴史Ⅰ──知への意志』新潮社。）

G

Giddens, A.（1989）*Sociology fourth edition,* Polity Press.（＝2004, 松尾精文・西岡八郎・藤井達也・小幡正敏・叶堂隆三・立花隆介・内田健訳『社会学（第 4 版）』而立書房.）

Goffman, E.（1961）*Asylum*, Doubleday.（＝1984, 石黒毅訳『アサイラム──施設被収容者の日常世界』誠信書房.）

Gomez, L.E., Verdugo, M.A., Arias, B. and Arias V.（2011）"A Comparison of Alternative Models of Individual Quality of Life for Social Services Recipients", Social Indicators Research, 101（1）, pp.109-126.

H

花田公貴・鈴木義弘・中武啓至・中村久美子・川谷浩史・藤川清士（1999）「地域生活を営む知的障害者の基礎的考察：知的障害者の地域生活環境整備に関する研究　その 1」『学術講演梗概集. E-1, 建築計画Ⅰ, 各種建物・地域施設, 設計方法, 構法計画, 人間工学, 計画基礎』, pp.319-320.

Hatton, C. and Emerson, E.（1996）"Residential provision for people with learning disabilities: A research review. Hester Adrian Research Centre", University of Manchester.

Heller, T., Bond, M., and Braddock, D.L.（1988）"Family reaction to institutional closure", American Journal on Mental Retardation, 92, pp.336-343.

久田則夫（1994）『高齢知的障害者とコミュニティ・ケア――英国福祉現場からのレポート』川島書店 .

北海道（2015）「障がい者入所施設事業転換促進交付金による入所施設の定員削減状況」

星加良司（2007）『障害とは何か――ディスアビリティの社会理論に向けて』生活書院 .

Hughes, C., Hwang B., Kim, J., Eisenman, L.T. and Killian D.J., 1995, "Quality of Life in Applied Research: A Review and Analysis of Empirical Measures", American Journal on Mental Retardation, 99（6）, pp.623-641.

I

井上照美・岡田進一・白澤政和（2006）「知的障害者の地域移行を支援するための活動の構成要素――知的障害者の意向を尊重する支援に関する施設職員の自己評価」『生活科学研究誌』4, pp.201-211。

井上照美・岡田進一・白澤政和（2008）「『地域移行』における『実践活動』に関連する要因に関する研究――入所更生施設職員に求められる支援計画の今日的課題の検討」『社会福祉学』49（1）、pp.60-74。

石川准・長瀬修編（1999）『障害学への招待――社会 , 文化 , ディスアビリティ』明石書店。

石井哲夫（1995）『自閉症と受容的交流療法』中央法規出版。

市川和彦（2000）『施設内虐待――なぜ援助者が虐待に走るのか』誠信書房。

市野川容孝（1999）「第 5 章 優生思想の系譜」石川准・長瀬修編（1999）『障害学への招待――社会 , 文化 , ディスアビリティ』明石書店、pp.127-157。

一般社団法人日本グループホーム学会（2009）『グループホーム（ケアホーム）全国基礎調査 2009 報告書』。

一般社団法人日本グループホーム学会（2012）『平成 24 年度グループホーム及びケアホームにおける支援に関する実態調査』。

一般社団法人日本グループホーム学会（2018）『グループホームを利用する障害者の生活実態に関する調査研究』。

J

Janssen, T.（1995）"Methodological problems in evaluation of social reforms-exemplified by deinstitutionalization of the mentally retarded in Norway", The Psychological

Record, 45（4）, pp.535-563.

Jones E., Perry J., Lowe K., Allen D., Toogood S. and Felce D.（1996）"Active Support- A handbook for Planning Daily Activities and Support Arrangements for People with Learning Disabilities".（＝2003, 中野敏子監訳・編『参加から始める知的障害のある人の暮らし──支援を高めるアクティブサポート』相川書房.）

Jones, P.A., Conroy, J.W., Feinstein, C.S. and Lemanowicz, J.A.（1984）"A Matched Comparison Study of Cost-Effectiveness: Institutionalized and Deinstitutionalized People", The Association for People with Severe Handicaps, 9（4）, pp.304-313.

「10 万人のためのグループホームを！」実行委員会 (2002)『もう施設には帰らない─知的障害のある 21 人の声─』中央法規。

K

勝俣幸子（2017）「社会保障」国立社会保障・人口問題研究所（2017）『日本社会保障資料 V（2001 ～ 2016）』https://www.ipss.go.jp/publication/j/shiryou/no.79/kaidai2.html（2024 年 10 月 30 日閲覧）。

近藤浩充 (2020)「PM 理論と SL 理論をわかりやすく解説！リーダーを育成するポイント、具体例も紹介」、https://www.hr-doctor.com/news/management/management-skill/manager_training_humanskill-2#heading1。（2024 年 12 月 8 日検索時）

河東田博（1996）「日本における当事者活動の実態と課題」、Worrel, B.（1988）People first: advice for advisors, People First Canada（＝河東田博訳『ピープル・ファースト──支援者のための手引き　当事者活動の支援と当事者参加・参画推進のために』現代書館）、pp.101-133.

河東田博（1998）『知的障害者の「生活の質」に関する日瑞比較研究』（平成 6 年度～ 8 年度科学研究費補助金・研究成果報告書）, 四国学院大学。

河東田博（2003）『知的障害者の入所施設から地域の住まいへの移行に関する研究』（平成 12 年度～ 14 年度「科学研究費補助金」研究成果報告書）, 立教大学コミュニティ福祉学部。

河東田博（2006a）『障害者本人支援の在り方と地域生活支援システムに関する研究』（厚生労働科学研究費補助金・障害保健福祉総合研究事業平成 17 年度総括研究報告書）。

河東田博（2006b）『障害者の入所施設から地域の住まいへの移行に関する研究』（平成 15 年度～平成 17 年度科学研究費補助金「基礎研究 A」研究成果報告書）。

河野和代・小林繁市・河東田博（1997）「知的障害者の自己決定／求められる支援と生活の質に関する研究」高松鶴吉（1998）『平成 9 年度厚生省心身障害研究　心身障害児（者）の地域福祉に関する総合的研究』, pp.25-36。

河東田博・ハンソン友子・杉田穏子訳編（2000）『スウェーデンにおける施設解体──

地域で自分らしく生きる』現代書館。

Kim, S., Larson, S.A. and Lakin, K.C.（2001）"Behavioural outcomes of deinstitutionalization for people with intellectual disability: a review of US studies conducted between 1980 and 1999", Journal of Intellectual and Developmental Disability, 26（1）, pp.35-50.

Kleinman, A.（1988）*The Illness Narratives: Suffering, Healing and the Human Condition,* Basic Books, Inc.（＝1996, 江口重幸・五木田紳・上野豪志訳『病いの語り──慢性の病いをめぐる臨床人類学』誠信書房。）

小林繁市・山本家弘・石堂正宏・山川惇夫・三戸部隆・花崎三千子・小林及夫枝・柳瀬浩幸・斎藤衛（1992）「知的障害者（精神薄弱者）の権利擁護に関する調査研究」『北海道ノーマライゼーション研究』pp.133-155。

公益財団法人・日本知的障害者福祉協会調査・研究委員会（2012-2020）『全国知的障害児・者施設・事業実態調査報告』。

公益財団法人・日本知的障害者福祉協会（2012-2019）『全国グループホーム・ケアホーム実態調査報告』・『全国グループホーム実態調査報告』。

国立社会保障・人口問題研究所ホームページ。（https://www.ipss.go.jp/, 2024 年 10 月 30 日閲覧。）

厚生労働省ホームページ「障害福祉サービスについて」（https://www.mhlw.go.jp/stf/seisakunitsuite/bunya/hukushi_kaigo/shougaishahukushi/service/naiyou.html）、2024 年 12 月 9 日検索時点。

厚生労働省ホームページ。（https://www.mhlw.go.jp/bunya/shougaihoken/toukei/, 2024 年 10 月 30 日閲覧。）

厚生労働省「障害福祉サービス、障害児給付費等の利用状況について」令和 6 年 7 月 19 日。

厚生省児童家庭局障害福祉課監修（1989）『グループホームの設置・運営ハンドブック──精神薄弱者の地域生活援助』日本児童福祉協会。

厚生労働省社会・援護局障害保健福祉部企画課（2011）「障害福祉サービス及び相談支援並びに市町村及び都道府県の地域生活支援事業の提供体制の整備並びに自立支援給付及び地域生活支援事業の円滑な実施を確保するための基本的な指針（平成十八年厚生労働省告示第三百九十五号）の改正案について」『障害保健福祉関係主管課長会議資料』。

厚生労働省・社会保障審議会障害者部会（2016）「障害福祉計画及び障害児福祉計画に係る成果目標及び活動指標について」（第 82 回　資料）。

厚生労働省・社会保障審議会障害者部会（2019）「障害福祉計画及び障害児福祉計画に係る成果目標及び活動指標について」（第 96 回、R1.11.25、資料 1-2）。

厚生労働省・社会保障審議会障害者部会（2023a）「成果目標に関する参考資料」（第 134 回社会保障審議会障害者部会参考資料 1）（2023.1.20）。

厚生労働省・社会保障審議会障害者部会（2023b）「障害福祉計画及び障害児福祉計画

に係る成果目標及び活動指標について」（第134回、R5.1.23、資料1-2）

Kozma, A., Mansell, J., and Beadle-Brown J. (2009) "Outcomes in different residential settings for people with intellectual disability: A systematic review", American Association on Intellectual and Developmental Disabilities, 114 (3), pp.193-222.

呉世雄（2013）「介護老人福祉施設の地域貢献活動の実施に影響を及ぼす要因」『日本の地域福祉』26, 65-77。

L

Larson, S.A. and Lakin, K.C. (1989) "Deinstitutionalization of persons with mental retardation: Behavioral outcomes", Journal of the Association for Persons with Severe Handicaps, 14 (4), pp.324-332.

Larson, S.A., and Lakin, K.C. (1991) "Parent attitudes about residential placement before and after deinstitutionalization: A research synthesis", Journal of the Association for Persons with Severe Handicaps, 16 (1), pp.25-38.

Lofland, J. and Lofland, L. (1995) *Analyzing social setting: A Guide to Qualitative Observation and Analysis,* Wadsworth Publishing. (= 1997, 新藤雄三・宝月誠訳『社会状況の分析——質的観察と分析の方法』恒星社厚生閣。)

Lord, J. and Hearn, C. (1987) *Return to the Community- the process of closing an institution,* Kitchener, ON: Centre for Research and Education.

M

Mansell, J. and Ericsson, K. (1996) *Deinstitutionalization and Community Living Intellectual disability services in Britain, Scandinavia and the USA,* Springer Science+Business Media Dordrecht. (= 2000, 中園康夫・末光茂監訳『脱施設化と地域生活-英国・北欧・米国における比較研究』相川書房。)

Mansell, J. (2006) "Deinstitutionalization and community living: Progress, Problems and priorities", Journal of Intellectual & Developmental Disability, 31 (2), pp.65-76.

丸山里美（2021）『女性ホームレスとして生きる——貧困と排除の社会学　増補新装版』世界思想社。

Meyer, R.J. (1980) Attitudes of parents of institutionalized mentally retarded individuals toward deinstitutionalization, American Journal of Mental Deficiency, 85 (2), pp.184-187.

三隅二不二 (1986)『リーダーシップの科学——指導力の科学的診断法』講談社。

望月昭（1995）「特集：ノーマライゼーションと行動分析——『正の強化』を手段から目的へ」『行動分析学研究』8 (1), pp.4-11。

森地徹（2011）「知的障害者入所施設からの地域生活移行が移行者に及ぼす影響に関する研究」『社会福祉学』51（4），pp.80-90.

森地徹・村岡美幸（2009）「障害者と支援　知的障害のある人の地域生活移行過程における満足度の把握に関する研究（日本社会事業大学社会福祉学会第47回社会福祉研究大会報告）」『社会事業研究』48，pp.73-80.

麦倉泰子（2004）「知的障害家族のアイデンティティ形成についての考察——子どもの施設入所にいたるプロセスを中心に」『社会福祉学』45（1），pp77-87.

N

内閣府地方分権相談室（2014）「地方分権改革事例100—個性を活かし自立した地方をつくる」.

中野隆之(2007)「保健福祉施設におけるリーダーシップに関する一考察——良質なサービス提供を進めるために」『社会福祉学』48(1)，130-141。

中野隆之(2022)「社会福祉法人の地域福祉サービス展開に関連する要因—経営管理の視点から—」『社会福祉学』63(1)，72–86。

内閣府（2009）『障害者基本計画（第2次計画　平成15年度〜平成24年度）—平成19年度推進状況』（https://www8.cao.go.jp/shougai/suishin/pastplan.html, 2021年5月21日検索）。

内閣府（2010）『障害者基本計画（第2次計画　平成15年度〜平成24年度）—平成19年度推進状況』（https://www8.cao.go.jp/shougai/suishin/pastplan.html, 2021年5月21日検索）。

内閣府（2012）『障害者基本計画（第2次計画　平成15年度〜平成24年度）- 平成19年度推進状況』（https://www8.cao.go.jp/shougai/suishin/pastplan.html, 2021年5月21日検索）。

長瀬修・東俊裕・川島聡編著（2012）『障害者の権利条約と日本——概要と展望　増補改訂版』生活書院。

中野孝浩（2010）「北海道の障がい者施策——北海道障がい者条例を中心に」（平成22年8月27日（金）北海道行政書士会「北海道障がい者支援フェア」における発表資料）。

中根成寿（2006）『知的障害者家族の臨床社会学——社会と家族でケアを分有するために』明石書店。

南條正人・仲野隆士（2005）「知的障碍児（者）の生活の質（QOL）に関する研究——知的障碍児（者）の居住形態に着目して」『仙台大学紀要』36（2），pp.11-19。

日本グループホーム学会調査研究会（2012）『既存の戸建住宅を活用した小規模グループホーム・ケアホームの防火安全対策の検討』（厚生労働省平成23年度障害者総合福祉推進事業）日本グループホーム学会調査研究会。

Nirje, B. and Perrin, B.（1985）"Setting the record straight: A critique of some frequent misconceptions of the normalization principle", Australia and New Zealand Journal of Developmental Disabilities,11（2）,pp.69-74.（＝ 1998, 河東田博・橋本由紀子・杉田穏子訳編「誤解を正す――ノーマライゼーション原理のよくある誤解への反論」『ノーマライゼーションの原理――普遍化と社会改革を求めて』現代書館 , pp.106-120.）

野田稔（2005）『組織論再入門――戦略実現に向けた人と組織のデザイン』ダイヤモンド社。

Norsteds（2010）*Svensk-Engelska-Ordbok Professionell,* Norsteds.

O

岡部耕典（2010）『ポスト障害者自立支援法の福祉政策――生活の自立とケアの自律を求めて』明石書店。

岡部耕典（2017a）「おわりに」岡部耕典編（2017）『パーソナルアシスタンス――障害者権利条約時代の新・支援システムへ』生活書院，pp.303-305。

岡部耕典（2017b）「第 9 章　ポスト障害者自立支援法のパーソナルアシスタンス - カリフォルニア州のサポーテッドリビング・サービスを手がかりとして」岡部耕典編（2018）『パーソナルアシスタンス――障害者権利条約時代の新・支援システムへ』生活書院 , pp.000-000。

岡部耕典編（2017）『パーソナルアシスタンス――障害者権利条約時代の新・支援システムへ』生活書院。

荻原浩史（2019）『詳論　相談支援――その基本構造と形成過程・精神障害を中心に』生活書院。

岡原正幸（1990）「第 3 章　制度としての愛情～脱家族とは」、安積純子・岡原正幸・尾中文哉・立岩真也（2012）『生の技法　第 3 版』生活書院、119-157

Oliver, M.（1990）*The Politics of Disablement,* Palgrave Macmillan.（＝ 2006、三島亜紀子・山岸倫子・山森亮・横須賀俊司訳『障害の政治――イギリス障害学の原点』, 明石書店 .）

Oliver, M.J.（1999）"Capitalism, disability, and ideology: A materialist critique of the Normalization principle", Flynn, R.J. and Lemay R. A. ed., *A Quarter-Century of Normalization and Social Role Valorization: Evolution and Impact,* University of Ottawa Press, pp.163-173.

P

ピープルファーストジャパン（2006）『ピープルファーストジャパンの会則（2006 年版）』（ピープルファーストジャパンのホームページより）（2021/6/20 検索時点）

ピープルファーストジャパン（年代不明）『ピープルファーストジャパン設立準備委員会のあゆみ』（ピープルファーストジャパンのホームページより）（2021/6/20 検索時点）

ピープルファーストジャパンホームページ（https://www.pf-j.jp/, 2021/6/20 検索時点）

S

Shalock, R.L.（1982）"Skill Acquisition and Client Movement Indices. Implementing Cost-Effective Analysis in Rehabilitation Programs", Evaluation and Program Planning, 5 (3), pp.223-231.

Schalock, R.L.（1995）*Outcome-Based Evaluation,* Plenum Publishers.

Schalock, R.L.（2004）"The concept of quality of life: what we know and do not know", Journal of Intellectual Disability Research, 48 (3) , pp.203-216.

Shalock, R.L.（2010）"The measurement and Use of Quality of Life-Related Personal Outcomes", Kober, R., ed., Enhancing the Quality of Life of People with Intellectual Disabilities-From Theory to Practice, Springer Science+Business, pp.3-16

Schalock, R.L. and Jensen, C.M.（1986）"Assessing the Goodness-of-Fit Between Persons and Their Environments", Journal of The Association for Persons with Severe Handicaps, 11 (2) , pp.103-109.

Schalock, R.L., Keith, K.D., Hoffman, K. and Karan, O.C.（1989）"Quality of Life: Its Measurement and Use", Mental Retardation, 27 (1) , pp.25-31.

Schalock, R.L. and Alomso, M.A.V.（2002）*Handbook on Quality of Life for Human Service Practitioners,* American Association on Mental Retardation.

島田博祐・渡辺勧持・高橋亮・谷口幸一（2002a）「中高齢知的障害者の処遇及び生活実態に関する研究——入所施設とグループホームの比較から」『発達障害研究』24 (1) , pp.67-78。

島田博祐・渡辺勧持・高橋亮・谷口幸一（2002b）「中高齢知的障害者の加齢に伴う適応行動の変化について——入所施設生活者とグループホーム生活者を比較して」『特殊教育学研究』40 (4) , pp.375-38。

島崎剛（2018）「特別養護老人ホームの『地域における公益的取組み』の実施状況と関連要因」『厚生の指標』65 (4), 39–46。

社会福祉法人全日本手をつなぐ育成会（2001）『手をつなぐ育成会（親の会）50 年の歩み』社会福祉法人全日本手をつなぐ育成会。

副島洋明（1999）「虐待からの解放——知的障害者虐待事件の現場は私たちに何を問うているか」松友了編（1999）『知的障害者の人権』明石書店 , pp.67-95.

副島宏克（2010）「入所施設をどう考えるか？　今後の展望は？」社会福祉法人・全日本手をつなぐ育成会『手をつなぐ』2010（1）, pp.00-00.

Stancliffe, R.J., Abery, B.H. and Smith, J.（2000a）"Personal control and the ecology of community living settings: Beyond living-unit size and type", American Journal on Mental Retardation, 105（6）, pp.431-454.

Stoneman, Z., and Crapps, J.M.（1990）Mentally retarded individuals in family care homes: Relationships with the family of origin, American Journal of Mental Retardation, 94（4）, pp.420-430.

杉野昭博（1992）「『ノーマライゼーション』の初期概念とその変容」『社会福祉学』33（2）, pp.187-203。

杉野昭博（1994）「社会福祉と社会統制——アメリカ州立精神病院の「脱施設化」をめぐって」『社会学評論』45（1）, pp.16-30。

杉野昭博（2007）『障害学——理論形成と射程』東京大学出版会。

杉田敦（1998）『権力の系譜学——フーコー以後の政治理論に向けて』岩波書店。

杉田敦（2000）『権力』岩波書店。

杉田穂子（2011）「知的障害のある人のディスアビリティ経験と自己評価——6人の知的障害のある女性の人生の語りから」『社会福祉学』52（2）, pp.54-66。

角田慰子・池田由紀江（2002）「知的障害者のライフスタイル満足度に関する研究——居住形態からの検討」『発達障害研究』24（2）, pp.230-240。

角田慰子（2005）「知的障害者の脱施設化政策をめぐる評価視点の検討——英米の評価研究の比較を通して」『福祉心理学研究』2（1）, pp.28-38。

鈴木良（2005）「施設Aにおける知的障害者の地域移行後の自己決定支援について」『社会福祉学』45（3）, pp.43-52。

鈴木良（2006）「知的障害者入所施設A・Bの地域移行に関する親族の態度についての一考察」『社会福祉学』47（1）, pp.46-58。

鈴木良（2008）「コロニーZの施設・地域生活における知的障害者の自己管理の機会についての一考察」『社会福祉学』48（4）, pp.56-68。

鈴木良（2010）『知的障害者の地域移行と地域生活——自己と相互作用秩序の障害学』現代書館。

鈴木良（2013）「知的障害者の脱施設化／地域移行政策の成果に関わる評価研究——海外と日本の論文を比較して」『社会福祉学』53（4）, pp.137-149。

鈴木良（2016）「グループホームにおける自己決定支援の前提について」『発達障害白書2017年版』明石書店, pp.110-111。

鈴木良（2017）「カナダにおけるウッドランズ親の会による知的障害者の地域生活移行の支援方法」『障害学研究』12（12）, pp.84-108。

鈴木良（2022）「障害者権利条約における脱施設化の概念・政策・運用面の課題についての一考察」『評論・社会科学』142, pp.1-20。

T

田辺繁治（2002）「序章　日常的実践のエスノグラフィ——語り・コミュニティ・アイデンティティ」田辺繁治・松田素二編（2002）『日常的実践のエスノグラフィ——語り・コミュニティ・アイデンティティ』世界思想社 , pp.1-38。

田辺繁治（2008）『ケアのコミュニティ——北タイのエイズ自助グループが切り開くもの』岩波書店。

田辺繁治・松田素二編（2002）『日常的実践のエスノグラフィ——語り・コミュニティ・アイデンティティ』世界思想社。

竹下精紀（1981）「開園十周年にあたって」心身障害者福祉協会編（1981）『国立コロニーのぞみの園十年誌』国立コロニーのぞみの園。

田中耕一郎（2005）『障害者運動と価値形成——日英の比較から』現代書館。

田中耕一郎（2017）『英国「隔離に反対する身体障害者連盟（UPIAS）」の軌跡——＜障害＞の社会モデルをめぐる「起源の物語」』現代書館。

田中謙 (2021)「東京都旧保谷市における公立通園事業の展開過程と地方政治」『社会福祉学』。

田中康雄 (2022)「リーダーシップにおける施設形態別の就労継続意識への影響および介護職員が求める構成要因 － 介護老人福祉施設の 60 名分の面接調査を通して－」『人間関係学研究』27（1）, 37-50。

樽井康彦・岡田進一・白澤政和（2006）「知的障害者施設職員における脱施設化志向のパターンと援助内容との関連」『生活科学研究誌』5, pp.139-149。

樽井康彦・岡田進一・白澤政和（2008a）「知的障害者ケアにおける施設長と職員の脱施設化志向の比較」『介護福祉学』15（2）, pp.150-160。

樽井康彦・岡田進一・白澤政和（2008b）「知的障害者施設の施設長における脱施設化政策に関する意識の現状」『社会福祉学』48（4）, pp.118-130.

立岩真也（1990）「第 7 章　はやく・ゆっくり—自立生活運動の生成と展開」安積純子・岡原正幸・尾中文哉・立岩真也（2012）『生の技法——家と施設を出て暮らす障害者の社会学　第 3 版』生活書院 , pp.258-353。

立岩真也・寺本晃久（1998）「知的障害者の当事者活動の成立と展開」『信州大学医療技術短期大学部紀要』23, pp.91-106。

Taylor, S.J.（1988）"Caught in the Continuum: A Critical Analysis of the Principle of the Least Restrictive Environment", Journal of the Association for Persons with Severe Handicaps, 13（1）, pp.41-53.

寺本晃久（2004）「1970-80 年代における知的障害（児）者入所施設の見直しについて」『社会政策研究』4, pp.142-162.

Thomas, C.（2007）*Sociologies of Disability and Illness-Contested Ideas in Disability*

Studies and Medical Sociology, Palgrave Macmillan.

土屋葉（2002）『障害者家族を生きる』勁草書房．

堤英俊（2019）『知的障害教育の場とグレーゾーンの子どもたち――インクルーシブ社会への教育学』東京大学出版会．

W

Walsh, P.N., Emerson, E., Lobb, C., Hatton, C., Bradley, V., Schalock, R. and Moseley, C. (2010) "Supported accommodation for people with intellectual disabilities and quality of life: an overview", Journal of Policy and Practice in Intellectual Disabilities, 7 (2), pp.137-142.

渡辺勧持（1997）「入所施設から地域へ――知的障害者の入所施設設立が20世紀前半と後半の国との比較」『社会福祉学』38 (2), pp.53-66。

渡辺勧持（2000）『知的障害者の入所施設から地域への移行に関する研究』（平成11年度厚生労働科学研究補助金・障害保健福祉総合研究事業）。

Willer, B.S., Intagliata, J.C., and Atkinson, A.C. (1981) "Deinstitutionalization as a crisis event for families of mentally retarded persons", Mental Retardation, 19 (1), pp.28-29.

Wills, P. (1977) *Learning to Labour,* Ashgate Publishing Limited (= 1996, 熊沢誠・山田潤訳『ハマータウンの野郎ども』ちくま学芸文庫)

Winance, M. (2007) "Being normally different? Changes to normalization processes: from alignment to work on the norm", Disability & Society, 22 (6), pp.625-638.

Windsor-Essex Brokerage for Personal Supports (2012) Shared Leadership:A White Paper on Independent Facilitation and a Regional Network.

Wolfensberger, W. (1981) The Principle of Normalization in Human Services. (= 1982, 中園康夫・清水貞夫編訳『ノーマリゼーション－社会福祉サービスの本質－』学苑社．

Wolfensberger, W. (1999) "Response to Professor Michael Oliver", Flynn, R.J. and Lemay R. A. ed., *A Quarter-Century of Normalization and Social Role Valorization: Evolution and Impact,* University of Ottawa Press, pp.175-179.

Worrel, B. (1988) *People first: advice for advisors,* People First Canada. (= 1996, 河東田博訳『ピープル・ファースト支援者のための手引き―当事者活動の支援と当事者参加・参画推進のために』現代書館.)

Y

山田富秋（1991a）「精神病院のエスノグラフィー」山田富秋・好井裕明（1991）『排除と差別のエスノメソドロジー――〈いま―ここ〉の権力作用を解読する』新曜社,

pp.179-212。

山田富秋（1991b）「『権力作用』からのパースペクティブ——マクロとミクロを結ぶ論理」山田富秋・好井裕明（1991）『排除と差別のエスノメソドロジー——〈いま—ここ〉の権力作用を解読する』新曜社 , pp.252-277。

山田富秋（1999）「障害学から見た精神障害——精神障害の障害学」石川准・長瀬修編（1999）『障害学への招待——社会 , 文化 , ディスアビリティ』明石書店 , pp.285-311。

山田富秋・好井裕明（1991）『排除と差別のエスノメソドロジー——〈いま—ここ〉の権力作用を解読する』新曜社。

安井友康（2005）「知的障害者の身体組成 : 施設居住者と地域生活者の体脂肪率の比較から（一般演題 , 第 25 回医療体育研究会 / 第 8 回アジア障害者体育・スポーツ学会日本支部会第 6 回合同大会兼第 4 回北海道障害者スポーツ・健康開発研究会抄録集）」『リハビリテーションスポーツ』24（1）, pp.32。

横井寿之（2010）「志と理念を持って福祉を推進する人たちへ　その 2」（http://www.ginganosato.com/amanogawa/10/1009-yokoi.html, 2021 年 4 月 29 日検索時点）。

横井寿之（2013）「かたるべの森から」（http://peoplefirst.blog20.fc2.com/blog-date-201311-3.html, 2024 年 12 月 27 日検索時点）。

Young, L. , Sigafoos, J. and Suttie, J., et al.（1998）"Deinstitutionalization of persons with intellectual disabilities: A review of Australian studies", Journal of Intellectual & Developmental Disability, 23（2）, pp.155-170.

要田洋江（1999）『障害者差別の社会学——ジェンダー・家族・国家』岩波書店。

Z

Zola, I. K.（1977）Healthism and disabling medicalization, in Illich et al., 41-69（=1984, 尾崎浩訳「健康主義と人の能力を奪う医療化」,I. イリイチほか著・尾崎浩訳『専門家時代の幻想』新評論 ,pp.53-92。）

❖鈴木　良（すずき・りょう）

1975年生まれ。同志社大学社会学部社会福祉学科教授。
NPO法人ラルシュ・デイブレイク（カナダ）の職員、NGO地に平和（日本）のパレスチナ難民キャンプ支援事業担当員などを経て、2011年4月〜2014年3月、京都女子大学家政学部生活福祉学科助教。2014年4月〜2020年3月、国立大学法人琉球大学人文社会学部人間社会学科准教授（2018年より人間科学科から改組）、2020年4月〜2023年3月、同志社大学社会学部社会福祉学科准教授。
北欧・北米・日本の障害者の脱施設化とパーソナルアシスタンスについての研究を行う。単著に『知的障害者の地域移行と地域生活——自己と相互作用秩序の障害学』（現代書館、2010年）、『脱施設化と個別化給付——カナダにおける知的障害福祉の変革過程』（現代書館、2019年）。共著に『障害学の展開——理論・経験・政治』（明石書店、2024年：「第22章知的障害者の脱施設化」担当）、『障害者権利条約の初回審査——総括所見の分析』（法律文化社、2024年：「第11章自立生活と地域インクルージョン」担当）など。

知的障害者の施設解体の試み
—— 障害者自立支援法制定期における自立規範の変容と再編

2025年2月20日　第1版第1刷発行

著　者	鈴	木	良
発 行 者	菊	地　泰	博
組　版	具	羅	夢
印　刷	平 河 工 業	社	（本文）
	東 光 印 刷	所	（カバー）
製　本	積	信	堂
装　丁	矢 荻	多	聞

〒102-0072　東京都千代田区飯田橋3-2-5
発行所　株式会社 現代書館
電　話 03(3221)1321　ＦＡＸ 03(3262)5906
振替 00120-3-83725　http://www.gendaishokan.co.jp/

校正協力・渡邉潤子
©2025 SUZUKI Ryo Printed in Japan　ISBN978-4-7684-3610-3
定価はカバーに表示してあります。乱丁・落丁本はおとりかえいたします。

出版にあたって2024年度同志社大学研究成果刊行助成の補助を受けた。

本書の一部あるいは全部を無断で利用（コピー等）することは、著作権法上の例外を除き禁じられています。但し、視覚障害その他の理由で活字のままでこの本を利用できない人のために、営利を目的とする場合を除き「録音図書」「点字図書」「拡大写本」の製作を認めます。その際は事前に当社までご連絡ください。また、活字で利用できない方でテキストデータをご希望の方はご住所・お名前・お電話番号・メールアドレスをご明記の上、左下の請求券を当社までお送りください。

活字で利用できない方のための
テキストデータ請求券
『知的障害者の施設解体の試み』